"十四五"职业教育国家规划教材

高等职业教育教学改革融合创新型教材·财经基础课

国家文化产业资金支持媒体融合重大项目

公关与礼仪

（第五版）

◎ 张岩松　主　编

GONGGUAN YU LIYI

东北财经大学出版社　大连
Dongbei University of Finance & Economics Press

图书在版编目（CIP）数据

公关与礼仪/张岩松主编．—5版．—大连：东北财经大学出版社，
2024.7．—（高等职业教育教学改革融合创新型教材·财经基础课）．
—ISBN 978-7-5654-5309-0

Ⅰ．G912.32

中国国家版本馆CIP数据核字第20249AK244号

东北财经大学出版社出版

（大连市黑石礁尖山街217号　邮政编码　116025）

网　　址：http://www.dufep.cn

读者信箱：dufep@dufe.edu.cn

大连天骄彩色印刷有限公司印刷　东北财经大学出版社发行

幅面尺寸：185mm×260mm　　　字数：420千字　　　印张：19.5

2024年7月第5版　　　　　　　　2024年7月第1次印刷

责任编辑：张晓鹏　石建华　　　　责任校对：郭海雷

封面设计：原　皓　　　　　　　　版式设计：原　皓

定价：49.80元

教学支持　售后服务　联系电话：（0411）84710309

版权所有　侵权必究　举报电话：（0411）84710523

如有印装质量问题，请联系营销部：（0411）84710711

第五版前言

"竞争、合作、共赢、和谐"是我们所处的这个时代的主旋律，频繁、活跃是商务活动尤其是公共关系活动的重要特征之一，这些都要求大学生们提升公共关系能力和礼仪素养，从而适应社会、愉快工作、幸福生活、和谐发展。鉴于此，我们编写了《公关与礼仪》教材。自2012年首版面世以来，本书深受广大读者的欢迎并获得多项荣誉：2014年7月入选首批"十二五"职业教育国家规划教材，2020年12月入选"十三五"职业教育国家规划教材，2023年6月入选首批"十四五"职业教育国家规划教材，还曾获评2018年度大连市科学著作奖。本次修订在前四版的基础上进行，与国内同类书相比，修订后本书的特色更加鲜明，是一本反映高等职业教育教学改革最新理念的新型实用教材。本书特色具体体现在以下5个方面：

一是突出职业教育特色。坚持以提高学生的综合职业素养为目标，着力培养学生的知识应用能力和实际操作能力，不断增强公关意识，提升公共关系能力和礼仪素养。全书内容覆盖了公关和礼仪两个方面的主要知识和技能，可教可学、可用可练。

二是体现课程思政特色。全书突出"课程思政"建设，每个项目下都设置"课程思政指南""思政园地"栏目，为师生提供贴近教材的课程思政元素，将思政教育潜移默化地融入商务写作与沟通课程的教学中，以构建"价值引领、知识传授和能力培养"三位一体的育人体系，发挥协同效应，促进学生思想道德水平的提升。

三是按照"先进""精简""实用"的原则编写教材。"先进"就是采用公关与礼仪的新知识、新标准、新技术、新方法、新经验、新成果和新材料；"精简"就是体现职业教育"必需""够用"的原则，重点指出公关"是什么""怎么开展""怎么开展好"，礼仪"是什么""怎么做""怎么做好"；"实用"就是教材应用型特色鲜明，编写体例丰富，突出可操作性，强调公关与礼仪的基本要求和基本做法，并配以针对性的实训项目和各类训练题。

四是坚持校企"双元"合作开发。本教材以实践育人为核心，通过学校教师与企业管理专家通力合作、校企深度融合，共同研讨、共同开发课程标准，形成全书独到的内容体系和编写体例，使教材内容贴近一线工作实际，使公关、礼仪基础操作与一线实践有机结合、融会贯通，以不断提升学生的职业能力，使其快速适应未来的工作岗位，迈出职业生涯的稳健步伐。

五是实现纸质教材与数字资源的完美融合，坚持教材建设与时俱进、不断创新的原则，以"互联网+"思维打造微课版立体化教材，以二维码链接精彩教学内容，大大丰富了教材容量；同时，提供与本教材配套的PPT课件、电子教案、课程教学大纲、模拟试卷等丰富的教学资源，助力教与学。

本书作为反映高职教育教学改革最新理念的新型实用教材，根据企事业单位公共关系活动和日常交际活动所涉及的具体公共关系与礼仪工作而编写，分为公关工作程序、公共关系传播、公关活动组织、个人形象礼仪和日常交际礼仪5大项目，每个项目又分为若干个任务（共计21个工作任务），形成了公共关系与礼仪全新的内容体系。每个任务由案例导入、任务分析、实训设计、课后练习等模块构成，做到项目导向、工作任务引领，让学生做中学、学中做，学做结合，真正提高公共关系和礼仪的应用能力和操作水平。为了顺应当今碎片化阅读的特点，在每项任务的"基本知识"中充实了大量的"小贴士""小案例""小故事"等，增强了全书的可读性、趣味性和指导性。使用本书时建议教师以班为单位分组进行学习，结合公共关系与礼仪的各项实训设计，通过听、看、做、练等亲身体验的训练环节，使学生出色地完成各项实训任务，切实实现课程目标。在教学过程中，要强调学生间的合作与交流，注重培养学生的应用能力和社会能力。教师的角色要从知识传授者转变为学习过程的组织者、咨询者、指导者和评估者，最终将学习的动力传递到学生身上，实现教学过程向学生自觉学习过程的转化。

在教学的全过程中，广大教师一定要深入贯彻党的"二十大"精神，尤其要落实党的"二十大"报告中提出的"广泛践行社会主义核心价值观""提高全社会文明程度""弘扬中华传统美德"等根本要求，强化课程思政，对学生进行社会主义核心价值观教育，不断提高学生的道德水准、文明素养和职业素养，使学生做到"明大德、守公德、严私德"，塑造良好的职业形象，实现自身的全面发展。

本次修订由张岩松负责并任主编，董智勇、郑添天、高琳任副主编。其具体分工如下：张岩松编写绪论和项目3；董智勇编写项目1；郑添天编写项目2和项目4；高琳、张铭、董智勇编写项目5。全书由张岩松统稿，董智勇等制作微课、PPT课件等配套教学资源（有需要的读者可登录东北财经大学出版社"财济书院"（www.idufep.com）获取）。

本书是大连职业技术学院现代交际礼仪国家精品课程建设成果之一，可作为高职高专各专业学生的公共关系与礼仪教材，还可作为市场营销人员、商业服务人员、公共关系人员等提高公关交际能力和礼仪素养的自我训练手册，也是各级各类组织进行公共关系与礼仪岗位培训的创新型教材。

在本书编写过程中，编者参考了大量报刊、文献以及相关网站的资料，吸收了国内学者最新的研究成果，在此向各位专家、学者表示衷心的感谢。

由于编者学识有限，书中的疏漏之处在所难免，敬请广大读者提出宝贵的意见和建议，以便今后修订完善。

编　者
2024年4月

目 录

项目4：当窗理云鬓，对镜帖花黄——个人形象礼仪

项目 5：此生何处不相逢——日常交际礼仪

绪　论

在中华人民共和国成立70周年之际，腾讯联合央媒向公众传递正能量，通过H5的创意形式来展现70年来人们的点滴变化，以不同年代"名叫建国的人的故事"为切入点，聚焦"40后"至"10后"的不同群体，为全年龄段的用户提供极具代入感的年代照片场景，用心还原"亲历者"的时代记忆，弘扬爱国精神，打造了一场跨越代际、全民参与的回忆盛宴！

项目背景：

在中华人民共和国成立70周年之际，人民群众的爱国热情和民族自豪感空前高涨，借此舆论氛围，引发全民参与，是传播品牌正能量的绝佳契机。一个独特的切入点，是打破圈层、调动全民参与的关键。在洞察到"每个人都是祖国发展的亲历者"这种个体与国家之间最紧密的联系之后，项目便以此为核心进行创意，以无数名叫"建国"的人为触点，以普通人的故事为切入点，通过不同年代的场景和衣着照片，触动不同圈层、不同年代的用户。

项目目标：

借助极具代入感的H5，可以令7代人产生情感共鸣，引发全民参与，不断强化品牌正能量形象。

策略：

（1）高度：联合人民网传播品牌正能量。

（2）情绪：以"每个人都是中华人民共和国伟大复兴的时代亲历者与见证者"为核心，在情感上与爱国氛围共振，引发一场从"怀旧"到"自豪"的集体情感共鸣。

（3）技术：以腾讯云的AI（Artificial Intelligence，即人工智能）技术为内核，通过怀旧视觉＋人脸识别的创意展现，增强代入感，进一步刺激参与。

创意：

（1）宏大命题和生活真实的浪漫重合。在这场H5的创意策划中，公关人员将普通人的年代记忆与中华人民共和国成立70周年的时代变迁相结合，让用户以个人视角的回忆为入口，进入全民共同的记忆盛宴，从而拥抱那份真实而热烈的家国情怀。让宏大的命题落到用户身边时具有生活感和真实感是十分重要的经验。

（2）追求可执行性和还原度的完美统一。此次H5的内容核心是历史剧变在每代人普通生活中的日常表达，既要做到符合史实，更要做到还原生活。为此，公关人员对历史进行了认真回顾，对不同年代的照片及其场景反复打磨，而如何在现代场景中提高执行效率和完成度，则是重中之重。这个过程和它带来的经验都是无比宝贵的。

（3）大众的故事永远是最好的物料。在项目的收尾阶段，公关人员与微博KOL（Key Opinion Leader，关键意见领袖）合作进行了情感故事的征集，并输出了情感"安利"（网络用语，即"分享"）的稿件，充分利用好UGC（User Generated Content，也就是用户生成内容，即用户原创内容）资源。

效果：

（1）H5上线。人民网微博和微信首发，朋友圈广告和闪屏同步投放，涵盖北京、上海等核心城市以及重庆、天津等重点城市（总共10个城市）的重点区域。

（2）知名微博KOL实力推荐。微博端KOL发布相关内容，针对H5进行扩散传播；同时，与微博知名博主"妥拉"合作，开展7天情感故事征集有奖活动，将大国情怀与小家温馨相联系，让每个人都有故事可说，引发了网友的热情互动，在评论转发中收到了大量优质UGC内容。

（3）营销网站案例包装。输出优质营销稿件，被"广告门"网站和SocialBeta收录到案例库，并获得"案例"页面的位置推荐。

（4）微信自媒体扩散。一是与微信自媒体账号"病毒先生"合作，针对国庆H5进行盘点总结；二是与新媒体公司——科技唆麻（ID：techsuoma）合作，借助其内部微视资源，进行二次扩散和发酵；三是与知名科技自媒体——阑夕合作，针对情感故事征集输出优质案例稿件。

（5）活动及PR（Public Relations）稿件传播。针对H5上线和下线进行稿件输出，全网铺开相关信息。

（6）H5总数据。截至2019年10月8日14点，PV（Page View，即页面浏览量）总量为40 384 157，UV（Unique Visitor，即独立访客）总量为26 006 047，接口调用总数为101 282 958。

微博平台：微博话题"我是亲历者"阅读量1.6亿人次、讨论2.4万人次，在国庆期间荣登话题总榜第一名；次话题"我的年代照"阅读量7 034.9万人次，讨论1.4万人次。

第三方KOL共发布13条微博，包括"思想聚焦""清南师兄""噗嗤大叔"等众多知名大V，总粉丝覆盖量高达1.3亿，总计阅读量1745万人次。

微信平台+营销网站+其他全平台：科技角度稿件报道共计1篇，与科技唆麻微信KOL合作，针对微视活动落地进行稿件输出，共计发布18个平台，涵盖多个主流渠道，累计阅读量为9.7万人次以上。

营销角度稿件报道合计2篇，分别投放于营销网站（"广告门"和SocialBeta）和微信自媒体大V账号。前者获得"案例"页面位置推荐，后者同时扩散至今日头条、搜狐、百家等在内的28个平台，累计阅读量9万多人次。

情感故事稿件征集：与微博KOL"妥拉"合作，开展情感故事有奖征集活动，并将征集到的优质故事集结成文，阅读量2万多人次。

网媒+新闻客户端：新闻稿报道共计45篇，其中自主投放20篇、转载25篇，仅客户端阅读量20多万人次，总曝光量（推荐量）预计可达100万人次以上。

数据盘点稿件：发布数据盘点稿件，获得环球网、央广网、人民日报网等8家网媒推荐，以及今日头条、网易、腾讯、凤凰网4家客户端推荐；其中客户端总阅读量达63.8万人次，推荐量达463.5万人次。

资料来源 佚名．腾讯&人民网国庆H5《我的年代照》[EB/OL]．[2019-10-08]．http://www.iaiad.com/en/award-case/2020/gold-award-20/2272.html．

问题：（1）腾讯&人民网国庆H5《我的年代照》是什么性质的活动？
（2）从公共关系角度看举办这一活动有何意义？

一、公共关系概述

什么是公共关系，近百年来一直众说纷纭。在中国就有"形象说""传播说""管理说""协调说""功能说"等几种流派，分别从不同的角度对公共关系加以阐释。在此，我们将对公共关系作一个客观的科学阐述和辩证分析。

微课1

公共关系概述

（一）公共关系的定义

"公共关系"简称"公关"，这一词语最早出现于1807年美国《韦氏新大学辞典》的第9版中，英文是Public Relations（PR）。有人认为其应译为"公众关系"，其实，它与"公众关系"在译法上无本质区别，但译为"公共关系"更容易被国人准确理解，理由有三点：一是公共关系中的"公众"不仅由人群构成，还包括政府、社区、媒介等机构，而这些机构在中国人的心目中是公共事业单位，因此译为"公共关系"，理解上更为准确；二是全世界华人的著述中多是这种译法，其已成为主流译法；三是被法律认可的也是"公共关系"协会。公共关系在1903年发展成为专门职业，1923年成为一门学科。随着时间的推移，Public Affairs，Public Communication也被译为公共关系。公共关系逐步发展，并被赋予了越来越丰富的内容。

"公共关系"也是多义词，因此，对公共关系含义的理解和对其定义的表述也必然是多层次的。这一概念至少有几层含义，例如：①长城饭店的公共关系不错（指静态评价）；②张三是干公关的（指职业）；③李四是学公关的（指学科）；④王五很有公关头脑（指观念、意识）；⑤A公司赞助希望小学是搞公关（指专项活动）；⑥尼克松下台是公共关系的失败（指形象和舆论环境）；⑦刘老师写了本《公共关系》（指公关理论）；⑧有人说，张骞通西域、郑和下西洋就是中国的公关（指古代不自觉的"公关萌芽"）。

根据近20年的研究成果，公共关系至少有以下五层含义：

（1）公共关系是一种状态。有人说：世界上有了两个人就有了人际关系，有了两个集团、组织，就有了公共关系。这是说公共关系是一种状态，是一种客观存在，是自古就有的，不管承认与否，它都会影响组织的生存与发展。

（2）公共关系是一种活动。当人们逐渐认识到外界关系的重要性，并主动去调整这种关系时，就出现了一些类似于现代公共关系的活动。这些活动可被视为公关实务的前奏。但是，尽管它自古就存在，却并不是自觉的公关活动，而只是一种谋求发展的本能与努力。只有现代科学的公共关系产生之后，自觉的公关活动才被统称为公关实务。

（3）公共关系是一种职业。1903年，艾维·李成立宣传事务所，以收费的形式为企业进行公关策划，公关职业由此正式诞生，艾维·李也被誉为"公共关系之父"。

（4）公共关系是一门学科。1923年，著名公共关系教育家、实践家爱德华·伯纳斯出版了世界上第一本公关专著《舆论明鉴》，并在纽约大学开设了公共关系课。这是对公关实践的总结与提炼，是公共关系的飞跃性发展与突破。

（5）公共关系是一种意识、观念与思想。公共关系状态的客观存在、公关实践的发展与理论的日渐深入人心，使公共关系的观念得以逐步传播。这种观念作为人类精神文明的一种成果为越来越多的人所接受，对社会进步起着日益重要的作用。

上述"公共关系"一词的含义各不相同。那么，如何把握公共关系这一概念？公共关系到底是干什么的呢？美国著名公共关系学者雷克斯·哈罗博士搜集了20世纪以来近500种有代表性的公共关系定义，但至今仍没有一个为人们普遍接受的定论。原因在于公共关系学的复杂性，为复杂的社会现象、社会活动下定义有一定的难度。再者，由于人们研究与观察的角度不同、侧重点不同，得出的结论也不同。比较分析这些定义，可以看出它们均包含了公共关系的三个要素：社会组织、公众、传播。这三个要素构成了公共关系的如下定义：公共关系是一个社会组织为树立自身良好形象，运用各种传播手段使自己和公众相互了解、相互适应的一种活动或职能。

对这一定义加以分析，可以看出如下几个特征：①公共关系是一种现代经营管理活动或职能；②公共关系是指一个社会组织与其公众之间的关系；③公共关系的主体是具体的社会组织；④公共关系的客体是公众；⑤公共关系的工作方法主要是传播；⑥公共关系的目的是使社会组织与公众相互了解、相互适应，树立组织的良好形象。

具体分析表明，一个组织通过努力和有效的传播，将自己的宗旨、政策、行动告诉公众，同时也通过传播了解公众的想法、建议，使组织与公众相互了解，这样才能实现双方的相互理解和适应，组织才能得到公众的支持，才能营造一个有利于自身生存、发展的最佳环境。从这个意义上来说，公共关系是一门内求团结、外求发展的"人和学"。

（二）公共关系的基本特征

公共关系的基本特征是由其主体目标和客体特征及工作方式所决定的，可以概括为以下几个方面：

（1）以公众为对象。公共关系是指社会组织与构成其生存环境的内外公众之间的关系。公众构成公共关系客体一方，它与公共关系的主体构成公共关系的基本矛盾。公众是公共关系的主要研究对象，公关的一切工作均围绕公众展开。

（2）以美誉为目标。公共关系不是一种政治关系，也不是一种经济关系，其评价尺度不是政治立场，不是经济指标，而是美誉度。而企业的知名度是以美誉度为基础的，因此，公共关系是以追求高美誉度为工作目标的。

（3）以互惠为原则。公共关系不是以血缘、地缘为基础，而是以一定的利益关系、业缘关系为基础的。社会组织要生存和发展，必须得到公众的支持，而要得到支持就必须让公众得到利益。因此，要想持久地赢得公众的支持，必须做到与公众互利互惠，最终达到双赢。

（4）以长远为方针。公共关系以长远为方针含有两层意思：一是公共关系不是短期行为。公共关系的根本任务是为社会组织树立良好的形象，而社会组织的良好形象不是通过一两次具有轰动效应的活动就能树立起来的，需要社会组织长期努力，且维护良好的组织形象更是一项持久性工作。二是社会组织要想得到公众的认同与支持不是一朝一夕就能做到的，要靠公共关系的工作手段，利用和创造各种机会争取公众的了解与认识。这是一项系统工程，应着眼于社会组织的长远利益。

公共关系以长远为方针这一特征，把公共关系与推销活动、商品广告区分开来。推销活动和商品广告旨在推销某种产品或服务，获得既定的经济效益；公共关系活动侧重于社会效益的获得，对于营利性组织，通过社会效益促进经济效益的提高。

（5）以真诚为信条。公共关系要追求长久的美誉度，就一定要以真诚为信条。互利互惠也只有依靠真诚才能做到。特别是在市场经济条件下，公众对真诚的期望越来越迫切。唯有真诚，才能长久赢得公众的合作与社会美誉。

（6）以传播沟通为手段。公共关系要依靠信息产业，信息只有传播沟通才能实现价值。形象在传播沟通中塑造，美誉在传播沟通中提高，合作在传播沟通中促成，目标在传播沟通中实现，无形资产在传播沟通中建立与积累，因此，公共关系目标与价值的实现离不开传播沟通。

以上六个方面综合、系统、多角度地展现了公共关系的基本特征。公关意识以此为基础，公关工作由此而展开，公关职能由此而设定，所以有人说，公共关系内核小、外延大。

小案例1

花旗银行公众第一

小故事1

只有一名乘客的飞行

小案例2

洗地瓜洗衣机

小案例3

同仁堂长盛不衰的奥秘

小案例4

一张坦诚的说明书

小案例5

小燕子的"道歉信"

（三）公共关系形成的原因与条件

公共关系不是凭空产生的，其形成有深刻的社会基础与必备条件。

1.公共关系产生的社会基础

当社会发展到一定阶段，过去那种组织程度比较低的初级社会群体已不能适应需要，形式多样的社会组织应运而生。一个社会组织必须从外界环境中获得支持，才能生存和发展。当社会组织有意识地与环境互动，同环境相互依赖、相互作用，公共关系就产生了。所以，社会组织的建立和分化，是公共关系产生的社会基础。

2.公共关系形成的内在机制

社会组织与公众之所以能建立关系，最根本的原因是相互之间在利益上能够互补。企业用产品或服务从消费者那里获取利润，消费者用货币从市场上得到（企业提供的）自己所需的产品和服务。如果没有各自利益的实现和满足，双方就不会建立良好的关系。各自利益需求的驱动，使社会组织与公众发生接触、形成协作、建立起关系。利益的互补、合作的需要是公共关系形成的内在机制。

3.公共关系产生和发展的思想条件

在现代社会，良好的社会关系是一种资源，是企业生存和发展的必要条件，这已被人们深刻地认识到。从强调以个人为中心到提倡团队合作精神，从重视个人间的竞争到重视组织成员间的协作，从强调对抗与斗争到注重和平与发展，这些均表明人们相互帮助、相互合作的意识在增强。在相互合作的思想指导下，人与人之间的关系越来越密切。人与人之间协调、合作意识的增强是公共关系产生和发展的思想条件。

4.公共关系产生的经济条件

商品经济的发展使社会分工越来越细，竞争越来越激烈。分工越细越需要协作，竞争加剧的同时合作的要求也在提高。所以，商品经济的发展促使社会组织与公众加强联系和合作。

5.公共关系产生的政治条件

社会政治生活的民主化，是公共关系产生和发展的政治条件。公众被认可，公众权益被尊重，使公众在社会政治生活中的地位大大提高。公众参与意识的增强、参与实践的增多，对社会组织产生了重要影响。公众的信任和支持，已成为社会组织生存和发展的重要条件。

6.公共关系产生的物质技术条件

传播媒体的创新发展和技术手段的现代化是公共关系产生和发展的重要物质技术条件，尤其是互联网的发展，使我们的社会联系更加紧密。社会组织的信息可以在瞬间通过互联网图文并茂地传送到世界各地，迅速而又广泛地影响着公众。物质技术条件的现代化使社会组织与公众相互作用的范围、程度和节奏等发生了很大变化。

小贴士1　　　　　　　　　　　**公共关系的比喻**

一个男生喜欢上了一个漂亮的女生，他走到这位女生面前，急不可耐地说："我非常喜欢你，你也喜欢我吧？我是一个德智体美劳全面发展的好学生！"这是不是公共关系？这不是公共关系，这是推销。

这一招行不通以后，这位男生又通过对自己进行修饰（穿名牌衣服、戴名表）来吸引这位女生的注意。那么，这是不是公共关系？

这也不是公共关系，这是广告。

第二招行不行以后，这位男生又想出了第三招，通过邀请这位女生去高档酒店吃饭来追求她。请问，这是不是公共关系？

这同样不是公共关系，这是交际。

既然以上三种行为都不是公共关系，那么，到底怎样做才是公共关系呢？

上面的三种做法虽然花费了很大力气，但显然成功的机会不大。对这个男生而言，真正的公共关系应该做到一步一个脚印。先在旁边观察女生，用最少的语言和举止大概了解一下女生的品行、爱好，也就是"择偶标准"。然后，投其所好，适当地应用一点推销、广告和交际手段来打动这位女孩，这才是公共关系。

（四）公共关系的构成要素

公共关系有三个构成要素：社会组织、公众、传播。社会组织是公共关系的主体要素，是公共关系工作的策动者、承担者、发起者；公众是公共关系的客体要素，是公共关系的对象和接受者；传播是公共关系的中介要素，是联结主体和客体的桥梁，也是开展公共关系工作的重要手段。

1.公共关系的主体——组织

我们这个社会之所以不断发展，就是因为各种组织之间在不停地相互影响和作用，新的组织不断地产生并发展壮大，已有的组织竭力维护自己的利益以实现扩张。

组织的生存和发展与很多因素有关，自身较强的实力、良好的管理、适宜的环境是组织成功的基础。公共关系作为一种管理职能，则是从建立和维护组织与公众之间的互利互惠关系、树立组织良好形象的角度来促进组织发展的。

公共关系是一种组织活动，而不是个人行为，因此，组织是公共关系活动的主体，是公共关系的实施者、承担者。我们在理解公共关系时，特别要注意这一点，不要把一些个人的行为也说成是公共关系。如某公司总裁以个人名义向野生动物基金会捐款，这是个人行为，不是公共关系；但当他以公司的名义捐这笔款项时，我们便可将这种行为理解为一种旨在提高组织（公司）的知名度和美誉度、扩大组织影响面的公共关系行为。

为了使公共关系活动的针对性更强，在公共关系学中，我们一般把组织分成四种类型：

（1）营利性组织。这些组织以营利为目的，追求经济利益的最大化，如工商企业、旅游服务企业、保险公司、金融机构等。

（2）服务性组织。这类组织不以营利为目的，而以服务对象的利益为目标，包括学校、医院、慈善机构、社会公共事业机构等。如学校的首要公众是学生，其宗旨是教书育人；慈善机构的宗旨是更好地为社会弱势群体或那些需要帮助的特定公众提供服务。

（3）公共性组织。它通常是指为整个社会和一般公众服务的组织，如政府、军队、消防部门、治安机关等。这类组织的目标是保证社会安定，不受内部不良因素的影响和外来干涉。

（4）互利性组织。它是一种以组织内部成员间互相获取利益为目标的组织。这类组织追求的是组织内部成员之间的互惠互利，如政党、工会组织、职业团体（学会、协会、研究会等）、宗教团体等。

2.公共关系的客体——公众

任何组织都有其特定公众。公众是因面临某个共同问题而形成的、有着某种共同利益并与某一特定组织的工作产生互动效应的社会群体。以企业为例，就有内部的股东、员工公众，外部的消费者（顾客）公众、媒介公众、社区公众、政府公众、国际公众、竞争对手公众等。组织的公众具有共同性、相关性、多元性、变化性、心理性和诱导性特征。可以说，公共关系便是组织主动地与公众建立和维护良好关系的过程。但这并不意味着作为客体和对象的公众是完全被动的、随意受摆布的，公众随时都可以表达自己的意见和要求，主动地对公关主体的政策和行为做出积极反应，从而对公关主体形成舆论压力和外部动力。公众还有一项最有效的权利——用脚投票。当公众由于不满意而使用这一权利时，他们可能不会当面抗议，也不会大吵大闹，但他们会抛售股票，不再光顾某一商店、某一银行、某一饭店、某一旅游点。因此，组织在计划和开展自己的公关工作时，必须认清并分析、研究自己的公关对象，根据公关对象的特点及想法去制定和调整公关政策和行动。

小案例6 ■ **埃克森美孚石油公司的危机**

美国埃克森美孚石油公司的一艘油轮触礁，造成原油泄漏，附近海域的生态环境遭到破坏。然而，该公司对这一事件无动于衷，对问题的解决采取消极的态度，无视海域附近渔民及环境保护组织的合理要求，于是公众环境恶化，公共关系危机出现了。美国政府以及当地政府、新闻界、环境保护组织、社会公众纷纷谴责该公司无视公众的行为。该公司的业务范围遍布全世界，但由于企业形象受到破坏，新老客户纷纷抵制其产品，使该公司遭受了巨大的经济损失。

【点评】企业应将自身面对的公众视作一个完整的环境，要用全面、系统的观点来分析和研究，否则就会重蹈美国埃克森美孚石油公司的覆辙。

3.公共关系的中介——传播

从词源上来说，"传播"（Communication）与"社区"（Community）来自共同的拉丁文词根（Communis，意为"使共享"或"共享"）。这绝非偶然，因为如果没有人类的传播行为，就不会有社区；同样，没有社区，也就不会有传播。

中国人把衣、食、住、行称为"人生的四大需要"。实际上，人对传播的需要既是普通的，又是迫切的。我们通常说人是社会性动物，实际上就是强调人的社会交往、交流的普遍性和重要性。一般来说，在现实生活中，一个人无论是学习还是工作，都需要与周围的人和物打交道，都在进行着某种形式的传播，如听、说、读、写、看等。即使是默默不语，在他人看来，也传达了确切的含义。

小贴士2

公关传播的
8个趋势

那么，什么是传播呢？关于这个问题，由于研究者的角度不同，对传播做出的解释也存在着某种程度上的差异。传播学理论家威尔伯·施拉姆认为，传播就是"对一组先知性符号采取同一意向"；西奥多森认为，"传播是个人或团体主要通过符号向其他个人或团体传递信息、观念、态度或情感"；沃伦·韦弗则认为，传播是"一个心灵影响另一个心灵的全部程序"；查尔斯·库利认为，传播是"全人类关系赖以存在和发展的机制，是一切智能的象征和通过空间传达它们和通过时间保存它们的手段"。这些定义揭示了传播要领的丰富内涵。在这里，我们并不奢望给出一个综合各种解释的传播定义，只指出传播的基本内涵是信息的传递和交换过程，由传播者、接收者和传播媒介等要素构成。人们常说的交流、对话、宣传、沟通、交际等，都是传播的具体形式。为了便于研究，人们又根据传播者、接收者和传播媒介的相互关系和特点，把传播分为以下五种基本类型：

（1）人际传播。它又称"人际沟通"，是指人们之间直接传播或交换知识、意见、情感等社会行为，一般无须专门的传播媒介，并有机会立即得到反馈。例如，在公共关系活动中，公共关系人员在很多场合需要与顾客、专家、记者等进行直接、小范围的接触。因此，人际传播是开展公共关系活动的重要方式之一。

（2）组织传播。它是指在一个正式的组织或机构内，其成员之间进行信息或思想交流，目的是使全体成员达成共识，提高工作效率。这在公共关系学中常称为"内部公共关系工作"。

（3）群体传播。它是指某一社会组织或个人对拥有一定数量、有共同目标和兴趣的公众在特定时间和场合开展的传播活动，如公共关系活动中的新闻发布会、展览会等。

（4）大众传播。它是指特定的社会组织通过报刊、广播和电视等大众传播媒介，向广大而不确定的公众传播信息的过程。它越来越受到社会组织的重视，不少组织利用它树立形象和提高知名度。大众传播已成为社会组织开展公共关系活动最为有效的方式之一。

（5）网络传播。它是指在互联网上进行的传播。在新经济时代，网络传播作为一种新的传播模式，正逐步显示其巨大威力，而网络本身也成为公共关系工作中最重要的传播工具之一。今天的互联网已经延伸到世界的每个角落，信息在互联网上流通已经不再受到时空的限制。互联网将全世界的计算机网络连接起来，从而形成一个巨大无比的数据库。任何组织和个人都可以通过互联网去发掘对自己有用的信息。互联网还可以综合大众传播媒介中不同媒介的优势，可以集文字、图形、声音和图像于一体，取得多种媒体整合的传播效果。网络传播还可以克服大众传播"单向"的局限性，可以采用多种形式的互动，更有利于公共关系工作的信息传播和信息搜集。

总之，公共关系的三个基本构成要素是相互依存、缺一不可的。没有组织这个主体，就没有公众这个客体。这里不存在没有主体的客体，同样不存在没有客体的主体，二者是对立统一的。传播是联结主体和客体的媒介，没有主体与客体之间的双向信息传播，公共关系的计划和目标就不可能实施和实现。因此，公共关系又是组织与其公众之间的传播关系和传播活动。

二、礼仪概述

小故事2   **酒店老板与无赖**

一个人走进饭店要了酒菜，吃罢摸摸口袋发现忘了带钱，便对店老板说："店家，今日忘了带钱，改日送来。"店老板连声说："不碍事，不碍事。"并恭敬地把他送出了门。

这个过程被一个无赖看到了，他也走进饭店要了酒菜，吃完后摸了一下口袋，对店老板说："店家，今日忘了带钱，改日送来。"

谁知店老板脸色一变，揪住他，非脱他衣服不可。

无赖不服，说："为什么刚才那人可以赊账，我就不行？"

店家说："人家吃菜，筷子在桌子上找齐，喝酒一盅盅地筛，斯斯文文，吃罢掏出手绢揩嘴，是个有德行的人，岂能赖我几个钱。你呢？筷子往胸前找齐，狼吞虎咽，吃上瘾来，脚踏上条凳，端起酒壶直往嘴里灌，吃罢用袖子揩嘴，分明是个居无定室、食无定餐的无赖之徒，我岂能饶你！"

一席话说得无赖哑口无言，只得留下外衣，狼狈而去。

资料来源 路华. 把重负变梯子［M］. 呼和浩特：内蒙古人民出版社，2006.

问题：（1）一个人的礼仪修养体现在哪些方面？

（2）讲礼仪的意义何在？

礼仪不仅是实现公共关系人际沟通和公众交往的纽带和重要手段，而且是公共关系人员道德修养、精神风貌、行为方式的综合表现。了解礼仪的内容、特征与作用，掌握公关礼仪的内涵、特性和功能，明确礼仪与公共关系的关系，对提高公共关系人员的礼仪修养、自觉开展公共关系礼仪活动、密切社会组织与公众的联系、树立组织良好的形象具有积极的意义。

礼仪是人们在社会交往过程中形成并得到共同认可的各种行为规范，是人们以一定的、约定俗成的程序、方式来表现的律己、敬人的完整行为。它体现了一个国家、一个民族、一个地区的道德风尚和人们的精神面貌。所以，礼仪是人类精神文明的产物。

小贴士3   **"礼"字的由来**

从"礼"字的发展演化看，"礼"的最初含义与礼仪的起源——原始宗教祭祀活动有密切关系。"礼"字在甲骨文里写为"豊"，其下半部分的"豆"字是指古代的一种器具，上半部分的"玨"表示一块块整齐摆放的玉，然后将"玉"放在盒子里。这反映了古人祭祀活动的一个侧面。后来在其基础上又繁化为"禮"，左边加的这个"示"字旁，为古代的神祇，整个字有敬神之意。随着人类对自然与社会各种关系的认识逐渐加深，"礼"的范围和内容就从各种神事扩展至人事。

（一）礼仪的历史沿革

礼仪的历史是漫长而久远的。它随着人类社会的产生而产生，随着经济的发展、社会的进步而不断发展。

（1）古代的礼仪。在原始社会，人类还处在蒙昧时代，生产力水平极端低下，靠"天"吃饭，人们对许多自然现象无法解释，就把"天""神"作为宇宙间最高的主宰，对其顶礼膜拜，进行祭祀，这就产生了最早也是最简单的以祭天、敬神（即"图腾"）为主要内容的"礼"。当时只有简单的交际，只要不违背"图腾"，就可以继续交往下去。

随着原始社会的解体，人类进入奴隶社会，"礼"开始打上阶级的烙印，其含义也有所变化。在周代，礼除了用于祭祀之外，还作为治国之本。孔子认为"为国以礼"。《礼记·经解》上说："故朝觐之礼，所以明君臣子之义也；聘问之礼，所以使诸侯相尊敬也；丧祭之礼，所以明臣子之恩也；乡饮酒之礼，所以明长幼之序也；婚姻之礼，所以明男女之别也。"由此可见，周礼不仅内容大为增加，而且包含着社会政治制度的结构形式和社会生活行为规范。礼已成为阶级统治的工具，成为社会等级制度的表征，成为区分贵贱、尊卑、顺逆、贤愚的准则。

春秋时期，"礼崩乐坏"，于是有人提出了"仪"这一概念。据《左传·昭公·昭公五年》记载，鲁昭公到晋国去访问，晋平公对女叔齐说，鲁昭公很懂得礼，女叔齐却不以为然，答曰："鲁昭公哪里知礼？"晋平公觉得很奇怪，就反问道："鲁昭公从郊劳一直到赠贿，从没有失礼之处，为何说他不知礼？"女叔齐说："鲁昭公在外交上善于应酬，那只不过是仪，根本算不上礼。"在他看来，礼乃立国治政的大法，仪是指一种礼节、仪式、仪文。这在当时是较流行的观点。如齐国的晏子认为："在礼，家施不及国、民不迁、农不移、工贾不变、士不滥、官不滔、大夫不收公利。"礼可以治国，能改变政局发展的趋势。在先秦时代人们的心目中，礼和仪的含义是不同的。不过，在当时，礼和仪也很难明确区分，其实他们所谓的"礼"中也包含着一定成分的"仪"。

小贴士4

古代生活礼仪

到了封建社会，礼仪逐渐成为统治阶级进行封建统治的工具，有些还以法律的形式固定下来，形成"礼制"，成为束缚人们行为的工具。

（2）近现代的礼仪。辛亥革命在推翻了封建帝制的同时，也结束了封建礼制，新文化运动、五四运动使中华民族开始了新文化建设的征程。

随着无产阶级的觉醒，社会主义礼仪具备了雏形。无产阶级是历史上最先进、最革命的阶级，以解放全人类为己任。他们有高尚的情操，为了处理其内部以及与其他劳动阶级的关系，完成共同的历史使命，无产阶级更需要文明礼仪，更需要有自己的礼仪规范。

早在民主革命时期，中国共产党领导的人民军队区别于国民党部队的显著标志之一就是讲"三大纪律，八项注意"。其中，"说话和气""买卖公平""不打人骂人""不调戏妇女""不虐待俘虏"等，都是适应当时斗争需要的纪律，也可视为公德、礼仪的组成部分。埃德加·斯诺（Edgar Snow）在其《西行漫记》中曾经记述了以下这样一个耐人寻味的生动故事：

小故事3　　　　　　　　　　斯诺与陕北抗日根据地的少先队员

我坐下来和驻扎在这里的交通处的一部分人一起吃饭……像平常一样，除了热开水以外，没有别的喝的，而开水又烫得不能入口，因此我口渴得要命。

饭是由两个态度冷淡的孩子侍候的，确切地说是由他们端来的……他们最初不高兴地看着我，可是在几分钟后，我就设法得到了其中一个孩子的友善微笑。这使我胆子大了一些，他从我身边走过时，我就招呼他："喂，给我们拿点冷水来。"

那个孩子压根儿不理我，几分钟后，我又招呼另外一个孩子，结果也是一样。

这时我发现戴着厚厚玻璃眼镜的交通处长李克农在笑我。他扯扯我的袖子，对我说："你可以叫他'小鬼'，或者叫他'同志'，可是你不能叫他'喂'。这里所有的人都是同志。这些孩子是少年先锋队员，他们是革命者，所以志愿到这里来帮忙。他们不是佣人。他们是未来的红军战士。"

正好这个时候冷水来了。"谢谢你——同志！"我道歉说。那个少先队员大胆地看着我，"不要紧，"他说，"你不用为了这样一件事情感谢一个同志！"

我想，这些孩子真了不起。我从来没有在中国儿童中间看到这样高度的个人自尊。

这是斯诺1936年6月刚刚进入陕北抗日根据地采访时碰到的一件小事。由此不难看出，在革命队伍内部，人与人之间建立起了真正的平等、亲密的同志关系，以及在此基础上形成的道德观念和礼仪规范，为以后建立崭新的社会主义人际关系、礼仪规范等奠定了坚实的基础。

中华人民共和国成立以后，随着社会制度的彻底变革，人与人之间的关系也出现了前所未有的变化。在人民内部合作代替了对抗，互助、互利代替了尔虞我诈，从而建立起了真正平等的、亲密的同志关系，由此而建立的礼宾规范为世人所称赞。至今，人们仍对20世纪50年代那些美好的社会风尚留有深刻印象。在人际和社会交往的过程中，真正做到了只有分工不同，没有高低贵贱之分，诚挚相处，互谅互让；舍己救人，助人为乐蔚然成风，不少地方真正是道不拾遗、夜不闭户；敬老、爱幼、尊贤的优良传统得到充分的弘扬。不少外国友人对此惊叹不已。

改革开放以来，人们对礼仪重新进行了文化审视和理性思考，不仅汲取了西方文明的优秀成果，而且使东西方文化和东西方礼仪有机地交融，并逐步地加以完善和发展。

（二）礼仪的内容

随着时代的变迁、社会的进步，人类的文明程度也在不断提高。当代礼仪在对我国古代礼仪扬弃的基础上，不断推陈出新，内容更完善、更合理、更加丰富多彩。

（1）礼节。它是人们在交际过程中逐渐形成的约定俗成和惯用的各种行为规范之总和，是社会外在文明的组成部分，具有严格的礼仪性质。礼节反映着一定的道德原则和对人、对己的尊重，是人们心灵美的外化。在阶级社会，由于不同阶级的人在利

小贴士5

英语中的
"礼仪"词汇

益上的根本冲突，礼节多流于形式。在现代社会，由于人与人之间地位平等，礼节从形式到内容都体现出了人与人之间的相互尊重和相互关心。现代礼节主要包括介绍、握手、打招呼、鞠躬、拥抱、亲吻、举手、脱帽、致意、作揖、使用名片、使用电话、约会、聚会、舞会、宴会的礼节等。当今世界是个多元化的世界，不同国家、不同民族、不同地区的人们在各自的生存环境中形成了各自不同的价值观、世界观和风俗习惯，其礼节从形式到内容都不尽相同。

（2）礼貌。它是指人们在社会交往过程中的良好言谈和行为。礼貌主要包括口头语言的礼貌、书面语言的礼貌、态度和行为举止的礼貌。礼貌是人的道德品质和修养最简单、最直接的体现，也是人类文明行为的最基本要求。在现代社会，使用礼貌用语，对他人态度和蔼，举止适度，彬彬有礼，尊重他人已成为日常的行为规范。

（3）仪表。它指人的外表，包括仪容、服饰、体态等。仪表属于美的外在因素，反映人的精神状态。仪表美是一个人心灵美与外在美的和谐统一，美好纯正的仪表来自高尚的道德品质，它和人的精神境界融为一体。端庄的仪表既是对他人的一种尊重，也是自尊、自重、自爱的一种表现。

（4）仪式。它指行礼的具体过程或程序，是一种比较正规、隆重的礼仪形式。人们在社会交往过程中或是组织在开展各项专题活动的过程中，常常要举办各种仪式，以体现出对某人或某事的重视，或是为了纪念等。常见的仪式包括成人仪式、结婚仪式、安葬仪式、凭吊仪式、告别仪式、开业或开幕仪式、闭幕仪式、欢迎仪式、升旗仪式、入场仪式、签字仪式、剪彩仪式、揭匾挂牌仪式、颁奖授勋仪式、宣誓就职仪式、交接仪式、奠基仪式、洗礼仪式、捐赠仪式等。仪式往往具有程序化的特点，这种程序有些是约定俗成的。在现代社会，仪式中的有些程序是必要的，有些则可以简化。而且，仪式已有越来越简化的趋势。但是，有些仪式的程序是不可省略的，否则就是非礼。

小贴士6　　　　　　　　　**参加升国旗仪式时的礼仪**

严格遵守升国旗的礼仪是维护国旗尊严、增强公民国家观念的体现，所有人都要按《国旗法》的要求以规范、统一的礼仪参加升国旗仪式。为此，应做到：

（1）举行升旗仪式时，起身站立，目视前方，双手下垂，神态庄严，聚精会神，面向国旗，肃立致敬。

（2）每个人要仪表规范，仪态庄重，穿着整齐，脱帽肃立。

（3）在升国旗的过程中要保持安静，不许喧哗、走动、打闹、东张西望、心不在焉。

（4）当参加升旗仪式迟到时，恰逢升国旗奏国歌，要立即停止走路，严肃立正，等待升旗仪式完毕后，方可继续行走。

（5）需要唱国歌的时候要有激情，曲调准确，声音洪亮。

（6）升旗仪式结束，主持人宣布解散时方可走动。

（5）礼俗，即民俗礼仪，指各种风俗习惯，是礼仪的一种特殊形式。礼俗是在历史发展过程中形成的，普及于社会和群体之中并根植于人们的心中，是在一定的环境

重复出现的行为方式。不同国家、民族、地区在长期的社会实践中形成了各具特色的风俗习惯。"十里不同风，百里不同俗"，不但每一个民族、地区如此，甚至一个小小的村落都可能形成自己的风俗习惯。

（三）礼仪的特性

礼仪是人们在漫长的社会实践中逐步形成、演变和发展的。现代礼仪是在一番脱胎换骨之后形成的，具有文明性、共通性、多样性、变化性、规范性和传承性等特性。

（1）共通性。礼仪是人们在社会交往过程中形成并得到共同认可的行为规范。它贯穿于整个人类社会发展的始终，普遍存在于社会的各个领域，渗透到各种社会关系之中。只要人类存在交际活动，社会就有礼仪的存在。尽管不同的国家、地区、民族对礼仪内容的理解不同，重视程度不同，表现形式也不同，但都体现为社会共同认可的行为规范，就礼仪本身的内涵和作用来说，仍具有共通性。特别是在现代社会，世界各地人们的交往更为快捷、频繁，更为多样，礼仪更具有国际通用的特点。

（2）多样性。世界是丰富多彩的，礼仪也是五花八门、绚烂多姿的。世界各地的民俗礼仪千奇百怪，几乎没有人能说清楚世界上到底有多少种礼仪形式。从语言的表达礼仪到文字的使用礼仪，从举止礼仪到规范化礼仪，从服饰礼仪到仪表礼仪，从风俗礼仪到宗教礼仪等，在不同的国家、不同的场合，其表达方式也有所不同。比如，在国际交往中，仅见面礼节就有握手礼、点头礼、亲吻礼、鞠躬礼、合十礼、拱手礼、脱帽礼、问候礼等，可谓多种多样、纷繁复杂。

不仅如此，有些现代交际礼仪所表达的内容，在不同国家或地区有可能截然相反，甚至一个国家不同地区也可能有不同的含义（见表1）。

（3）规范性。礼仪规范的形成，不是人们抽象思维的结果，而是对人们在社会交往实践中所形成的一定礼仪关系的概括和反映。礼仪来源于长期的社会生活实践，被大多数社会成员认可并施行，成为调整人际关系的习惯性标准，形成人们普遍遵循的行为准则。这种行为准则约束和支配着人们的交往。它虽然不像法律那样具有强制力，但作为社会成员认同并遵从的规范，往往有一种无形的力量迫使人们遵守它，因为这种规范性是人们在一切交际场合必须采用的一种"通用语言"，是衡量他人、判断自己是否自律、敬人的一种尺度。

表1   手势在不同国家所表达的含义

手势	中国	美国	英国	法国	日本	印度	其他国家
	棒、厉害	顺利	搭车	搭车	男人、父亲	搭车	在孟加拉国意味着侮辱和挑衅
	最小的或倒数第一	打赌	—	—	女人、女孩、恋人	想去厕所	在缅甸表示想去厕所；在尼日利亚等国表示打赌
	数字0或3或表示同意	征求对方意见或表示同意、赞扬、了不起	数字0或一文不值	金钱	正确、不错	在韩国、缅甸表示金钱；在菲律宾表示想得到钱或没有钱；在印度尼西亚表示一无所有或一事无成；在突尼斯表示无用、傻瓜

（4）传承性。任何国家的礼仪都具有自己鲜明的民族特色，其当代礼仪都是在继承本国古代礼仪的基础上发展起来的。离开了对本国、本民族既往礼仪成果的传承，就不可能形成当代礼仪。这就是礼仪传承性的特定含义。作为一种文明积累，人们将交际应酬之中的习惯做法即礼仪固定、流传下来，并逐渐形成自己民族的特色。这不是一种短暂的社会现象，而且不会因为社会制度的更替而消失。对于既往的礼仪遗产，正确的态度不应当是食古不化、全盘沿用，而应当是有扬弃、有继承，更有发展。

小故事4

修理抽水马桶的外国小男孩

（四）礼仪的原则

人们的各种交际活动自始至终都有一些普遍性、共同性、指导性的规律可循，这就是礼仪的原则。探讨这些原则，有助于交际基本礼仪的规范化，增强人们对交际礼仪的认识，进而加强交际礼仪在社会活动中的指导作用。

小贴士8

"礼仪"的词源

（1）遵守原则。礼仪规范是为维护社会生活的稳定而形成和存在的，实际上反映了人们的共同利益要求。社会上的每个成员不论身份高低、职位大小、财富多寡，都有自觉遵守、应用礼仪的义务，都要以礼仪去规范自己的一言一行、一举一动。如果违背了礼仪规范，会受到社会舆论的谴责，交际自然就难以成功。

小故事5　　　　　　　　　　　　　　**失礼的代价**

在一次联合国会议上，苏联领导人赫鲁晓夫为了让人们安静下来，竟然脱下鞋子敲打会议桌。他的不雅举止显然违背了礼仪规范，更有损他本人及苏联的国际形象。在这次会议上，联合国做出决定：对苏联代表团罚款1万美元。可见，违背社交礼仪的遵守原则是不行的。

（2）敬人原则。尊敬是"礼"的本义，是礼仪的重点和核心。在对待他人的诸多做法中，最重要的一条就是要敬人之心长存，处处不可失敬于人，不可伤害他人的尊严，更不能侮辱对方的人格。可以说，掌握了敬人的原则就等于掌握了礼仪的灵魂。尊敬的作用是巨大的。

小故事6

朝天空吐唾沫的人，唾沫也会落在他的脸上

（3）宽容原则。一般来说，交往双方的心理总存在一定的距离，有不相容的心理状态，这种差异会在交往者之间产生思想隔膜，甚至会使关系僵化。要想缩小这种心理上的差异，使人与人之间多一份和谐、多一份信赖，就必须抱着宽容之心。宽容就是要求人们既要严于律己，又要宽以待人，要多容忍他人、多体谅他人、多理解他人，而不能求全责备，斤斤计较，过分苛求，咄咄逼人。唯有宽容，才能排除人际交往中的各种障碍；不能宽容他人的人，往往会得理不饶人，使人际关系恶化。共性是寓于个性之中的，人们应该维护和发展共性，以理解和宽容来增强人们之间的凝聚力。

小故事7

六尺巷

（4）平等原则。平等是人与人之间建立情感的基础，是取得最佳交际效果的诀窍，是建立和保持良好人际关系的基础之一。在尊重交往对象、以礼相待这一点上，对任何交往对象都应该一视同仁，给予同等程度的礼遇。不能因为交往对象彼此之间在年龄、性别、种族、文化、身份、财富以及关系的亲疏远近等方面有所不同而厚此

小故事8

萧伯纳与俄罗斯小姑娘

薄彼，给予不同待遇。当然，可以根据不同的交往对象，采取不同的方法。

（5）信用原则。守信是中华民族的传统美德，信守约定也是国际商务交往中必须严格遵守的一项原则。要遵守信用，做到守时、守约、说话要算数、许诺要兑现，"言必行，行必果"。在交际中只有讲究诚信，才能赢得他人的尊敬。

小案例7　　　　　　　　　　　　　　　八万两银子的破箩筐

乔致庸是清代著名的晋商。一次，包头东城万利聚商号的吴东家，因资金周转不开，向乔致庸借了八万两银子。当时，吴东家承诺：一年后连本带息全部还清。可一年的期限到了，吴东家不仅没还一分钱，借钱的事也闭口不提。更过分的是，他还主动找上门来，可怜巴巴地向乔致庸哭诉："我现在是穷得叮当响，家里仅剩下一个用来卖花生的破箩筐了，哪还得起你那八万两银子呀？"

乔致庸心里明白，吴东家这么做无非是想赖账。可他却安慰道："既然你已到了这步田地，我也不能逼你，就把那只破箩筐拿来抵债吧！"吴东家一听，心里顿时乐开了花，立刻送来了破箩筐。

吴东家走后，伙计急切地问："一个破箩筐怎么能值八万两银子，您这不是白白送他吗？"乔致庸笑了笑说："你照我吩咐的去做，吴东家自会把钱送来。"随后，乔致庸便让伙计把那破箩筐挂在店里最显眼的地方，标价八万两银子出售。人们听说后，都跑来看热闹，自然也就知道了破箩筐的事。后来，很多生意人知道了这件事，就都不愿意跟吴东家做生意了。这时，吴东家才意识到问题的严重性，只得乖乖地把欠款还清，赎回了那只破箩筐。

【点评】小胜凭智，大胜靠德，信誉是我们的重要资本。如果没了信誉，也就失去了做人的根本！

（6）自律原则。其要求个体把学习和运用礼仪当作自己的自觉要求，通过学习，在心目中树立起礼仪信念和行为准则，以此来约束自己在社会交往中的行为，并做到"吾日三省吾身"，不断地用礼仪规范对照检查自己的交际行为，以形成良好的礼仪习惯。只有做到"慎独"，才是一个真正讲礼仪的人。

小贴士9　　　　　　　　　　　　　社交活动中不要随便发怒

在社交场合随便发怒，会造成两种后果：一是对发怒的对象不友好，会伤了和气和感情，失去朋友、同事之间的友谊与信任；二是对发怒者不利，会对本人的身体和形象产生不良影响，人们会认为他缺乏修养，不宜深交。

在社会生活中，人们适应环境并求得环境的认可和接受，也是一种本能的表现。在社会交往中主要表现为以良好的心态与朋友、同事友好相处，不发怒或不发脾气，并从多方面克制自己。

（7）适度原则。俗话说："礼多人不怪。"人们讲究礼仪是基于对对方的尊重，这是无可厚非的，但是，凡事过犹不及，人际交往要因人而异，要考虑时间、地点、环境等条件。施礼过度或不足，都是失礼的表现。比如，见面时握手时间过长，或是见谁都主动伸手，不讲究主次、长幼、性别；告别时一次次地握手，或是不停地感谢，都会让人觉得厌烦。礼仪的施行只是内心情感的表露，只要情感表达出来，就完成了礼仪的使命。如果一味地重复，似乎有别人不理解、不领情之嫌，画蛇添足，实无必要。

（五）礼仪的功能

（1）塑造个人形象。这是现代交际礼仪的首要功能。在人际交往中，礼仪往往是衡量一个人文明程度的准绳，它不仅反映一个人的交际技巧和应变能力，还反映一个人的气质、风度、阅历、见识、道德情操及精神风貌。熟悉和应用现代交际礼仪有助于人们更好地设计、塑造、展现和维护个人形象。

小故事9   **小节的象征**

一位先生要雇一个没带任何介绍信的小伙子到他的办公室做事，先生的朋友挺奇怪。先生说："其实，他带来了不止一封介绍信。你看，他在进门前先蹭掉脚上的泥土，进门后又先脱帽，随手关上了门，这说明他很懂礼貌，做事很仔细；当看到那位残疾老人时，他立即起身让座，这表明他心地善良，知道体贴别人；那本书是我故意放在地上的，所有的应试者都不屑一顾，只有他俯身捡起，放在桌上；当我和他交谈时，我发现他衣着整洁，头发梳得整整齐齐，指甲修得干干净净，谈吐温文尔雅，思维十分敏捷。怎么，难道你不认为这些小节是极好的介绍信吗？"

资料来源　黄军建. 豁然开朗［M］. 北京：中国文联出版社，2001.

【点评】 良好的礼仪修养和表现就是交际中极好的介绍信，它能帮助一个人塑造良好的个人形象，赢得交际对象的认可，取得事业上的成功。

（2）促进人际交往。交际礼仪是人们沟通思想的桥梁，也是交际个体与其他交际个体、交际群体之间的"协调器"。人与人之间的了解和沟通，一般都是从彼此的礼仪表现开始的。讲究礼仪，可以唤起人们的沟通欲望，相互建立起好感和信任，进而形成和谐、良好的人际关系，并推动和维护这种人际交往。

小案例8   **一束玫瑰花**

乔·吉拉德是世界上最伟大的推销员。一天，一位中年妇女从对面的福特汽车销售部走进了吉拉德的汽车展销室。她很想买一辆白色的福特车。"夫人，欢迎您来看我的车。"吉拉德微笑着说。妇女兴奋地告诉他："今天是我55岁的生日，想买一辆白色的福特车作为送给自己的生日礼物。"

"夫人，祝您生日快乐！"吉拉德热情地祝贺道。随后，他轻声地向身边的助手交代几句。吉拉德领着夫人边看边介绍，一会儿，助手走了进来，把一束玫瑰花交给了吉拉德。吉拉德把这束漂亮的玫瑰花送给了这位女士，再次对她的生日表示祝贺。这位女士感动得热泪盈眶，当即在吉拉德这里买了一辆白色的雪佛兰轿车。

（3）改善人际关系。进一步讲，在人际交往过程中，人们只有讲究礼仪，共同用礼仪来规范彼此的交际行为，才能够更好地表现出互相尊重的情感，增进彼此的了解和友谊。当人们在社会交往中出现矛盾时，礼仪可以起到"润滑剂"的作用，促使人

小故事10

日本木村
事务所

们相互理解、相互谦让，协调和改善彼此之间的关系，增进彼此间的友谊，形成良好的社会环境。

（4）促进社会和谐。礼仪反映了社会的文明程度及公民的精神面貌，是精神文明的重要组成部分。人人遵守交际礼仪，可以净化社会风气，提升个人和社会的精神品位，建立一种体现时代精神的新型人际关系。特别是在当今商品经济大潮的背景下，礼仪有助于我们看到现实中存在的差距，进而提高社会的文明程度，促进社会的和谐发展。

（六）礼仪的修养

（1）提高认识，高度重视礼仪。正确的认识是形成人们良好的礼仪行为的先导。礼仪修养不仅是个人自尊、自律的基本要求，影响个人的事业发展及自我实现，而且关系到受教育者的健康成长，关系到国家、民族的文明程度。因此，要在思想认识上高度重视，把学习礼仪变成一种经常自觉的行为，内化成为一种习惯，并渗透到学习、工作、生活的方方面面，最终成为自然流露，体现出一种良好的个人修养。

（2）努力学习，加强知识积累。礼仪的内涵丰富而深刻，和许多学科都有着密切的联系。一个人只有拥有广博的文化知识，才能深刻地理解交际礼仪的原则和规范。例如，学习民俗学可以使我们更好地了解一个民族的文化传统、风土人情；学习美学可以使我们更好地懂得什么是美，什么是丑，怎样才能做到内在美与外在美的和谐统一；学习心理学可以使我们更好地理解和尊重他人的人格和情感，提高自我控制能力；学习公共关系学可以使我们懂得协调沟通、塑造组织形象和个人形象的方法等。显然，注重文化知识的学习，对礼仪修养来说是不可或缺的。

（3）陶冶情感，时刻尊重他人。在礼仪教育过程中，情感是由知到行的一个桥梁。陶冶情感就是要使受教育者产生一种尊重他人的真挚感情，能够时时处处替他人着想，对他人始终抱有一种热情友好的态度。我们大约都有这样的体会：在交际活动中，如果遇到一个热情诚恳的人，就能很快与其建立起一种良好的关系；相反，如果遇到的是一个冷漠无情或虚情假意的人，则难以营造融洽交流的气氛。通常，一个人可以很快地掌握一些礼仪方面的知识，但若缺少对人的情感，那么他就无法把这些礼仪形式完美地表现出来，这些形式也就成了没有灵魂的、僵死的躯壳。因此，我们可以看出，情感比认识具有更大的保守性，改变情感比改变认识要困难得多，陶冶情感是礼仪教育中更为艰巨的一项任务。

小案例10   **花3分钟感谢**

一家大公司的公关部招聘一位职员，许多人参与了角逐。公司的面试和笔试十分烦琐，一轮轮淘汰下来，最后只剩下5个人。这5个人都很优秀，都有较好的外在条件和学识，都毕业于名牌大学。公司通知这5个人，聘用谁得由经理层会议讨论通过才能决定。于是5个人安心地回家，等待公司最后的决定。

几天后，其中一个人的电子邮箱里收到一封信，是公司人事部发来的，内容是：

"经公司研究决定，你落聘了，但是我们欣赏你的学识、气质，因为名额所限，实是割爱之举。公司以后若有招聘，必会优先通知你。你所提交的材料录入计算机存档后，不日将邮寄返还于你。另外，为感谢你对本公司的信任，随信寄来本公司产品的优惠券一份。祝你开心！"

她在收到落聘邮件的那一刻十分伤心，但又为该公司的诚意所感动。两天后，她收到了寄给她的材料和一份优惠券，以及电子邮件中没有提及的一个带有公司标志的小饰物。她十分感动，顺手花了3分钟的时间用电子邮件给那家公司发了一封简短的感谢信。

但两个星期后，她接到了那家大公司的电话，说经过经理层会议讨论，她已被正式录用为该公司职员。后来，她才明白这是公司的最后一道考题。公司给其他4个人也发了同样的电子信件，也送了优惠券和小饰物。但是回信感谢的只有她一个。她能胜出，只不过因为多花了3分钟时间去感谢。

资料来源　代斌. 快乐心灵的思维故事［M］. 北京：北京燕山出版社，2008.

【点评】发自内心地尊重他人、关心他人，充分做到以人为本，是每个人做人的根本。

（4）磨炼意志，养成礼仪习惯。要使礼仪规范变成自觉的行为，没有坚韧不拔的意志是办不到的。意志坚强的人能有效地控制自己的言行，特别是在不顺利的情况下，也能不畏困难，始终如一地按照自己的信念待人接物。个体不该以"习惯成自然"为由，姑息迁就那些不合礼仪的坏习惯；应把对礼仪原则和规范的遵从变成一种习惯性行为，从大处着眼、小处着手，寓礼仪于细微之中，逐渐成习。

小贴士11

礼仪与公共关系的关系

课后练习

1.什么是公共关系？应怎样把握公共关系的基本内涵？

2.公共关系有哪些主要职能？

3.什么是礼仪？我们应如何正确、全面地理解和运用它？

4.礼仪的特性是什么？结合实际谈谈如何在交际中体现礼仪的原则。

5.将学生分组，走上街头观察并搜集礼仪在生活中应用的小案例。

6.以小组为单位，走访一两位商界人士，了解他们对公共关系和礼仪的看法及切身经历与体会。

7.案例分析。

请扫描右侧二维码，阅读案例原文，然后回答案例后的问题。

章后案例分析

项目 1：

绝知此事要躬行——公关工作程序

天下之事，虑之贵详，行之贵力，谋在于众，断在于独。

——［明］张居正

向着某一天终于要达到的那个终极目标迈步还不够，还要把每一步骤看成目标，使它作为步骤而起作用。

——［德］歌德

课程思政指南：

课程思政设计理念与融入路径

本项目内容	融入思政要素	预期目标	教学方式
公共关系调查	融入党实事求是的思想路线	注重实践调查，培养实事求是的精神品质，明晰"实践是检验真理的唯一标准"	新知讲授视频融入实际调研小组讨论线上学习
公共关系策划	融入创新、突破、务实的策划理念	引导学生用创新思维、务实作风全面、系统、准确地策划公共关系活动	
公共关系实施	融入中华优秀传统文化以及具体问题具体分析的思维	引导学生树立文化多样性的理念，并在公共关系实施过程中坚持个性与共性相统一的发展理念	
公共关系评估	融入和谐、公正、诚信等理念	引导学生以社会主义核心价值观对自身进行科学有效的评估	

任务 1

公 共 关 系 调 查

案例导入　　　　　　"先搞清这些问题"

有一家宾馆新设了一个公共关系部，开始，该部配备了豪华的办公室、漂亮迷人的公关小姐、现代化的通信设备等，但该部部长不知下一步要做些什么。后来，这位部长请来了一位公共关系顾问，向他请教"怎么办"。这位顾问一连问了以下几个问题："本地共有多少宾馆？总的床位有多少？旅游旺季时，来本地的外国游客每月有多少？我国港澳台游客有多少？我国内地（大陆）游客有多少？宾馆最大的竞争对手是谁？去年一年中，有哪些因服务不周而引发房客不满的事件？服务不周的症结在哪里？"这样一些极为普通而又极为重要的问题，使那位公关部长无以对答。于是，那位被请来的顾问说："先弄清这些问题，然后开始你们的公关工作。"

▓ 任务分析

要开展公共关系活动，必须从公共关系调查开始。公共关系调查作为组织开展公共关系活动的先导，是整个公共关系活动的"轴心"。正如赫伯特·A.西蒙所说：不论人们如何表达公共关系活动的流程，调查研究都是举足轻重的。因此，作为一个组织，应充分认识到开展公共关系调查的重要性，将公共关系调查视为正确、妥善地解决问题和纠纷的基本前提。

公共关系调查就是用科学的方法和客观的态度，以组织的公共关系历史和现状为研究对象，搜集有效的信息资料，为组织开展公共关系工作和做出相应决策提供技术支持。要想成功地开展公共关系工作，一个重要的前提就是进行公共关系调查。首先是要制订调查方案，即根据调查研究的目的和对象，在进行实际调查之前，对调查工作的各个方面和各阶段进行通盘考虑和安排，制定出合理的工作程序。调查方案设计起着统筹兼顾、统一协调的作用，能使调查更有针对性，使其更加系统、更加完整地反映调查对象的整体面貌。

通过本任务的学习，学生能够明确公共关系调查的内容，按照公共关系调查的一般程序开展公共关系调查并撰写公共关系调查报告。

■ 实训设计

公共关系调查训练

实训情景：以下两个实训情景任选其一开展调查。

（1）企业形象调查与分析：要求对本地某一知名企业的形象（如产品形象、服务形象、员工形象、外观形象等）进行调查与分析。

（2）大学生消费水平调查：要求针对本校大学生的消费水平进行调查，提交有分量的调查报告，给大学生以良好的建议。

实训目的：掌握公共关系调查的方法和程序，学会设计调查问卷、撰写调查报告等。

实训学时：2课时。

实训地点：公共关系实训室或教室。

实训步骤：

（1）将全班学生分组，每组5～6人，以小组为单位进行调查。

（2）设计1～2份20题左右的调查问卷。

（3）小组成员分工协作，开展公共关系调查。

（4）统计、汇总调查结果。

（5）以小组为单位完成一份不少于1 500字的调查报告。

实训说明：每班选择2～3份优秀的调查报告；由本组同学讲解调查过程中采取的方法及遇到问题时采取的应对策略；展示调查过程中搜集到的书面材料；展示调查问卷的统计方法及发现的问题。

一、公共关系调查的内容

公共关系调查的内容及范围主要涉及组织的基本状况、组织形象、公众评价和组织开展公共关系活动的条件等。

（一）组织情况调查

组织的基本情况是公众评价的首要对象。要正确地评价公众的意见，公共关系人员必须对组织的基本情况了如指掌。关于组织基本情况调查，主要有两方面的内容：

（1）组织的经营发展情况。这主要包括组织创建的时间、组织经营发展的目标（包括近期、中期、远期目标）；组织发展过程中的重大事件及引起的社会反响；组织对社会的贡献；组织的市场分布、市场占有状况以及市场竞争状况；组织的产品、服务及价格特点；组织的管理特点；组织的外观、厂名及商标特点等。

（2）组织成员的基本情况。这包括组织成员人数的变化、组织成员的精神面貌、一般成员的状况（包括年龄、文化程度、专业特长、兴趣爱好、家庭成员等），以及对组织发展做出过重大贡献的成员的情况和组织领导者的总体情况。

（二）组织形象调查

组织是通过评价和衡量组织形象的两个指标——知名度和美誉度来完成组织形象调查的。

（1）知名度。其表示有多少公众知道和了解组织及知道和了解的程度，包括组织的名称、标识、经营内容、历史、规模、产品、服务等。组织的知名度在一定意义上代表了组织获得公众理解与支持的范围，所以该项调查的（公众）范围比较广泛，可以是对组织诸多构成因素的综合考察，也可以是对其中的单项因素进行调查。通过知名度调查，不仅能明确组织在公众心目中的地位，而且可以详细了解组织的诸多构成因素对其知名度形成的具体作用。同时，也能为其他项目的调查工作提供基础资料。具体见表1-1。

表1-1 知名度调查问卷设计

项目	1	2	3	4	5	6	汇总
机构名称							
地点							
标识							
代表色							
历史							
规模							
经营内容							
产品A							
产品B							
服务							

（低） （高）

注：请被调查者对准项目在空格中打"√"。根据总分及各项得分，综合评价组织的知名度。表中1～6分别表示不知道、好像知道、知道、有些了解、了解、非常了解。

（2）美誉度。其表示有多少公众信任和赞赏组织及信任和赞赏的程度，包括对组织名称、标识、经营方式、产品或服务是否喜欢、信任等。组织美誉度的高低，基本上反映了组织的信誉与社会形象。该项调查一般是在组织知名度调查基础上进行的更深层次的调查工作。通过美誉度调查，在一定程度上能为组织指明经营方向。一个组织可能会为自己的高知名度而沾沾自喜，但如果美誉度调查显示出反向结果的话，则表明这是一种臭名远扬。组织要及时追根寻源，努力消除不良影响，以免后患无穷。具体见表1-2。

表1-2 美誉度调查问卷设计

项目	1	2	3	4	5	6	汇总
产品A							
产品B							
售前服务							
售中服务							
售后服务							

（低） （高）

注：请被调查者对准项目在空格中打"√"。根据总分及各项得分，综合评价组织的美誉度。表中1~6分别表示很怀疑、怀疑、一般、比较信任、信任、非常信任。

根据企业的组织形象状况，可以采取不同的公关对策。高知名度和高美誉度的企业，通过公共关系工作维持现状即可；低知名度和高美誉度的企业，可以在维持高美誉度的基础上，利用较好的组织形象设法提高知名度。

小贴士1-1

不同的公关对策

（三）公众评价调查

所谓公众评价调查，就是通过评估公众的意见和公共关系活动的效果，了解社会公众对组织相关行为的具体反应和建议。

（1）公众意见。其表示社会公众对组织有关问题的反应以及形成这种反应的具体原因，涉及组织的产品、服务、价格、管理、人员素质等问题。

公众意见调查要探明组织在目标公众心目中的形象以及他们之所以会有如此评价的原因。组织可以聘请一些熟悉业务、具有丰富的经验和综合分析能力的专家，运用座谈、信函、电子邮件等形式，请他们对组织面临的问题进行诊断并提出解决问题的建议。

公众意见调查不仅需要针对不同公众的知识水平、理解能力等进行多方面、多层次的有的放矢的调查，而且对各方面意见的汇总、整理也需要花费比较多的精力。例如，某个企业在消费者心目中的形象不佳，那么这种不信任究竟源于何处呢？是产品质量不过关，还是推销方式不适宜？是不相信企业的经营水平，还是对企业存有偏见？只有追根寻源，才能找到解决问题的关键。

小案例1-1 客人的意见

某家超市的门前放着一台海尔冷藏展示柜和一台微波炉。超市营业员从展示柜中取出冷藏的肉串，放在微波炉里烤熟，然后放在外面出售。不过有的时候烤得多了点，或者顾客买得少了点，熟肉串放在外面的时间一长就凉了。营业员就想，要是做冷藏用的展示柜同时也能够保温就好了。在海尔集团工作人员回访时，营业员把这个想法说了出来，立即引起了回访人员的注意。还有一位住宾馆的客人说过这样一句话："展示柜能够保鲜，但是我把一杯热腾腾的咖啡放进去，怎么保鲜呢?"这句话再次启发了海尔人，他们抓紧研制，仅仅用一个月的时间，一种新产品——"双温"展示柜就诞生了。新展示柜上面可以加热，下面可以冷藏。这种新产品刚一推出，便销售一空。

　　资料来源　作者根据相关资料整理.

　　（2）活动效果。它是指了解社会公众对组织开展的公共关系专门活动的评价。正确评价公共关系活动的真实效果并不简单。公共关系活动作为一项长期为组织树立良好形象、为组织获取最大经济效益创造条件的活动，在相当多的情况下是无法要求它直接创造利润的，所以，对组织开展的公共关系活动，往往不能用数量式的硬性指标来衡量，必须考虑到它所产生的滞后效应。

　　然而，通过公共关系调查，可以在一定范围内，用定量分析的方式，了解组织的公共关系活动是否能实现以最少的投入使信息传递到最大空间的目标。

　　接触率＝目标公众接触媒体人数÷目标公众人数×100%

　　单位宣传费用＝宣传费用÷受众人数

　　单位宣传费用效果＝（宣传后销售实绩－宣传前销售实绩）÷宣传费用

（四）公共关系活动条件调查

　　所谓公共关系活动条件调查，是指在开展公共关系活动之前，组织对开展活动的主客观条件进行调查研究。为了避免闭门造车，给组织带来不必要的损失，公共关系人员在开展公共关系活动之前或在进行公共关系活动策划时，应对支持公共关系活动的具体条件进行调研。其内容主要包括以下三个方面：

　　（1）对公共关系活动主体的人力分析。组织要使公共关系活动达到预期目的，应该考虑选哪些人员参加，人力是从组织内部挑选还是由外部公共关系公司委派，人员具备哪些特长，工作能力、经验和业绩如何，能否胜任相关工作等。

　　（2）对公共关系活动主体的财力分析。从某种意义上讲，这是一种投入-产出比分析。针对公共关系活动而言，就是组织所能投入的资金和活动所产生的效益是否成比例，资金的使用是否合理等。

　　（3）对公共关系活动客观环境的调研。客观环境调研分为宏观环境调研和微观环境调研两部分。宏观环境调研是对组织的经济环境、政治环境、法律环境和社会文化环境的认识。组织在开展公共关系活动之前，应对社会的政治、经济形势进行冷静分析，对市场和公众的社会心理进行认真研究。在市场活跃或疲软的不同环境下，公共关系活动的内容和效果是不大一样的。微观环境调研是对开展公共关系活动的具体条件、活动场地、设备以及各类有关规定等进行调研。公共关系活动的场地分为室内场地和露天场地，事先要调研场地面积、食宿场所和流动通道的情况等。关于设备的调研，一方面要调查清楚活动所需家具（桌椅、餐具、茶具）的数量、质量和档次，另一方面要调查清楚电子设备（电话、电视、音响、扩音器、投影仪、照明设备、话筒等）的数量及使用效果。

小案例1-2

西达·斯普林斯社区医院的公关调查

二、公共关系调查的程序

公共关系调查是一门艺术，既有科学性，又有技巧性。掌握公共关系调查的科学程序，是发挥调查艺术、强化调查效用的基础。

（一）确定公共关系调查的选题

确定公共关系调查的选题，实际上就是确定调查的方向。对公共关系人员而言，需要调查的情况十分繁杂。但是，在一项具体的调查活动中，由于时间、人力以及调查容量的限制，不可能也没有必要进行全方位、大规模的调查，通常只能开展有针对性、专题性、围绕某一方面内容的调查活动。

1.确定公共关系调查选题的原则

公共关系调查选题的确立是一项科学性与艺术性很强的工作，需要遵循以下几个原则：

（1）需要性原则。它是指根据社会组织的需要来选择和确定调查选题。根据社会组织的发展战略与规划，优先选择的调查选题应当是公众问题、市场问题、内部自身问题和环境问题。公共关系调查具有很强的功利性和服务性，应当针对组织当前迫切要解决的问题进行调查。例如，在开发新产品时，企业亟待了解的是公众的需求、对老产品的意见、经济承受能力等，故多以公众愿望、经济生活情况为调查选题。在处理经营危机时，组织亟待了解的是造成危机的原因、危机事件的动态情况、公众遭受损害的情况、危机事件的影响范围等，以便制定消除危机事件不良影响的对策，故此时多以危机事件本身作为调查选题。

（2）创新性原则。对公共关系调查而言，创新不仅可以提高调查成果的社会价值，而且可以激发公众参与调查、回答问题的积极性。这就要求公关人员在选择公共关系调查选题时，善于运用新理论、新思维、新方法，从新的角度提出有别于以前和有别于竞争对手的新选题，确保公共关系调查活动的顺利开展。当前，公共关系调查有自己的独特性，不同于一般的公共关系宣传活动，"创新求异"应有自己的"度"，不能一味地求新求异，而应以组织的需求为前提。也就是说，在公共关系调查选题确立的过程中，与创新性原则相比，需要性原则是第一位的。

（3）可行性原则。它是指组织所选择的公共关系调查选题在规模、深度上要契合组织现有的调查能力。如果公共关系调查选题规模过大，组织没有相应的人力、物力、财力条件，就不可能达到预期的调查目的。如果公共关系调查选题既深又难，而组织没有具备相应知识和文化素养的调研者，同样也不可能完成公共关系调查的任务。

（4）科学性原则。任何事物都有其内在的科学规律性。在确定公共关系调查选题的过程中，要进行科学分析和科学假设，运用相关学科的专业知识判断公共关系现象之间的内在联系，提出源于科学判断的选题，以保证公共关系调查活动的科学性。

2.确定公共关系调查选题的过程

公共关系调查选题的确定不是一蹴而就的，它需要经过筛选、判断、分析的过程。该过程由一系列环节构成：

（1）根据社会组织公共关系决策的需要，明确公共关系调查选题的基本概念与内涵，指出公共关系调查的方向和必须实现的目标。

（2）运用文献调查方法和直觉判断方法，明确公共关系调查选题的中心内容。公关人员在明确了选题的概念以后，可以运用文献调查方法，了解以往相关的调查研究成果，为确定本次公共关系调查选题的中心和重点内容提供参考，以便找出本次公共关系调查选题的关键所在。

（3）运用相关的学科理论和方法，形成公共关系调查选题的假设命题。在搜集了与公共关系调查选题概念相关的文献资料的基础上，公关人员即可根据相关的学科理论进行推理分析，在科学理论的指导下，围绕选题概念，撰写本次调查选题的假设命题。

（4）运用比较、判断的方法，对调查选题的假设命题进行综合评估。评估的标准有实用性、创新性、可行性、科学性等。如果判断结果表明假设命题对组织亟待解决的问题具有实用性，与以往选题相比具有新颖性，同组织的人力、物力、财力等条件又相符，用学科理论来衡量又具有科学性，那么选题就有价值，应当及时据此撰写调查问题，开展调查活动；反之，就说明选题有问题，需要重新设定标准，重新选择公共关系调查的重点，重新确定调查选题。

（二）制订公共关系调查方案

为了使公共关系调查工作能够顺利、系统并且有针对性地进行，制订调查方案是必不可少的。调查方案是开展实际公关工作的行动纲领。

1.确定公共关系调查的目的

公共关系调查的目的是了解社情民意，通过征询公众的意见，分析社会趋势，研究公众的社会需要，寻找树立信誉、协调经济效益和社会服务效益的途径。调查的任务是：寻求解决问题的具体办法，了解公众有哪些具体看法、要求和建议，以达到解决问题的目的。例如，确定了产品换代问题是企业中长期面临的最大问题，就应围绕这一问题弄清以下情况：①企业所面临的经济、政治、技术、社会等因素的变化趋势；②企业应采取哪些行动来影响公众，在产品换代问题上取得成效，并适应环境变化；③社会公众对产品换代问题的关心程度、紧迫感和提出问题所考虑的因素。

2.确定公共关系调查的对象

对象是调查的客体。明确了公关调查的目的后，就应该确认调查的对象。调查对象首先是"公众"。公众具有一些共同的特征，受相同关系或问题的影响。例如，面对相似的问题，公众对该问题有各自的看法、态度、主张，试图处理、解决这一问题。确定了调查对象后，公关人员还要注意以下两点：一是对目标公众进行分类，即确定调查对象的类别及其组合；二是由于目标公众的数量、集中度、背景、对问题的知晓程度和参与的积极程度各不相同，应该考虑公关调查对象的具体构成，包括调查对象的总量、分布地区、涉及的公众类型、涉及的社会领域、对象的知晓度和积极性。

3.确定公共关系调查的项目

项目是调查内容的具体化。公关人员应按照一定的逻辑顺序在调查项目下面注明需要调查的具体问题。公关调查主要有四项内容，即组织情况调查、组织形象调查、公众评价调查、公共关系活动条件调查。

4.确定公共关系调查的方法

公共关系调查的方法，即公共关系调查所采取的手段。确定公共关系调查方法的依据包括：①有利于定量与定性分析；②能达到公共关系调查的目的；③考虑现有条件。公共关系调查多以统计、社会测量、抽样和民间测验为主，这需要设计好统计表和问卷。

（三）实施公共关系调查方案

实施公共关系调查方案，实际上就是调查者根据调查方案的既定程序，在既定的范围和时间内，利用既定的调查方式、方法，向既定的公众搜集信息资料。这是整个公共关系调查过程中最重要的环节。公共关系调查方案实施过程中的主要工作有以下几项：

（1）组织公共关系调查对象群体。公众是分散的，而且数量庞大。公关人员要根据公关调查工作中的抽样方案，选择调查样本，把符合调查样本要求、具有代表性的公众挑选出来，作为本次公关调查活动的调查对象。

（2）积极协调各种公共关系。公关人员根据抽样方案选择的调查对象，一般与企业没有任何直接关系，公关人员对他们没有任何行政约束力。因此，在调查工作中，公关人员能否积极主动地协调好各种公共关系，取得公众组织、公众代表的配合与支持，就成为整个调查工作成败的关键。

（3）发放问卷引导调查对象回答问题。为了提高问卷资料的可信度，在公众填写问卷前，公关人员应做好动员、教育工作，使调查对象理解本次调查活动的价值以及他们填写问卷的注意事项，提高他们填写问卷的主动性和规范性。

（4）回收、整理问卷。调查对象填完问卷后，公关人员应及时回收问卷，并进行初步的问卷整理，把不符合要求的问卷作为无效问卷清理出来，归档另外收藏。一般出现以下情形的问卷都应视为无效问卷：①常规项目的填写明显有误；②只对少数问题做出回答而对大多数问题没有做出回答；③回答明显不认真，如整张问卷中所有问题都填写一个答案序号。这说明调查对象是未加思考、随意填写的，虽有答案，但并未反映出调查对象的真实状况。

（5）观察、记录公众的言行。在公关调查中，调查者要认真观察公众的言行，搜集公众在言谈举止中流露出的真实信息，并及时做好记录。利用这种方式搜集到的资料，比用问卷搜集到的资料更加真实、典型，因而更具有参考价值。

(四) 整理公共关系调查资料

资料搜集任务完成后，即可转入整理阶段。资料整理不仅有利于分析、研究资料，而且有助于调查工作的后期总结。

（1）公关调查资料的整理环节。其包括：①问卷核实与清理。公关人员根据本次调查活动的特点，给出核实问卷的标准和要求，确定有效问卷。②建立分类体系和分类标准，对资料进行归类。③资料主题小结。对于一些文字类资料，如问卷调查中的开放题答案、调查人员的观察记录材料等，相对来说比较零乱，公关人员应列出主题项目，对各种资料按主题项目进行小结、归纳，制作出"主题项目资料登记卡"。④资料统计。对于问卷调查中的封闭题答案，公共关系人员可以借助电脑进行统计，计算出公众在每个问题上的意见分布数值。⑤进行数据处理，建立数据库。根据问卷的问题设置，分项目编制表格，把统计的数据结果填入相应的表格项目中，建立本次调查结果的数据库。

（2）公关调查资料的类型。公关调查资料经过整理后，主要有两大类型，即文字类资料和数据类资料。文字类资料，就是把公众在问卷中所写的意见、在交谈过程中所表达的观点、调查者在观察中所记录的信息等归类以后所形成的公众意见资料。数据类资料，一般是指公关调查资料数据库和数据表。

(五) 总结公共关系调查工作

总结是公关调查工作的最后一个环节。在这一阶段，涉及的工作主要包括两个方面：

（1）撰写公共关系调查报告。公共关系调查报告是调查者利用公关调查活动获得的信息资料和据此形成的分析结论所撰写的一种应用文。它有其基本文体格式和写作内容方面的要求，但在具体的写作过程中仍应针对具体情况灵活安排其写作结构。表1-3是一般意义上的公关调研报告文体格式与写作要求。

表1-3　　　　　　　　　　　公关调研报告的文体格式与写作要求

文体格式	常用形式	基本内容	写作要求
标题	公文式标题、新闻式标题		醒目、精练、新颖
导言	叙述式、提问式、总结式	介绍调查工作概况（如调查时间、范围、方式、内容、目的等）	点明主题、高度概括、精练简短
正文主体	逻辑分叙式、表格说明式、条文列举式	对现状资料分项目汇总叙述；分析形成该现状的内外原因和影响因素；提出建议和措施	主题明确、中心突出、材料典型、逻辑性强、条理清晰
结尾	归纳式、警告式、口号式	全文小结	渲染全文、加深印象
署名	标题之下或全文之后	调查单位、写作时间	简单明确
附件	原件、资料卡、表格等	调查表、典型材料、数据库	为正文服务

（2）撰写公共关系调查工作总结报告。公关调查工作结束后，应及时进行工作总结，总结经验，吸取教训，并撰写公共关系调查工作总结报告，为以后开展调查活动提供参考。公共关系调查工作总结报告是一个总回顾。在写作格式上，一般包括标题、正文和署名三部分。标题可以用公文式写法，也可以只有内容概括；正文的内容主要有调查工作基本情况概述、成绩、经验、缺点和问题等。

三、公共关系调查的方法

微课 1-1

公共关系
调查的方法

要顺利地完成公关调查任务，必须借助行之有效的科学调查方法。公关调查所运用的主要方法有访谈调查法、问卷调查法、网络调查法、媒体研究法。

（一）访谈调查法

公关访谈调查法是访问者通过口头交谈等向被访问者了解相关情况的方法。它表现为公关调查人员根据设计要求，围绕某个主题，通过与被访问者谈话、讨论有关问题及了解人们的行为特征和动机，以达到搜集材料的目的。

1. 访谈调查法的特点

了解公关访谈调查法的特点，运用时扬长避短，对公关调查人员来说，无疑是重要的。访谈调查法具有如下特点：

（1）灵活性。访谈调查法既可激发被访问者的兴趣，实现很高的回复率，也可限定某一特定人群的回答，增强回答的针对性。调查人员可根据访谈时的具体情况灵活调整访谈的方式、内容。

（2）调查的范围比较广泛。访谈调查法不仅可以了解当时当地正在发生的各种情况，还可以询问过去和外地出现过的情况。

（3）适用于各种调查对象。访谈调查法不仅适用于有一定文化程度的人，也适用于文化程度较低的人。

（4）受到调查者与被访问者两方的限制。调查者个人的访问技巧、人品、气质、性格特征等都会直接影响调查结果；被访问者的合作态度和回答问题能力的差异使其提供的材料的质量也不一样。

（5）有些问题不宜当面询问。如涉及个人隐私或较敏感的问题，即使被访问者作了回答，也常常是不真实的。

（6）需要的人力、物力、财力和时间较多。访谈调查法一般用于那些对准确性要求较高的问题研究，或用于探索性研究。

2. 访谈调查法的类型

访谈调查法的类型指根据不同的标准划分出的访谈类别，主要有以下三种：

（1）结构访谈和无结构访谈。结构访谈是按照预先制订的计划和既定的程序进行的，其特点是问题标准化，然后由被访问者回答或选择；无结构访谈是指调查者只对所要询问的问题提出基本要求，以开放式问题为主，答案不受限制。

（2）个别访谈和集体访谈。个别访谈是指由调查者与被访问者逐一进行面对面的谈话，将回答记录下来；集体访谈是指由调查者与若干被访问者进行座谈，要求把握好主题，营造民主、自由的气氛。

（3）一次性访谈和追踪访谈。一次性访谈是就某一时点或某一时期内人们的态度、行为等进行的调查，通常是对某一特定问题或某一事件的调查；追踪访谈是对人们的态度、行为等进行的连续的、长期的调查，它通过多次访谈，调查了解人们的动态信息。

3.访谈调查法的实施

访谈调查法的具体实施步骤包括：

（1）访谈准备。制订访谈计划，草拟谈话提纲，了解被访问者的情况，选择适宜访谈的时间和地点，预备必要的访谈工具（如调查表格、笔纸、录音机及本人证件）等。

（2）营造良好的访谈环境。见面伊始，要大方有礼，友好寒暄，同对方建立起相互信任的关系；说明来意，使对方了解调查的目的和内容；说明调查对被访问者的意义，被访问者知晓调查对自己有益，可能会更主动地配合；谈话要尽量自然和轻松愉快，并且态度要保持中立，不宜对回答作肯定或否定性评价。

（3）确立共同的意识范围。访谈应做到双方对同一问题的理解一致，避免答非所问的情况；最好从被访问者感兴趣的问题入手，逐渐深入到调查的核心问题；如果对方对某些问题不愿回答或不便回答，应体谅对方的难处，不要急躁或施加压力，采取耐心温和的态度，成功的可能性更大。

（4）做好记录。记录要客观真实，不能把调查者自己的意见、态度加进去；访谈中记录可能较乱，之后要立即核实整理。

（二）问卷调查法

公关问卷调查法是根据调查目标设计调查表并由公众填写而进行调查的方法。它简单易行，是目前国内外社会调查中使用较为广泛的一种方法。按问卷投递方式的不同，公关调查问卷可分为网络问卷、报刊问卷、邮政问卷、送发问卷和访问问卷等。

1.问卷调查法的使用条件

调查者要区分情况，合理使用公关问卷调查法：①调查范围较广，不宜当面访谈，应采用问卷法；②被访问者文化水平太低，对问卷看不懂，则不宜采用问卷法；③如果所要取得的材料涉及常识性的事实、行为或态度，回答者不会因顾虑而拒绝回答，可采用问卷法；④一般情况下，问卷的回收率不高，65%以上为较好，因此，如果要求较高的回收率，最好采用与访谈法相结合的方式来进行调查。

2.问卷的分类

公关问卷的类型主要有三种：

（1）开放型问卷。这种问卷的问题虽然对每一个被访问者都是同一的，但被访问者可以根据自己的情况自由作答。比如：你对本公司有何评价？

（2）封闭型问卷。这种问卷不仅问题是相同的，而且每一个问题事先都给出了答

案选项，供被访问者从中选择自己认为最恰当的答案。比如：你对本公司满意吗？（很满意、满意、无所谓、不满意、很不满意）

（3）半开放型问卷。这种问卷是前两种问卷的混合型，既有供选择的答案，又有供被访问者发挥的余地。

不论哪一种问卷，都应根据公关调查的需要和问卷的类型来设计，以便于提出问题和整理资料。

3.问卷的技术设计

问卷设计是根据调查的目的和要求，将所需调查的问题具体化，使调查者能顺利地获取必要的信息资料，以便于统计分析的一种手段。能否根据实际情况设计出一份完美的问卷，在很大程度上决定了调查问卷的回收率、有效率、回答的质量甚至一项调查的成败。但是，设计一份完善的问卷并非一件轻而易举的事情，问卷设计人员除了要具备统计学、社会学、经济学、心理学、计算机软件等多方面的知识外，还需要掌握一定的技术。可以说，问卷设计是科学与艺术的结合。一份科学的问卷不仅要求所设置的调查项目（问题）能满足调查的全部需要，而且要求所设计的问卷有利于调查资料准确、及时、完整地搜集，便于计算结果的统计处理。

（1）标题的设计艺术。问卷的标题要概括说明调查的主题，使被调查者对所要回答的问题有一个大致的了解。标题应简明扼要，易于引起回答者的兴趣。例如，"我与考试——大学生考试心理问题调查"（正副标题形式）；"乘用车油耗国标出台，车市将发生哪些改变？"（设问形式）；"你为'什么'而工作——2024年工作价值观调查问卷"（正副标题形式与设问形式）；"湖南省投资环境调查问卷"（直接陈述式）。对于问卷的标题，采取正副标题形式与设问形式比采用直接陈述式更能获得被调查者的合作，因为这样的标题更能引起被调查者的注意力，在网络上、报刊上经常能见到这样的调查问卷标题；千万不要简单采用"调查问卷"这样的标题，它容易导致被调查者不必要的怀疑而拒答。

（2）问卷说明信、指导语的设计。说明信和指导语是问卷的重要组成部分，必须予以重视。

①说明信的设计。调查问卷有多种形式，如自填问卷（即由被调查者自行填写的问卷）、访问问卷（即由调查人员提问并代替被调查者填写的问卷）等。自填问卷又可分为邮发问卷（即通过邮寄或在报刊上刊发的方式送到被调查者手中的问卷）和自发问卷（即由调查人员直接送到被调查者手中并当场收回的问卷）。但无论哪一种调查问卷，开宗明义，首先都必须向被调查者说明组织者（或实施者）的身份，调查的目的、意义、内容和基本要求。对于含有可能会涉及被调查者个人某一方面隐私问题的调查问卷，还必须做出保密承诺，以消除被调查者的顾虑，取得他们的理解、支持与配合；否则，被调查者连调查究竟是怎么一回事都搞不清楚，即使勉强参与，又岂肯轻易表明自己的真实想法？

说明信，就是组织者（或实施者）致所有被调查者的一封短信。它的目的是向被调查者说明上述有关情况，拉近调查者和被调查者之间的关系，使问卷调查得以顺利进行。所以，说明信一般放在调查问卷的开头，文字不必太多，但格式必须规范，语气尤应谦和、诚恳，切不可给人留下生硬、不敬之感。以下是两篇范文：

范文1：

尊敬的先生/女士/小姐：

您好！

本公司为了进一步改进工作，更好地提供您所需要的产品和服务，决定于近期开展一次"了解市场、了解用户"的市场调查活动。敬请您在繁忙的工作（学习）之余抽些时间填写本调查问卷。凡填写调查问卷的朋友，均可获赠本公司精美纪念品一份。

填写本问卷不记姓名。本公司将严格遵守《中华人民共和国保守国家秘密法》的有关规定，对您所填内容给予保密。故请您放心填写，真实地表达您的意见。

谢谢您的支持与合作！

××公司公共关系部

2024年5月

范文2：

尊敬的朋友：

您好！

为了有效地防范和处理企业经营中可能出现的各种危机事件，保证企业始终具有良好的公众形象，推动企业的可持续发展，我们接受委托，将组织国内资深专家，帮助贵公司开展一次高层次的危机管理咨询和策划活动。为此，拟先在公司内部做一次调查。您是××公司的成员之一，敬请您协助完成这份无记名调查问卷，并真实地反映您的看法。您所提供的信息将由专家组专门处理，并严格保密。

谢谢您的支持与合作！

上海××公共关系有限公司

2024年4月

这两则说明信，一则用于外部调查，一则用于内部调查，所以在写法上略有不同。前者是向社会公众进行情况说明，所以语气更显谦恭，并特别强调这次问卷调查的目的是"更好地提供您所需要的产品和服务"，同时申明将赠送精美礼品表达谢意，以引起被调查者的兴趣，取得他们的支持和配合。后一则说明信中的被调查者均是该企业的成员，参与调查多少带有义务性质，所以重点在于阐明这一调查对企业发展的作用和意义，以激发被调查者的认同感和参与感。另外，虽然两则说明信都做了保密承诺，但因面对的被调查者不同，写法上也有区别：前者多少有点泛化，而后者则特别强调所获得的调查资料和数据将由外聘的专家组专门处理。道理很简单：这是企业内部调查，如调查问卷由该企业有关部门处理，则虽然不记名，有些员工还是担心自己的笔迹被本企业有关部门人员认出，在许多问题（尤其是涉及对企业和企业领导评价的问题）上就不敢表达自己的真实想法。有了这一特别强调，可打消这部分员工的顾虑，以获得真实、准确的资料和数据。

需要提醒的是：如果是邮发（或报刊刊发）的调查问卷，在说明信中还必须注明组织者（或实施者）的通信地址和联系方式，并明确告诉被调查者应将填好后的调查问卷寄回何处，以及礼品或纪念品（如果有的话）的领取方式。当即回收的自发问卷，则无须注明这些内容。

②指导语的设计。指导语又称"（问卷）填写说明"或"（问卷）填写注意事项"，是用来说明调查问卷的填写规范、指导被调查者正确填写问卷的解释性文字。需要说明的事项一般有：选择答案时所用符号的规定、答案的选项数目以及其他有关要求。如果调查问卷的题型变化不大，不分类别，则指导语一般置于说明信之后、调查内容之前。范文如下：

填写注意事项：

A.请在符合您的情况和想法的答案前打"√"或在　　中填写。

B.若无特殊说明，每一个问题只能选择一个答案。

如果调查问卷所涉及的内容需分成几个类别，每一类别的填写要求亦不同，则指导语也可分别置于每一类别调查内容之前。范文如下：

一、您对下列陈述的态度是什么？（在您选择的答案前打"√"，单项选择，多选无效）

……

二、请您认真思考并妥善回答下列问题。（在您选择的答案前打"√"，可多项选择）

……

三、如愿意，请谈谈您对本公司形象建设的意见与建议。（字数不限）

……

（3）问题的设计艺术。这是问卷设计的主要内容，就是确定调查所要询问的问题及其表达方式。问题的表述必须准确、简洁、易懂，使每个被调查者都能形成同一种理解，所以要认真琢磨、反复推敲。在问卷设计中，问题的数量不宜过多，一般控制在20个左右，答题时间控制在15～30分钟。在设计问题时可以运用以下技巧：

第一，问题必须与调查主题有密切关联。这就要求在设计问卷时，必须始终以调查主题为中心，重点突出，避免出现可有可无的问题。根据调查目的，找出与调查主题相关的"要素"，并逐层分解为具体、明晰的问题。因此，设计人员必须围绕调查主题和研究假设选择最必要的题目，既不能简略，也不能过于烦琐，更不能脱离实际。过于简略，无法达到调查的目的；过于烦琐，不仅增加工作量，还会降低问卷的回收率和填答质量。

第二，问题比较容易让被调查者接受。由于被调查者对是否参加调查有着绝对的自由，调查对他们来说是一种额外负担，他们既可以采取合作的态度——接受调查，也可以采取对抗的态度——拒绝回答，所以应最大限度地减轻被调查者的负担。问题的设计应该避免包含过多的计算，应着眼于取得最基本的信息，计算应在数据处理阶段通过计算机程序进行，这样可以减轻被调查者的负担。注意不能出现这样的问题："请问你家每人平均每年的食品支出是多少？"而应该换成"请问你家每月食品支出大概是多少"和"请问你家有几口人"两个小问题。设计问题时还必须选择与被调查者填答问题的能力相符的题目，凡是被调查者不能正确理解或不太理解的问题，都不应作为测试题目。例如，有的问卷中询问农民"你的价值观是什么"，像这样一些问题，可能会因被调查者不理解而不予回答。同时，问卷中应尽量少出现敏感性问题。当某些敏感性问题对调查目的非常重要而不可或缺时，要采取一些措施进行处理。

第三，避免使用含糊的形容词、副词，特别是在描述时间、数量、频率、价格等的时候。像"有时""经常""偶尔""很少""很多""相当多""几乎"这样的词，不同的人有不同的理解。因此这些词应用定量描述代替，以做到统一标准。例如：

"在普通的一个月中，你到百货商店采购的情况如何？"

（1）A.从不　　　　　B.偶尔　　　　　C.经常　　　　　D.定期

（2）A.少于一次　　　B.1～2次　　　　C.3～4次　　　　D.超过4次

上面这个例子中，（2）显然比（1）精确得多。

第四，避免出现诱导性倾向，提问应尽量客观。在有外界压力存在的情况下，被调查者提供的是符合压力施加方偏好的答案，而不是他自己真正的想法。因此，提问时应营造被调查者自由回答的气氛，避免诱导性倾向。例如，可以问"您觉得这种包装怎么样"，而不能问"您觉得这种包装很精美，是吗"。文句的表述应力求中立，忌用名人或权威的意见，诱导性问题会使回答结果不客观。

第五，要合理安排问题顺序。合理的顺序意味着问卷条理清楚，可以增强回答问题的效果，获得有效资料。问卷中的问题一般可按下列顺序排列：①先易后难、先简后繁。容易回答的问题放在前面，很难回答的问题放在后面；简单的问题放在前面，复杂的问题放在后面。问卷中的前几道题目容易作答能够提高回答者的积极性，有利于其把问卷答完，这是一种预热效应。②先一般性问题后敏感性问题。③先封闭性问题后开放性问题。封闭性问题又称选择性问题，回答者的作答方法是从问卷中已列出的多个答案选项中选择一个或多个答案。④先总括性问题后特定性问题。总括性问题指对某一事物总体特征的提问。例如，"在选择冰箱时，哪些因素会影响您的选择"就是一个总括性问题。特定性问题指对事物某个要素或某个方面的提问。例如，"您在选择冰箱时，耗电量处于一个什么样的重要程度？"总括性问题应置于特定性问题之前，否则会影响对总括性问题的回答。如把"您在选择冰箱时，耗电量处于一个什么样的重要程度"放在"在选择冰箱时，哪些因素会影响您的选择"的前面，则在后者的答案中，"耗电量"被选择的概率会偏大。

第六，适当加入相倚问题。在设计问题时常常会遇到这样的情况：有的问题只适用于一部分调查对象。而一个被调查者是否需要回答这一问题，常常视他对该问题前的另一个问题的回答而定。所谓相倚问题，就是这样一种问题，它对受访者是否适当，依其对前面过滤或筛选问题的回答而定。例如，"您是退休人员吗"和"您退休多长时间了"就是这样两个问题。通常把前一问题叫过滤性问题或筛选问题，而把后一问题叫相倚问题。

（4）回答方式的设计艺术。问卷中的问题有两类：开放式问题和封闭式问题。前者不设置答案选项，是让被调查者自由回答的问题；后者是设置若干可能答案，供被调查者进行选择的问题。回答方式的设计是针对封闭式问题而言的，具有相当的难度。通常，在设计回答方式时可以运用以下技巧：

第一，所列答案应满足互斥性与全面性的要求。互斥性指不同答案之间不能相互包含。一个问题所列出的不同答案必须互不相容、互不重叠，否则应答者可能会做出有重复内容的双重选择，影响调查效果。全面性指所有可能的回答在答案中都要出现。只有将全部答案都列出来，才能使每一个应答者都有答案可选，不至于因为所列答案中没有合适的选项而放弃回答。实践中，互斥性比较容易把握，全面性则有一定的难度。为做到全面性，设计者在熟悉调查项目关键信息的基础上可设置一个"其他"选项，以弥补设计者思维上的空缺，同时可以使选择项目适当减少。但是如果调查的结果中选择"其他"选项的达到10%以上，说明"其他"选项中还有关键信息没有提取出来，应重新设计答案。

第二，所列答案是中立的立场，不应有失偏颇。优秀的问卷设计者必须站在中立的立场设计问卷，绝不能加入个人的主观看法、意见，尤其是在设计备选答案时，要全面考虑，避免片面化，否则设计出的问卷无法客观反映被调查者的观点、态度。例如，有位学生在设计《高校新生心理健康状况问卷》时，有这样一道问题："您进入大学后最大的愿望是什么？"备选答案有：A.提高学习成绩；B.加入学生社团，提高综合素质；C.参加社会实践活动，增强社会适应性；D.没想过/不知道。这道问题的最大缺陷在于备选答案中只有积极的观点，而未涉及消极的感受。虽然这些消极感受在现实校园中是极少存在的，但如果被调查者确实存在这些消极想法而问卷中没有涉及，那么在问卷分析时就只有积极的一面，无法反映消极态度，过于片面化。

第三，对于多项选择，由于项目较多，又有一定难度，判断上较模糊，就有可能出现一种"先入为主"的倾向，喜欢选列在前面的选项。对于这种情况，可以考虑将问卷分为两类：一部分使用A顺序排列选项，另一部分使用B顺序排列选项。当然，这会给调查结果的数据处理带来一定的麻烦，但SPSS的TRANSFORM菜单中的RECORD命令可将B顺序转换成A顺序。

第四，在多项选择中，由于事先列出了答案，很容易使一个不知道怎样回答或者没有看法的人猜着回答，甚至有随便乱答的可能。因此一般都设计有"无所谓""不知道""一般"之类的模糊型答案，以便使持有这种态度或不太了解情况的人，能真实地表达自己的看法与感受。

（5）问卷设计前后的艺术。在问卷设计前，应对所确定的调查主题进行探索性研究。由于问卷的设计人员不可能都是在调查主题方面有丰富实践经验的工作者或该方面的专家，因而，无论从实践还是从理论的角度来看，问卷的设计人员都不可能对所涉及的主题（问题）有比较深刻全面的理解。即使一份很成功的问卷，也不是一设计好就是成功的，必须要经历实践的检验。因此，在问卷初步设计完成之后，应该设置相似的环境，进行小范围试调查，并对结果进行反馈，及时进行修改。只有这样，才能形成最终的正式问卷。

小贴士1-2

抽样

总之，一份成功的问卷要做到不设置一个多余的问题，以最大限度地减轻实际调查的工作量，也不遗漏一个必不可少的问题；同时，还要有利于调查完成后的资料审核、整理和分析比较。所以说问卷设计既是一门科学，也是一门艺术，更是科学与艺术两者的完美结合。

（三）网络调查法

网络调查是指借助互联网和相应软件技术进行的调研。公共关系网络调查法可以克服传统调研样本采集困难、调研费用昂贵、调研周期过长、调研环节监控滞后等一系列困难。它适用于下列两种方式：[①]

（1）在线询问。它是指通过 Java（计算机编程语言）编写的网站应用程序，随机选择被调查者，并弹出问卷窗口，邀请其参加调查。在线询问与传统询问法相似，只是调查人员可以根据计算机显示器上读出的问题，同时向多个被调查者提问，并将他们回答的数据直接输入计算机中。此法可在同一时间里与 40 个人进行询问，且具有较高的经济性。

（2）电子邮件和来客登记簿。这是互联网上企业与被访问者交流的重要工具和手段。电子邮件附有 HTML（超文本标记语言）表单，被访问者可在表单界面上点击相关主题，填写附有收件人电子邮件地址的有关信息，然后发给企业。来客登记簿是让被访问者填写并发给企业的表单。电子邮件和来客登记簿不仅可使被访问者了解企业情况，而且可以帮助企业获得相关的市场信息，并对被访问者回复的信息进行分类统计，了解其地域分布范围等资料。

互联网的普及和发展，为组织开展大规模的网络调研提供了可能。相对于传统的调研方法，网络调研具有以下优势：一是广泛性，由于互联网没有时空、地域限制，网络调研的信息搜集具有广泛性；二是及时性，从被访问者输入信息到企业接收，利用计算机软件整理资料，马上可以得出调研结果；三是公众的共享性，网络调研可以拉近组织与公众之间的距离，增强了公众的参与感，提高了其满意度，实现了信息的全面共享；四是经济性，网络调研具有低成本的优势，大大减少了组织的人力和物力耗费及调研成本，通过网络的信息监控，还可以获得比传统调研方法更详细的对象资料。

网络调查法需要能熟练地运用网络技术、调研实践经验丰富的专业人员。它同时存在网络安全性问题。此外，网络调查法还存在无限制样本（即同一个人重复填写问卷）的困扰，进而影响调研结果的精确性。

（四）媒体研究法

从公共关系的角度来讲，媒体研究主要包括媒体环境分析、媒体机构分析和媒介分析。

1.媒体环境分析

媒体环境分析是指对目标传播区域的媒体进行系统的研究分析，从而发现和选择最有利用价值的媒体，并据此制定媒体的运用策略。研究一个区域的媒体环境，应该从该区域的基本概况开始，研究该地区的人口、经济和消费者情况，再结合该区域的媒体状况，把所有可能利用的媒体都罗列出来，并找出重点媒体，然后有针对性地对

---

① 杨加陆.公共关系学［M］.2版.上海：复旦大学出版社，2021：327-328.

这些媒体的优缺点进行分析归纳。

媒体环境分析可以采用专项调查、搜集二手数据等方法。例如，目标公众接受媒体的习惯，可以委托专业市场调查公司进行专项调查，也可以直接参考新生代市场监测机构每年两次的CMMS（China Marketing & Media Study，中国市场与媒体研究）报告。CMMS是新生代市场监测机构在中国大陆进行的关于居民媒体接触习惯和产品/品牌消费习惯的年度连续性调查和研究。

2.媒体机构分析

媒体机构分析主要侧重于对传媒机构的性质、资信、工作时间、工作规律、工作分工状况等的分析。

3.媒介分析

媒介是专业化的信息载体，媒介分析的内容主要包括以下五个方面：

（1）媒介的资信。这主要是对媒介本身作为信息载体在社会上的层次性、重要性、影响性和权威性等方面的分析，主要指标有媒介的级别、发行量、发行范围、收视率、覆盖面或影响范围等。

（2）媒介的报道动态。这主要是对大众传播媒介近期内的议题设置、报道动态的分析研究，以便组织寻找有价值的线索策划传播活动，制造新闻事件。

（3）媒介的立场。这主要是针对媒介对组织活动的基本立场、态度、关注程度和介入程度的分析，以便组织有针对性地敲定自身的媒介策略。

（4）媒介对组织活动报道的质量。从量上来分析，主要是统计报道的总次数（以年度见报次数和上镜次数计算）、报刊报道的篇幅（以字数计算）、广播和电视的报道时数（以分钟或秒计算）、参与报道的媒介的种类和数量等；从质上来分析，主要是分析参与报道的媒介的层级、报道安排的版面和时段、是重点报道还是一般报道、是正面报道还是批评报道等。

（5）社会舆论的反响程度。这主要是分析报道的反响情况，如社会公众的关注程度，因报道引发的来电、来信和来访情况，政府和各个方面的反应，后续报道情况，被其他媒体转载（播）情况等。通过社会舆论的反响程度，可以分析报道的传播效果。

课后练习

1.你所在学院团委拟开展一次大学生消费状况调查。通过调查了解大学生的消费状况、消费结构及消费观念，旨在帮助大学生杜绝不健康的消费习惯和观念，学会控制自己的消费行为，做一个理性的消费者，更好地理财，安排好自己的生活。在当前的国情下，这项调查不仅有利于掌握学生的消费概况，对塑造和培养其良好的世界观更具有实际意义。请制订一份相应的调查方案。

2.小王是刚分配到某单位的大学生，正好赶上该单位要对员工进行一次满意度调查，领导就把设计调查问卷的任务交给了小王。如果你是小王，你如何设计这份调查问卷？

3.王芳是某大型企业公共关系部经理，该企业总经理希望了解重要客户对企业产品的意见，于是要求王芳对几个重要客户进行访谈。在访谈时，王芳应采取哪些方法和技巧才能达到访谈的目的？

4.某航空公司在乘客中进行调查，设计了以下问题，你对每个问题的设计看法如何？

（1）你的收入是多少？

（2）你是偶尔还是经常乘飞机？

（3）你喜欢本航空公司吗？

（4）你认为航空公司除了提供餐饮外，还应提供什么服务？

（5）去年4月份你在电视上看到多少航空公司的广告？今年4月份呢？

（6）在评价航空公司时，你认为最显著的和决定性的因素是什么？

5.案例分析。

案例分析1

一张照片后的巨额利润

1964年，《中国画报》的封面刊出这样一张照片：大庆油田的"铁人"王进喜头戴大狗皮帽，身穿厚棉袄，顶着鹅毛大雪，手握钻机刹把，眺望远方，在其背景远处错落地矗立着星星点点的高大井架。几乎同时，《人民中国》杂志撰文报道说，以王进喜为代表的中国工人阶级，为粉碎国外反动势力对我国的经济封锁和石油禁运，在极端困难的条件下，发扬"一不怕苦，二不怕死"的精神，抢时间，争速度，不等马拉车拖，硬是用肩膀将几百吨采油设备扛到了工地。不久，《人民日报》报道了第三届全国人大开幕的消息，其中提到王进喜光荣地出席了大会。

当时，由于各种原因，大庆油田的具体情况是保密的。然而，上述由权威媒体对外公开播发的极其普通的旨在宣传中国工人阶级伟大精神的照片和新闻，在日本三菱重工财团信息专家的手里变成了极为重要的经济信息，揭开了大庆油田的秘密：

（1）根据对照片和新闻报道的分析，可以断定大庆油田的大致位置在中国东北的北部，且离铁路线不远。其依据是：唯有中国东北的北部寒冷地区，采油工人才需戴这种大狗皮帽和穿厚棉袄；油田离铁路线应该不远，否则王进喜等大庆油田的采油工人们无法用肩膀将几百吨设备运到油田。因此，只需找一张中国地图，就可轻而易举地标出大庆油田的大致方位。

（2）根据对照片和有关新闻报道的分析，可以推断出大庆油田的大致储量和产量，并可确定是否已开始出油。其依据是：从照片中王进喜所站立的钻台上手握钻机刹把的架势，可以推算出油井的直径是多少；从王进喜所站立的钻台与他背后隐露的油井之间的距离和密度，可基本推算出油田的大致储量和产量；接着从王进喜出席人代会，可以肯定大庆油田出油了，不然王进喜是不会当代表的。

（3）根据中国当时的技术水平和能力及中国对石油的需求，中国必定要大量引进采油设备。

于是，日本三菱重工财团立即集中有关专家和人员，在对所获信息进行剖析和处理之后，全面设计出了适合中国大庆油田的采油设备，并做好了充分的夺标准备。果然不久，中国政府便向世界市场采购石油开采设备。三菱重工财团以最快的速度和最符合中国要求的设计、设备获得了中国大量订单，赚了一笔巨额利润。此时，西方石油工业大国目瞪口呆，还未回过味儿来呢。

思考讨论：（1）三菱重工财团采用了哪些搜集信息的方法？这些方法有何优点？

（2）结合本案例谈谈公共关系调查对企业有什么作用。

案例分析2

公共关系调查问卷范例——大学生消费结构调查问卷

亲爱的同学：

您好！

为了进一步了解在校大学生的消费心理，熟悉大学生的消费结构，最终引导健康消费，我们组织了这项调查。请您在紧张的学习之余给我们提供宝贵的信息与意见。此项调查不记姓名，您在填表时不要有任何顾虑，请按照表中的说明在括号内（除特别注明外均为单选）据实填写。真诚感谢您的合作！

一、个人基本情况

1.您是（　　）。

A.男生　　　　　　　B.女生

2.您是（　　）。

A.大一学生　　　B.大二学生　　　C.大三学生　　　D.大四学生

3.您每月生活费是（　　）。

A.300元以下　　　B.300～500元　　　C.500～1 000元　　　D.1 000元以上

4.您是不是独生子女？（　　）

A.是　　　　　　　B.否

5.您家庭所在地是（　　）。

A.农村　　　　　　B.小城镇　　　　　C.大中型城市

二、某学院大学生消费基本情况（可多选）

1.您的经济来源是（　　）。

A.家庭提供　　　B.亲友或社会援助　C.勤工俭学　　　D.助学贷款

2.您每个月伙食费支出为（　　）。

A.150元以下　　　B.150～300元　　　C.300～450元　　　D.450元以上

3.您每月手机话费为（　　）。

A.30元以下　　　B.30～50元　　　C.50～70元　　　D.70元以上

4.您每月恋爱花费为（　　）。

A.300元以下　　　B.300～500元　　　C.500元以上　　　D.还未恋爱

5.您购买了（　　）。

A.手机　　　　　　B.个人电脑　　　C.iPad

6.您经常和同学一起进餐吗？（　　）

A.经常　　　　　　B.偶尔　　　　　C.从来不

7.您每月按消费额从多到少排列：（　　）。

A.生活费　　　　　B.学习费用　　　C.休闲娱乐费用

D.服装鞋帽、化妆品等花费   E.人情消费

8.您在哪些地方购物？（   ）

A.大商场或大超市   B.专卖店

C.小商品市场或批发市场   D.其他

9.您节假日是否曾和同学或朋友外出旅游？（   ）

A.有   B.没有

10.您的消费是（   ）。

A.有计划的   B.无计划的

C.有时有计划，有时无计划   D.只有大笔消费有计划

11.您的消费心态属于（   ）。

A.易冲动型   B.冷静理智型   C.都有

12.您在购买商品时主要考虑（   ）。

A.实用、耐用，价格合理   B.时尚，贵点也不愿问津过时产品

C.追求名牌   D.美观

E.稀奇有趣，能张扬个性   F.少花钱能买到更多东西

13.影响您消费的因素主要有（   ）。

A.广告促销   B.心情   C.同学、朋友的影响

D.理性消费，量入为出   E.随意购买

F.不受影响

14.已过去的大学生活中，您的透支情况是（   ）。

A.没有   B.偶尔   C.经常

15.您认为您消费结构合理吗？（   ）

A.合理   B.比较合理   C.不合理

思考讨论：（1）请对本问卷进行评价。

（2）请结合你所在高校的大学生的特点修订本调查问卷并实施调查。

任务 2

公共关系策划

案例导入　　　　　　　　法国白兰地的精彩"亮相"

1957年某日，美国首都华盛顿主要干道上竖立起了巨型彩色标牌："欢迎您，尊贵的法国客人！""美法友谊令人心醉！"整洁的售报亭悬挂着一长列美法两国的小国旗，它们精致玲珑，在微风中轻柔地飘拂，传递着温馨的情意。报亭主人特意设计绘制的"今日各报"的广告牌上，最鲜艳夺目的是美国鹰和法国鸡干杯的画面以及"总统华诞日贵宾驾临时""美国人醉了"等大标题，它们吸引着络绎不绝的路人。

马路上，许多轿车、摩托车、自行车涌向白宫……白宫周围已是人山人海，人们满面笑容，挥动法国小国旗，期待着贵宾的出场。

贵宾是谁呢？不是政府要员，不是社会名流，在美国总统艾森豪威尔诞辰日，光临华盛顿的法国特使却是两桶法国白兰地！

这是怎么回事？原来，这是法国公共关系专家精心策划的一幕公共关系杰作。

白兰地当时在法国国内已享盛誉，畅销不衰。厂商的目光开始瞄向美国市场。为此，他们邀请了几位公共关系专家，慎重研讨公共关系方案。受邀的专家们通过调查，搜集了有关美国的大量信息，并经仔细斟酌，提出了一项颇具新意的方案。其要点如下：公共关系宣传的基点是法美人民的友谊，整个规划的主题是"礼轻情义重，酒少情意浓"。择定的宣传时机是美国总统艾森豪威尔67岁寿辰。公共关系活动尽可能广泛地利用法美两国的新闻媒介，赠送的是两桶窖龄长达67年的白兰地酒。贺礼由专机送往美国，酒桶特邀法国著名艺术家设计制作。然后于总统寿辰日，在白宫的花园里举行隆重的赠送仪式，由4名英俊的法国青年身穿法兰西传统的宫廷侍卫服装抬着这两桶白兰地正步前行，进入白宫。

这项公关方案立即得到公司最高决策者的批准，并且获得了法国政府的赞赏和支持，外交渠道的绿灯也亮了。

这样，美国公众在总统寿辰一个月之前就从不同的传播媒介上获得了上述信息。一时间，法国白兰地成了新闻报道、街谈巷议的热门话题。千百万人都翘首企盼着这两桶名贵的白兰地的光临。

于是，便出现了前面所述的万人空巷的盛况。当这两桶仪态不凡的美酒亮相时，群情沸腾，欢声四起，有些人甚至大声唱起了法国国歌《马赛曲》。此刻，美国公众似乎已经闻到了清醇芬芳的酒香，更由此而品尝到了友谊佳酿的美味。

从此，法国白兰地昂首阔步地迈进了美国市场，国家宴会和家庭餐桌上几乎都少不了它的情影！

资料来源 周安华. 公共关系：理论、实务与技巧［M］. 6版. 北京：中国人民大学出版社，2019.

任务分析

法国白兰地打入美国市场，得益于其成功的公共关系策划：它淡化了推销意识，浓墨营造友谊氛围，"不著一字，尽得风流"；让美国总统成了自己的"广告媒体"，充分地利用了名人效应；利用传媒事先渲染、烘托气氛，使得"亮相"之前就已成为新闻界和街谈巷议的热门话题，这为公关高潮的到来奠定了良好的基础；隆重、热烈、富有法兰西民族特色的赠送仪式，不仅与受礼人的身份相契合，而且在暗示着法国白兰地和将要享用它的人的身份与地位。谁不想成为一个有身份、有地位的人呢？好的，法国白兰地可以满足你的这种需要。于是，最佳的公关效果产生了。

公共关系策划是公关工作的第二步，是指在公共关系调查的基础上进行运筹、制订方案，为公共关系计划的实施与公共关系评估提供依据。从某种意义上说，公共关系的竞争就是公共关系策划（方案）的竞争。因此，公共关系策划不仅处于公共关系工作的核心地位，而且关系着整个公共关系工作的成败优劣。

通过本任务的学习，学生能够明确公共关系策划的基本要求，按照相关程序进行公共关系策划，把握公共关系策划的要素，能够撰写公共关系策划方案，提高公共关系策划的艺术性。

实训设计

××巧克力情人节特别策划

实训背景："情人节"虽然源于西方，但近年来已经以其浪漫的情调与甜蜜的氛围征服了中国的年轻人。在五彩缤纷的情人节礼品中，鲜花和巧克力是经久不衰的两个黄金选择。这个弥漫着浓情蜜意的节日也因此成为巧克力消费的旺季，成为各种巧克力品牌大显身手、"逐鹿中原"的绝佳时机。为了巩固自身的市场地位，进一步提升品牌形象，扩大公司的影响面，××巧克力制造商准备借情人节之机举办系列公共关系宣传活动。

实训目的：提高公共关系策划的创新性和艺术性。

实训学时：2课时。

实训地点：公共关系模拟实训室。

实训要求：将学生分成3~4组，每组为××巧克力公司设计一份构思新颖、创意独特、具有一定可操作性的情人节公关活动策划方案。

实训建议：可以通过各种媒介与方法搜集××巧克力公司的相关背景材料，多关注其他巧克力产品的公共关系活动信息以资借鉴。

一、公共关系策划的概念和原则

（一）公共关系策划的概念

要明确什么是公共关系策划，首先必须弄清楚策划与计划、策划与决策的关系。

（1）策划与计划。这是两个既有联系又有区别的概念。策划，主要有谋略、筹划、计划、打算之意。美国哈佛企业管理丛书认为，策划是一种程序，在本质上是一种运用脑力的理性行为。换言之，策划是要找出事物的因果关系，衡量未来可采取之途径。策划是预先决定做什么、何时做、如何做、谁来做等。计划，是对未来事物所做的周密思考和具体安排。计划往往比较详细，它通常是微观思考的结晶。

策划与计划虽然都是针对未来事物（事务）的一种运用脑力的理性行为，但是，二者还是可以区分的。从公共关系的角度审视，策划可谓宏观上的谋略设计，而计划则是微观上具体的意图安排。计划是比较实际的、可操作的意图，它也是一个构思、谋划的过程。

（2）策划与决策。这也是两个既有区别又有联系的概念。策划是人们对未来事物（事务）所进行的谋略设计和构思的过程，其结果可能有多种方案选择。决策是人们为了实现既定目标，在几种可能实现目标的方案中选择最优方案的过程。中国策划思想的发展是由"谋""断"一体化趋向于"谋"与"断"科学分离的，即先"谋"后"断"。从过程来看，策划与决策是连续的、不可分割的。从概念上来看，策划的过程有决策的因素，因为每次策划都要进行科学论证；决策也有策划的内容，因为策划是决策过程中一个不可缺少的阶段，可以说，没有策划就没有决策。

（3）公共关系策划。公共关系主要研究组织如何处理与公众的关系，以及如何为自身塑造良好的社会形象。组织形象的塑造受到各种因素的制约，组织必须制定形象战略，并通过连续不断的公共关系活动去实现既定目标。因而，策划是公共关系工作中难度最大、层次最高、最引人注目的一项工作。所谓公共关系策划，就是指公共关系人员为实现组织形象战略目标，在公共关系理论的科学指导下，对各类公共关系活动所进行的谋略、构思、设计和计划的过程。

（二）公共关系策划的基本原则

公共关系策划是企业公共关系工作的中心环节。一个企业的形象能否良好地树立，能否很好地传播，在很大程度上取决于公共关系活动开展得好坏。而公共关系活动开展得好坏又取决于公共关系策划的优劣。因此，公共关系策划人员应该遵循一系列基本原则，确保公共关系活动策划成功。

1.实事求是原则

实事求是是公共关系策划最基本的一条原则。这一原则的含义是指：公共关系策划必须建立在对事实准确把握的基础上，向组织如实传递有关公众的信息，并根据事实的变化不断调整公共关系策划的策略和时机等内容。一位优秀的公关人员首先考虑的不是技巧，而是对事实的准确把握。他必须通过种种办法搜集关于公众的资料，关于组织与环境互补情况的资料，双方可能存在的不平衡、不协调的种种事实。只有掌握了足够的事实，他才能制订公共关系的行动计划。

公共关系策划人员在策划过程中要平心静气，摒弃自己的主观感受，认真调查，尊重事实，不要以自己的猜想、判断作为策划的依据；要用科学的方法去做相应的市场调查，要让数据证实自己的设想。换言之，要把自己的设想建立在数据和事实的基础上，具体而言，就是要做到：

（1）深入实际，认真调查。在进行公共关系策划之前，策划人员要对策划对象的现状进行深入、全面的调查，把自己头脑中的东西暂时埋藏起来，多竖耳朵少张嘴，尽量不带偏见地听听别人怎么说，尽可能全面、准确、客观地了解策划对象，使自己掌握的资料尽量与实际情况相吻合。

小案例 2-1　　　　　　　　　　　　**滞销房是怎样卖出的？**

有一年，美国芝加哥市一家房地产公司在密歇根湖畔建造了几幢质量上乘、设施完备的豪华公寓，命名为"港湾公寓"。港湾公寓虽然环境和服务优良、价格合理，但开售3年来，只售出了35%，降价后仍不见起色。这家公司决定通过公共关系活动来推动销售。

那么，是什么原因导致港湾公寓的销售如此惨淡呢？通过对附近居民和住户的民意调查发现，在密歇根湖畔居住的公众对公寓存在疑虑，如住进去是不是太清静、寂寞？交通不便是否影响购物？小孩上学怎么办？尤其是担心缺乏娱乐和夜生活。

在了解了周围居民的意见后，开发商就着手改变居民的这种看法，力图提高港湾公寓的知名度和美誉度。首先，公司选定公众对象，对现有住户、政府部门、意见领袖和新闻记者等的情况进行了分析，有针对性地开展了公共关系活动。公司的具体活动方案注意在满足住户生活需要的基础上有所创新。如完善了港湾公寓的生活设施，然后选定感恩节开展各种活动，通过已有住户向其亲友发放贺年卡、明信片，并组织了马戏团演出。其次，为便利出行，开发商资助政府建造了连接小岛和陆地的公路，然后组织政府官员、体育明星和电影明星等社会名流参观公寓，以增强这些意见领袖对公寓的直观认识。再次，开发商组织了"芝加哥历史纪念品大拍卖"活动，为建立教育基金捐款。最后，开发商利用美国国旗制定200周年之际，在公寓楼前组织升旗仪式。这些活动为公众了解港湾公寓奠定了良好的基础。在这项活动方案中，开发商针对当时存在的问题，坚持目标管理的思想，在具体策划公关方案时，创造性地运用了一系列手段，吸引公众的注意，改善公众的印象，最终推动了楼盘的销售。

（2）排除主观偏见，保证据实策划。策划中如缺少客观性，也就没有了科学性，策划也就不会成功。因此，公关人员要以科学的精神排除虚假因素的影响，把握问题实质；以对公众、对社会、对事业负责的精神，排除各种阻力和干扰，把握现实，据实进行策划和实施策划方案。

小案例2-2　　　　　　　　　　　　**日本兵库县脱贫致富策划**

　　1977年，日本兵库县丹波山上的居民请一位专家为该村进行脱贫致富的策划。这位专家认真地进行现场考察，他看到的是深山寒舍、崎岖山路、茂密的丛林；听到的是山风、鸟鸣、兽叫。他感觉这里荒凉无比，等于"没有任何东西"，而没有任何东西就等于生活在"原始社会"中。这种"令人绝望"的贫穷并未使专家丧失信心，考虑到生活在高度物质文明下的其他地区的日本人普遍有追求新奇生活、渴望回归大自然的心理，于是他从山区的"原始"状态着手开始策划，让居民在大树上建造小屋，并使其布满整座山。小屋离地三四米，能住五六个人，透风、摇晃，能听到风声、鸟鸣……消息传出后，城市里的人们都想体验一下数百万年以前人类祖先树上筑巢而居的生活。结果，人们纷至沓来，平均每天约有100人像猴子一样爬至树上的小屋住宿，当然，游客要花费很多钱。3年过后，这里的道路变宽了，通了公共汽车，居民的收入大大增加，村落开始繁华。

　　2.公众优先原则

　　公众优先原则，即公众利益优先原则，是公共关系工作的重要原则，更是公共关系策划的重要原则。

　　作为公共关系策划主体的组织（尤其是企业），以公众认可为其生存的前提，以公众信任为其发展的条件。企业的发展有赖于公众对企业的认同和支持，有赖于公众对企业行为的回应。企业在开展相关活动之前应该清楚地了解公众的利益倾向，企业要做的就是顺应公众的利益倾向，将自己行动的目的融入其中，在满足公众利益的同时实现企业自己的目的。公共关系策划者必须明确认识到：公众参与某些公关活动不是为了记住企业形象，也不是为了使企业获取更多的利润，而是为了自己的利益。在进行公共关系策划之前，公关策划者一定要深入分析目标公众的利益所在，不要被表面现象所迷惑，不要以自己的心态去推测公众的心态。公共关系策划者掌握的资讯过剩，很容易造成策划方案的"质量过剩"。

　　一个好的公共关系策划方案不在于它能改变公众、控制公众，而在于它能很准确地找到目标公众的利益点，从而吸引公众参与某项公共关系活动，并在这项活动中传递公共关系主体的相关信息，让公众在不知不觉中接受并反馈。

　　3.系统规划原则

　　公共关系的系统性表现为：①公共关系活动相对于整个组织活动是一个子系统，因而公共关系策划是组织活动策划的一个子系统；②公共关系活动的各个环节是整个公关活动的子系统，因而这些子系统的策划是公共关系策划不可分割的组成部分；③公共关系活动的每个子系统又是由众多因素构成的，公共关系策划必须使这些因素相互协调。

　　系统性原则应用到公共关系策划中，就是要如实地把公共关系策划作为一个有机整体来考虑，从系统的整体与部分之间相互依存、相互制约的关系中揭示系统的特征及运行规律，实现整体最优。其基本思想有三点：①对系统统筹安排，确定最优目标，实现系统最优。因为系统具有不同于各组成部分的功能，系统最优的核心要求是处理好局部优化和全局优化的关系。为使公共关系活动实现系统最优，必须建立公共关系系统工程，实行系统运筹，通盘安排系统中的子系统及其组成要素，使它们相互制约、互相促进，并且与外部环境相协调。②协调公共关系活动各要素与环境的关系，讲究整体的最佳组合。公共关系的各子系统具有不同的特征与目标，各自又处在特定的环境中，在时间和空间上又是相互分离的，这就需要做好协调工作，在注意系统全局的同时，还要把握各个局部，使其同步、匹配地进行活动。③考虑到公共关系策划的有序性，策划者要使公共关系策划的各项工作有步骤地进行。这是系统有序性的要求。

4.切实可行原则

公共关系策划者在策划公关活动之前，一定要做可行性分析，以确保公共关系活动目标的实现。可行性分析应贯穿于策划的全过程，即在进行每一项策划时都应充分考虑所制订的策划方案的可行性。策划方案形成后，必须进行可行性分析，以便选出最优方案。可行性分析主要从四个方面进行：

（1）利害分析。分析策划方案可能产生的利益、效果、危害情况和风险程度，综合考虑、全面衡量利害得失。

（2）经济性分析。考虑策划方案是否符合以最小的代价取得最优效果的标准，力求以最小的经济投入实现策划目标。

（3）科学性分析。它包含两方面的意思：①策划方案是不是在科学理论的指导下，在进行了实地调查、研究、预测的基础上严格按照策划程序进行创造性思维和科学想象而形成的；②策划方案是否能够高效率地实施，实施后各方面的关系是否能够和谐统一。

（4）合法性分析。考虑策划方案是否符合法律、法规的要求：一方面，策划方案要经过一定的合法程序和审批手续；另一方面，策划方案的内容及实施结果要符合现行法律、法规的规定和政策要求。

5.谨慎周全原则

凡事都需要策，用策必求制胜；同时，以策制胜，应慎之又慎。"老谋深算"在某种意义上反映了策划者的设计、策划总是力求疏而不漏，周全稳妥。世界上本无十全十美之事，因为策划者所掌握的客观情况受种种主观因素的制约，策划者的知识、胆略、思维方法等又各有长短，因此，凡策划只能在慎重之中求周全。但是，周全是相对的，不周全是绝对的，于万变之中求不变，于不周全中求周全，才能立于不败之地。

那么，怎样才能做到谨慎周全呢？一个公共关系策划方案的完成，首先要听取各方人士之高见，然后整理成文。此文还需交专家论证，在目标公众中测验，经过反复修改后才能定稿。作为公共关系策划人员，可能无法通过这样的程序化运作使某项公共关系策划方案达到最优，但至少可以通过这种方法避免产生最劣的策划方案。

6.独特新奇原则

独特新奇原则，寓意奇正相生，以奇制胜，核心在于"奇"。《道德经》中有"以奇用兵"之语。《孙子兵法》中说："凡战者，以正合，以奇胜。"对于奇正的概念，战国时的兵书《尉缭子》中提出："正兵贵先，奇兵贵后。"曹操说："正者当敌，奇兵从旁击不备也。"这些无疑把奇正的概念具体化了。

"出奇制胜"是人们常常引用的一句成语，策划者无不推崇这一思想。用奇旨在"出其不意，攻其不备"，这也是策划的出发点和立足点。众人意料之中的计谋，就不能称其为策划。"意外"可以说是策划中最精彩也是最危险的。武术中的基本功，如同策划中的"正"。"正"功练到家，临阵交战，才能运用自如。用奇，在很大程度上是对"正"的应变。应变才能出奇，应变才能制胜。

唐代军事家李靖说得好："善用兵者，无不正，无不奇，使敌莫测。故正也胜，奇亦胜。"这是说善于策划的人，没有不用"正"的，也没有不用"奇"的，或奇或正，使对方无法揣测，所以用正也胜，用奇也胜。讲奇正变化，就是讲策划的辩证法，使奇正互为对立、互为变化、互为统一。

需要补充说明的是，公共关系策划人员要把握好"奇"的分寸，要明白"奇由正出"的含义，先学会别人都在做的事，再去想那些别人没有做的事。

小案例2-3　　　　　　　　　　　**今世缘的"食运会"**

"今世缘"是地处苏北老区的一家白酒企业，1996年一创牌就打入了南京市场，最好的时候曾经在南京创下年销售额9 000万元的业绩。但2000年以来在南京的销售额逐年下滑，2004年居然下滑到3 000多万元，如何在2005年突出重围，再创佳绩，今世缘迫切需要寻找一个突破口。2005年8月中旬，"十运会"将在南京拉开帷幕，这是一个绝佳的机会。但相关政策规定不能冠名，不能打广告，那么怎么做呢？今世缘想到了一个大家都非常关心的问题——吃，于是就把"十"与"食"联系起来，在"十运会"期间办起了"食运会"。

"食运会"整个活动的基点是通过一系列的地面和高空宣传，告知广大来宁人员南京的美食文化、美食历史以及可供他们选择的特色餐馆，介绍南京的每一道名菜以及每一个特色餐馆的特色菜。通过这种贴身、贴心式的活动以及优质的后勤服务，真正让每一个来南京的人都了解南京、热爱南京，向每一个人充分展示南京的形象。"食运会"得到政府的鼎力支持也成为情理之中的事情。"食运会"邀请到了南京市商贸局、南京市旅游局、南京餐饮商会作为主办单位，这不仅增强了活动的权威性、影响力和号召力，而且引起了社会各界尤其是媒体的广泛关注和参与。

同时，通过"庆十运、今世缘杯南京百家餐饮名店名菜美食月"活动，评选出40家南京名店、80道金陵名菜，并且通过权威机构向这些名店与名菜授牌与颁发证书。整个活动不仅使众多餐饮企业获得了丰厚的利润，而且帮助它们获得了较高的知名度和美誉度。所以，活动项目甫一推出，南京餐饮企业踊跃报名，积极响应，热情程度大大超过了人们的想象，整个活动取得了空前的成功。

今世缘掌控了整个"食运会"，从前期到后期，从餐饮企业报名到媒体宣传，从宣传品发放到促销品兑现，在每一个环节都把今世缘新老产品的广告贯穿始终。如每一个参赛的企业都必须供应今世缘酒，必须在店内摆放商会统一发放的写真宣传板以及台卡（在所有的物料上都印有今世缘的信息）。今世缘就是通过这种迂回的隐蔽手段，成功"打入"了被其他酒类企业"买断"的餐饮饭店，以最小的投入成功地入驻各大知名餐饮饭店。

资料来源　黄焱. 今世缘与"十运会"的双簧绝唱〔EB/OL〕.〔2005-12-16〕. http: //www. emkt.com.cn/article/242/24265.html. 有删改.

问题：今世缘此次策划的公共关系活动为什么能够成功？

二、公共关系策划的创意思维

公共关系策划离不开创意思维。创意是策划的最闪光之处，是策划者创造性思维的结晶。

有这样一则寓言，率军征战的亚历山大在占领了小亚细亚的一座小镇后，被邀请观赏一辆神话传说中皇帝的战车，车上有一个用套辕杆的皮带奇形怪状地缠起来的绳子。据说驾驭这辆战车的皇帝曾预言，解开这个奇异的"高尔丁死结"之人就注定会成为亚细亚之王。所有试图解开这个怪结的人都失败了，最后轮到了亚历山大，他说："我要创建我自己的解法规则。"他抽出宝剑，一剑将"高尔丁死结"劈为两半。于是他就成了亚细亚之王。这则寓言深入浅出地道出了"创意"二字的真谛。创意是什么？顾名思义，"创意"就是创造性的意念，在英文中表述为Creative或Idea；它可以是一种意象、一个联想、一个观念或一个念头与点子。创意的质量高低，决定了策划主题的质量高低，也关系到整个策划的成败。在成功的公关策划中，一系列创造性的思维都是围绕创意展开的，都是创意的补充与拓展，或是创意的铺垫与具体化。当新颖的创意诞生时，其他的创造性思维就有了核心。

(一) 创意过程

公关策划创意，往往表现为灵感的突然闪现，表面上好像创意人员只要"眉头一皱"，就"计上心来"，而实际上却是"十月怀胎，一朝分娩"的产物。创意有其酝酿、产生、发展、消亡的过程。这个过程一般可分为准备、酝酿、闪现、成型和论证五个阶段。

(1) 准备阶段。公关策划人员首先要根据公关目标进行全面的准备，对经过调研得来的公关信息进行整理、筛选、分析、研究，得出结论，并据此确定公关活动的规模和范围。经过充分准备，使策划创意目标明确、问题清楚、条理明晰，保证创意的方向性、针对性和可行性。

(2) 酝酿阶段。在做好充分准备的基础上，策划者要按照已确定的公关目标方向，针对所要解决的问题，充分利用已有的知识和经验，大胆发挥想象力，通过非常活跃的创造性思维，对各种知识、经验进行加工提炼。

(3) 闪现阶段。在艰苦的创意思维阶段，策划者可能会突然地迸发出灵感的火花，出现一个新奇的构思，这就是创意的闪现。于是，原来纷乱的思绪一下子被它所吸引，并受其启发和影响而渐渐清晰，且集中于有希望的某一方面。不过，这时的构思仍像海市蜃楼一样模糊不清，或仅仅是一闪而过，因此必须把它紧紧抓住，并记录下来。

（4）成型阶段。灵感中所闪现的构思往往是零碎片断、简单粗糙、模糊不清的，只能算是"半成品"，必须把它加工成完整成熟、明确清晰、富有价值的"产品"，才能形成理想的公关方案。策划者要运用形象思维和逻辑思维两种方法对它进行进一步的加工，通过讨论争辩、各抒己见、集思广益使方案逐步成型和完善。

（5）论证阶段。创意基本成型后，公关策划人员还必须以冷静的态度、审慎的眼光和科学的方法，对所构思的公关方案进行科学的论证和检验，看其是否是一种创新，符不符合公关的客观规律，能否给组织带来效益，是否具备可行性等。经过周密的论证后，如果得到了大家的广泛认可，就可以形成策划方案。[①]

（二）创意方法

1.头脑风暴法

所谓头脑风暴法，是指人的语言不受约束，想什么说什么，或怎么想就怎么说，尽量地开阔思路，打开视野，无拘无束地发表自己的看法。其具体操作如下：

（1）邀请6～10个不同层次的人参加会议。

（2）会场环境舒适、气氛轻松。

（3）主持人只给出题目，不讲怎样做及看法。

（4）每位与会者只管听和讲，不许打断和批评别人的讲话，哪怕是非常荒唐或是异想天开的想法，也要让人讲下去。

（5）会议不要求产生统一的方案，由主持人会后通过对与会者所提的每一种方案进行分析、比较后最终定夺。

这一方法的最大优点就是与会者之间相互启发。但它比较费时，同时也易产生一些不具有可操作性的方案。采用这种方法时，最好挑选水平相差不太大的人一起进行，否则容易有心理障碍，也影响情绪。

2.专家意见法

专家意见法又称德尔菲法，是一种匿名通信方式。采用专家意见法的具体做法如下：

（1）根据策划内容的需要，选择专家并成立一个专家小组。

（2）将组织策划活动的有关资料（包括策划目标）等邮寄给各位专家。

（3）每位专家根据所收到的资料及策划要求，独立制订出自己的策划方案后，再邮寄给组织者。

（4）组织者对第一次收到的每位专家的策划方案加以整理、综合，然后寄发给各位专家。

（5）各位专家根据第二次收到的资料，重新制订出策划方案，然后将其邮寄给组织者。经过如此多次反复直至方案相对集中为止。

专家意见法具有以下优点：一是各位专家由组织者选定，不对外公开，专家之间

---

① 殷智红. 公共关系实务［M］. 大连：东北财经大学出版社，2017：128-129.

互不知晓，完全是匿名进行；二是各位专家独立思考，独自策划，互不交换意见；三是由于专家之间互不知晓，始终不见面，因此，无论各自的资历如何，相互关系如何，都互不影响；四是每位专家除充分发挥自己的想象力外，还可毫无顾虑地参考、借鉴他人的方案，使自己的方案更加完美。

三、公共关系策划的基本要素

进行公共关系策划时，应该重点把握以下基本要素和环节：

（一）背景把握

公共关系专题活动的策划，绝不是单纯的创意，几个人坐下来，凭着灵感，拍拍脑袋，想几个新点子就行的，它必须建立在一定的社会和市场背景的基础上。公共关系专题活动为什么要办？为什么要选择这一时间、这一地点？为什么采取这种方式而不采取另外一种方式？诸如此类的问题，如果离开了对一定的社会背景的把握和分析，就不可能找到正确答案，而且往往因此而使整个策划（包括再好的创意）以及后来撰写的策划书都成为莫名其妙的东西。按照规范操作的要求，在策划一项公共关系专题活动前，以下五个方面的背景材料是必须掌握的：

1.活动主办方情况

活动主办方情况指活动主办方（即某一社会组织）的发展概况、公共关系现状和需求以及有关产品和服务的特点等。任何一个社会组织，凡有意举办一项公共关系专题活动，都不是无缘无故的，都有着自身特定的需求和考量。从总体上说，自然是为了提高该社会组织的知名度和美誉度。但具体到"这一个"活动上，则又可能是为了改善自身与某一方面社会公众的关系，或出于推介某种产品的考虑。既然如此，在策划之前，就有必要了解：这一社会组织的基本情况如何？它在社会公众中的知名度和美誉度如何？组织的高层领导拟通过这样一项专题活动来达到什么目的？如果策划人员本身就是社会组织中的一员，对这些情况也许有所了解。但如果活动的策划由专业公共关系机构负责，策划人员均非这一社会组织的成员，或者活动的策划虽由这一社会组织的公共关系部门负责，但策划人员中有一部分外聘的专家，则这些外来人员就必须充分地了解和掌握上述情况，乃至对这一组织的服务和产品的特点有深入了解。比如，现在不少中外知名企业在一款新品上市时都要举行公共关系专题活动。试想，如果策划人员对企业的公共关系需求不甚了解，对所要推介的这款产品的特点茫然无知，自以为是，胡侃一气，还能有什么真正贴近企业需求、体现企业和产品个性的好的创意？

2.同类公共关系专题活动的历史资料

进行专题活动策划，最忌讳的自然是"撞车"，即所策划出的活动内容和形式与其他社会组织已开展过的某些专题活动雷同，甚至与这一组织以往举办过的有关活动如出一辙。这样推出的专题活动的影响力将大打折扣，整个策划也会因没有创意而宣告失败。须知，公共关系在中国发展到今天，层出不穷的专题活动差不多已把中外各类社会组织能想到的花样都"玩"了一遍，策划时要做到不"撞车"并不容易。有的公关人员有一种天真的想法：我不想知道以往有哪些专题活动，这样可以不受束缚地自由思考，产生新的创意。但他们最后很有可能不得不面对这样一个苦涩的事实：自己辛辛苦苦、绞尽脑汁所想出来的活动形式，人家确实早就尝试过了，甚至比你想得更新颖、更周全。换言之，尽管你主观上不想模仿，但这种"暗合"实际上使人产生了模仿的感觉。所以，在策划前，要注意搜集同类专题活动的历史资料，认真分析以往这些同类专题活动的特色和不足，一则可以避免"撞车"；二则不妨借鉴一下已有的某些活动的内容和形式，并有所创新，有所超越。实践证明，在许多情况下，打破以往一些活动的形式而加以重新组合，或反其道而行之，都有可能帮助策划人员产生新的灵感、新的创意。

3. 这一时期社会公众关注的热点话题

开展一项公共关系专题活动，其主要目的不在于活动本身，而在于这一活动的传播效应，即它能够引起社会公众的广泛关注，并促使社会公众加深对主办这一活动的社会组织的了解和好感。而要达到引起社会公众广泛关注这一目的，需要抓住一定时期的社会热点，利用社会公众本身就关注的某一活动，借势造势，搭船出海，以此来策划某一专题活动。问题在于：如何把握一定时期社会公众所关注的热点话题，或者更进一步，带有某种前瞻意识去预测和把握专题活动推出之时社会公众有可能关注的热点话题。这就需要在策划之前广泛搜集有关资料，并认真分析有关信息，尤其应注意两个问题：一是社会热点切换很快，某一话题也许几个月前还是社会热点，几个月后就不再引起人们的兴趣了；二是有些社会话题"热"虽"热"矣，却不一定适合特定社会组织开展专题活动的需要。所以，公共关系策划要抓住能为自身所用的真正的"热点"。

4. 国家的有关政策和规定

有经验的公共关系从业人员都知道，公共关系专题活动的策划必须注重可行性。而要切实保证策划方案的可行性，事先全面地了解国家的有关政策、法规，则是不可或缺的重要一环。有些策划，思想天马行空，初看颇有创意，策划人员自己往往也为此兴奋不已，并据此写成了策划书，但付诸实施时，却发现许多项目因为与国家的政策、法规相悖而很难落实或无法执行。如硬是置国家有关政策、法规于不顾，盲目执行，其结果必然是既受到政府主管部门的追究和处罚，又遭受社会公众的批评和指责。于是，本来旨在提升组织形象的公共关系专题活动，到头来很有可能严重损害了组织形象，正所谓"花钱买一个不是"，只能令人扼腕。所以，对于一项大型公共关系专题活动，策划时必须考虑：这一活动的主旨是否与国家有关政策相符，活动本身能否得到有关部门的批准；这一活动中的某些项目是否在法规的允许范围之内，需要到哪个部门去审批，能否得到批准；这一活动的传播方式、传播内容有无与国家相关政策、法规相悖之处，等等。其前提就是对国家有关政策、法规的充分把握。有人担心这会框住策划人员的创意思维，其实大可不必。任何创造，本就要受到诸多自然和社会法则的限制，而不可能随心所欲。在限制中创造，才会显示出策划人员的真本领，亦是公共关系从业人员应有的务实态度。

5.地域文化特征和活动场地情况

任何公共关系专题活动都是在特定地区选择特定的场地进行的。所以，事先了解特定地区的文化特征和特定场地的有关情况，是保证策划有效性的一个重要条件。须知，不同地区的人具有不同的文化心理特征，对某些事物、话题的反应也会有很大不同。同样内容和形式的一项公共关系专题活动，在北京有可能引起社会公众的广泛关注，获得巨大成功，但移到上海、广州等南方城市举办，则有可能反响平平，效果不佳，反之亦然。其症结就是对当地人特定的文化心理尚不能准确把握。试想，让一批对北京的地域文化缺乏了解的南方公共关系从业人员去策划一项拟在北京举办的专题活动，即使再有创意，其成功的概率又有多高？场地情况亦是如此。不论室内场地（剧院、礼堂、宾馆、宴会厅等）还是户外场地，都必须详细地了解场地本身和周边环境情况。如此，在策划时，就既能够充分利用场地及周边环境来营造活动特色，又能够注意到场地及周边环境的某种条件制约，从而不至于不着边际地胡思乱想，生造出一些不切实际、无法执行的"点子"来。

以上五个方面背景材料的搜集，自然有赖于策划前的调查工作。相对而言，这一调查还是比较方便的：上述材料大部分可通过文献调查获取（包括集中所有策划人员手中已有的文献资料），一小部分则可以通过访谈调查、问卷调查和观察调查加以补充。

小案例2-5

娃哈哈公关
策划注重
背景分析

（二）目标确立

公共关系策划是一种大脑的思维活动，是一个积极寻求完美答案的思维过程。因而，公共关系策划人员应掌握一整套谋划的科学思路，或者说应当事前将公共关系策划的基本要素加以组合，在头脑中搭建一个严谨周密的思维构架，以避免凭经验和直觉办事的随意性和盲目性。

为此，在策划中应当首先关注：就实现组织的总体目标看，组织在公共关系方面是否存在什么问题。

所谓问题，就是组织公共关系现状距离公共关系工作准则所呈现出的偏差。所谓发现问题，就是根据公共关系工作准则比较组织公共关系实际而确定出差距的过程。在公共关系发展的历史中，任何一次成功的策划，都肇端于发现和提出问题。

对组织外部环境的调查和内部资源的审定，实际上就是对主客观条件的了解。通过了解，发现组织的公共关系问题，并由此提出组织的公共关系目标，是公共关系策划要素组合的第一步。在确立组织公共关系目标时，应注意以下几点：

（1）目标必须是具体的。目标不应是一个抽象的概念或空洞的口号，如"良好形象"或"真诚的奉献"。它应当是组织在内外部环境条件下必须取得的实际成果，如"在某区域提升组织认知度5个百分点""与内部公众的和谐度提高3个百分点"等。

（2）目标必须是可测量的。公共关系的认识度、美誉度这两大目标均是可以测量的，因此，目标不应是模糊含混的。比如，在"使员工的参与意识得到极大提高"中，"极大"一词便是难以准确把握的。目标应是可以通过计算得到明确数据的结果，如"使80%的员工参与到本公司组织的这次活动中来"。

（3）目标应当是能够实现的。在确立目标时，必须考虑在组织现有条件下，能否解决问题，能在多大程度上解决问题。目标过高，难以实现，必然导致员工失望和沮丧；不考虑自身条件，盲目蛮干，只会以失败告终。

（4）目标必须有时间限制。组织公共关系活动要实现的目标，必须是在规定的时间里能够取得的结果，既非远不可及，也不应遥遥无期。

确立公共关系策划目标，大约是这样一个过程：首先，通过调查研究获得组织内外部环境与资源的大量材料，以材料去推断组织的优势与劣势、机会与风险、资源与条件；其次，通过对这些推断的分析，找出组织的公共关系问题所在；再次，根据问题的轻重缓急，排出解决问题的先后次序，并提出和界定首要问题；最后，通过对这一最重要问题产生原因的探索，找出问题的症结，根据组织的特质和组织的需要，确立组织公共关系策划的目标。

（三）主题提炼

主题，指公共关系活动中联结所有项目、统率整个活动的思想纽带和思想核心。提炼公共关系活动的主题，是公共关系策划过程中一个极其重要的环节。它好比确定一部大型交响乐作品的主旋律。我们听过《命运交响曲》、钢琴协奏曲《黄河》、小提琴协奏曲《梁祝》，它们或气势恢宏，或奔腾激越，或哀婉凄绝，之所以能在我们脑海中留下深刻难忘的印象，就在于它们有风格各异、色彩鲜明的主旋律。能否提炼出鲜明、突出的公共关系活动主题，主题能否吸引公众、抓住人心，可以说是公共关系策划成败的重要标志。为此而反复揣摩、推敲、提炼，"语不惊人死不休"，对公共关系策划者来说，都是必要和值得的。

提炼主题，需要创意，但不能为提炼而提炼，故弄玄虚，故作高深。提炼和确定主题应当注意以下几点：

（1）公关活动主题与目标要一致。公关活动主题的确定是为了更好地表现和服务公关目标。偏离目标的主题会使公众产生错觉，会大大降低公关活动的价值；恰当反映公关目标的主题则会使公关活动大大增强感染力和影响力，取得理想的公关效果。例如，中国杭州2019年西湖国际博览会"四博一展"中的世界休闲博览会确定的"休闲城市与美好生活"主题，聚焦市场消费热点与热门产业，以杭州特色休闲产业为基础，着眼于体现美好生活和城市休闲产业的新发展，极大地增强了杭州的国际影响力。

（2）公关活动主题必须富有特色。并不是说与众不同就是有特色，这里更强调主题要有创意，这样才能够脱颖而出。但也不能一味地求新求奇、哗众取宠，更不能凭空杜撰、无中生有。公关活动主题的确定要立足组织自身实际、立足公关活动目标，要独特、新鲜、一针见血。例如，广州中国大酒店在开展提高营业额的公关活动时，拟定了一个反映酒店优质而完善的服务特色的主题"中外通商之途，殷勤款客之道"，向来华商人传达了广州大酒店赤诚、热情的服务理念。再如，中国香港汇丰银行的"与您并肩，迈向明天"，中国香港九龙巴士公司的"九巴服务，日日进步"等主题，都体现了组织的内在特质。

（3）公关活动主题的设计既要适应公众的心理，又要促进公众心理的进步。公关活动的目的在于使目标公众产生预期的反应，因此公关活动必须符合公众的心理需要，公关活动主题及策划要符合特定目标公众的民族文化、生活习惯和价值观念。组织在进入不同地域和环境时，应根据目标公众的具体情况进行公关活动项目的相应调整。许多著名的国际组织（尤其是跨国公司）在全球采取的都是同样的公关创意，但在不同的国家和地区则确定不同的公关活动主题，以期打动目标公众，进一步使其产生认同感，拉近与公众的心理距离。例如，日本电通集团在成立66周年纪念日的这一天，以周年庆祝和乔迁为契机举办公关活动。这天早晨，2 000多名员工在公司负责人的带领下，举着"谢谢银座各界人士过去的照顾，欢迎筑地各界人士以后多赐教"的旗帜，浩浩荡荡地从银座向驻地行进。沿途公众都目睹了这一盛况，日本各大媒介也争相报道，产生了很强的社会影响力。

（4）公关活动主题要易于传播。公关活动主题的表现形式是多种多样的，有的是活动名称，如凤凰卫视以"2022等你来"为主题的助力北京-张家口申奥万人签名活动等；有的是一句口号，如"海尔，真诚到永远！""不在乎天长地久，只在乎曾经拥有"等；有的可能是一段文字，如日本三菱电机公司的"通过提高企业的技术、服务、创造力，努力为实现建成充满活力的富足社会而奉献"等。公关活动主题可以通过吉祥物、标志、主题歌、标语等多种有形或无形的形式表现出来。无论采取什么样的形式，公关活动主题都要易于传播，要注意声音、图像、音乐、文字等各个方面的精心设计和组合，以增强其良好的传播效果。

（四）认定公众

组织公共关系活动目标的差异性，决定了公关活动对象的差异性。组织在进行公共关系策划时，必须根据欲实现目标的需要，在组织的广大公众群体中，去认定哪些是该项公共关系活动必须关注、交流和影响的目标公众。认定目标公众的方法一般有：

（1）以活动目标划定公众范围。例如，学校为宣传自己的办学成果而组织的人才交流会，其目标公众主要是应届毕业生、用工单位、新闻媒体、毕业生家长、人才交流部门及部分教职工，非毕业班学生和他们的家长、政府机关、实习基地等不是这项活动的目标公众。

（2）以组织实力划定目标公众。在公共关系实践活动中，有时组织需要面对的公众极广，如面面俱到，则深感人力有限、经费不足，应付不过来。这时就应将有关公众按与组织关系的密切程度、影响的大小程度、相关事件的急缓程度等进行排序，选出最为重要的"部分"作为目标公众。这种划分主要强调的是重要性。

（3）以组织需要划定目标公众。例如，当组织出现形象危机时，目标公众首先应当是组织的逆意公众和行动公众，以防危机的扩散和加剧。这种划分主要强调的是影响度。

其实，不同组织每一次的公共关系活动确定谁为目标公众，很难有统一的标准，基本的原则是考虑组织目标、需要和实力三个方面的因素，各个组织灵活去决定。

(五) 项目设计

所谓项目设计，即围绕公共关系目标而确定在不同时期举办各种形式的活动。要实现公共关系目标，只有通过一个个公共关系项目的实施去逐步接近，直至完成。没有公共关系具体活动的开展与公共关系项目的完成，组织的公共关系目标就永无实现之日。

(六) 时空选择

我国自古以来就有"机不可失，时不再来"的名言。"机"的含义很广，从普遍意义上看，凡牵涉事情成败的关键因素，都可以称作"机"；就公共关系策划而言，也需要刻意去捕捉"天时""地利"，充分地运用时间和空间。

1.时机的捕捉

时机，简而言之，就是时间变化所带来的机会。就传播学角度而言，时机捕捉水准是最为重要的衡量标志之一。时机的选择或捕捉有两层意思：第一是捕捉时机要准确；第二是把握时机要及时。前者指的是：对那些可以预先选定的时机，一定要选准其"时间区间"。后者指的是：对那些预先不可选定、稍纵即逝的时机，要及时抓住，不可犹豫。选择时机时，我们要注意：

（1）尽量选择那些能够引起目标公众关注又具有新闻"苗头"的时机。

（2）要善于利用节日，开展可借节日传播组织信息的项目；但又要学会避开节日，和节日毫无关系的活动项目不但不能借节日之势，反会可能被节日气氛冲淡效果。

（3）尽量避开国内外重大事件。因为这时公众关注的焦点、热点是这些重大事件，组织的活动项目弄不好会毫不起眼。但国内外大事发生之时，又是组织借势之机，关键是看能否能借题发挥。

（4）重大的公共关系活动不要同时开展两项以上，以免分散人们的注意力，削弱或抵消应有的效果。

（5）选择时机时，要考虑公众尤其是目标公众参与的可能性，避开那些目标公众难以参与的时日。

（6）选择时机时，要考虑媒介尤其是大众传媒使用的可能性，避开那些因其他重要新闻而使组织信息上不了媒体的时日。

（7）选择时机时，要考虑当时当地的民情风俗，尽量使组织的活动项目与当地的风土人情相吻合。我国是一个多民族国家，面对不同民族、不同地区的不同风俗习惯和宗教信仰，时机选择尤应慎重。

2.空间的选择

进行公共关系策划时，对空间场景的利用非常重要。一方面，应尽可能地考虑如何充分利用环境的有利条件，回避不利条件。比如，对当地土特产的利用、对地理和人文旅游资源的利用、对特殊民俗风情的利用以及对恶劣气候条件的避开等。另一方面，要尽量选择便于公共关系活动开展的场所。空间的选择具体应顾及以下几个方面：

（1）空间大小：以活动参与者与活动所需物资的多少为准则。场地过大既是浪费也无美感，会使活动气氛显得冷清；过小则显得拥挤、混乱，也易造成事故。

（2）空间位置：活动空间的地理位置很重要，应与活动内容相吻合，大型活动还要考虑与机场、港口、车站的距离。

（3）空间环境：主要指公共关系活动场地周围的建筑环境、交通环境、生态环境等。

（4）空间条件：主要指组织活动场所应当配备的基本设施和具有的基本条件，如通信设施、医疗急救条件、卫生条件、治安条件、文化娱乐条件、购物条件以及食宿条件等。

（5）备用空间：为防止各种因素或条件的偶然变化，策划时应针对空间作一些应急和临时性变动的考虑。

（6）空间审美：指的是公共关系活动场所给人的感官审美印象。它包括建筑的造型、布局和结构；场地设施布置与环境装潢；实物摆设与商品柜台设计；橱窗展示、展品陈列以及现场广告的张贴、悬挂、放置等。

小案例 2-6

我愿给世界
一杯可乐

（七）媒介选择

开展公共关系活动可供选择的媒介很多，但要选择恰当才能事半功倍，取得良好的传播效果。选择传播媒介的基本原则有：

（1）根据组织的公共关系目标选择传播媒介。选择传播媒介首先应着眼于企业的目标和要求。如果企业的目标是提高知名度，可以选择大众传播媒介；如果企业的目标是缓和内部的紧张关系，则可以通过人际传播与群体传播及会谈、对话等方式加以解决。

（2）根据不同对象选择传播媒介。不同的对象适用于不同的传播媒介，要想使信息有效地传递给目标公众，就必须考虑到目标公众的经济状况、文化程度、职业习惯、生活方式及他们通常接收信息的习惯等。

小贴士 2-2

上海举行的一
项大型活动的
新闻传播计划

（3）根据传播媒介的特点和传播内容选择传播媒介。各种传播媒介都有自己鲜明的特点和一定的适用范围，在选择传播媒介时，首先必须了解各种媒介的优缺点。在组织形象的塑造过程中，应将信息内容和传播媒介的特点结合起来综合考虑。

（4）根据企业的经济条件选择传播媒介。俗话说："看菜吃饭，量体裁衣。"企业的经费一般来说很有限，而越是现代化的传播媒介费用越高，所以，成功的公共关系策划，应该选择适当的媒介和方式，争取以较少的开支取得最好的传播效果。

（八）经费预算

公关活动策划阶段一项重要的工作是安排公关活动经费的预算，并编制预算书。任何公关活动的开展都需要有一定的人力、物力和财力做保障，尤其是大型公关专题活动，因此，公关活动策划人员要有成本意识。做好成本核算，可以使组织节约公关活动经费，从而降低公关活动成本，使组织以比较少的耗费取得较好的公关效果。

1.编制公关活动预算的条件和原则

一般来讲，编制大型公关专题活动的预算必须建立在下列条件基础之上：首先是了解公关活动的项目计划，然后根据项目计划的实际需要制订预算开支计划；其次是估算公关活动可以获得的资金和其他人力、物力的支持；最后要对市场行情有充分的了解，包括物料供应的价格、劳务的市场价格、项目制作的价格等。编制公关活动预算要坚持两个基本原则：一是提高预算的准确度；二是项目预算要实事求是，一切从客观需要出发。

2.公关活动预算的主要内容

一项公关活动的开展需要有各方面的经费支持，其主要内容包括：一是人力支出。公关活动的开展主要靠人力，因而人力支出经常构成公关活动预算的主要部分。人力支出分为内部人力支出和外部人力支出两部分，这两部分的支出预算有所不同。内部人力支出指用于组织内部的专职人员和其他辅助人员（如秘书、会计、招待员等）的支出，这部分支出主要与这些人员的工资水平相关。外部人力支出主要指用于因该项公关活动而外聘的公关顾问、摄制组等人员的费用。这些人员的费用通常以小时为单位计算，主要与他们的工作时间长短有关。二是物资支出，即用于公关活动的各种物资的损耗。公关活动需要使用各种信息传播工具和材料，这些工具和材料（如各种印刷品、电教器材、展览设施、纪念品、照片、影视设备和材料、视听器材、美术装潢器材和材料等）的使用费是经费预算的重要内容。此外，与公关活动有关的行政费用，如办公室的租金，取暖、电、水、清洁、电话、通信以及文具等费用也应该计算在内。三是活动费用的支出，即与某项公关活动直接相关的除人力和物资以外的费用，如参观、接待、广告、交通、住宿、膳食等方面的费用。这些费用有时因临时活动安排而不可预知，因此要编制一定的应急费用预算，以确保整个公关活动在各个环节上都能有效衔接。四是其他费用支出。除了人力支出、物资支出、活动费用支出这些较为具体的支出项目外，在编制预算时还要考虑到其他一些支出项目。例如，一些连续性的公关活动常常是跨年度的，对于这类活动项目，公关人员在年度预算中需考虑费用的适当增减。公关活动灵活性较强，一些突发事件的发生往往会引起计划的改变或调整，公关人员在编制预算时，应事先预留临时应变费用，在资金上为公关活动的顺利开展提供切实保障。

3.公关活动预算的编制方法

编制公关活动预算有多种多样的方法，组织可以根据自身情况灵活选择。商业的本质是以较少的资源投入换取较大的营收回馈，公关活动投资也希望实现销售或利润的增长以及组织形象的提升。常用的公关活动预算编制方法主要有以下三种：

（1）经费承包法，即按组织常年的公关实践活动算出一定量的经费，或是针对单项活动计划拨出专项经费。一旦划定了经费，就不再增补和删减，而由组织的公关部门及人员在职权范围内使用。用这种方法编制预算的优点是简单迅速，但是确定经费总额较为盲目，缺乏灵活性与针对性。

（2）比例抽成法，即按组织的正常收入抽取一定的百分比作为公关活动的经费。使用这种方法编制的预算比较明确，而且可随组织的财力状况进行调整。其缺点是缺乏弹性，有时不能顾及公关活动的某种需要。

（3）目标估计法，即按组织确定的公关活动目标逐项列出细目，估算出所需经费。这种方法计划性强，开支项目清晰，但有时会因预测不准而造成经费过多或不足。

三种方法相比较而言，前两种常用于组织公关活动年度预算的编制，后一种则更适用于某项公关活动经费的具体预算。当然，组织可以根据不同的需要单独或结合使用这些方法。

4.公关活动预算书的编制

公关活动的预算一般是通过预算书来表现其具体内容的。大型公关专题活动的预算书要编制得尽量详细、具体，切忌笼统含糊。表2-1为年度预算书的模板，表2-2为记者招待会预算书的模板。

表2-1　　　　　　　　　　　　　**年度预算书**

项目	预算（元）
工资：公关经理、助手及秘书	
一般管理费：租金、照明、取暖、空调、清洁、电话费等	
折旧：家具和设备	
保险：汽车保险，为设备、旅行、养老、医疗所有风险投保	
新闻稿：准备工作和发稿	
服务：新闻简报的服务、对电视与广播"监听"和"监视"的服务	
新闻特写：准备工作和特写	
信息服务：配置职员和装备	
自办报刊：编辑和印刷	
教育性文字：创作、印刷和制作	
赞助：奖品和报道、招待	
讨论会：物资、饮食、租赁费	
照片：摄影、洗印	
运输工具：小汽车和货车	
设备：照相机、录像机、电视机、录音机、计算机等	
文具：专用信笺、新闻稿纸、信封等	
邮资：电话、检索、传真	
差旅费用：汽车、出租车、火车或飞机票、酒店住宿费用	
应急：按10%计	
总计	

表 2-2　　　　　　　　　　记者招待会预算书

序号	项目	规格	数量	单价（元）	金额（元）
1	印制请柬、信封				
2	寄请柬所需邮资				
3	联系电话费				
4	场地租金				
5	录像机、幻灯机租用费				
6	放映员报酬				
7	自助餐费				
8	酒水费				
9	小费				
10	新闻稿				
11	资料袋印制				
12	印刷资料				
13	照片				
14	纪念品				
15	交通运输费				
16	场地布置费				
17	应急费用				
18	承办费				
合　计					

（九）人员分配

再好的公共关系策划，最终都是靠人去实施和完成的。因此，在策划时，应对将来的实施人员进行统筹考虑和安排。对于人员分配，一般要考虑以下三步：

（1）人员挑选。根据组织公共关系活动规模的大小、内容的繁简、层次的高低、经费的多少等因素，从质和量两方面对活动实施人员进行挑选。

（2）人员培训。对于选出的人员，为保证策划方案的有效实施，在策划时就需要考虑如何对其进行培训，应该就策划目的、宗旨、方法技巧、应急措施等准备一套行之有效的培训计划。

（3）人员分工。策划时，对于将来活动中的各个岗位，事先要对现有人员或培训人员做量才适用的考虑，尽量根据其过去的表现和经验，使其能做到人尽其才，既能发挥其特长，又能完成组织的任务。

（十）应急程序设计

一个完善的计划一定要有应急程序。一般来说，应急程序包括以下内容：

（1）保安措施。其包括活动期间所有人员特别是首长、嘉宾的保卫工作，与会人员的行为秩序以及人员和车辆的导流路线。行人坐立行走设施、高空架设物、用电设备、机械设备、易燃易爆物品的安全使用措施，每一项都不能掉以轻心，要有一个周详的安全使用计划。

（2）保健措施。公关活动特别是大型公关活动参加的人员通常较多，每个人的身体情况不同，尤其是有老人或小孩参加的时候，保健措施尤其要考虑周全。常见的户外活动中经常发生中暑晕倒等情况，所以大型公关活动要配备医护人员及用于急救的车辆。保健措施现已基本列为公关活动的常见项。

（3）人员疏散计划。设计应急程序时，对意外事故要事先做出预测，并制定好相应的应急措施。较大型的公关活动一定要制订人员疏散计划，以防万一。

（4）防火措施。公关活动中使用易燃易爆物品时，必须事先制定好防火措施，做好充分的防火准备。

（5）户外雨天工作程序。如果是户外活动，预防下雨几乎是必然面临的问题。活动开始之前，要及时获取气象台的天气预报，做好相应的防范工作。但即使有气象报告也不能掉以轻心，尤其是在天气不稳定的情况下，必须制定好雨天的工作程序。

四、公共关系策划方案的撰写

公共关系策划方案，指以书面形式确定下来的策划者头脑中的构思和创意。整个策划的思维过程，最终是以策划方案的形式加以条理化和系统化的。所有的灵感和创意，都将在策划方案中被具体细化为可供施行的方法和步骤。就连公共关系活动的最终结果，也应预先在策划方案中进行展示。

（一）策划方案的构成要素

公共关系策划方案当无定式，策划者一般根据实际需要和自己的文笔风格来撰写。但无论方案的形式、内容有着什么样的差别，理应包含的基本要素都不可或缺。

一份完整的策划方案应当具备5W、2H、1E：What（什么）——策划的目的、内容；Who（谁）——策划组织者、策划者、策划所针对的公众；Where（何处）——策划实施地点；When（何时）——策划实施时间；Why（为什么）——策划的缘由；How（如何）——策划的方法和实施形式；How much（多少）——策划的预算；Effect（效果）——对策划结果的预测。

上述8个要素即一份完整的公共关系策划文案应当具备的基本要素。针对不同组织、不同内容与形式的公共关系策划方案，应当围绕这 8 个要素，根据自己的需要去进行丰富、完善和组合搭配。公共关系策划方案的创意、个性与风格，就存在于对这些要素的丰富、完善和组合搭配的差异之中。

（二）策划方案的基本格式

公共关系策划方案的基本格式大致包括下列五项：

1.封面

策划方案的封面不必如书籍装帧那样去考虑其设计的精美，但文字书写及排列应大小协调、布局合理，纸张只要略比正文厚些即可。封面内容一般包括：

（1）题目。题目必须具体清楚，让人一目了然。

（2）策划者的单位或个人名称。方案如系群体或组织完成，可署名"××公共关系公司""××专家策划团"或"××公司公共关系部"，对其中起主要作用的个人也可在单位名称之后署名，如"总策划×××""策划总监×××"等。方案如系个人完成，则直接署名"策划人×××"。

（3）策划方案完成日期。写明年月日甚至时。

（4）编号。如根据策划方案顺序的编号、根据策划方案的重要性或保密程度的编号或根据策划方案管理的分类编号等。

（5）在有需要的情况下，可考虑在封面上简洁地加上说明文字或内容提要。

（6）如策划方案尚属草稿或初稿，还应在标题下用括号注明，如写上"草案""送审稿""讨论稿""征求意见稿"等。如果前有"草稿"，决策敲定后的策划方案就应注明"修订稿""实施稿""执行稿"等字样。

2.序文

并非所有的策划方案都需加序，除非方案内容较多、较复杂，才有必要以简洁的文字作为导引。

3.目录

目录也如序文一样，除非方案头绪较多、较复杂，才有列出的必要。目录是标题的细化和明确化，要做到让读者通过看标题和目录，便知整个方案的概貌。

4.正文

正文即对前述 8 个要素的表述和演绎。其主要内容有：①活动背景分析；②活动主题；③活动宗旨与目标；④基本活动程序；⑤传播与沟通方案；⑥经费概算；⑦效果预测。

正文的写作需要周到，但应以纲目式为好，不必过分详尽地去描述渲染，也不要给人以头绪繁多、杂乱或干涩枯燥的感觉。

5.附件

重要的附件通常有：①活动筹备工作日程推进表；②有关人员职责分配表；③经费开支明细预算表；④活动所需物品一览表；⑤场地使用安排表；⑥相关资料，这主

小贴士 2-3

中耀酒店记者招待会策划书

---

① 该案例资料来自云南农业职业技术学院公共关系精品课程网站的学生作品，有改动。

要是指提供给决策者参考的辅助性材料，不一定每份方案都需要，如完整的或专项调查报告、新闻文稿范本、演讲词草稿、相关法规文件、平面广告设计草图、电视片脚本、纪念品设计图等；⑦注意事项，即将策划方案实施过程中应当注意的事项作重点集中的提示，如完成活动需事前促成的其他条件、活动指挥者应当拥有的临时特殊权限、需决策者出面针对各部门的协调、遇到特殊情况时的应变措施等。

课后练习

1.搜集一个公关策划成功的案例和一个公关策划失败的案例，对比分析后写出感想。

2.组织参观考察当地企业的一次公共关系活动，并对其策划进行分析评价。

3.某化妆品公司拟通过赞助慈善活动来提升公司形象，活动有关要求如下：

（1）目标：提升公司的知名度和美誉度。

（2）经费：拟投入费用50万元。

（3）活动范围：某中心城市。

请按上述条件和以下格式撰写一篇简明的公共关系活动策划方案：

（1）题目。

（2）背景分析（调查内容以假设的方式设定）。

（3）策划方案：①目的；②时间；③地点；④活动内容；⑤效果预测。

（4）实施计划：①实施方案拟采取的措施；②传播策略；③场地布置简述。

（5）费用预算。

（6）评估标准。

4.实训设计：某高校学生会青年志愿者协会成立之初，需要提升社团的知名度和影响力，同时为了向山区的贫困学生献上一份爱心，现准备策划一场爱心捐赠活动，倡议广大同学伸出援助之手，捐赠衣物、文具。请编写一份公共关系策划书。策划书内容要求包括公共关系活动目标、目标公众、活动主题、传播渠道、具体实施安排（时间、场地、人员、事件、设备等）、经费预算和活动效果评估等。

5.案例分析。

案例分析1

给猫系上铃铛

有这样一则寓言：传说有一群老鼠，为了防止它们的天敌——猫对自己的伤害，召开了一次家族会议。会上，一个自以为聪明的幼鼠提出：何不在猫的脖子上挂一个铃铛，这样，只要猫一行动，铃铛就会发出声响，大家就可以"闻铃而逃"了。这个建议得到了不少老鼠的赞同，认为是一个绝妙的主意。但是，一只年长的老鼠打断了它们的欢呼："这个办法很好，但是由谁去挂这个铃铛呢？"众鼠哑然。是呀，谁去挂呢？

思考讨论：（1）上述案例对公共关系策划有何启发？

（2）什么样的创意才是好的公关创意？

案例分析2

打造世界上最好的工作

澳大利亚大堡礁久负盛名，但随着海洋升温及游客增多，大堡礁的珊瑚虫一度濒临灭绝，经过一段时间的休养生息，大堡礁生态环境得到了恢复，知名度却已大不如从前。尤其是拥有"大堡礁之星"美誉的汉密尔顿岛，由于受到金融危机的冲击，游客量大减。于是，昆士兰旅游局策划了一场网络营销活动来推广其旅游业。

2009年1月9日，昆士兰旅游局网站面向全球发布招聘通告，并为此专门搭建了一个名为"世界上最好的工作"的招聘网站（www.islandreefjob.com），招聘大堡礁看护员。网站提供了多个国家的语言版本，短短几天时间网站就吸引了超过30万人访问，最终导致网站瘫痪，官方不得不增加数十台服务器。

"世界上最好的工作"共吸引了来自全球200个国家和地区的近3.5万人竞聘。据昆士兰旅游局称，整个活动的公关价值已经超过了7 000万美元。

思考讨论：（1）昆士兰旅游局策划的这次活动好在哪里？

（2）本案例对你有何启示？

任务 3

公共关系实施

案例导入   **罗德公关公司的项目实施**

    罗德公关公司曾为奥迪A8上市做过一次大型的公关策划。这是一场别开生面的新闻发布会，主题确定为"时空安静"，四个字正好突出的是奥迪A8的四项特性。在项目实施过程中，罗德公关公司非常注重细节，使新闻发布会的各个环节紧紧相扣，整个活动有序进行。

    以北京地区为例，罗德公关公司选择的新闻发布会地点是"天下第一城"——一座仿照紫禁城设计的酒店娱乐综合性设施，有城墙、瞭望塔、湖泊、佛塔、庭园和茶馆等景观，离市中心仅50千米。当天的活动分为两站，首站在北京古老的皇史宬，参加试驾活动的记者都受到奥迪主要官员的迎候，并应邀观看一部有关A8轿车的录像片，由奥迪官员向他们简要介绍为该款轿车而制订的在中国的行销计划以及奥迪最新的市场销售情况。接着，记者们分别乘坐10辆配备专职司机的崭新奥迪A8轿车奔赴"天下第一城"。在行驶期间，车内播放由罗德公司事先录制的一组原创诗歌，这些诗歌在古典音乐的烘托下描述了A8轿车的各项主要特征。抵达活动地点后，先让记者们享受一顿精美的午餐，然后引导他们参观4个互动式演示区。

    （1）空间优胜：由一位来自德国奥迪总部的产品工程师对A8轿车的主要特性进行全面而简要的介绍，包括该轿车所采用的全铝质车身结构、外观设计风格、内部配置特征、宽敞的座椅、最佳的人机工程设计等。记者们可随意拍照和提问。

    （2）享受宁静：由一位古琴师演奏柔美而幽婉的中国古典乐曲。记者们可一边品茗，一边赋诗，并由琴师当场为他们配曲演奏。在这种氛围下，记者们通过感性的古乐充分体验"静"的境界，由感性认识联想到奥迪A8的安静魅力。

    （3）时间概念：由两位舞蹈演员在奥迪A8轿车和钟楼的背景下表演现代舞，以诠释时间的本质及稍纵即逝的特性。

    （4）安全性能：由一位来自德国奥迪驾驶学校的教练讲述并展示A8轿车的各项设施及其操作过程，包括四轮驱动系统、防抱死刹车系统和电子稳定程序（ESP），后者可防止轿车在湿滑路面上行驶时因车轮打滑而失去控制。该教练还展示了极其惊险的驾驶动作：将车加速到120千米/小时后立即刹车并转弯，原地旋转720度，以显示轿车在不使用ESP时的特征；然后在使用ESP的情况下重复这个惊险动作，并且把两只手臂都伸到天窗外面，证明ESP能够有效地防止轿车失去控制。最后记者们在教练的陪同下亲自驾驶A8轿车在试车线路上行驶。整个活动在此刻达到了最高潮。

　　思考讨论：（1）罗德公关公司的公关活动实施有何特点？

　　（2）罗德公关公司坚持了哪些公关实施原则？

任务分析

　　大胆和精细的公共关系计划固然重要，而围绕公关目标扎扎实实地加以实施则是其制胜的关键。公共关系实施是指社会组织为了实现其既定的公共关系目标，依据和利用实施条件，对公共关系创意的实施策略、手段、方法进行设计并进行实际操作与管理的过程。公共关系实施工作的成功需要企业公共关系人员有较强的创造性意识，并且对企业的现状和环境有精辟的认识和分析。

　　通过本任务的学习，学生能够明确公共关系实施的基本要求，能够制订公共关系实施方案，克服公共关系实施障碍，保证公共关系活动的顺利实施。

实训设计

组织爱心捐赠活动

　　实训背景：某高校学生会青年志愿者协会成立之初，需要提升社团的知名度和影响力，同时为了向山区的贫困学生献上一份爱心，现准备策划并组织一次爱心捐赠活动，倡议广大同学伸出援助之手，捐赠衣物、文具。

　　实训目的：通过训练，提高学生的公共关系意识，掌握公共关系实施技能，提高公共关系活动的组织能力。

　　实训学时：半天。

　　实训地点：校园内。

　　实训要求：首先制订本次爱心捐赠活动的策划方案，然后根据策划方案组织实施。爱心捐赠活动结束后，全体人员总结活动得失，并要求每名学生写出心得体会。

　　公共关系实施是解决公共关系问题和实现公共关系目标的重要环节。只有通过扎实、有效的实施工作，才能直接、具体地解决问题。即使是看上去完美无瑕的公关策划方案，如果不经过实施，而是束之高阁，也只能是毫无意义的"纸上谈兵"。

　　有效的公共关系实施，不仅能执行策划创意，而且能创造性地修改和弥补策划的不足。在这一过程中，实施人员可以选择最有效的实施途径和手段、方法和技巧。失败的公共关系实施，不仅不能实现策划创意，有时还可能使策划方案中想要解决的问题更加恶化，甚至完全与目标背道而驰。从这个意义上说，这个环节不仅决定了策划创意能否实施，而且决定了策划创意实现的效果。

任何一项公关策划方案的实施，不论成功与否，都会产生一定的影响或结果。新一轮的公共关系策划必须以此为基础，针对新出现的问题制订新的方案，这是公共关系策划的继承性和可持续性的客观要求。

小故事 3-1 　　　　　　　　　　　　　　**茅台酒的出名之道**

茅台酒本来并没有什么名气。有一次，厂家代表带它去参加巴拿马万国博览会。世界著名的酒类品牌都不会放弃这样的极好机会。茅台酒是首次参展，光租展位就是很大一笔开销。但厂家认为，只要能够提高知名度，还是值得的。然而，面对法国的香槟等西方传统的酒类饮品，人们对来自中国的茅台酒根本不屑一顾。展览的第一天，茅台酒基本无人问津。面对这样的尴尬局面，工作人员急得团团转，为此，他们决心要扭转这种受冷落的状况。

第二天的展览开始之后，在人流最高峰时段，工作人员急中生智地拿起一瓶茅台酒走到展厅中央，在人流中假装不小心将它"打翻"。顿时，整个展厅中充满了茅台酒的香气。参加展览的人立即被这种从来没有闻到过的香味所吸引，好奇地相互打听这是什么牌子的酒。茅台酒的工作人员抓住这一机会，向参观者介绍茅台酒。很快，茅台酒展位前吸引了大批参观者，随即引起了整个展览会的轰动，新闻媒介也闻风而来，纷纷予以报道。结果，茅台酒在本次展览会上获得了金奖。从此，它身价百倍。

资料来源　姜锐，姜华. 酒店公共关系［M］. 2版，北京：中国人民大学出版社，2017.

一、公共关系实施的特点

公共关系实施的成功与否决定了公共关系策划创意能否实现以及实现的程度和范围。公共关系实施的结果是后续公共关系策划的重要依据与起点。要做好公共关系实施工作，首先必须掌握公共关系实施的特点。

（一）艺术性

公共关系实施的艺术性包括两层含义：①公共关系实施要勇于创新。同一公关策划方案的实施策略、手段、方法很多，要突破常规、别具一格、标新立异、以奇制胜，设计出竞争对手意想不到、传播效果最好的操作手段和方法。②公共关系实施在于攻心。目标公众有不同的心理，如性别心理、年龄心理、职业心理、专业心理、地域心理、血型心理、民族心理、宗教心理、情感心理等，要针对目标公众的特定心理来设计实施策略、手段和方法。因此，公共关系实施的过程是创新与攻心的过程。

（二）文化性

公共关系实施的策略、手段、方法具有鲜明的、浓郁的文化色彩。许多传统文化和现代文化都成为公共关系实施可利用的重要资源。随着社会的进步和人们消费水平的不断提高，特别是知识经济时代的到来，物质文化化、消费文化化、生活文化化和经济文化化成为现代社会生活的趋势。从某种角度来说，现代物质消费就是文化消费，现代生活就是文化生活，因此，公关实施手段、方法要体现一种文化品位，迎合公众的文化追求，用文化的力量去感染公众。没有文化品位的手段和方法是低层次的公关实施行为。

（三）情感性

公共关系实施的过程通常是一种情感交流的过程，情感手段成为公关实施中基本的、常用的手段。企业要注意研究和利用公众的情感心理和情感倾向，重视情感投资，以情感人、以情动人、以情服人。让公关实施行为充满感情，是公众的客观需要，也是公共关系的生命根基。

（四）形象性

公共关系实施（包括策略、手段与方法）必须具有良好的公众形象和社会形象，以赢得公众和社会的信任与喜爱。这是由公共关系注重塑造良好形象的属性所决定的。

（五）关系性

公共关系实施以建立和协调组织与公众的良好关系为基础，一切有利于建立良好公共关系的协调手段、交际手段和游说方法均是现代公关实施手段与方法的重要内容。要建立、巩固与发展广泛的关系网，应遵循"养兵千日，用兵一时"的运作原则，使关系网成为公关实施的重要路径。要正确应用交际方法和交际手段，善于与公众打交道，以便顺利完成公关任务，实现公关工作目标。

（六）传播性

公共关系实施的过程就是组织与公众之间的双向信息沟通过程。各种传播媒介都是公关信息的传播载体，各种传播方法都是公关实施的方法。公关人员要把人际传播媒介、组织传播媒介、大众传播媒介以及各种综合性传播媒介有机结合使用，熟练掌握其使用技法，以实现公共关系整合传播的最佳双向沟通效果。

小案例 3 -1   "毛丽丝"

猫粮，技术含量低，怎样才能使自己生产的产品受到欢迎，让消费者乐于购买呢？美国星闪食品公司首先为企业的产品创造了一个代言人——"毛丽丝"，然后围绕它制造了一系列有新闻价值的事件，并开展了如下活动：

（1）在九个主要市场发起一场竞赛，寻找与毛丽丝"面目酷似"的猫。然后将其照片刊登在报纸上，并大量登载有关寻找面目酷似毛丽丝的猫的新闻报道。

（2）出版一本书《毛丽丝——亲切的传记》，描写这只猫的各种冒险活动。

（3）设立令人垂涎的"毛丽丝"铜质雕像奖，奖给在地区猫展上被评选出的猫的主人。

（4）发起"收养猫"倡议活动。将毛丽丝作为"猫的正式发言人"，倡导人们像毛丽丝曾经被收养那样收养流浪猫。

（5）分发一本照管猫的小册子——《毛丽丝法》，告诉人们如何照管猫。

所有这些公共关系活动的实施，使"毛丽丝"名声大振，也使该公司宣传的猫食成了著名品牌。

资料来源　科特勒. 营销管理：分析、计划、执行和控制［M］. 梅汝和，等译. 9版. 上海：上海人民出版社，1999.

问题：谈谈本案例带给你的启示。

二、公共关系实施的原则

微课 3-1

公共关系
实施的原则

小案例 3-2

"嘘嘘乐"
纸尿裤比赛

公共关系实施是一个复杂而科学的过程，客观上需要一套科学的实施原则作为指导。公共关系实施的原则是公共关系实施的工作准则，是公共关系管理者（领导者）和操作者在错综复杂的环境中，排除各种困难，完成公共关系实施各项工作，实现公共关系目标的成功法则。

（一）准备充分原则

在正式实施公关策划方案之前，必须做好实施准备。这是公关实施成功的基础和前提条件。准备越充分，公关实施就越顺利，失误就越少，绝对不能打无准备之仗。公关实施的管理者、操作者要严格、准确地检查每一项准备工作；要建立"准备工作责任制"，把各项准备工作落实到具体的人，并负责到底。

（二）策划导向原则

所谓策划导向原则，就是公关人员必须严格按照既定的策划方案实施，包括目标导向、策略导向和实施方案导向。目标导向要求公关人员在公关策划方案实施过程中，不断地将实施结果与目标要求相对照，发现差距，及时改进，务必实现目标。策略导向要求公关人员必须按既定策略去执行方案。以策略指导实施，是实施行为的主题思想。实施方案导向要求公关人员严格按照实施方案开展实施工作。此外，实施方法是公关策略实施和公关目标实现的保障，公关人员应当熟练掌握与应用，并在应用中创造更有效的新的实施方法。

（三）控制进度原则

控制进度原则，就是必须按照公关实施方案中各项工作内容实施时间进度的要求，随时检查各项工作内容的完成（滞后或超前）情况，做好协调与调度，使各项工作按计划协调、平衡地进行，并确保按时完成。控制进度原则要求做好预测和及时发现各种可能影响实施工作进度的因素，并针对相关原因采取有效的预防和应急措施。

（四）整体协调原则

整体协调原则，是指在公关实施过程中，要使各项工作内容之间达到和谐、合理、配合、互补和统一的状态。公关实施是一项系统工程，各项工作只有相互有机配合，才能达到整体最佳；各自为政、相互矛盾，只能增加内耗，严重时必然导致公关实施的失败；整体行动协调一致，才能保证实施活动的同步与和谐。公关人员要做到统一意志、统一指挥、统一行动，提高工作效率与效果。

小案例 3-3
美国消毒牛奶打入日本市场

（五）反馈调整原则

反馈调整原则，是指通过监督、控制及时发现公关实施中的方法偏差甚至错误，并及时进行调整与纠正。由于各种因素的干扰，或由于实施人员的素质问题，不按照既定工作方法实施的情况时有发生。由于策划设计错误，或由于实施环境突然发生变化，原来设计的实施方案无法操作，是实施中经常遇到的严重问题。为此，要建立一种灵敏的监督反馈机制，快速发现问题征兆，并立即采取有效措施调整实施方案。

小案例 3-4　　　　　　　**美国平等生活保险公司的公共关系活动**

美国平等生活保险公司在策划保健教育宣传的公共关系活动时严格遵循统一性的策划要求，及时调整策划过程的程序与步骤。最初，保险公司计划在全国范围内发行一种预防共同性疾病的小册子，但是，公司通过国家公共卫生部门了解到，50%以上的学龄儿童已经进行了传染病的防疫，而社会人口中的中下层却存在着严重的对疾病预防漠不关心的问题。这群人生活范围窄，文化素养较低，很难进行沟通。于是，保险公司决定改变原来的设想，将长篇宣传文章改成通俗易懂并附有详细图解的小册子，为新的目标公众服务。公司先印刷了140份手册，在一个居民区内散发，进行摸底，了解目标公众的反应。结果，多数目标公众表示对该宣传手册没有能力接受。于是，公司又请通俗文学作家将文字减到 5 000 字以内，使其更浅显易懂，从而符合目标公众的阅读水平。最终，这次宣传策划活动获得了成功。

问题：结合本案例谈谈怎样才能使公共关系活动成功实施。

三、公共关系实施方案设计

（一）设计实施内容

一种公共关系策略（或一个公共关系点子）的实施，往往要做许多方面的工作。我们把"一个方面的工作"叫作一个工作项目，这是一级工作项目。一级工作项目又可分解为若干个二级工作项目（即更小的工作项目），二级工作项目同样可分解为若干个三级工作项目，直到不能再分解为止。我们把不能再分解的最后一级工作项目称为工作内容。

（二）设计实施方法

公共关系实施工作要求是指各项公关实施工作内容的操作目标、原则和注意事项。它对具体工作方法的设计和实施过程具有重要的指导作用。因此，在公共关系实施内容设计完成后，就要对每项工作内容提出要求，根据这一要求确定具体的工作方法。对工作项目只存在分解方法（分解为更小、更细的工作项目的方法），而不存在操作方法。

公共关系实施工作方法的设计要符合以下原则：①具体、仔细、实在，工作量要小，尽量简单，具有较强的可操作性；②工作方法的效果要好，成本要低；③完成工作任务（内容）和实现策略（点子）的可靠性要高，防止"实现功能不足"；④必要时可进行多种方法组合，以利于完成工作任务和实现策略（点子），但要防止"实现功能过剩"，造成实施成本增加；⑤要为有风险的操作方法设计备用方案，确保万无一失；⑥工作方法要符合目标公众心理，符合政策、法律和各种社会风俗习惯、伦理道德。

从理论上讲，完成一项工作任务的具体方法很多，但实践中可利用的方法是有限的。要深入调查分析组织自身和实施环境所提供的各种实施条件及制约因素，针对目标公众的心理，寻找多种工作方法，反复比较论证，最终确定能圆满完成工作任务（内容）、达到甚至超过工作目标的相对最佳的工作方法。

（三）选择实施时机

这是指能够使公共关系实施获得最佳效果的开始工作时间和结束工作时间。在现代社会，时间就是金钱，时间就是生命，时间就是效率。不善于利用时机，事后即使投入更大的财力，也可能无法取得好的公共关系实施效果。

公共关系实施的最佳时机，有时表现为一刻一时一日，有时表现为一个较长的时间段，如几日、几周甚至几个月等。这些时机，有的是日常性的，有的是固定的，而有的则具偶然性。一项公共关系创意的实施，往往有若干项工作内容。其中，与公众发生关系的工作内容的实施（开始与结束）时间特别重要，必须准确把握，科学决策。

（四）确定实施进度

这是指在确定了公共关系实施时机后，对各项公关实施工作的内容所做出的时间规定并进行的日历进度安排。组织必须保证在所确定的最佳开始时间启动有关工作，在最佳结束时间完成操作。进行时间进度安排，要充分估计各种因素的干扰，要留有余地。最直观的时间进度安排方法是拟出时间进度表。

（五）确立实施流程

公共关系实施各项工作内容之间存在着一种客观的分工与协调关系。只有合理分工、有机协调，才能保证各项工作的顺利完成。我们把公共关系实施各项工作内容之间的衔接、协调和配合关系及其有机组合的过程称为公共关系实施流程。它反映了公关实施各项工作内容之间一种内在的联系规律，是公关实施作为一项系统工程的体现。公共关系实施流程中的时间衔接、分工、协调和有机组合关系通过流程图来表示，并配以文字说明。流程图中的文字说明，主要是对各项工作之间的协作关系、责任关系进行规定，必要时形成一种制度。一定要防止彼此责任不清、相互扯皮、"踢皮球"等情况的发生，否则将严重影响实施工作进度和质量。

（六）实施预算分配

在公共关系策划工作中，已对所选择的传播媒介等的活动经费做出了总体预算，这是进行公共关系实施工作预算分配的依据。将公共关系策划的总体预算经费合理分配到公共关系实施的各项工作内容中，以保证各项工作开支的需要，就叫公共关系实施预算分配。

一般说来，公共关系策划工作中的经费预算只做到一级工作项目预算，也只能做到这一级预算。因为，这时详细的工作内容及工作方法尚未设计出来，所以不可能做到具体预算。公共关系实施预算分配的结果应列于公共关系实施时间进度表右侧，这样一目了然，便于了解与管理。需要提醒的是，公共关系策划中的一级工作项目经费预算（或总体经费预算）要留有余地，目的是防止意外工作增加或策划不周遗漏工作而造成经费不足。留有余地仍然是具体工作内容预算分配的原则，这主要表现为不把一级工作项目预算的经费分配完，一般留下5%～10%的经费备用。

（七）安排工作机构与人员

组织的公共关系实施主体有三个：组织内部公共关系部（或相关机构）、公共关系公司和公共关系社团。不管是哪种实施主体，都必须建立项目公共关系实施机构，配备得力的实施人员（包括领导和操作人员）。实施人员的素质与能力十分重要，优秀的实施人员不仅能顺利完成工作任务，而且能修改、完善实施方法，弥补实施方案的不足。

所谓公共关系实施机构，是指为完成某项公共关系任务、实现公共关系目标而建立的专门组织。对于规模较大的公共关系活动，其实施机构具有多层级特点，从低级层次到高级层次，人数依次减少，权力逐级增大，形成"金字塔"式的稳定结构。组织应按照精简、统一、节约、效能的要求来构建公共关系实施机构：一般应以领导机构为核心，下设智囊机构、执行机构、监督反馈机构。其中，领导机构是决策机构，人员要少而精，办事效率要高；智囊机构作为领导决策的参谋部门，其组成人员应具有科学分析问题的能力、广阔的视野和战略眼光；执行机构作为方案实施的具体操作部门，其组成人员应具有较强的指挥、协调、组织、交际和操作能力；监督反馈机构作为监管实施的部门，其组成人员应具有敏锐的洞察力、实事求是的科学态度和强烈的责任感。

公共关系实施机构设置的程序是：①明确指导思想，确定组建机构的目的和任务。②编制定员定岗方案。根据领导机构的任务和工作量，确定部门、职务和人数，规定每个岗位的职责。③确定领导体系，明确纵向隶属关系和横向协作关系。④报批方案。⑤任命领导人员和安排工作人员。

一定要将每一项工作内容都落实到具体人员。一项工作安排两个以上的人员操作时，要确定一个负责人，并进行分工。一个人负责多项工作时，要考虑工作之间的内在关系，使其运作起来高效、方便。每一项工作内容实施人员的姓名都应列在公共关系实施时间进度表的右侧。

（八）建立规章制度

规章制度是对公共关系实施工作中的公关人员的行为进行约束与管理的机制。组织的公共关系部或公共关系公司、公共关系社团都有具有共性的公共关系人员行为准则和公共关系实施制度，这是公共关系实施工作必须遵守的制度。但就某一项公共关系活动来讲，其实施具有特殊性，组织应根据这种特殊性，制定出特殊的工作制度作为补充。这些工作制度涉及如下内容：①职业道德；②信息保密；③经济关系；④行政关系；⑤分工协调；⑥交际形象与礼仪规范；⑦请客送礼；⑧奖罚机制；⑨危机处理（紧急处理）；⑩差旅出勤。

（九）实施人员培训

在公共关系方案实施之前，对实施人员进行一定的培训是很有必要的。培训的主要内容是实施工作制度教育和操作方法学习与研讨。

公共关系实施工作制度教育，除了让大家明白各种规定及其意义外，还要对特殊规定、容易违反的规定进行重点说明与强调。配合制度教育，反复灌输组织文化与理念，提高实施人员的思想与道德素质，增强其抵御腐蚀的能力。

要组织实施人员认真学习、研讨公共关系实施工作内容的操作方法，反复体会，彻底弄懂，决不含糊。重要的方法可通过讲解、讨论、答辩、模拟训练来促使实施人员正确掌握；有使用风险的方法要反复模拟练习，切实提高操作的把握度，把失误率降至最低。重要工作内容的实施，除了第一工作方法外，还配有第二工作方法甚至第三工作方法，作为第一工作方法失败时的备用方法。备用方法的启用规定及操作技能必须重点掌握。重要工作内容的第一工作方法如果是两种以上方法的组合，其相互配合关系也是学习和研讨的重点。

（十）办理审批手续

根据《中华人民共和国行政许可法》第二十九条的规定，公民、法人或者其他组织从事特定活动，依法需要取得行政许可的，应当向行政机关提出申请。我们常见的活动在报批时，涉及的行政机关主要有文化和旅游、公安、环卫和消防部门，其他行政机关也有可能出现。其具体情况如下：

（1）关于向地方文化和旅游部门报批。申报时应提交的文件有：演出申请书；与演出相关的各类演出合同文本；演出节目内容材料；营业性文艺表演团体的演出证。

（2）关于向公安部门报批。为了保证各项活动的正常进行，维护社会治安与公共安全，保护公民、法人和其他组织的合法权益，公民、法人和其他组织在举办活动之前必须报县级以上公安部门申请批准。申报时应提交以下文件：活动方案和说明；活动安全保卫工作方案；场地管理者出具的同意使用证明；申请人身份证明及无违法犯罪记录等；法律、法规和规章规定需经有关部门批准的活动，应当同时提交有关批准文件。

其中，活动安全保卫工作方案主要包括：活动的时间、地点、人数、规模、内容及组织方式；安全工作人员情况、数量和任务分配、识别标志；场地建筑和设施的消防、安全情况；入场票证的管理、查验措施；场地人员的核定容量；迅速疏散人员的预备措施。

（3）关于环卫部门的审批。其主要是对户外的一些横幅、竖幅等与市容和环境有关的宣传方面的审批。其他的详细规则可到环卫部门咨询。

（4）关于消防部门的审批。消防部门主要针对活动场所的消防设施和措施进行检查，像户外的空飘、气球等也属于消防部门的检查范围。另外，各种活动中的舞台或展位搭建方案，包括效果图、平面图、电路图等，都要经过主办单位或消防部门的审批。

这里需要说明的是，有些申报手续是需要提供场地、人员等相关合同的，所以在程序的先后上并不固定，可以根据实际情况做出适当的调整。为了保证活动的顺利开展，并依法维护各方的正当权益，在联系相关事务时一定要签订合同。

四、公共关系实施的管理

公共关系实施的管理是指对公共关系实施工作中的各要素及其阶段性目标的管理。[1]其具体内容如下：

（一）人员管理

公共关系实施是一个不断变化和需要调整的动态过程，实施者需要依据整个实施方案的要求和自己所处的环境、面临的条件采取相应的行动，如果这些行动失败，就可能导致公共关系效果的减弱。公共关系实施工作中的人员管理应包括三个方面的内容：①通过明确合理的分工安排及合作竞争并行的机制提高工作效率；②借助相应的规章制度和激励手段去调动实施者的工作热情和积极性，同时要对他们的工作方法、质量进行监督；③努力营造团结、和谐、有效的工作氛围，促使大家齐心协力，取得事半功倍的效果。

（二）沟通管理

公共关系实施的过程就是传播沟通的过程。传播沟通越通畅，实施效果越好。但是在传播沟通过程中通常会出现沟通障碍，从而影响实施效果。公共关系沟通障碍主

小案例3-5

消毒牛奶的
坎坷之路

---

① 刘丹，王军，卢显旺. 公共关系实务［M］. 北京：清华大学出版社，2016：106-107.

要有机械障碍、语言障碍、习俗障碍、观念障碍、角色障碍、舆论障碍、心理障碍、组织障碍等。公关活动企图通过传递信息改变公众的思想或行动，但会受到来自各个方面的干扰。因此，在公共关系实施过程中，一定要认真研究目标公众的生活方式和价值标准，利用大众传播媒介的特性，尽量避免主客观因素的干扰，并及时针对障碍产生的原因进行疏通，努力消除不良影响，将信息完整、客观、清晰地传递给接收者。

（三）进程管理

（1）时机与进度控制。其主要涉及流程控制、环节衔接、各项活动开始时机的掌控，务必确保时间进度和工作任务进度相一致、实际进度和计划进度相一致。一旦发生实际进度与计划进度不一致的情况，必须立即分析、寻找影响进度的因素，及时调整纠正。

（2）资金与物品管理。公共关系实施过程中随时需要经费开支和摄影、音响、通信器材的使用，因此涉及成本控制和物品管理工作。一般来说，应安排专人负责并及时登记在册，以便有账可查；同时，在公共关系实施过程中既要保障供给，充分发挥财物的功效，又要避免不必要的损坏、遗失和浪费。

小案例3-6

亚都风波

（3）突发危机事件控制。公共关系实施过程中可能会发生一些严重阻碍活动进行、影响组织形象的突发事件。为此，公关人员应预先准备好危机管理方案，密切注意实施过程中是否存在各种矛盾和不协调因素，如实施环境有无障碍因素、新闻传媒有无不利报道、工作方法是否存在较大的风险、竞争对手有无对抗行为等，并及时加以化解与调整，以免情况恶化。

课后练习

1.公共关系实施过程中会遇到哪些障碍？如何克服？

2.如何设计公共关系实施方案？

3.在你所在的机构中，组织一次"'××杯'公共关系知识竞赛"，请写出策划方案，包括活动主题、活动目的、活动内容、活动安排、活动组织、竞赛程序、竞赛规则以及竞赛题目等内容。如果你负责具体组织实施，请谈谈你的感受。

4.案例分析。

事与愿违

某大型商场开业在即，为使开业伊始便有较高的知名度，商场策划了一场别出心裁的活动，以期引起当地媒体的关注。开业当天，在商场外抛发礼券，每张礼券500元，共抛发1 000张。活动当天，有数万人参加了争抢礼券活动。受活动影响，商场周围的交通被迫中断，结果导致市政当局和部分市民的不满。同时，活动本身秩序失控，导致一些人被挤伤。对此，当地几家媒体对活动所导致的问题进行了报道。尽管活动的开展客观上使商场有了知名度，但该知名度带给商场的是其不希望看到的结果。

思考讨论：（1）公共关系实施过程中应注意哪些问题？

（2）用所掌握的公共关系知识对该商场的开业活动加以评析。

任务 4

公共关系评估

案例导入　　**阿联酋航空A380首航北京　打造轰动效应**

　　总部位于迪拜的阿联酋航空（Emirates Airline，简称"阿航"）2004年进入中国市场，2006年6月开通北京航线，并于2010年8月1日在北京航线启用空中巨无霸A380飞机。阿航A380飞机设施新颖、舒适，配有头等舱私人包间、头等舱Spa淋浴、机上酒廊等令人惊叹的设施，且阿航是首家在中国启用空客A380空中巨无霸执飞定期航线的航空公司。为了将这一信息传递给中国消费者并制造A380首航的轰动效应，阿航委托罗德公关公司进行了精心的策划并保障了项目的顺利执行。同时，对整个项目实施的公关效果，罗德公关公司进行了以下评估：

　　1.宏观评估

　　整个项目产生了阿航A380效应。

　　2.微观评估：媒体报道效果

　　由于受各种客观因素的限制，阿航A380飞机北京首航活动只邀请了位于北京的25家媒体参加新闻发布会，但基于罗德公关公司长期以来对媒体特点和记者自媒体性能的了解，其成功利用媒体多重属性，在短短数日内即获得了全国各大媒体的关注和报道。

　　（1）传播地域广度。2010年8月1日活动后，阿航启用A380执飞北京航线的新闻传遍中国23个省、3个直辖市及1个特区。

　　（2）传播力度。活动后48小时内，在全国范围内共产生1 500余篇报道。全部电视新闻报道（计入重播及地级市地方电视台）达100余条。

　　（3）传播深度。罗德公关公司通过熟练运用记者的自媒体特性，使得阿航启用A380执飞北京航线的消息，在社会媒体及网络媒体中自发传播。①新浪旅游博主Cynthia（新浪网记者）的相关博客阅读量达400 924次，讨论315次，转载207篇，为当年新浪旅游博客单篇阅读量第一；②各记者发起的博客累计转载近千篇；③开心网帖子浏览量233 928次，互动52 287次；④众多娱乐明星发布微博；⑤效仿明星及KOL旅游达人，众多乘客在新浪微博上发布阿航A380照片及搭乘体验，达数万篇（在2010年8月，新浪微博尚未如今日这般风靡。注：新浪微博于2010年

10月用户开始陡增，且阿航未开通新浪微博账号）。

（4）传播基调。在1 500余篇报道及数千篇博客中，99%的报道为正面报道。其中，中央电视台新闻频道在8月1日进行了两次现场直播，最长一次为记者登机体验，报道时间长达8分钟，报道中介绍了阿航的主要商业信息，如执飞航线、阿航A380设施等。在央视《新闻联播》中，阿航的全球航线网络也被巧妙地提及。

（5）与网友互动。

第一，新浪旅游频道长达1个月的网友互动活动：网友通过评选最喜爱的阿航A380服务，可赢取北京至迪拜往返机票；2010年7月底至8月底，共上线1个月；收到8 000多名网友的注册信息，近百万网友积极参与评选；新浪旅游长达1个月的推广，折合近千万元广告价值；通过评选，阿航A380服务设施得以最大化展现；推广包括头条新闻文字链、旅游频道焦点图、旅游频道文字链要闻推广、旅游频道文字链推荐等不同形式。

第二，新浪新闻及航空军事频道专题新闻报道：新浪网首页新闻及图片链接、新浪网新闻频道及航空军事频道专题；约359 000名网友浏览该专题；新闻专题首页推广。

第三，开心网网友自发帖子互动：由罗德公关公司邀请的记者亲历首航后，自发在开心网上与朋友分享首航体验；223 928名网友浏览了专题；累计转载51 518次；互动留言52 287条。

资料来源　佚名. 阿联酋航空A380首航北京　打造轰动效应［EB/OL］.［2020-03-09］. http://www.guayunfan.com/lilun/86662.html.有删减.

任务分析

公共关系是现代社会组织的一项重要管理职能，也是现代社会组织开拓事业的一种有效手段。公共关系的工作程序一般包括调查、计划、传播和评估四个阶段。其中，评估是公共关系工作过程的最后阶段。它是指根据特定的标准，对公共关系活动结果进行总结、衡量和评价。它的主要功能有：运用多种方法考察和评价公共关系活动的效果，以总结经验教训，为今后的工作提供借鉴；向决策部门报告公共关系工作的完成情况；利用公共关系工作的成果，对组织内部成员进行激励。

由于公共关系工作的可塑性和弹性，对公共关系工作进行科学的衡量和评估存在着许多困难。不过，对公共关系活动的正确评估有助于社会组织把握公共关系工作的效率和水平，有助于总结经验教训，并为新的公共关系活动提供背景材料。因此，它应该成为公共关系部门工作的重点内容之一。

公共关系评估在公共关系工作中占有重要的地位，因而它不应是公共关系工作的附属物或事后的补救措施，而应是整个公共关系工作的重要组成部分和重要内容之一。

通过本任务的学习，学生能正确开展公共关系评估工作并撰写公共关系评估报告。

■ 实训设计

撰写公共关系评估报告

实训背景：请针对"任务3"中组织开展的爱心捐赠活动撰写一篇公共关系活动评估报告。

实训目的：通过训练，学生能够进行公共关系评估，会撰写公共关系评估报告。

实训学时：2课时。

实训地点：教室。

实训要求：

（1）每名学生提交一份评估报告。

（2）学生提交的评估报告是考评依据。考评首先看评估报告的格式是否正确；其次看内容是否科学严谨；最后看知识面是否宽广。

（3）成绩的评定采取自评和教师评定相结合的方法。

一、公共关系评估的主要内容

小案例4-1　　　　　　　　无形的公共关系效果

有这样一段对话：

"为什么不行呢？"

"它们看不见摸不着，你实际上看不到公共关系的结果。"

"我为什么要为了那些探测不到的事情——你所说的'看不见摸不着的结果'而付钱给你呢？"

"因为公共关系与众不同，不能采取像其他部门一样的工作标准。"

"好吧，给你钱。"

"在哪？我没看到任何钱呀。"

"当然看不见啦，它是感觉不到的——这就是你所说的'看不见摸不着'。"

资料来源　卡特里普，等. 公共关系教程［M］. 明安香，译. 北京：华夏出版社，2001.

问题：你认为这段对话点出了公共关系的什么问题？

对公共关系工作来说，有效的评估不仅是事后的总结，还应贯穿整个公共关系活动过程的始终。因此，公共关系评估准确的定义是社会组织对其公共关系活动以及结果的分析、评价和总结。它是公共关系工作最后一个不可缺少的环节。它有助于检查公共关系工作的成效，对公共关系活动进行控制，提高公共关系工作的科学性，争取本组织领导对公共关系工作的重视和支持；总结经验教训，提高公共关系工作的水平，并为今后公共关系工作的顺利开展奠定基础。可以说，公共关系评估在公共关系工作中发挥着十分重要的作用。

根据公共关系活动内容的要求，公共关系评估一般可分为组织形象评估、工作成效评估、传播效果评估和目标评估等。

（一）组织形象评估

当公共关系计划付诸实施后，组织形象会发生哪些变化，需要重新进行评估。重新评估组织形象仍然沿用公共关系组织形象调查的基本方法。首先对公众进行调查；其次是对组织的知名度和美誉度进行分析，以评估组织形象的大体地位；最后是应用"语义差别分析法"对组织形象的内容进行分析。

公共关系人员应了解组织目标形象与组织实际形象之间的差距，找出组织目标形象没有实现的原因，并针对相关问题改进工作，防止类似的问题再次出现。

（二）工作成效评估

公共关系工作包括的内容很多，对其成效的评估要视组织开展公共关系活动的情况而定。一般而言，其包括以下三点：

（1）日常公共关系工作成效评估。这种评估根据组织所确定的评估内容和标准进行，通常采取日常工作总结、公共关系人员座谈会、员工评议及公众平时反馈等形式。一般情况下，在日常公共关系工作中可随时总结，没必要进行专门评估。

（2）专项公共关系工作成效评估。这种评估要严格根据具体公共关系活动的内容及特点确定评估内容及标准，并由负责专项活动的公共关系人员组织实施。可采取调查研究的形式，如直接调查专项公共关系活动的参加者或间接调查一些典型的社会公众，以了解专项公共关系活动对组织产生的影响以及社会舆论的变化情况。对于专项公共关系工作的成效，公关人员要详细记载并说明，以备查用。

（3）年度公共关系工作成效评估。这种评估以年度公共关系计划和预算为依据，将一年来公共关系工作的成效与预期目标和计划相比较，针对公共关系各层次计划的实现程度和存在的差距，提供有说服力的总结报告。

在一个社会组织中，公共关系年度报告往往和公共关系调查报告融为一体，即在报告中要对过去一年的公共关系工作进行总结，客观反映公共关系调查的内容，为制订新的计划提供依据。

（三）传播效果评估

传播效果评估，即通过对大量的信息传播资料所提供的情报和数据进行分析、评估，看其是否实现了公共关系信息传播的目标，是否保证了公共关系方案的贯彻落实。传播效果评估包括组织内部信息传播效果评估和外部信息传播效果评估。

（四）目标评估

公共关系计划中有许多具体明确的目标，组织要对这些目标进行评估，看其是否取得了预期效果。这对总体目标的评估有着重要意义。目标评估，要求有严格的定量和定性分析的各项指标，客观地进行评价；要求以公共关系调查所掌握的资料和公共关系方案的具体实施结果为评估的依据；要求以获得社会公众的满意为指标实现的标准。此外，还要注意在评估中应实事求是，不另立标准或降低标准。

二、公共关系评估的程序

公共关系评估要依照科学的程序进行。公共关系评估的程序可以界定为评估从开始到结束工作安排的先后次序和具体步骤。合理安排评估的程序，能保证评估工作的顺利进行。评估工作必须安排以下一些具体步骤：

（一）明确评估的目的

进行公共关系评估，首先要明确评估的目的。对评估的对象和内容来说，是选择项目评估还是整体评估，是选择个别过程的评估还是全过程的评估，均视公共关系评估的目的而定。如果评估的目的不明确，评估工作盲目进行，就有可能搜集许多无用的资料，从而浪费时间和精力，影响评估的效率和质量。因此，只有明确评估的目的，才能确定评估的对象、内容、重点、搜集资料的方式方法以及应该注意的问题，并保证评估工作的顺利进行。

（二）确定评估的形式

公共关系评估从实践来看，一般可以分为自我评估、组织评估和专家评估三种形式。自我评估是由主持和参与公共关系工作的人员凭自我感觉评价工作的效果。这种评估既有反映工作真实状况的一面，也存在着不可靠的一面。组织评估由组织总负责人出面主持，由组织各部门的负责人或有关人员对公共关系工作进行评价。这种评估能全面反映组织成员对公共关系工作的认识。专家评估是由组织出面聘请外部公共关系专家或顾问对公共关系工作进行评价。外聘专家能对公共关系工作做出较为客观的评价，并提出有价值的意见和建议。总之，公共关系评估既可以由组织内部的公共关系人员或组织的领导人进行，也可外聘公共关系顾问或专家进行。评估究竟采用哪种形式，应根据评估的目的或视具体情况来确定。

（三）选择评估的标准

为了保证公共关系评估的准确、有效，必须选择适当的评估标准。公共关系评估的对象是公共关系活动及其成效，对不同的对象应考虑使用不同的评估标准来进行检查、分析和衡量。例如，对公共关系活动进行评估，评估的标准可以考虑采用公共关系计划，即公共关系活动是否按公共关系计划开展；对公共关系成效进行评估，评估的标准可以考虑使用公共关系目标，更具体的标准则是对目标进行细分并具体化，以考虑公共关系活动的结果是否实现了组织期望达到的目标。因此，组织应根据公共关系评估的目的、对象和内容来选定评估标准，这样才能使评估工作顺利地展开，从而保证评估结果的准确、可靠。

（四）确定搜集评估资料的方法和途径

组织公共关系工作受多方面、多层次因素的影响，组织形象和公众态度的转变也是多方面因素共同作用的结果，因而要准确评价公共关系的工作效果比较困难。要保证评估结果尽量客观、公正和准确，不能单凭公共关系部门和公关人员的自我感觉和认识进行评价，还要采用科学的计量方法，将定性分析和定量分析相结合。为使评估更加可行，结果更加可信，在搜集评估资料的过程中，应根据评估的目的、所需资料的内容和范围选择可用的途径。对一些评估项目而言，评估所需的资料应同样采用公关调查阶段所使用的渠道和方法来搜集，以增强现时和过去公共关系状态与组织形象地位的可比性。

（五）开展评估

通过各种途径和方法搜集的资料，数量往往很多，其中有些资料可能杂乱无章，也有一些资料可能是片面的和不真实的。对这些资料要根据评估的目的和内容进行系统的整理、分析，这样才能获得活动所需的准确信息，这部分资料才能作为评估的材料和依据。在此基础上，再把公共关系活动情况及结果与公共关系计划或目标进行对比分析，确定公共关系计划完成、目标实现的程度及未完成、未实现的原因，从而对整个公共关系活动过程及结果进行全面准确的评估。

（六）汇报评估的结果

通过各种方法对公共关系工作进行评估后，必须对各种评估意见进行整理、分析和总结，还要把公共关系的评估结果以书面报告的形式向组织的管理层和决策层汇报。评估报告的基本内容应包括工作过程，目标完成情况，预算的执行情况，取得的成绩，仍存在的问题和差距以及采取的相应对策，下一阶段工作的任务、重点及评估的程序和方法等。汇报评估的结果，既充分说明了公共关系工作的重要性，同时又有助于组织领导者及时掌握情况，以便对组织进行有效的管理。

（七）利用评估的结果

组织的领导者和公关人员必须对公共关系评估的结果给予高度的重视并妥善利用。除了利用总结性评估说明公共关系工作的作用、影响和效果外，更主要的是把公共关系评估的结果用于决策。因为公共关系评估在公关活动中是连续不断地进行的，并贯穿于公关活动过程的始终。这样能及时发现和解决公关工作中的相关问题，调整和修订公关目标和方案，使其更加完善，并减少方案实施过程中的偏差。另外，评估的结果又能为下一阶段的公共关系活动提供背景材料，使社会环境分析更加准确，公共关系方案和目标的确定更符合组织的实际和发展需要。

三、公共关系评估的方法

（一）公共关系活动评估的方法

公共关系评估是一项过程性评估，它主要检测、评价公共关系活动是否按预定的计划进行。其目的在于控制和协调公共关系活动，努力实现既定目标，以避免公共关系活动的失败。具体来说，公共关系活动评估可以分为公共关系调查评估、公共关系计划评估和公共关系传播评估三种，因而公共关系活动评估的方法也可分为三类。

1.公共关系调查评估的方法

在公共关系调查中或结束后，应该对调查活动及其搜集到的资料进行验证和分析。这有利于发现调查中没有明确的问题，并及时进行补救。

对调查计划和方案的可行性进行评估的主要方法有：①逻辑分析，即用逻辑学的原理和方法对调查计划和方案的可行性进行检验和分析；②经验判断，即用以往的实践经验对调查计划和方案的可行性进行分析和判断；③试验分析，即通过小规模的实地调查对调查计划和方案的可行性进行检验和评价。

对搜集到的资料的准确性和完整性进行评估的主要方法是信度和效度评价。信度是指调查结果反映调查对象实际情况的可靠程度，效度是指调查结果反映调查所要说明问题的正确程度。因此，信度是针对调查对象而言的，它主要验证调查资料和结果的可靠性；效度是针对调查所要说明的问题而言的，它主要验证调查结果的正确性。信度评价有两种基本方法：①交错法或折半法。交错法是指调查人员使用设计项目表面不同而实质相同的两种同类调查手段对同一调查对象进行调查验证的方法；折半法是指调查人员使用的调查手段中包含了设计属性相同的两部分调查项目，以此对调查对象进行调查验证的方法。②重复检验法。它是调查人员通过对同一调查手段的重复使用对调查对象进行验证的方法。效度评价则从表面有效度、准则有效度和构造有效度三个方面来衡量。

2.公共关系计划评估的方法

公共关系计划评估主要是对公共关系目标、活动项目以及计划编制等内容进行评价和分析。其目的是预先发现漏洞，进一步调整计划与战略，改进方案的实施过程，以增强信息说服力，避免宣传出现负效应，提高计划的可行性。

公共关系计划评估的主要方法有：①经验判断，即用以往的实践经验对公共关系计划和方案的可行性进行检验和分析。如根据经验来评价和分析公共关系计划中语言文字的运用、图表的设计、图片及展示方式的选择等是否合理、新颖，是否能达到引人注目、使人印象深刻的程度。不过，经验判断没有完全客观的标准，易受到评估者主观因素的影响。②试验分析，即通过小范围的试验对公共关系计划和方案的可行性进行验证和分析。具体来说，是将计划和方案在小范围或者样本公众中实施，并通过对公众的调查或利用剪报、广播录音或录像对相关资料进行内容分析，取得经验后再进行调整，最后在大范围内实施。在公共关系计划评估中，应主要采用现场试验法。

3.公共关系传播评估的方法

在公共关系传播过程中或结束后，应对传播活动进行评估。其中，对制作并发送的信息数量进行衡量主要是为了了解所有信息资料的制作、发送情况，以及其他宣传活动的开展情况。其主要方法是清点并统计制作、发送的信息资料的数量以及其他宣传活动的场次数。

对信息曝光度进行衡量主要是为了了解信息资料被新闻媒介采用的数量以及注意该信息的公众数量。评估信息曝光度（覆盖面）最常用的方法有：①统计报刊索引和广播、电视、网络的播放记录，以统计信息被新闻媒介采用的数量；②统计新闻媒介的发行量，推算可能阅读报刊或收听、收看广播、电视和网络节目的人数，以测定接触信息的公众数量；③统计展览、演讲、专题活动等的次数，这也能反映组织公关活动的影响程度。

对信息准确度进行衡量主要是为了确定目标公众接受信息的状况。评估信息准确度常用的方法有：①内容分析。通过对新闻媒介的系统分析可以了解：信息资料正被哪些新闻媒介采用；是否被重点地区的新闻媒介采用；这些新闻媒介采用最多的是哪些信息资料；通过这些新闻媒介接收到信息的目标公众的数量。②对组织目标影响的检测。测定新闻媒介传播的信息在多大程度上能帮助组织实现它的目标，这是衡量新闻媒介是否能准确传播信息的重要方法之一。③受众调查。通过小组座谈、个人访问及电话访问或者问卷调查等方法来调查公众对信息的理解程度。④公众到席率。展览、会议、演讲或事件的到席率，可以说明收到某一信息的人数；到场人数也可以作为评估宣传工作效果的依据。

（二）公共关系结果评估的方法

公共关系结果评估是一项总结性评估，主要评价公共关系活动对目标公众的作用和影响程度，以及整个公关目标的实现程度。其目的在于了解公关工作的效果，因而又称为公共关系效果评估。公共关系结果评估的主要方法有：

1.接收信息的公众数量评估的方法

对接收信息的公众数量进行衡量，主要方法是水准基点研究，即事前事后测验法。它是指对公众在公共关系活动开展前后对组织的认识、了解和理解等进行调查比较。其采取的形式包括在开展公共关系活动前后对同一组公众进行重复测验，或者在一组公众当中开展公共关系活动，而在另一组公众中不开展这样的活动，然后对两组的测验结果加以比较。

2.转变态度的公众数量评估的方法

对转变态度的公众数量的评估，比对接收信息的公众数量的评估更难。一般来说，对态度转变进行评估的常用方法也是事前事后测验法。它是指对公共关系活动前后的公众态度进行衡量，在图表上标出公共关系活动前后公众态度变化的百分比，并用方差分析说明公众态度变化与公共关系活动之间的关系。

3.产生行为的公众数量评估的方法

公关工作旨在促使公众行为的产生和改变，实现组织目标。对公众行为的评估经常采用的方法有：

（1）自我报告法。这种方法是指由公众自己说明行为变化的方向、程度和原因。采用这种方法的缺点是有的公众可能不会真实作答，尤其是向公众提出一些敏感性问题时。

（2）直接观察法。这种方法是指公关人员在公关活动期间，根据确定的主题对公众的行为进行直接观察。采用这种方法需要公关人员有较强的观察、分析能力。

（3）间接观察法。这种方法是指公关人员利用仪器或有关部门的记录对公众的行为进行观察。

小案例4-2　　　　　"爱奇艺中国之夜"亮相威尼斯国际电影节

2014年8月27日晚，第71届威尼斯国际电影节开幕。其中，"爱奇艺中国之夜"是首次出现在威尼斯国际电影节这一国际最知名电影节官方日程中的由中国互联网公司主办的活动。作为国内首家与威尼斯国际电影节达成全球视频合作协议的中国视频网站，爱奇艺全程深度参与、跟踪报道电影节各项日程，惊艳亮相电影节多场官方活动。

2014年8月27日，爱奇艺创始人、CEO龚宇携爱奇艺威尼斯团队人员集体出席第71届威尼斯国际电影节开幕红毯，共同观看开幕影片《鸟人》。

8月29日，龚宇出席威尼斯电影市场开幕酒会并发表演讲，连续会见威尼斯双年展主席和威尼斯国际电影节主席，共同探讨、磋商爱奇艺与威尼斯国际电影节未来的合作前景。

9月2日，爱奇艺影业总裁李岩松在"中国电影市场"论坛上与参会嘉宾共议中国电影的机遇与挑战。他表示，爱奇艺将以最大的诚意和努力与国际电影行业展开合作，推动中国及欧洲艺术电影走向全球。

9月3日，爱奇艺高级副总裁杨向华出席由意大利电影协会主办的"遇见中国"主题活动，向海内外电影同仁介绍中国视频行业发展给国际电影带来的变革与机遇。

9月3日晚，"爱奇艺中国之夜"亮相威尼斯国际电影节。

此外，爱奇艺随本届威尼斯国际电影节同步上线"在线影展"，6部网络专属影片+20部经典中外佳片再次刷新爱奇艺在行业内首创的"在线影展"互动模式，掀起网络版电影节大狂欢。

项目评估如下：

（1）效果综述：活动获得了威尼斯双年展主席、电影节主席、电影市场主席、意大利电影工业协会等的称赞，双方建立了良好的关系。通过参与、主办论坛，爱奇艺品牌给各界留下了深刻印象；通过市场品牌宣传、论坛和"爱奇艺中国之夜"，更多的电影工作者和影视公司加深了对爱奇艺平台的了解，零散建立了许多关系，有利于获取未来合作的机会。

（2）现场效果：现场与釜山国际电影节主办方洽谈成功，双方将进行市场合作，继续"在线影展"计划。

（3）受众反应：此次影展及"爱奇艺中国之夜"的举办得到中外众多优秀影视公

司、影视机构人士的夸赞，他们纷纷表示愿意与爱奇艺进行相关合作。

（4）市场反应：与威尼斯国际电影节组委会沟通官方在线影展及意大利独立电影节的在线影展。同时，有机会向海外推广网络大电影，与德国大版权方、韩国片库以及韩国艺人建立了联系；同美国相关方面的大独立版权方建立了密切联系。

（5）媒体统计：预计200人参加"爱奇艺中国之夜"活动，现场实际参与人数400余人。根据电影节活动进展，面向国内第一时间发布官方新闻，共发布13篇，转发量共320篇。《北京日报》《南方都市报》《厦门日报》《北京商报》《深圳晚报》等多家国内外媒体及知名影评人周黎明推广转发，美国、意大利、俄罗斯、德国、英国、丹麦等多国媒体均有转载，VARIETY（美国《综艺》）、Forbes（《福布斯》）、CHINA DAILY（《中国日报》）、Global Times（《环球时报》）等国际知名媒体均主动采访报道。《微观世界》、《新欧洲侨报》、《新华联合时报》、意大利侨网等10家欧洲华侨媒体对威尼斯国际电影节进行了报道。后续有毒舌影视、《综艺报》、《传媒内参》等多家媒体陆续进行深度报道。

问题：谈谈爱奇艺的做法带给你的启示。

四、撰写公共关系评估报告

公共关系评估报告是提供给组织的一种正式的文体。它以文字、图表或相应的其他形式来体现开展公共关系活动的成绩、经验、教训、建议等评估工作的成果，具有业务性强、理论性强、经验性强等特点。

撰写公共关系评估报告具有重要意义。通常，评估小组会将公共关系评估报告提供给：①管理层领导，作为他们统筹管理和发布新决策的依据；②各职能部门，作为各部门改善工作的参考；③全体员工，以利于员工了解外界的评价，提高士气，改善行为。此外，公关评估报告还可以公开发表，供同行或其他社会组织参考与借鉴。通过撰写公共关系评估报告，组织可以总结、积累经验；着眼现在，克服缺点；指向未来，指导工作。

目前，我国许多社会组织仍然不太重视公共关系评估工作，能见到的公共关系专业评估报告甚少。它们也不太注重评估成果的运用，导致公共关系工作带有盲目性和被动性，因而丧失了许多成功的机会。

（一）撰写公共关系评估报告的准备工作

公共关系评估报告所评价的对象，既可以是某项公关工作（活动）的整个过程和整体效果，也可以是公关工作（活动）中的某一重要环节，如策划方案、准备阶段、实施过程、操作规范、传播效应等。在实际操作中，评估对象一般视特定的需要或委托人的要求而定。

从公共关系实践来看，公共关系评估报告多被用于对一项公共关系工作（活动）的整体评价。这种评估报告的撰写难度最大。一个毋庸置疑的事实是：公共关系评估报告的撰写必须建立在对一项公共关系工作（活动）准确评价的基础之上。因此，在动笔撰写评估报告前,应先认真做好前期准备工作。

(1)评估标准的最终确定。要对一个事物进行评价,事先必须确定一个参照系数,否则就会引起判断上的某种混乱。公共关系评估同样如此。比如,某企业通过一项年度公共关系活动,在社会公众中的知名度达到80%,美誉度达到70%。对此应如何评价?这就涉及评估的标准问题:如果以该企业一年前的社会知名度70%、美誉度65%作为参照系数,则同比提升了5~10个百分点,应当说颇有成效。但如果以该企业本年度公共关系工作要求达到社会知名度90%、美誉度80%的目标来衡量,则又明显不足。同样,一次公关专题活动的新闻发稿达到30篇(次),如果以该组织以往公关活动一般发稿15~20篇来看,本次活动在新闻传播方面已有明显进步,值得赞赏。但如果以其他组织同类公关活动的新闻发稿往往可达50~60篇(次)为标准,则30篇(次)实在算不上有什么成绩,反而说明工作做得还不够。所以,事先确立什么样的评价标准,直接关系到对一项公关工作(活动)的最终评价。

我们这里重点讨论的是对一项公共关系工作(活动)的状态评估。它涉及许多方面,需要确定多方面的评估参照系数,并要求这些参照系数之间具有某种逻辑联系,从而构成一个科学的、综合的评估体系。如果这一评估体系不能有效确立,评估工作就无法开展,评估报告的撰写自然无从谈起。

要确定一个比较客观、科学的评估体系,最直接、最省事的方法是以某项公共关系工作(活动)的预期目标为参照体系。任何一项公共关系活动在制订计划时,都会事先设定其活动目标。鉴于这一计划是经过批准才付诸实施的,因此,以计划中设定的活动目标为参照体系,并以这一活动目标最后是否实现以及实现的程度来进行评判,自然是最为公正的。但应该注意的是:由于种种原因,这类计划中的活动目标有时会定得过低,有时则定得过高甚至根本无法实现。更何况,公共关系评估本身就包含对活动计划制订得是否合理这一内容。所以,完全以某一工作(活动)的预期目标为依据来确定评估标准,难免失之偏颇,逻辑上亦会陷入某种悖论之中。

因此,在确定评估标准时,还必须综合考虑以下问题:①组织公共关系工作(活动)和形象建设的中长期目标是什么?本项工作(活动)是否为其中一个不可或缺的环节?②组织以往同类工作(活动)的实施情况和实际效果如何?本项工作(活动)在前期计划、具体实施和最终效果上是否有了明显提高?③其他社会组织类似工作(活动)的实施情况和实际效果如何?本项工作(活动)在同等费用投入的情况下,是否取得了比其他社会组织类似工作(活动)更好的效果?④规范的公共关系工作(活动)应该如何运作?本项工作(活动)是否达到了规范水准?

事实上,评估标准的确定,是在制订评估方案时就必须加以考虑的。但在某些情况下,随着评估工作的实际展开,标准会进行一些技术性修正。所以,在撰写评估报告前,就应对标准进行最终确定。最终确定下来的评估标准,应明明白白地写入评估报告中。

(2)有关信息的全面搜集。根据评估的目的和要求,全面搜集评估对象(某项公共关系工作或活动)的有关信息,无疑是对评估对象做出准确评价的重要前提。对一项公共关系工作(活动)的整体评估,一般需要搜集以下信息:①组织的基本情况、发展规划和公关形象建设目标；②组织以往公关工作（活动）的文献资料；③其他社会组织类似工作（活动）的大致情况；④对本项公关工作（活动）的设想；⑤本项公关工作（活动）的策划方案和实施方案；⑥对本项公关工作（活动）各环节的具体实施情况和现场反应情况的记录；⑦本项公关工作（活动）的信息传播情况和信息的实际覆盖面；⑧本项公关工作（活动）的内外部评价；⑨本项公关工作（活动）带来的公众舆论改变的有关情况；⑩本项公关工作（活动）的经费预算和实际使用情况等。当然，如果仅是对公关工作（活动）中某一环节的评估，则只需要搜集与此相关的信息即可，不必面面俱到。

对这些基本信息的搜集有多种方法，通常与公共关系调查所采用的方法大致相同。例如，通过文献调查来搜集组织的基本情况、以往公关工作（活动）的材料、本项工作（活动）的策划和实施方案，以及有关的新闻报道资料；通过访谈调查来了解各类公众以及执行人员对本项工作（活动）的评价和感受；通过观察来了解本项工作（活动）的现场情况和参与者的反应；通过问卷调查来把握本项工作（活动）的信息覆盖面和公众舆论变化情况，包括组织知名度和美誉度的实际提高情况等。这些基本信息有些可由评估项目的组织者（或实施者）提供，有些则需要评估人员自行搜集。另外，对于被评估项目的组织者（或实施者）提供的某些信息，在评估前还需进行甄别，看其中有无"水分"；否则，在评估时很容易出现偏差。

（3）对评估对象的客观分析。完成了前两项工作后，就可以考虑公共关系评估报告的撰写了。但在正式动笔之前，应对评估对象有一个全面、深入的了解，并做出客观分析。这里的关键是评估报告撰写者自身立场的公正：他必须依据某项公关工作（活动）的成败来撰写，切忌出于某种考虑而故意迎合或打压被评估项目的执行机构或人员，也不能撇开有关数据资料而光凭主观印象来臆测和随意判断。比如，对某项公关工作（活动）成功与否的评估，不能只看这项工作（活动）的表面，必须认真考虑其是否切实推进了组织形象建设和管理目标的实现，是否有新的创意，是否做到了规范操作，是否取得了预期的传播效果，以及投入产出比情况如何。如果一个投入经费50万元的活动，最终只取得了其他同类组织20万元经费投入即取得的效果，则即便该项活动初看颇具声势，也不能称为成功。同时，在进行评估时，还得考虑客观环境的变化。不能排除这类情况：某项公关活动从策划到具体实施均十分规范，却因客观环境发生不可预计的突然变化（战争、政府人事变动、病毒流行等），未能取得预期效果。诸如此类问题，均是实际评估时需要加以注意的。

（二）撰写公共关系评估报告的基本原则

公共关系评估报告是对公共关系活动或工作的书面评价，是对已经实施的公共关系工作的总结，是公共关系评估结果运用的依据。为此，公共关系评估报告除了要遵循科学性、公平性、真实性等原则外，还应具有以下特点：

（1）针对性。公共关系评估报告的针对性很强，要么是对综合项目的评估，要么是对单项活动的评估。为了解决工作中的实际问题，最多的情况还是单项活动评估，如庆典活动、赞助活动、展示展览活动、产品推广活动、危机处理效果等。

（2）完整性。其主要包括三方面的内容：①按照公共关系评估报告的内容，对评估工作的目的、对象、原则、依据、方法、结果等进行全面概括；②正文内容与附件资料要配套一致，尤其要注意附件资料起着完善、补充、说明正文的作用；③评估的范围和对象要做到完整无缺、无一遗漏。

（3）及时性。公共关系评估报告具有较强的时效性。公关活动及其面临的环境在不断地变化，因此，在公关活动结束之后，评估人员应及时撰写公共关系评估报告，否则容易失去评估的意义。

（4）客观性。公共关系评估报告是一种公正性文件。在撰写报告时，必须真实、客观，有理有据；要避免空泛议论或掩饰缺点，应力戒片面分析或夸大其词。

（5）独立性。在撰写公共关系评估报告的过程中，通常要与公关活动主办单位的部分领导、员工等接触。评估人员在得出结论时，要避免受到他们主观意志或一己之见的影响。在评估报告中，必须反映评估人员的独立评估判断。

（三）公共关系评估报告的内容与格式

1.公共关系评估报告的内容

公共关系评估报告具有特定的目的。目的不同，评估的范围和对象不同，进而评估报告的内容也不完全一样。通过对公共关系评估实践的总结，公共关系评估报告的内容主要包括以下几方面：

（1）评估的目的及依据。为什么要进行公共关系评估，通过评估要解决什么问题，以及评估所依据的文件或相关会议精神等。

（2）评估的范围。公关活动涉及方方面面，为了突出重点，缩短篇幅，利于评估结果的运用，报告必须明确公共关系评估的范围。

（3）评估的标准和方法。在报告中，应说明评估的标准或具体化的目标体系，以及评估所采用的方法，如直接观察法、问卷调查法、比较分析法、文献资料法等。

（4）评估过程。简要说明评估是怎样进行的，分哪些阶段；通过评估过程及其采用的方法等可以判断评估是否科学、系统、规范、完整。

（5）评估对象的基本情况。在报告中，必须明确评估对象本身的情况，包括活动或项目名称、开展时间、实施的基本情况与特点等。

（6）内容评估、分析与结论。在报告中要写明被评估的公关活动、工作或项目的内容，对实施情况及其效果、效益进行分析，进而得出客观、公正的结论。

（7）存在的问题及建议。评估人员根据掌握的实际材料、相关情况，有针对性地提出存在的问题及有利于解决问题的建设性意见。

2.公共关系评估报告的格式

"文无定法"，公共关系评估报告没有固定的格式，按照评估的目的与要求，可灵活安排结构，但结构要服从内容表达的需要。通常，公共关系评估报告的结构依次包括：

（1）封面。封面的主要内容包括报告或项目的题目、评估时间、评估人（单位名称）以及保密程度、报告书编号。题目要反映评估的范围和对象。排版应醒目、

微课 4-1

公共关系评估报告的内容与格式

美观。

（2）评估成员。哪些人参加了评估工作，负责人是谁。

（3）目录。方便阅读报告的人。

（4）前言。其反映评估的任务、方法、过程以及其他特别需要说明的问题。也有一些评估报告把评估的方法、过程等写进正文部分。

（5）正文。这是评估报告最重要的部分，也是评估报告的主体。它包括评估的原则、方法、范围、分析、结构、存在的问题、建议等。

公共关系评估报告的正文撰写要注意：①应突出"准确地对组织所开展的公共关系工作（活动）做出评价和判断"这一个性特点。与调查报告相比，在客观分析有关数据、资料的基础上，评估报告主观评判的色彩相对浓厚一些，结论性意见也更多一些。②必须先按照评估对象的工作（项目）情况分阶段进行分析和评判，然后做出一个总结性的整体评价，切忌不分阶段地混为一谈，并笼统地下一个结论了事。③应尽可能地以各种数据和资料为依据，并巧妙地应用各种数据和资料的对比分析来做出评价。但在某些情况下，评估者的逻辑分析和经验判断也可以对有关结论起到相当重要的支撑作用。④结论性意见尽管有较多的主观评判色彩，但仍应力求科学、客观和公正，尤其是在对某一工作环节的评判没有绝对把握的情况下，下结论时仍应该注意用词的委婉和留有一定余地。

还需要指出的是：公共关系调查报告的正文，篇幅长者可达数万字；公共关系评估报告的正文则不同，一般篇幅不长，强调言简意赅。所以，在行文上，更应力求简明扼要，切忌啰唆和拖沓。

（6）附件。它是对正文内容的详细说明和补充，是正文的证明材料。附件主要包括附表、附图、附文三部分。

（7）后记。其主要说明一些相关问题，如报告传播的范围、致谢参加人员及相关单位等。

（8）评估时间。由于公关活动处于不断变化的状态下，不同时间评估所得出的结论会不同，因此，评估报告必须写明评估时间或评估工作开展的阶段。

3.撰写公共关系评估报告应注意的问题

公共关系评估报告的写作是有相当难度的。在写作过程中，既要求执笔人员客观、公正、全面，又要求报告简洁、明了。为此，除格式方面的要求外，在写作过程中还应注意如下问题：

（1）定量与定性相结合。通常，评估结论是定性的，但必须用定量的指标进行说明，注意定量与定性的密切结合。

（2）只有切合实际情况的建议与策略才具有可操作性。

（3）语言准确、精练。尽量用最少的文字、篇幅来说明问题，提出建议；切忌太多的学术词汇，让报告的阅读者难以理解。

（4）结论客观具体。结论要客观，既要看到成绩、效益，又要看到缺点和不足。在结论中，要避免使用"可能""大概""也许"等模糊语言。此外，所有的结论都应该能找到相应的材料作证明。

■ 课后练习

1.应该从哪些方面对公共关系效果进行科学的评估？

2.请了解一些社会机构所开展的公共关系活动是否成功，并予以评价。

3.选择一家酒店，分别从酒店的外观、服务人员的工作质量、服务项目设置、酒店宣传等方面进行调查，针对酒店公共关系工作写出评估报告。

4.每名学生各自找一篇有关企业的新闻报道，对该报道做一次全面的新闻舆论分析，并形成分析报告。

5.请结合实际谈谈公共关系评估工作应如何取得领导的支持。

6.案例分析。

章后案例分析

■ 思政园地

历史上的公关大师——诸葛亮

• 诸葛亮为什么未出隆中即已"三分天下"？

• 诸葛亮凭借什么"舌战群儒"、促成孙刘联盟？

• 诸葛亮明知关羽不会杀曹操，仍派他去守华容道，秘密何在？

诸葛亮不仅是我国古代著名的军事家、政治家，也是一位杰出的公关谋略大师。他从实际出发，精辟地分析了天下形势，并在实践中出色地运用公关手段开展了军事、政治、经济、外交等多方面的工作，取得了每每为后人所称颂的光辉业绩。让我们从公关角度，对《三国演义》中诸葛亮在隆中决策和赤壁之战中的公关谋略及公关活动略述，为课程思政的实施提供鲜活的材料。

请扫描二维码，感受历史上的公关大师——诸葛亮的公关魅力。

思政园地素材

项目 2：
一举成名天下知——公关关系传播

公共关系是一个组织为了达到与公众之间相互理解的特定目的，而有计划地采用的对内、对外传播方式的总和。

——［英］弗兰克·杰夫金斯

我们的责任，是代表企业及公众，就公众关心并与公众利益相关的问题，向新闻媒介和公众提供迅速而真实的信息。

——［美］艾维·李

课程思政指南：

课程思政设计理念与融入路径

本项目内容	融入思政要素	预期目标	教学方式
组织新闻发布会	融入平等、诚信、奉献等社会主义核心价值观	在组织新闻发布会过程中，熟悉其主要策划、实施理念，始终恪守真实原则	新知讲授 热点讨论 案例分析 任务驱动
制造新闻事件	融入多元、包容的文化传播心态和全面、客观分析事物的理念	引导学生用创新思维、务实作风全面、系统、准确地策划和制造新闻事件，进行有效的科学传播	
网络公共关系	使学生掌握网络公共关系的活动方式，融入以"文化主体意识"与"诚信友善"为核心的价值观	引导学生熟悉以仁爱共济、立己达人为重点的社会关爱教育	
企业危机公关传播	融入责任担当、责任义务主题教育；融入忧患意识教育	鼓励学生做有担当、有使命、有责任、有义务的四有青年；引导学生在日常工作、学习、生活中始终有忧患意识	

任务 5

组织新闻发布会

案例导入　　　**联想集团的新产品新闻发布会策划案**

（1）发布会地点：北京798艺术区79罐。

（2）发布会主题：移动互联乐生活——联想移动互联战略暨新品发布会。

（3）出席人员：联想集团领导以及各大新闻媒体和社会各界商业精英。

（4）发布会目的：吸引各媒体眼球，为未来即将开卖的产品造势，宣传企业形象，彰显企业实力，展示领导风采。

（5）发布会组织流程。

第一，会场布置：①门前放置标有会场名称的展架，由工作人员引导出席者进入会场；②会场接待前台安排礼仪小姐；③会场周围设置符合发布会主题的展架，对产品和企业进行简单介绍；④主席台的设置简约，具有科技气息，并有主办方的Logo；⑤主席台后设置多功能屏幕，方便播放资料和宣传产品；⑥会场设置舒适的桌台，配有酒水和点心；⑦设置媒体拍摄、制作专区。

第二，会议流程：①接待嘉宾、媒体等，进行签到；②引导来宾入场、入座；③播放震撼的企业宣传短片；④语音引导联想集团CEO演讲致辞；⑤播放主题宣传片、产品秀短片，然后请联想集团副总裁对新产品进行介绍及演示；⑥以震撼的短片引入下一个产品的发布；⑦语音引导主要领导上台联手开启"联想移动互联乐生活"仪式；⑧请摄影师摄影留念；⑨语音引导到场嘉宾到联想体验台进行新产品功能体验。

（6）发布会结束。

资料来源　佚名. 新产品新闻发布会策划方案［EB/OL］.［2018-06-23］. http：//www. ruiwen.com/cehuashu/1711816.html.

任务分析

新闻发布会是现代组织机构进行信息传播的一种十分正规和隆重的活动。它是组织机构在取得突出成绩或者面临重大变故时向新闻媒介公布信息的活动。其参与者主要是对社会发展有特殊影响的新闻记者。发布会通常事关组织的发展，因此不允许出现差错和失误。对此，公关人员要有十分清醒的认识。

要成功地组织一次新闻发布会，必须有出色的创意和策划，同时还要做好准备发布会相关资料、布置新闻发布会会场、接待媒体采访等工作，并注意新闻发布会的程序和礼仪。

通过本任务的学习，学生能够做好新闻发布会的各项准备工作，使新闻发布会能够顺利进行，同时能做好新闻发布会后的各项工作。

■ 实训设计

模拟新闻发布会

实训目的：掌握新闻发布会的组织技巧和要求，成功地组织新闻发布会。

实训学时：2课时。

实训地点：实训室或者教室。

实训步骤：

为苹果公司iPhone16上市组织一次模拟新闻发布会。

（1）全班同学分为3组，每组指定一个组长。由组长扮演苹果公司公共关系部经理，其他同学扮演苹果公司公共关系部的工作人员。

（2）请各公共关系部分别制定新闻发布会的程序，并挑选主持人和发言人；拟定发言提纲（可以从苹果公司网站了解这款新产品的特点）。

（3）其他各组扮演受邀的各新闻单位，并挑选记者，准备提问。

（4）由其中一组扮演苹果公司公共关系部人员，举行新闻发布会，其他各组的成员担任记者，进行现场演练。

（5）各组对本次活动进行总结，指导教师进行点评。

一、新闻发布会前的筹备

（一）突出一个主题

一场新闻发布会只能突出一个主题，且主题必须鲜明、集中。比如，想对一款新产品的性能做出解答，公关人员就要尽可能地在产品性能方面做文章，挖掘其新闻价值，从其社会影响力和传播的预期效果方面去衡量它。主题若含糊不清，容易引起记者的误解；主题多了，又会分散注意力，影响传播效果。主题一旦确定，就要通过各种方式加以强调。

（二）选择好时间和地点

一般情况下，企业新闻发布会的举办时间最好不要和节假日或正在发生重大事件的日子相冲突，如重要的会议、盛大的庆典、举足轻重的体育赛事等。不过，依据会议的主题，如与这些重要的日子相关联，可能会带来意外收益，则应视实际情况而定。此外，工作日中星期一上午不合适。发布会开始的具体时间可安排在早上10点

微课 5-1

新闻发布会
前的筹备

小案例 5-1

资生堂世博
会赞助活动
新闻发布会

或下午 3 点。确定具体时间后，提前 3～5 天向记者发出邀请，给记者充分的时间安排相关工作。

选择地点也一样，首先，要考虑能给记者创造方便的采访条件，如视听器材、拍摄的辅助灯光等；同时要考虑到交通问题。其次，地点应视会议主题而定，如单位的会议室，或租用宾馆、酒店，同时要考虑到规格、等级和品位。如果新闻发布会的影响范围大到全国，可在大都市的会展中心或者大型酒店举行，如 2024 年 3 月 28 日小米汽车上市发布会在北京大兴区亦庄荣昌东街北京亦创国际会展中心举行；如果只侧重于介绍新产品或组织情况，在组织内部举行即可。总之，在地点的选择上，要一切从实际出发。

（三）邀请对象准确，准备好相关资料

企业召开新闻发布会的主题大小、轻重，决定了所邀请的记者范围。倘若是只涉及当地的事件，邀请当地的新闻记者出席便可；若事件的影响力涉及全国，那么应邀请到中央级新闻单位的记者参加。此外，邀请的记者（类别）要齐全，报刊、电台、电视台、网站的新闻媒体皆覆盖，文字、摄影、摄像俱全。

在组织内部确定了主题、统一口径后，公关策划人员要组织专门人员负责起草发言稿；同时，准备好会议资料（口头的、文字的、实物的、录像、表演、图片、表格、地图都可作为会议资料），包括领导的发言材料、组织的背景材料、组织对产品介绍的图文资料，或反映企业文化的录像和表演等。这些都有利于增强记者的感观印象和理解。资料一般以书面形式提供，也可采用另附电子文档的形式。会前会后还可以安排现场参观或者体验活动。

另外，新闻发布稿要多从新闻的角度来写，语言简练准确、重点突出，有感染力。为了留下更多的时间回答记者的提问，发言人将新闻发布稿发给记者后，最好不要再照本宣科，可以简明扼要地介绍发布会的重点，甚至可以直接进入回答问题阶段，既节省时间，又有利于发言人与记者更好地互动。

（四）请柬发放工作细致，合理布置会场

日期一旦确定，应及时发送请柬，以便新闻单位进一步了解详情。请柬最好派专人递送。请柬上应说明举办新闻发布会的目的，召开的时间、地点，单位名称、联系方式，发布会主题，主要发言人的姓名和职务等。请柬发出后，应在会议召开前一两天电话落实记者的出席情况。

一般情况下，会场要安静，布置舒适的座椅。不过，企业的新闻发布会会场布置可根据主题的需要，采取多样的风格。比如，发布一款新产品，可根据发布的内容进行一些特殊设计，如布置舞台等，以增强发布会的效果。话筒、照明设备、录音器材、电话、电传、电源插口、插座、网络、打印和复印等设备要一应俱全。精心安排好宾客的座位，分清主次。翻译人员、接待和服务人员、发言人、主持人应佩戴胸牌。主持人的胸牌上应标明职务。会议桌上应标明席位。主宾人员名单应提前 10 分钟送给主持人，以便在会议开始时一一介绍。会前安排好会议记录者、摄影者、摄像

者，以备将来宣传和纪念之用。会场入口可设立"签到处"，派专门的公关人员接待、引导记者入席。主持人和工作人员的着装也要讲究，一般情况下着西装，特殊情况下也可穿着与现场气氛相吻合的服装。这些特殊着装本身也是产品信息发布的内容。企业的记者招待会会场可以不拘一格地布置，但会场所需的基本设备一样都不可少。

（五）挑选主持人和发言人，并提前预演

主持人和发言人必须有极佳的口才，思维敏捷，能顾全大局，还要有囊括玉宇的胸怀，遇到突发情况能及时应变、泰然处之，并有较高的文化修养和专业水平。这些要求决定了主持人一般由公共关系部门的负责人担任，或者由单位副职担任；发言人一般应由单位正职担任。如果是公布某项新产品或新技术，相关方面的负责人和技术人员也应出席。发言人和主持人在某种程度上是组织的"形象代表"，所以要格外讲究，认真挑选。一名优秀的发言人对本组织的情况应了如指掌，面对记者的提问能够应对自如、游刃有余。青岛双星集团总经理汪海有一次到美国考察，在记者招待会上，一位记者问"双星"的含义，汪海微笑答道："一颗星代表东半球，一颗星代表西半球，我们要让'双星'牌运动鞋潇洒走世界。"当时在场的另一位记者立刻问道："请问先生您脚上穿的是什么鞋？"这一尖锐的提问极易造成尴尬局面。如果汪海自己穿的不是"双星"怎么办？这时汪海并未慌，自信地答道："在贵国这种场合脱鞋是不礼貌的，但是这位先生既然问起，我就破例。"于是脱了自己的鞋并高高举起，指着商标处大声说："Double Star！Double Star！"这一举动立即赢得场下雷鸣般的掌声。记者们争相拍下这一镜头。次日，美国纽约各大报纸在主要版面上纷纷刊登出关于这一幕的照片。这就是汪海作为发言人的智慧。他通过睿智幽默的言行，不仅抓住了记者的心，而且对本公司的产品做了一次巧妙的宣传。

组织新闻发布会，最好在会前进行"模拟训练"，以做到有备无患。在新闻发布会举行的前一天，从组织者到发言人，从接待人员到服务人员，都要接受"模拟训练"，围绕主题，设想记者可能提出的各种问题，尤其是那些刁难人的问题。发言人的临场准备工作越充分，越能更好地树立组织形象。

小案例5-2 "舒肤佳"成功举办推广医疗卫生理念相关活动

为了在山东省宣传推广医疗卫生理念，"舒肤佳"通过山东省爱卫会和山东省疾病预防控制中心健康教育所组织了"健康卫生三步曲"（常常洗手、天天洗澡、处处打扫）的理念宣传活动，借助新闻发布会和群众推广宣传活动取得了预期效果。

新闻发布会由来自山东全省34家主要媒体的50余名记者参加。在新闻发布会上，济南市少年宫的合唱团现场演唱了为活动特别创作的《健康卫生三步曲》歌曲，为新闻发布会增添了许多情趣，将会议的气氛推向了高潮。

群众推广宣传活动于新闻发布会开始后的一个半小时后在济南市展开。在整个活动中，不仅有医学专家现场提供咨询服务，济南市儿童合唱团和济南舞蹈队还分别进行了体现"健康卫生三步曲"的表演。活动时间是每天上午9：30—12：30，共举行

两天，估计有 2 000 人参加。此外，10 000 个印有"健康卫生三步曲"标识的气球被派发给群众。

在此次活动中，由两个真人装扮的吉祥物出现在现场，在舞台上表演洗手、洗澡、打扫卫生等舞蹈，向活动现场的观众形象传递了"健康卫生三步曲"的信息。这两个吉祥物的外形以舒肤佳香皂为原型进行设计，分别为粉红色和绿色，它们身上都有"健康卫生三步曲"的标识。

活动现场还布置了专家咨询台，由来自中华医学会和山东省的 15 位著名医师为现场观众解答有关卫生习惯、肝炎、细菌性肠道传染病等方面的问题，包括预防措施及早期治疗方法。

在活动现场的舞台前还设置了一个长 12 米、宽 1.5 米的"健康卫生三步曲——百万人签名"条幅，许多人都通过签名来表达对活动的支持。

资料来源　佚名."舒肤佳"成功举办推广医疗卫生理念相关活动 [EB/OL]. [2015-10-03]. https://www.docin.com/p-1307697291.html. 有删减.

问题：（1）试分析此次活动为"舒肤佳"树立健康卫生的专业形象起到了哪些作用。

（2）如何将新闻报道扩大到各行各业及各个领域？

二、新闻发布会中的要求

（1）做好会议的签到工作。新闻发布会现场的工作人员要组织好与会记者和来宾的签到，然后按事先的安排把与会者引到会场就座。

（2）会议进程要严格遵守会议程序。主持人要充分发挥组织者的作用，宣布会议的主要内容、提问范围及会议进行的时间，一般不要超过两个小时。

（3）维持好会场秩序。主持人要始终把握会议主题，维护好会场秩序，确保发布会的紧凑与连贯，并把时间严格控制在流程允许的范围内。另外，在制定发布会流程时，工作人员要预留出一些时间，这样，即便某个环节超出了预计的时间，也能够控制好整个发布会的进程。

（4）回答记者的提问。在新闻发布会上，主持人及发言人的讲话时间不宜过长，以便留出时间给记者提问。对记者所提问题应逐一予以解答，不可与记者发生冲突。如有外国记者参加，应配备翻译人员。

QA（提问回答）是发布会的"重头戏"，确保此环节万无一失是每个工作人员的职责。虽然在准备阶段，客户与公关公司已经根据发布会的意图和记者的兴趣点准备好了提纲，但如果有可能，工作人员要充分利用好发布会前的时间，与提前到场的记者进行沟通，并为记者提供准备好的提纲。

在 QA 环节，新闻发言人需要注意以下两点：①灵活控制现场气氛，发言人或主持人要善于调动记者的情绪，保持顺畅而有激情的沟通。例如，在小型发布会上，可以让记者先做自我介绍，以此来营造和谐、互动的氛围。如果提问异常活跃，主持人要维持好会场的秩序。②灵活控制时间进度。根据议程要求，灵活控制发布会的

小贴士 5-1

新闻发布会
与记者招待
会的区别

时间进度，避免 QA 延时。如果预定时间已到，发言人要向那些想提问的记者表示遗憾，可以与其约定下次采访的时间和地点等。有时，新闻发言人可能会忽略事先安排好的时间，这时，控制舞台效果的工作人员就要举牌示意。如果超时太长，在征得主办方的同意之后，要压缩其他环节。例如，QA 的时间可以从原本设定好的20 分钟调整为 15 分钟或 5 分钟。那么，如何能让到场的人更好地感受企业的特色呢？在发布会开始之前，要循环播放企业宣传片，以声、光、影的方式让到场的人直观地感受到企业的文化和风格；在新闻发布会结束之后，还可以配合会议的主题组织记者参观，给记者创造实地考察、采访和摄影的机会，使他们对新闻发布会有一个感性的认识。

三、新闻发布会后的工作和注意事项

（一）新闻发布会后的工作

新闻发布会后工作的好坏会直接影响到整个活动的传播效果。工作人员除了将收拾好的道具、会议资料以及相关物品入库以外，还要做好现场数据（活动情况、现场效果评价等）的采集以及现场图片、影像资料的整理和编辑工作；要尽快整理出新闻发布会的所有材料，以电子版的形式提供给记者。

撰写活动评估报告，对会议的组织、布置、主持和回答问题等方面的工作进行回顾总结，从中吸取经验和找出不足。搜集与会者对会议的总体反应，检查接待、安排、服务等方面的工作是否有欠妥之处，以便今后改进。

进行媒体跟踪，统计各到会记者在媒体上的报道情况，进行归类分析，找出舆论倾向。同时，对各种报道进行检查，若出现不利于本组织的报道，应采取应对策略；若发现不正确或歪曲事实的报道，应立即采取行动，说明真相；如果是自己失误所造成的问题，应通过新闻机构致歉，以挽回声誉。

（二）新闻发布会后的注意事项

（1）办理好报批手续。无论何种组织，在举办新闻发布会之前，都应征得所在地区行政主管部门的同意，办理好报批手续。

（2）避免出现偏差。新闻发布会无论发布什么新闻，都应充分、慎重地考虑到它对社会的各种影响，不能违反国家的法规，以避免出现偏差。

（3）信息要客观真实。新闻发布会自始至终都应坚持实事求是的原则。无论是会上发布信息，还是会后与记者交谈，组织所发布的信息内容都必须客观、真实；若发现与事实不符，应及时纠正。

小案例 5-3　　　　　　　　　　　环球公关公司的新纪律

中国环球公共关系有限责任公司（以下简称"环球公关"）是中国第一家本土专

业公关公司，是新华社下属的独立经济法人，1986年经对外经济贸易部批准成立。环球公关曾代客户美国波特曼公司发布新闻。事后《人民日报（海外版）》的记者打电话询问：会上宣布的该公司针对上海某项目的投资额是否准确？这下环球公关着急了，因为数字是美方提供的，还未来得及向国内有关部门核实，一旦有误，就成了发布假消息。于是环球公关赶紧派人去有关部门查询。从此，环球公关定下一条纪律：凡外方投资项目，其各种细节一定要先向中方核实后才能发布，以免被动。环球公关的经验教训适用于所有的新闻发布会，也就是说，必须核实新闻内容，以确保准确无误。

资料来源　作者根据相关资料整理.

问题：环球公关的新纪律对其公关活动的成功有什么影响？

（4）经费上量力而行。举办新闻发布会和记者招待会还要注意经费预算，要考虑组织的承受能力，要视组织的财力、物力和人力而为，不可为追求规模和形式不顾一切，否则会适得其反。

小贴士5-2　　　　　　　　　　　记者招待会的由来

一位叫安妮·罗亚尔的女记者总希望能单独采访一次当时的美国总统亚当斯，但每次提出要求都被白宫婉言拒绝。后来，她得知总统常到附近的波托马克河去游泳，于是便在一天中午尾随走出白宫的总统来到河边。当总统脱掉衣服跳入河里游泳时，她走过去，坐在总统脱下的衣服上，非要当场采访不可，总统只得满足她提出的要求。罗亚尔走后，亚当斯越想越觉得这次被迫接受采访所答的问题是言不由衷、未尽其意的，一旦公开就会引起世人误解。于是他回到白宫立即举行了名为"记者招待会"的新闻媒体见面会，向记者阐述和澄清了一些问题，避免了可能出现的不良后果。"记者招待会"因此得名，且一直沿用至今。

课后练习

1.请组织一次旨在展示应届毕业生形象、为用人单位提供信息的新闻发布会，请写出具体方案并组织实施。

2.假如你们班的一位同学发行了个人演唱专辑，你们决定举行新闻发布会，请你为发布会进行策划并模拟举行发布会。

3.假如你以某公关公司工作人员的身份为一家商场联系当地报社进行报道，该怎么说话、做事？

4.案例分析。

章后案例
分析

任务 6

制造新闻事件

案例导入　　　　　　　**10万美元寻找主人**

　　某公司为了宣传其新型保险柜的卓越性能，登出一则这样的广告："10万美元寻找主人！本公司展厅保险柜里存放有10万美元，在不弄响警报器的前提下，各路豪杰可用任何手段拿出享用！"

　　广告一出，轰动全城。前往一试身手的人形形色色，有工人、学生、工程师、警察和侦探，甚至还有不露声色的小偷，但都没有人能够得手。各大报纸连续几天都针对此事进行报道，影响极大。这家公司及其产品的声誉不断提高。

　　资料来源　佚名. 10万美元寻找主人 [EB/OL]. [2018-07-02]. http://www.mhchati.cn/list5/116706.html.

任务分析

　　某公司为了宣传其新型保险柜的卓越性能，发起了10万美元寻找主人的活动，使得企业及其产品的声誉鹊起，这种不同凡响的效果，正是企业经营者敏锐的公关意识和高超的公关策划水准的绝妙体现。这家公司通过独特的创意吸引公众注意，制造了一个具有营销价值的新闻热点并大获成功，由此足见公共关系制造新闻事件的威力。

　　制造新闻也是与新闻界交往的一种重要形式和方法。所谓制造新闻，是指制造具有新闻价值的事件和报道材料，即由公共关系人员以健康、正当的手段，以组织内部发生的真实事件为基础，有计划地推动或整理出来的既有利于组织，又使社会、公众受惠的新闻。制造新闻虽然也要以事实为基础，但它有浓厚的人为色彩。它需要公共关系人员具备广博的知识、丰富的想象力、一定的技巧和敏锐的观察力，能在纷繁复杂的社会现象中迅速地发现新闻线索和发掘新闻素材。

　　制造新闻能促进组织经营管理水平的改善与提高。组织要想制造有强烈反响、有轰动效应的新闻，必须以良好的经营管理为基础，努力做好相关工作，还要自觉地承担社会责任和义务，讲究社会效益，这样才能通过制造新闻树立良好的社会形象；反过来，通过制造新闻，组织美誉度得以提高，还会进一步推动组织经营管理水平的提高。

通过本任务的学习，学生应了解新闻的特点，善于挖掘新闻，能够成功地进行新闻制造，取得最佳的公关传播效果。

■ 实训设计

制造新闻创意策划训练

实训背景：南方某电视机厂的一位外地用户因遭火灾，房屋和各类家用物品付之一炬，而由该厂生产的一台61寸彩电虽然在火灾中外壳面目全非，但接通电源后依然图像清晰、音质优美，全家人又惊又喜，该电视机厂得知这一情况后……

实训目的：掌握制造新闻的步骤和技巧，能成功地进行制造新闻创意策划。

实训学时：2课时。

实训地点：实训室。

实训要求：请利用这一事实借势造势，策划一次制造新闻的公共关系活动，掀起××彩电热。

实训步骤：

（1）将学生分成若干个小组，进行创意策划。

（2）每组成员相互启发，共同研讨形成策划方案。

（3）在课堂上交流策划方案。

（4）对其中一致认为可行而又富有创意的策划方案共同组织实施。

一、新闻事件的特点

微课6-1

制造新闻事件

与一般新闻相比，组织有计划、有目的地制造的新闻事件具有以下特点：

（一）精心策划安排

制造新闻事件中的"新闻"不是自发的、偶然产生的，而是经过公关人员精心策划安排的。一般性新闻事件是在事物发展变化中自然而然发生的（如突发性新闻事件），而制造的新闻事件是经过公关人员精心策划、推动、挖掘出来的。一般而言，新闻传播的主动权不在公关人员方面，而在新闻界方面；公关人员精心策划出来的新闻事件，因为奇特、有趣，具有较高的新闻价值，同样能引起新闻界人士的兴趣和跟踪追击，并加以报道，最终取得提高组织知名度的效果。

（二）富有戏剧性

制造的新闻事件比一般新闻更富有戏剧性，更能引起新闻界及公众的兴趣。要成功地制造新闻事件，吸引新闻界人士的注意，就要使新闻事件更富有戏剧性，具有新、奇、特的特点。这要求公关人员独具匠心，富有创造力。

（三）彰显组织形象

制造新闻事件能以较低的成本明显提高组织的社会知名度和美誉度，彰显组织的良好形象。自然发生的新闻事件有的对组织的声誉有利，有的对组织的声誉不利，而且一般而言，自然发生的新闻不是人为可以控制的。而经过公关人员精心、周密策划的新闻活动、事件，则带有很强的目的性，都是围绕提高组织的知名度和美誉度而展开的。因此，成功地策划一个新闻事件，能大大提高组织的知名度和美誉度。

低成本地制造新闻事件，吸引相关媒体的报道是营销界常用的一种"借鸡生蛋"的方法。由于前期对相关客户进行了详细的调查，因此可以依据客户的特点人为地制造新闻事件。新闻是媒体赖以生存的基础，只要新闻事件的策划周全，往往能以最少的营销费用取得最大的推广效果。例如，脑白金在进入市场之初，采用的主要推广手法就是制造新闻。这种推广手法使其在短时间内以最低的成本占据了华东市场。

小案例6-1　　　　　　　　　　奇特商店的奇特开张

广州市有一个乡办的工艺电镀厂，又小又破，知者寥寥。新上任的厂长为了打开销路，决定生产塑料雕塑，并在表面电镀一层金属，制出的工艺品有许多是仿出土文物的，其斑驳的外表几乎可以做到以假乱真。

为了提高企业的知名度，这个乡办厂向广州各界人士发出信函，告知大家出售电镀工艺品的商店即将开张，下面注明："开张提价酬宾。"许多接到信函的人都深感震惊，有些人认为打印错了。因为一般新开张的店铺都是减价酬宾，以谋个人缘、图个热闹，这叫开业大吉。有好事者便打电话询问电镀厂，是否打印错了。电镀厂回答："没有错，就是提价酬宾。"这更引起了人们的好奇。一位记者带着疑虑采访了该厂厂长，询问开张为何提价酬宾。厂长答道："工艺品造价以艺术价值论，开张出售的电镀工艺品都是著名的雕塑家制作的，而且件件限量生产，件件都是绝活儿，物以稀为贵，所以开张提价酬宾。"

开张的日子到了，工艺品小店没有放鞭炮，也没有摆放花篮。他们只是在店铺门口放了一位傣族少女的电镀塑像，古铜色，婀娜多姿，既有现代感，又有古典美，立刻吸引了无数过往行人。那些接到信函的单位和媒体记者纷纷前来，小小的店铺门前人山人海。

这家电镀厂很快成了各报报道的主角。广州《羊城晚报》头版对其进行了报道，标题是《奇特商店的奇特开张》，外加一幅店铺照片。小店铺成了大明星，工艺品电镀厂的声望大增，前来购买的顾客也络绎不绝。

资料来源　作者根据相关资料整理.

问题：小店铺成为大明星的成功之处何在？

二、制造新闻事件的基础

(一)提高新闻敏感性

新闻敏感性是指对新闻事实中新的信息的发现和辨别能力、对有价值新闻的敏锐认识能力和准确、迅速的反应能力。新闻敏感性是公共关系人员必备的素质,也是制造新闻的根本前提。新闻敏感性包括:

(1)对政治形势的洞察力,即迅速判断客观事实的政治意义以及预见可能产生的政治作用的能力。政治洞察力强,就能从政治上考虑问题,善于鉴别和选择政治性强的事实进行报道,并能很好地体现党的政策。

(2)对实际工作的关注力,即判断某项工作在全局中的地位以及对全局工作影响大小的能力。关注力强,就会努力深入实际工作中,了解实际工作的发展,对全局情况了如指掌。

(3)对公众兴趣的审视力,即判断某些事件引起公众兴趣的能力。对公众兴趣的审视力强,就能代表公众来观察,寻找他们欲知而未知的有趣的材料,从而满足他们的新闻欲。

新闻敏感性并不是某些记者、某些公共关系人员的天赋灵感,只有经过长期的努力,刻苦学习,不断积累和磨炼,才能逐步提高新闻意识,增强新闻敏感性。具备了新闻敏感性,并不等于就可以发掘新闻、制造新闻了,还必须广泛地搜集新闻素材。

(二)搜集新闻素材

在组织的生存和发展过程中,有可能成为新闻的事件很多,大致可以概括为以下几个方面:

(1)组织的经济效益和社会效益有明显的提高,工作成效显著,甚至在国内、国际、同行业、同地区处于领先地位,有可能成为新闻。

(2)组织在某一方面有了重大突破,如某一产品质量提高、数量扩大、新的品种诞生;引用了新技术、新设备或者重要发明获得了专利;新的科技成果通过鉴定;获得了重要荣誉称号、重要奖励,或者为国家节约了大量能源。这些都有可能构成新闻。

(3)组织在深化内部改革、理顺关系、调动各方的积极性、提高劳动生产率方面有了新的经验、新的做法和新的措施;或是在人事方面有了重大变动,撤换了不称职的领导,大胆启用了有能力的年轻人,顶住了来自各方面的压力等,也有新闻价值。

(4)组织的员工对社会和组织做出了重大贡献,或涌现出了富有时代精神、高尚情操的先进人物等,也是重要的新闻素材。

(5)组织在参与社会公益活动、热心社会福利及慈善事业、承担社会责任方面有良好的表现,如给残疾人捐款、捐赠生活用品,支持我国的体育、教育和航天事业等。这些既能很好地塑造组织形象,也是很好的新闻素材。

（6）组织因被诬陷等导致组织形象受损，企业品牌和商标被假冒，或者由于其他原因使组织声誉受损，也可作为新闻素材，通过新闻媒介得以澄清，恢复声誉。

（7）组织在经营管理上出现失误，在公众中造成不良影响，组织知错改过后也应及时通过新闻媒介向有关方面和社会公众表示歉意，并承担责任、赔偿损失，以挽回影响。

（8）组织举办各种专题活动，如奠基典礼、开业典礼以及各种有意义的纪念活动或庆祝活动。这些活动本身对组织的发展具有重要影响和深远意义，若能邀请知名人士参加，则更能吸引新闻媒介的注意，从而达到提高组织知名度和美誉度的目的。

（三）挖掘新闻线索

在广泛搜集新闻素材的基础上，公关人员还必须探寻、挖掘有价值、有意义的新闻线索。其通常有以下途径：

（1）积极参与组织内部的各项活动。公关人员要尽量多参与组织内部的各项活动，从活动所集中反映的各方面意见、做出的相关决定中去发现有价值的新闻线索。

（2）掌握动态，善于研究。公关人员要经常查阅有关报刊，剪贴和复印有价值的部分，将其分类汇编成册，并注意收听和收看广播、电视和网络节目，必要时还应录音、录像，以及时了解和研究各个特定时期新闻机构报道的动向、热点，从已掌握的各种情况中寻找线索；也可以根据报道的动向有意识地去搜集材料，取得更多的新闻线索。

（3）广泛交往，开拓思路。我们每天都接触传播媒介，信息每天都像洪水一样涌来，稍加留意就会受用无穷；随意放过不但可惜，还可能给组织经营带来后患。所以，公关人员应在社会上广交朋友，并通过对周围环境的密切观察、分析，从日常生活中挖掘素材，并在此基础上提出新问题、选择新角度、发现新线索。

（4）丰富知识，积累经验。公关人员应尽可能地多掌握生产知识、经济知识、科技知识和其他业务知识。只有熟悉这些知识，才能更深入地了解从事这些活动的人，才能更敏锐地发现新闻线索。

（四）确认新闻价值

新闻价值是指某一事实得以传播，从而产生效果的各种因素的总和。一般说来，无论是公关人员还是新闻记者、编辑以及社会公众，他们衡量、确认新闻价值的标准大致相同。确认新闻价值时要注意：

（1）注重新奇性。新奇性是新闻价值构成的基本要素。它通常包含两层含义：一是指时间上要新。新闻报道与新闻事件发生的时间要尽可能接近，时间差越小，新闻价值越大；时间性越强，新闻价值越高。所以，新闻报道要有较强的时间观念，这样才能增强新闻的可读性和可信性。二是指内容上要新。公关人员要努力挖掘现实生活中许多公众欲知而未知的新鲜事，如新情况、新成就、新经验、新风貌、新问题等。

（2）讲究指导性。新闻是否具有指导性也是衡量新闻价值的重要标准。任何时候，都要以指导性和思想性为尺度去衡量新闻，从而确定它的新价值，恰当地运用它。

（3）强调重要性。事物越重要、其地位越显著，关心的人越多，新闻价值也就越大。有些事的重要性和显著性是显而易见的，有些却被淹没在大量的一般性事实中，这就需要公关人员下功夫去筛选、辨别。新闻事实与人们的利害关系越密切、涉及面越广、影响越大，重要性就越大，也就必然能引起人们的普遍关注。重要性与显著性常常连在一起。显著性主要针对那些著名的、非同一般的事物，如邀请著名人士参加组织的重要纪念日活动等，其影响面广、吸引力强，最能引起人们的兴趣。

（4）考虑接近性。这是指新闻事实与公众在心理上、利益上、地理上、职业上的关联与接近。其关联与接近程度越紧密，公众越关心，新闻价值也就越高。如恰当地选择社区内的新闻事实予以报道，有助于引起社会公众的兴趣，改善组织形象。

（5）注意趣味性。趣味性也是衡量、确认新闻价值不可缺少的标准之一。新闻从业人员都知道一句话，"狗咬人不是新闻，人咬狗才是新闻"，说的就是这个意思。但是，对趣味性不能做庸俗与片面的理解。公关人员在做新闻宣传工作的时候，不能存在片面猎奇的心理，专门去追求怪招、选奇闻、耸人视听。除了"新""奇"外，还应该从社会生活中人们所关切的、具有积极意义的事件中去寻找新闻素材。

公关人员在广泛搜集新闻素材、挖掘新闻线索和确认新闻价值之后，便可以通过健康、正当的手段去制造新闻事件了。

小案例6-2　　　　　　　　谁能击碎玻璃就可赢得1 000美元

美国一家公司研发了一种"安全、轻便4×"型的夹层薄玻璃，强度高，经得起重击而不破碎。怎样才能得到建筑行业的认同呢？

此时，恰逢美国劳工委员会在密尔沃基市召开会议。于是，该公司公关部抓住时机举办了新产品展览。公司把这种新产品镶在框架中，右上角贴上"安全、轻便4×"标签，玻璃背面贴上一张1 000美元的支票，旁边放着几根球棒，告示牌上写着："击破者有奖"。参观的人都可以拿起球棒朝玻璃猛击3下，谁能击破玻璃就可拿走支票，赢得1 000美元。假如没有人击破，则把这1 000美元捐赠给密尔沃基市的孤儿院。展览会开幕时，邀请了新闻界的记者和摄影师，并散发了玻璃强度的试验报告及介绍这一产品的资料。参观的人蜂拥而来、跃跃欲试，却始终没有一个人能打破玻璃。于是该公司便举行了向孤儿院捐款的隆重仪式，报界和电台都进行了报道，电视台进行了现场直播，展览会获得了成功。随后，"安全、轻便4×型的玻璃打不碎"被传为佳话，公司复印了大量介绍产品的剪报，连同强度试验报告一起寄给各建筑企业，短时间内就收到50万美元的订单。该公司新产品"安全、轻便4×"型夹层薄玻璃，在众目睽睽之下经受住了考验，"真金不怕火炼"，质量确实可靠，试验报告数据的确可信。1 000美元的支票挖掘出了50万美元的潜在生意，不仅提高了公司的知名度，而且塑造了公司热心社会慈善事业的形象。

问题：该事件的新闻价值是如何体现的？

三、制造新闻事件的步骤

（一）市场分析

要进行新闻事件策划，必须先对策划对象所在行业及相关情况有深入的了解，如行业历史、行业现状、行业发展的新特点、相关的法律配套等。了解得越详细，掌握的信息越多，就越有可能从中挖掘出有价值的新闻点。

（二）确定宣传目标

对新闻策划者来说，最需要确定的是宣传的范围和目标人群。宣传目标影响着后面新闻点的策划、媒体的选择和预算的编制等步骤。如果宣传范围只是地域性的，那么只需选择地方性媒体就可以了，预算也会比全国性宣传低得多。如果是针对年轻白领进行宣传，那么策划的新闻事件必须能吸引他们的关注，在媒体选择上也应有针对性地选择白领关注的媒体。

（三）策划"新闻点"

这一步需要策划出能达到宣传目标的"新闻点"。策划"新闻点"一般运用"借势"和"造势"两大基本方法。

1. 借势

借势，即借助外部条件和环境进行策划，如借助比企业更受人们关注的各种事物，与企业即将开展的公关营销活动结合起来，从而把新闻界及公众的关注点转移到本企业方面，以取得良好的效果。借势主要应从以下几个方面着手：

（1）借名人之"势"。所谓名人，指那些对公众舆论和社会生活具有较大影响力和号召力的有名的社会人士，如政界、工商界的要人，科学界、教育界、文化界的权威，影视界、体育界的明星，舆论界的领军人物等。这类对象虽然数量有限，但因其具有某种光环效应，社会公众出于对其崇拜、尊敬的心理，自然会对为名人服务的企业产生一种爱屋及乌的感情。所以名人对传播的作用很大，社会影响力很强，能够在舆论中迅速"聚焦"。企业不妨借名人之"势"来制造新闻，开展公关活动，开拓市场。

（2）借名物之"势"。名物，包括名建筑、名城、名山、名古籍、名古董等，它们都是企业营销的可借之"势"。浙江普陀山是观音的道场，是我国佛教四大圣地之一，人们传说观音菩萨能送子，不少去普陀山朝拜的人都要带回一把灰，祈盼早生贵子。普陀山食品厂借助这一"名物"，采用红枣、山药、当归、丹皮、枸杞等中药材，研制出了"观音"牌特色保健食品，注明"养精血，促生育"。产品一上市，很快供不应求，当地也第一次有了自己的土特产，企业因此声名远扬。

（3）借名言之"势"。如果说，借用名人要花重金，借用名物却难觅的话，那么，名言却生生不息，数量甚多，策划者自可巧妙地借来，为公关营销活动所用，为

小案例6-3
星巴克猫爪杯

小案例6-4
出版商的智慧

小案例6-5
刘德华与"小满"汽车广告

广告制作所用。日本丰田车的广告语"车到山前必有路，有路必有丰田车"，在我国为很多公众所熟悉，其成功之处就在于巧妙地把俗语"车到山前必有路"改造借用，很自然地借"有路"衬托出了"必有丰田车"，既让人一下就记住了丰田车，又自然地烘托出了丰田车受欢迎、市场拥有量大的气势。

（4）借热点之"势"。热点，即新近流行或人们普遍关注的事物或现象。在开展公关活动时，若能恰到好处地借用到"热点"，往往能取得意想不到的效果。一般来说，体育赛事、政治风云、战争烽火、文化盛事、社会时尚等都是人们关注的热点，均可为企业所借用。

2.造势

造势，是指企业新闻策划者通过巧妙思维，利用某一看起来微不足道的契机，为企业和公众关系的建立与发展创造出一个有利的趋势来。造势具体可分为两种：

（1）无中生有造势。这是指在没有任何可以凭借的事物的情况下，经过策划，制造出有利于企业的舆论势头来。

小案例6-6　　　　　　　　　　　　　　　　　　　**急人所急**

某年年初，中外运-敦豪国际航空快件有限公司青岛分公司调查发现，青岛市民及新闻界几乎都不知道已建立两年的本公司，于是便决定策划一起以"急人所急"为主题的公关活动。公司首先在中国青岛对外经贸洽谈会的专刊——新华社《外向经济导报》上做了整版广告。广告讲述了敦豪公司起源的一个小故事：26年前，美国加利福尼亚州一个小伙子在一家海运公司等朋友。他偶然听一位管理人员说，一艘德国货轮停泊在夏威夷港，可货物提单却在旧金山，需要一个星期才能寄到夏威夷。这个小伙便主动提出他愿意乘飞机将提单送往夏威夷。那位管理人员发现此举可以节省昂贵的港口使用费和滞期费，于是他把提单交给了小伙子。小伙子完成任务归来后，立即联络两位朋友，开创了一项崭新的业务——快运业务。这个小伙子就是Dalsey，他的另外两个朋友是Hillblom、Lynn，他们名字的第一个字母便成了公司的名字——DHL（敦豪国际航空快件有限公司）。这个故事包含了这家公司最重要的经营理念——"急人所急"。青岛分公司还在这版广告上介绍了DHL公司26年来奇迹般的成就，并在广告版面的左上角标出醒目的"3月之谜"，其谜底就是这版广告。接着，青岛分公司又在电视台、报纸等媒体上发布了"3月之谜"的谜面，内容是请市民找登载DHL故事的报纸，并用笔重述这个故事，设有金、银、铜奖，给踊跃参加者以奖励。

这次活动投入奖金仅10万余元，持续1个月。昔日默默无闻的青岛敦豪一举成为秉持"急人所急"之经营理念的知名企业，出现了公司业务迅速增长的良好势头。

资料来源　作者根据相关资料整理.

问题：DHL青岛公司是如何造势使自己的业务迅速增长的？

（2）小题大做造势。这是指抓住一些微不足道的小事或小细节，将其中动人的情节或丰富的内涵传播、扩散开来，造成一种有利于企业公共关系建立和发展的良好态势，从而达到促进销售的目的。

小案例6-7

捕鱼

（四）选择媒体

新闻策划都是通过媒体的传播来完成的，因此媒体的选择非常重要。组织一般根据产品的特性和宣传目标来选择媒体。比如，大众产品应选择大众媒体；如果客户目标是女性，则应该选择女性媒体；专业化的产品应选择专业化的媒体，像计算机产品最好选择计算机专业媒体和大众媒体中的计算机版面；而全国市场，则应选择全国性媒体。

（五）编制预算

做宣传，要衡量投入产出比，对预算做到心中有数。新闻策划和广告投放在预算编制上有所不同，广告费用主要包括制作和媒体投放的费用；而新闻策划则主要是新闻事件的实施费用，优秀的新闻策划只需要少量甚至不需要媒体费用。

新闻策划的实施费用根据具体的策划工作而有所不同，因此应采用"目标任务法"来编制预算。可以先确定一个新闻策划的目标，然后估算出要实现这一目标所需的费用，包括新闻事件实施费用和新闻发布费用，这两项费用相加就是一次新闻策划的总费用。

（六）策划的实施和控制

这是新闻策划中的另一个重要环节。因为再精妙的策划，也需要通过媒体进行传达。如果媒体不配合，新闻策划是不可能获得成功的。此外，现在不少媒体已出现"排他性"倾向，就是一条新闻如果其他媒体（尤其是竞争媒体）已经刊播了，自身就不再采用。这给新闻策划所需要取得的"大规模轰炸"效果带来了难度。在这种情况下，策划者需要有很强的媒体运作和控制能力。

（七）策划效果衡量

对策划效果进行有效评估，有助于判断整个策划成功与否，也能为下一次策划提供有价值的参考。一般来说，新闻策划的效果可以通过以下几个标准来衡量：

（1）刊登、播出数量。在策划实施后统计媒体刊登、播出的新闻数量，衡量是否实现了原先设定的目标。

（2）刊登、播出质量。其主要指篇幅、字数、播出时间长短、刊登的版面（是否头版或其他重要版面）、播出的时间段（是否是黄金时段、知名栏目）、企业和产品的名称是否出现、产品性能是否已介绍等事先设定的目标。

（3）市场反应。其包括两个方面：一是销售业绩，只需对策划实施前后实际的市场销售情况做出比较，就可以分析出策划是否推动了销售；二是看企业或产品的知名度是否得到提高，这需要在策划前后各做一次问卷调查。

（4）比较法。它是指与其他竞争产品的市场表现进行比较，从而对新闻策划的效果做出评估。

四、制造新闻事件的一般技巧

（一）抓住新闻热点

满足受众的窥视欲和好奇心，是新闻事件运作的根本目的。企业在新闻策划中应抓住以下几个新闻热点：

1. 联系热门话题

制造新闻事件首先应关注公众在某段时期最热衷的话题。公众在不同的时期关心的话题不同。公关人员应该时刻关注这个问题，以便围绕公众关注的焦点，把握时机制造新闻事件。如一年一度的全国高考就是公众关注的焦点，那些为高考考生提供服务的营销活动，就很容易得到媒体的报道。洋快餐巨头麦当劳曾在餐厅内开设考生复习专区；某宾馆则推出了"考生特价房"，专门为考生提供清静的复习环境。这些新颖的信息很快会出现在当地各类媒体上，商家可谓名利双收。

2. 参与公益活动

有眼光的商家往往会把营销和公益活动结合起来。这样做的好处在于：既促进销售又提升形象，而且能得到媒体的支持。如在人们环保意识日益增强的情况下，位于北京石景山的星座超市推出了"绿色环保，布袋购物"活动。活动规定：凡顾客用自备布袋购物可获得1%~5%的让利。此次立足环保的公益营销深受顾客好评，大家纷纷响应，并且此举被视为解决塑料袋白色污染问题的有效方法，当地报纸、广播电台争相报道，为其做足了免费广告。

3. 创造行业纪录

能在本行业、本领域中充当领头羊，绝对是引人注目的。如果本企业在经营过程中能够做到"第一"或者打破本行业的一项纪录，自然能引起媒体的关注，成为"炒作"的素材。如中秋节有商家做出"世界第一大"月饼，航空公司创造安全飞行新纪录等。这都是通过创造纪录赢得媒体发稿宣传的可行方法。最后必须提醒的是，为媒体提供素材只要清楚描述事件即可，切忌加入过多主观评论、堆砌溢美之词，避免做成明显的广告宣传。

4. 借助政治事件

2003年3月21日（伊拉克战争的第二天）以前，对大多数消费者来说，看到或听到"统一"这一品牌，很多人总是联想到来自台湾的统一方便面。而在3月21日以后，这种情形发生了很大的改变。因为就在那一天，统一润滑油的广告巧妙地借用战争话题，以"多一些润滑，少一些摩擦"的创意，非常贴切地迎合了中国观众对和平的期待，给人们留下了深刻的印象。据统计，统一润滑油在2003年3月份的出货量比上一年同期增加了100%，而且当月销售额历史性地突破了亿元大关。[①]

① 李辉. 企业"制造新闻"的三部曲 [J]. 企业改革与管理，2013（12）：69-70.

（二）体现"新、奇、特"

公关人员要注意抓住"新、奇、特"这三点制造新闻事件。一个事件的新闻价值往往就体现在它的"新、奇、特"上。因此，在激烈的组织形象竞争中，要成功地制造新闻事件，公关人员必须独具匠心，使公关活动具备"新、奇、特"的条件。

（三）做好心理铺垫

为了强化新闻效果，应事先营造热烈气氛，使公众在心理上有所准备。例如，在前述法国白兰地成功打入美国市场的案例中，法国白兰地公司就是通过给美国艾森豪威尔总统赠送两桶有 67 年酿造史的名贵白兰地，作为其 67 岁寿辰的贺礼，制造了有关白兰地酒的新闻事件。赠送仪式开始之前，白兰地酒的种种传说与趣闻，已成为华盛顿市民街谈巷议的话题，以至于到总统寿辰那天出现了万人空巷的现象，人们都集中在白宫前等待这一赠酒仪式，新闻机构更是纷纷报道，产生了强烈的轰动效应。

（四）联系节日、纪念日

制造新闻事件还要尽可能地与传统的盛大节日或纪念日联系在一起。每年的传统节日、纪念日往往都是新闻报道的重要节点。

（五）与新闻机构联合举办活动

组织应注意多与报社、电台和电视台等新闻机构联合举办各种活动，以增加本组织在传播媒介中亮相的机会。这是因为，与新闻机构联合举办相关活动，新闻机构自然会在自己的新闻媒介上报道，组织也会因此得到与广大公众见面的机会。例如，某家企业和某电视台联合举办青年辩论赛活动，这家电视台一定会全力将这次活动制作成节目在电视上播放，于是这家企业在整个辩论赛期间和颁奖仪式上就有了露面的机会。可见，与新闻机构联手也是制造新闻事件的一个极好机会。

■ 课后练习

1.现在的市场上假冒伪劣商品屡禁不止，"落难的上帝"饱受其害。一时间，舆论沸沸扬扬，消费者购物得不到正当的权益保障。为了整顿市场，维护消费者的正当权益，全国各地纷纷成立消费者协会来为"上帝"讨公道。

（1）你十分荣幸地被选为当地消费者协会的主席，肩负着几百万消费者的殷殷厚望开始了你的工作。请你运用制造新闻事件的方法策划消费者协会的成立仪式。

（2）你作为一名初入商海的商人，经营着一家小的百货商店，恪守着货真价实、童叟无欺的商业道德准则，在踏实的奋斗中寻求成功的道路，却因多种原因经营不见起色。目前，全国上下一片打击假冒伪劣商品的呼声为你提供了一个表现自我的契机。于是，你精心策划了一次公关活动。

小案例 6-8

顺丰快递员被打事件成为大新闻

小案例 6-9

妈妈，我向您致敬

要求：产生轰动效应，带来双重效益。

2.一家中档服装商店定于7月1日隆重开业。该店经理是一位很有公关意识的开拓型人才，他想在经营中体现传统的商业信誉与现代商业规则的完美结合，并创出自己独有的经营特色。他该如何策划此次活动呢？假如将此店的开业日期定为6月1日，他又该怎样做呢？

3.案例分析。

本店绝不食言

中国香港一家经营强力胶水的商店坐落在一条鲜为人知的街道上，生意很不景气。一天，这家商店的店主在门口贴了一张布告："明天上午9点，在此将用本店出售的强力胶水把一枚价值4 500美元的金币贴在墙上，若有哪位先生、小姐用手把它揭下来，这枚金币就奉送给他（她），本店绝不食言！"这个消息不胫而走。第二天，人们将这家店铺围得水泄不通，电视台的摄像车也开来了。店主拿出一瓶强力胶水，高声重复广告中的承诺，接着便在那枚在金店定做的金币背面薄薄地涂上一层胶水，将它贴到墙上。人们一个接着一个上来试运气，结果金币纹丝不动。这一切都被摄像机记录了下来，这家商店的强力胶水从此销量大增。

资料来源　李文柱. 新编公共关系实务［M］. 北京：机械工业出版社，2012.

思考讨论：（1）分析该案例种商店制造新闻事件的成功之处表现在哪些方面。

（2）这一案例对你有哪些启发？

任务 7

网络公共关系

案例导入　　　　　英国小葡萄酒厂的博客公关

英国有一家小的葡萄酒厂叫 Stormhoek，该厂生产的葡萄酒在英国很多大小商场均有销售。企业发展初期，由于是家小企业，资金不足，没有闲置资金在英国市场上投放广告，因此尝试利用博客进行网络营销。它的营销策略是：只要博客满足以下两个条件就可以收到一瓶免费的葡萄酒：其一是住在英国、爱尔兰或法国，此前至少3个月内一直写微博；其二是已到法定饮酒年龄。2005年 Stormhoek 送出了100瓶葡萄酒，此次试验取得了非常好的成效。2005年6月，用 Google 搜索这家公司只有500条记录，而9月8日就达到了20 000条。这几个月中，估计有30万人通过博客获知了这家公司。在不到一年的时间里，Stormhoek 的葡萄酒销量翻倍，达到了"成千上万箱"的规模。

资料来源　佚名. 英国小葡萄酒厂的博客公关 [EB/OL]. [2018-12-15]. https://www.docin.com/p-2158728013.html. 节选.

任务分析

据统计，在美国发展最快的5个行业中，公关业是其中之一，所有全球性公关公司都以每年20%～25%的速度在发展。未来是一个人和电脑共生的网络时代，这一时代的到来会进一步提升公关的作用和地位，为公关人员提供一个长袖善舞的发展空间。网络时代是公关业充满希望和机会的时代。网络给公关业带来了又一个春天，一些互联网知名企业，如阿里巴巴、亚马逊等在几年的时间内就建立起了知名度，和可口可乐等传统品牌一个世纪才建立起来的知名度相比，不能不说其中有网络公关的功劳。据统计，《财富》世界500强中95%的公司拥有自己的网站，网站已成为公司对外公关的主要工具。如微软网站有很多自己的新闻，耐克网站有关于耐克公司的所有讨论和公司动态等。当前，各种组织正在抓住机会，开展网络公关，以迎接"注意力经济"时代的挑战。

网络公共关系（Public Relations on Net）又称 e 公关，是适应时代要求，以互联网为手段，沟通企业内外部信息，加强企业与社会公众的交流，从而提高企业的知名度和美誉度，塑造良好的企业形象的新型公关活动。网络公共关系是数字环境下的公共关系，是传统的公关活动在网络中的新发展。

通过本任务的学习，学生能够明确网络公共关系传播的特点和要求，能成功地开展企业网络公共关系传播活动，并取得良好的传播效果。

实训设计

企业宣传网页设计训练

实训目的：掌握网络公共关系的基本原理，能够设计企业宣传网页，强化企业网络公共关系工作。

实训学时：2课时。

实训地点：计算机教室。

实训要求：为你熟悉的当地某企业进行宣传网页设计。

实训步骤：

（1）将全班学生分成若干小组，每组3~4人，以小组为单位进行网页设计。

（2）在全班集中展示每组的网页设计。

（3）师生共同评选出最佳设计。

一、网络公共关系的内涵

在网络化的今天，网络公共关系符合传统公共关系的要旨，并且突出了其传播的特征，充实、完善了公共关系的内涵。

（一）网络公共关系的主体得到拓展

传统的公共关系一般以正式的组织特别是合法的企业为主体，而网络上的各种组织、团体、企业、个人都可能成为公关主体。这是因为，网络是一个平等的平台，在这里，任何组织与个人最终都被简化成了"0"和"1"的编码，主体的平等性加强，从而扩大了公共关系主体的范畴。

（二）网络公共关系的客体得到扩展

网络公共关系的客体一般是指与网络中的企业有实际或潜在的利害关系或相互影响的个人或群体。传统公共关系的客体一般看得见、摸得着，而网络公共关系的客体却可能是一个"老死不闻其声、不见其人"的虚拟对象。通常，网络公共关系的客体可以分为两大类型：一类是围绕企业由利益驱动形成的垂直型网络用户，由投资者、供应商、分销商、顾客、雇员及目标市场中的其他成员组成；另一类则是围绕某一主题形成的横向网络用户，包括生产类似产品和提供相应服务的其他企业，以及同企业一样面临类似问题、分享相同价值观的个人、其他组织、社会团体、行业协会及联合会等。如果说前者与传统公共关系的客体基本上无差别的话，那么后者的范围无疑得到了大大的延伸，把任一网络公共关系的客体范围从过去比较狭小的局部扩展到了全世界。而在传统的公共关系中，只有极少数的跨国公司以及大型集团能做到这一点。

（三）网络实现了公共关系的较大变革

在传播沟通方面，网络代表着最先进的沟通方式，实现了公共关系的较大变革。与其他传播方式相比，网络具有无可比拟的优势，见表7-1。

表7-1　　　　　　　　　　　　不同传播沟通方式比较表

方式	时间性	空间性	载体	速度	交往者之间的关系	传播和交流范围
交谈	即时	近距离	声音	快	直接	狭窄
"手谈"（文字书写）	异时	近距离或远距离	符号	慢	间接	受文字载体数量限制
印刷品	异时	近距离或远距离	符号	慢	间接	在印刷品数量范围内传播
电报和电话	即时和异时	近距离或远距离	声音和符号	快	间接或直接	交往者间有限的交互
广播和电视	即时和异时	近距离或远距离	声音、符号或图像	快	间接或直接	非交互或有限交互
网络	即时和异时	近距离或远距离	可以转化为各种符号格式的数字	快	间接或直接	扩展的交互

二、网络公共关系的特点

（一）互动互通

首先，由于网络具有互动互通的特点，信息传播的交互性大大增强，网络公关主体拥有在传统公共关系活动（这里指通过报纸、杂志、电视、广播等传统新闻传播形式开展的公共关系活动）中所没有的主动性，从而使组织在网络公关活动的几乎所有环节都能发挥主动作用。这一特征是网络公关与传统公关相比更具优势的根本原因所在。

在传统的新闻传播中，编辑、记者、导演等人往往充当"守门员"的角色，他们决定组织的新闻、消息能否见诸报纸、杂志或电视，他们甚至决定某则消息的表达风格和隐含内容等。与传统新闻的这种局限性相比，网络给组织的公关活动提供了巨大的机会。网络使企业直接面向消费者发布新闻，而不需要其他媒体为中介，这是一项极为重要的革命。这项革命规避了传统新闻传播中存在的消极人为因素，使组织能有效地掌握公共关系的主动权，能对公众产生直接影响。

同时，网络即时互动的特性使网络公关还具有创建组织和公众"一对一"的关系的优势，加强了组织和公众间的直接交流与沟通，使组织能及时、充分地接收公众的反馈信息，了解公众的个性化需求，把握公众对组织的评价，维护和公众的良好关系，从而提高公关活动的实效性。

（二）即时沟通

"给我两分钟，我让全世界找到你。"这是一家网络公司的广告词，形象地说明了网络公关的跨越时空性。网络信息传播的快速使得组织的公关活动具有即时性的特点。传统的传播媒介有一定的发行周期，如一般的报纸每天发行一次，杂志每月发行一期；而网络可以全天24小时随时发布消息，且可随着形势的发展随时更新消息，公众也可以全天候不限时地进行点击。比如，"蓝色巨人"IBM公司购买Lotus后即在其首页上发布了这则消息，比当天的报纸要早几小时。网络的这种特点对组织公关活动的开展既是机会，又是挑战，组织可以随时发布消息，但也使公关工作的节奏大大加快，一些不利于组织形象的负面信息可能因为在网上曝光，几分钟就传遍世界各地。这就需要公关人员同样利用网络的即时性对事件进行及时而有效的处理。

（三）空间广延

首先，网络的全球互联性使得网络公共关系在空间上拥有了传统公共关系所没有的广延性，组织公关活动的受众无限扩大，全世界所有国家和地区的上网公众都有可能接收到组织在网上发布的新闻，克服了传统公共关系活动在地域上的限制。同时，网络给组织的公共关系活动提供了广阔的活动空间，组织可以通过网络论坛、新闻组、网络会议、网络广播、网络电视等各种形式向公众发布新闻或开展其他公共关系活动，从而扩大了组织活动的范围。

此外，网络公共关系还具有自主性、多媒体性、低成本性、多形式和效果显著等特点。

三、网络公共关系运作的原则

（一）诚信

"公关之父"艾维·李早已提出"对公众讲真话"的公共关系原则。网络公共关系成本低、简单易行，对组织而言最大的方便即自主性。在这种情况下，要处理好组织与社会公众之间的关系，就要看组织对待公众和社会的态度，以及如何对待利润和效益。组织在一定的生产经营条件下，加强管理，提高产品和服务的质量，真心实意地为消费者和社会服务，就是价值最大、最成功的公关策略。组织不能以网络是虚拟空间为借口，利用网络匿名性对公众进行欺骗。网络公共关系管理必须把树立诚信美德放在重中之重的位置，组织稍有闪失或过错，对组织不利的信息在网络广阔的空间里将被迅速传播，会使组织形象受到极大打击。如果说欺骗在传统公共关系中还可能得逞，那么在网络公共关系中，组织的一言一行都会受到监控，欺骗成为最不明智的选择。公众在网上很容易核查组织言行的真实性，而且网络公共关系在内容上又十分透明，即便细微出入也很容易被人发现。

（二）快速

快速体现在两个方面：一方面，组织要利用网络这一有力工具，及时将有关信息发送给有关媒体，迟一天也是失误，因为信息时代昨天的"新闻"即旧闻；另一方面，组织的有关信息必须及时更新。随时把自己的最新动态挂到主页或有关网站上，是组织开展网络公关最起码的要求，但不少组织在制作好主页后即认为万事大吉，不再注意更新，这容易给人造成一种印象：该组织重形式轻内容、做事拖泥带水、管理者没有责任心等。

（三）创新

建立自己的主页是企业利用网络开展公关活动的起点，而长期有效的网络公关则要采用多种多样的方式，要注意创新。譬如，企业可以在网上一个知名公共论坛上邀请该领域的著名专家与网友进行交流。

（四）安全

企业开展网络公关活动时，要保证网络安全，谨防受到攻击。网络攻击主要源于三个方面：一是竞争对手在网上暗中的恶意中伤；二是来自一些顾客的指责；三是来自黑客的攻击。如果说前两种情况的实施主体是有意识的话，那么来自黑客的攻击往往是无意识的。黑客通常只是出于好玩或是露一手的目的，而在企业的主页上随意进行涂改。其中，既有让人哭笑不得的恶作剧，如在主页上画一只小乌龟；也有让人措手不及的恶性攻击，如使企业的服务器瘫痪等。要避免网络受到攻击的危险，一方面，企业要加强管理，提高网络技术水平；另一方面，也是最重要的，由政府加强立法并加大执法力度，使网络公共关系在稳定发展的轨道中运行。

小案例7-2　　　　　　　　　**耐克大打"科比退役"公关牌**

2015年11月30日，NBA现役最伟大的超级巨星之一科比在Twitter上发文，宣布将走完自己20年的职业生涯，正式从联盟退役；与此同时，科比还通过新浪微博发文向中国球迷宣告退役的消息，此篇退役文章取得了约15万转发、3万评论和6.7万点赞的效果。科比的退役文中带出了微博热门话题"KB20"，其阅读量达到了2.1亿人次以上，而"科比"这个词的百度搜索指数也达到了峰值。截至2016年4月14日，"科比退役"这个词的百度搜索指数一直呈现逐渐增长的态势。

1.科比的纪念日——"Mamba Day"

作为与科比合作时间最久的品牌，耐克（Nike）为科比20年的职业生涯一共推出了13代黑曼巴经典球鞋。在科比宣布退役之后，Nike宣布将4月14日定为"Mamba Day"（曼巴日），这是专属于科比的纪念日；并且在2016年4月14日科比正式退役时，Nike旗下的200多名球员都会穿上黑色或金色的球鞋致敬科比。此外，Nike的设计师Eric Avar——科比的Nike御用设计师、13代黑曼巴经典球鞋的设计者，在科比职业生涯的最后，为科比专门设计了一套属于他的字体，通过这些由"科比·布莱恩特"字体组成的经典语录，向人们传达科比的职业篮球精神。

Nike这一时期的活动主题以黑曼巴为主，在社交媒体和官方网站上引导更多的球迷进行纪念照片的制作与合成上传，其官方微博也被打造成为球迷纪念科比篮球生涯的海洋。

2.科比的告别视频——《恨我，别爱我》

在科比最后一场比赛开始的前一个星期，Nike品牌就发布了科比和耐克中国一同为科比拍摄的告别视频——《恨我，别爱我》。在黑白的镜头中，科比向中国的篮球少年们发出他最后的挑战，深沉却饱含情绪的背景音乐让影片肃穆且直指人心。

2016年4月14日0时，科比·布莱恩特长达20年的篮球职业生涯在洛杉矶落下帷幕，而耐克为此即时推出了其最新广告短片——"The Conductor"，并在各大媒体平台上投放。在该短片中，科比幽默地指挥了一支欢呼声与嘘声共存的交响曲，展现了科比在NBA球员、教练和球迷中无与伦比的影响力，延续了围绕科比的"爱与恨"主题。这部广告短片由马克·罗曼尼克（Mark Romanek）指导，影片中群星闪耀，包括名人堂教练菲尔·杰克逊（Phil Jackson）、10次入选全明星赛的洛杉矶当地球员保罗·皮尔斯（Paul Pierce）、前总冠军球员拉希德·华莱士（Rasheed Wallace）、公牛队吉祥物Benny，以及代表9支不同球队的热情球迷。

3.表达敬意的3封邮件

为了表达对科比篮球职业生涯最高的致敬，Nike还特别量身定制了一整套13双属于科比的胜利战靴，并且定于科比的最后一场比赛跳球时开始发售。早在3月，Nike就向所有用户推送了此次活动的第一封预热邮件，告知用户该系列定制产品即将开始发售，第一时间对用户进行购买活动预告。邮件主题及内容与体坛界的重大事件牢牢绑在一起，展示出邮件营销对该热点事件的强势助力。

在比赛的前几天，Nike的第二封预热邮件发送到了用户邮箱中。邮件告知和提醒消费者，产品将在4月14日科比的谢幕比赛当天正式发售，通过邮箱中的链接登录网站以解锁用户购物车，可以实现售卖当日的快速购买。此举是邮件营销与购物车营销最有力的联手，巧妙地引导用户通过点击邮件中的链接至官网获取专属优先购买特权。

在赛事当天比赛正在进行的时候，Nike通过一站式邮件平台完成了最后一轮促销邮件的正式投递，实现了邮件与赛事的神同步。在该封邮件中，Nike不仅加入了定制款球鞋的购买按钮，还增加了赛事观看的相关链接，与所有用户共同见证这最后一场胜利战役。

通过前期的专题活动、预热邮件及当天的即时邮件，借助影响力巨大的各类社交媒体平台，Nike让消费者即时获知了科比专属战靴的发售信息，最大限度地激发了狂热粉丝的购买热情，大大提升了对该球鞋的购买转化率。

资料来源 佚名.科比要走了，NIKE就此写了三封邮件［BE/OL］.［2016-04-18］. https://www.sohu.com/a/70088315_197955.有改编.

问题：本案例中Nike开展的网络公关有何特点？

四、网络公共关系的活动方式

（一）创建公关型企业网站

企业网站是帮助企业树立形象的最佳工具之一。网站上的企业背景资料、商标、广告语、经营理念、企业视觉形象识别系统等公关信息元素可以源源不断地向公众进行传播。公众也可以通过网站提供的联络方式提出自己的疑问、进行咨询及投诉，并快速得到企业的答复。以上过程使公关活动的本质（即组织和相关公众之间的双向信息传播和沟通）得到最好的诠释，这也要求企业在设计网站时充分考虑网站的公关功能，不仅要把网站作为一个销售平台、服务平台、采购平台、广告平台，也要将其作为企业公关活动的平台，使网站融入企业的文化、精神和理念。在利用网站公关的过程中，企业公关人员必须明确两点：首先，网络公关的对象包括客户、供应商、经销商、投资者、企业内部员工、媒体、金融机构、政府机关、社会团体等，这些公众对企业的经营管理活动都会产生直接或间接的影响，企业要格外重视。其次，网站中企业的背景资料、组织结构、管理和技术水平、相关新闻是向上述全体公众公开的，但企业也应该注意需要根据不同公众的特点为其提供特定信息。

（二）借助网络媒体发布新闻稿

微课 7-1

网络媒体发布新闻稿注意事项

近几年，以新闻传播为重要任务的网络媒体发展速度惊人。新浪、搜狐、网易等站点在新闻传播方面的影响力已丝毫不亚于一些传统的电视、报纸、杂志媒体。通过这些网络媒体来发布关于企业的新闻，无疑是行之有效的公关方法。不仅如此，如果企业网站有足够的访问量，网站本身也可以在一定程度上代替传统媒体的新闻发布功能。企业还可以通过公共论坛、与企业业务相关的新闻组来发布这些新闻，同样也能取得较好的效果。网络新闻稿的制作应注意以下三点：

（1）注意稿件的链接问题。网络新闻稿的制作不同于现实生活中的新闻稿制作。在真实的世界中，新闻稿通常不超过两页，因为有这个限制，许多信息只好删去。在网络上则没有这种限制，而且可将新闻稿链接到其他相关信息上，公众在搜寻信息时还可以从中找到更有用的资料，既方便了公众，又大大增加了组织的信息发布量。因此，在进行网络新闻稿的制作时，要特别注意稿件的超链接问题，可以创建新闻稿与各种相关信息的链接，如创建新闻稿与站点中过去的新闻稿及相关信息的链接，使公众能获知事件发展的概貌及更多的信息；创建新闻稿与其他站点中相关信息的链接；创建新闻稿与有关图片的链接，使公众有可能获得相关的图片资源。

（2）注意稿件的形式问题。为了提高网络新闻稿的浏览率，新闻稿的形式应力求生动、活泼、富有新意，能抓住网络公众挑剔的眼球。形式千篇一律、语言枯燥乏味的新闻稿在任何时候都是无人问津的，在强调"注意力经济"的网络时代尤其如此。因此，为吸引公众对组织新闻的注意，在设计网络新闻稿时，公关人员可运用 Flash

动画、音乐等多媒体技术，增强新闻发布形式的趣味性，从而加深公众对新闻稿的印象。

（3）加强稿件的互动性。网络区别于传统媒体的一大特征是它的互动性，组织在制作新闻稿时也应充分增强新闻稿的互动性，以及时得到公众的反馈，从而为组织的下一轮决策提供依据。首先，应该在新闻稿页面的顶部或底部添加联系方式，公众一旦有疑问，能快速地和组织的有关人员取得联系，实现公众与组织公关部门的即时互动；其次，应在新闻稿后设立专门的评论区或常规性的电子论坛，使公众可以自由发表自己的读后感，参与讨论。

（三）通过电子邮件发布个性化信息

面对不同的信息需求者，企业可以通过电子邮件为他们提供各种类型的信息服务，使他们及时了解企业的各种新闻、产品、销售政策；相应的，公众也可以通过电子邮件将对企业的要求、建议反馈给企业。

此外，组织要维护与传统大众媒体的关系。传统大众媒体和网络媒体绝对不是简单的对立关系，而是相互渗透、相互融合的。组织的公关人员可以登录相应的公共新闻组和论坛，或者进入媒体的论坛和聊天室与记者、编辑交流，也可以利用电子邮件向他们发送新闻稿，提供新闻线索。这都将帮助组织的公关人员与传统媒体人员进行良好的沟通，促进组织公关目标的实现。

（四）刊登网络公关广告

公关广告是企业推销自己的一种特殊手段，是一种特殊形态的广告，也是一种特别的公关方式。网络广告所具有的超时空、低成本、内容可扩展等优势，无疑使它成为一种理想的公关工具。在网络上做形象广告、公益广告、观念广告，能有效加强公众对企业的理解，融洽企业与公众之间的关系。

（五）赞助公益事业

在网络上赞助公益事业，可以在推动公益事业发展的同时为企业赢得良好的声誉，是一种有效的网络公关手段。

（六）开展网上社会服务活动

在网上举办各种专项社会服务活动，无偿地为公众提供相关服务，以行动和实惠吸引公众的兴趣，获得公众对企业的好感，也是一种较好的网络公关方式。此外，企业还可以举办网上公众座谈会。企业在做出影响相关公众利益的决策之前，需要了解相关公众对此项决策的详细意见，或者企业在相关政策实施一段时间以后，想了解公众对此项政策的态度和反应，都可以通过网上公众座谈会的方式来实现。在操作过程中，可以采用各种途径，如利用电子邮件、企业网站、电话等发布邀请函，其中应注明座谈会的时间、网址、参会人员、讨论主题等重要信息。

（七）召开网上新闻发布会

在传统公关活动中，新闻发布会是组织和公众沟通的例行方式。它是一种两级传播，先将消息告诉记者，再通过记者所在的媒体告知公众。企业将这项活动放到网站上，通过聊天系统或视频会议系统进行，将大大降低新闻发布会的成本，提高其效益。

（八）利用博客进行公关传播

博客是最早出现的社会化媒体，从个人博客到企业博客，不但运用日趋成熟，而且作用的范围更加广泛，领域也更加细化。利用博客进行公关传播要注意以下方面：

第一，博客平台的选择。为了更有利于企业整体形象的宣传和推广，企业可根据自身所处的行业选择平台。比如，生产类型的企业可选择阿里巴巴；地产企业可选择搜房网；财经类企业可选择和讯网。当然，企业也可根据用户偏好选择平台。比如，受众相对成熟一点的，可选择新浪、腾讯这类门户网站；受众比较文艺和专业一些的，可选择博客网这类专业性平台；而在电子商务领域，阿里巴巴汇聚了大量的网络购物群体，针对性更强。

第二，博客内容的选择。企业博客公关大体有如下三种方式：一是企业家博客，即企业的首席执行官（CEO）或者企业高管撰写的博客。这类博客可选择诸如企业高管自己的人生阅历、言行举止及与企业有关的事件等内容，以此增强博客的信赖感。二是企业博客，即以企业或者企业员工的身份撰写的博客。这类博客的内容应把重点放在展示企业整体形象、企业文化、员工风采上，通过企业内、外部公众的互动交流来实现高关注度。三是产品博客，即专门为了某个产品进行公关宣传所推出的博客。产品博客的内容一般是关于这款产品的所有新闻、使用感受以及最近开展的公关活动等。

全球知名企业——微软公司在运用博客开展网络公关方面，为我们上了很好的一课。首先，微软为其所有员工都建立了博客，并鼓励员工在博客上发表对公司、对产品的各种意见和看法。其次，微软将其员工的博客地址向客户公开，希望以此促进员工与客户之间的交流。他们的博客中常出现这样的文章：最新软件的开发进程、软件的漏洞和微软内部员工的活动等。借助博客的互动性，微软把全体员工都变为了企业的宣传者、售后服务咨询者和培训师，达到了对内、对外双重公关的目的。[①]

（九）利用微博进行公关传播

在极短的时间内，微博就成为搜集公众建议和意见的重要渠道，也为政府宣讲政策、改进公共治理提供了新平台。同时，微博平台也成为各个企业竞争的重要战场，大量企业启用官方微博，以高频率的微博信息不断吸引公众的关注。由此，利用微博多元化的传播方式使企业不断发展壮大，成为企业建立良好公共关系的关键因素。首

[①] 李晖. 基于社会化媒体的企业网络公关 [J]. 中外企业家，2017（35）：212-214.

先，微博可以更好地帮助企业提高知名度，因为微博推广过程与整个社会舆论的大环境有着紧密的联系。企业适当地利用微博进行宣传推广必能取得非常好的效果。因此，企业务必要将前期工作做好，合理利用微博效应，只有这样才能更好地将企业的良好形象展现给公众。其次，一个企业在不断发展、成熟的过程中，难免会出现各种危机事件，可以利用微博来处理企业的各种危机，消除针对企业的负面言论。因为微博有大量的用户群和非常高的使用率，会使企业的负面消息在网络上迅速扩散，让公众对企业产生抵触情绪，甚至使局面变得难以控制，所以利用微博开展公共关系工作的重要内容就是，对企业的公关危机进行预警和及时处理。①

微博运营的关键在于人气，但不能以粉丝数量为指标，因为目前微博上充斥着大量的无效"僵尸粉"。提高微博人气无外乎两点：一是自身内容要有特色，能吸引人。要做到以原创为主，适度转发，勤于更新（但不要刷屏），内容精练，用词谨慎，紧跟社会热点与主流价值观。二是宣传要卖力、恰当、巧妙，商业伙伴或竞争对手都可关注，亦敌亦友，微妙互动，平衡关系，广结善缘。企业领导者若能单独开博更好，以拉近与公众的距离，降低神秘感，更加亲民，更有魅力，因为企业领导者的形象也是企业整体形象中至关重要的一环。企业微博也是官方网站的最有效延伸，它与公众更为接近，互动更多，已成为公众最关注的信息发布窗口。企业微博如今已经成为企业形象识别系统（Corporate Identity System，CIS）中一个举足轻重的代表和缩影，也是企业一个重要的展示橱窗和组成部分，是企业在互联网社会中开展社交活动的角色扮演者。②

小案例7-3

宾利微博营销获560多万元订单

小案例7-4

飞跃"红牛平流层"

（十）利用微信进行公关传播

微信是腾讯公司于2011年推出的一款即时通信软件，它提供的公众号、朋友圈、群聊等功能正被越来越广泛的受众所接受和喜爱。如何拿下这个广大老百姓喜闻乐见的媒体阵地，是各大企业开展网络公关必须思考的问题。

第一，利用微信朋友圈的分享功能。微信具有私密性，通过微信朋友圈分享的信息更容易获得信任，也使得信息传播速度更快。

第二，利用微信公众号功能。通过公众号，企业不但能向公众推送消息，还能与公众开展实时互动，对公众提出的建议或问题进行在线记录和解答。同时，还能对公众数据进行统计分析，基于公众的偏好进行精准的信息投放。

第三，利用微信群聊功能。企业还可利用微信群聊功能，根据具体的公众对象建立各类群组，展开互动。比如，企业可创建自己的媒体社群，通过媒体社群维护与各大媒体的关系，帮助媒体参与选题报道。当然，若有负面消息，可以在第一时间进行公关舆情管理。

（十一）利用播客进行公关传播

播客是数字广播技术的一种，用户可通过播客在网上发布可供浏览、订阅的音频

---

① 杨宇. 新媒体时代的企业公共关系［J］. 东方企业文化，2015（4）：100-101.
② 任昕. 新媒体时代现代公共关系的应对策略［J］. 中国市场，2015（21）：142-145.

和视频文件。播客好似一个"迷你公关媒体"，不管听众是在购物、锻炼还是通勤，你说的话都可以直接传到他们的耳朵里。据数据调查显示，中国市场活跃的互联网用户中74%的人至少曾下载过播客一次，居世界首位。

第一，播客平台的选择。国内比较大的视频网站都有播客平台，如优酷网等。此外，一些门户网站也提供此平台，如新浪、搜狐等。

第二，播客内容的选择。企业可聘请专业的团队制作企业短片、公关广告、微电影，或者发动员工拍摄视频，更加真实地展示企业氛围和形象。当然，有创意、高质量的视频是吸引用户关注的前提。当这些音频、视频文件上传到播客网站供用户浏览和分享，甚至被用户下载到终端设备上时，企业公关的传播渠道将再次被拓展。如2011年手机巨头三星公司推出了"4+1"电影计划，采用年轻受众喜欢的方式，附着被年轻受众追捧的娱乐事件，推出了四部网络短剧——《四夜奇谭》。其先后通过优酷网等多家媒体发布，点击率过亿。[1]

（十二）开展搜索引擎公关

（1）新闻搜索引擎优化。随着网络科技的不断发展，社会信息量越来越大，网络在给人们带来丰富的信息资源的同时，也让有效信息的获取成为难点。搜索引擎在有效满足网络应用者的信息搜索需求方面作用突出，已成为人们网络应用的重要手段，并呈现出快速发展的趋势。据艾瑞网统计，中国搜索引擎用户规模不断扩大，截至2023年12月，中国搜索引擎用户规模为8.27亿人，占网民整体的75.7%。

我们在网络平台进行的新闻稿发布、社区营销、社会化媒体营销、博客营销等的结果如果不能在搜索引擎上反映，那么很有可能只对少部分人群有价值。所以无论是哪种网络营销方式，都要结合搜索引擎。在搜索引擎主导的信息过滤时代，公关人员需要把以传统媒体为平台的公关思维调整为新媒体环境下的公关思维。网络公关新闻的发布是网络公关非常重要的一部分，而发布网络公关新闻很重要的一点就是被搜索引擎收录，增加搜索引擎的收录量，并且在搜索结果中排名靠前，从而进一步提高用户的点击率。

作为互联网的新门户，绝大多数网民首选的信息平台是百度或谷歌这样的搜索引擎。假设你是一个想购买联想笔记本电脑的网民，相信你会首先在谷歌或百度这样的搜索引擎上搜索关键词，如"联想，产品名称"。搜索引擎会提供给你若干条结果，而首页通常只显示10条。如果组织的信息能够显示在这前10条的结果里，其带来的营销价值是不言而喻的。

（2）利用百科网站创建词条。维基（Wiki）平台是一个可在网络上开放多人协同创作的超文本系统，是Web2.0时代的典型应用之一。其中，最有名也是最成功的维基平台是在线百科全书——维基百科系统。在维基百科的影响下，诞生了众多活跃的在线百科全书平台，如百度百科和互动百科（已被字节跳动收购）等，特别是百度百科发展迅速。

① 李晖. 基于社会化媒体的企业网络公关 [J]. 中外企业家，2017（35）：212-214.

其一，维基百科是一个自由、免费、内容开放的百科全书协作计划，任何人都可以编辑维基百科中的任何文章及条目。它是一个动态的、可自由访问和编辑的全球知识体，也被称作"人民的百科全书"。

其二，百度百科。正如前文所介绍，百度百科是百度公司推出的一部内容开放、自由的网络百科全书，和维基百科类似。

（3）利用"百度知道"提问。"百度知道"是基于搜索的互动式知识问答分享平台，已逐渐成为用户获取信息的重要渠道。它可以通过提问、回答的方式，为用户提供所需信息。在"百度知道"提问时，要注意信息对用户的实用性，而不要过多地罗列广告信息，以免引起用户的反感。

课后练习

1. 网络公共关系传播与传统公共关系传播有何不同？

2. 浏览我国知名企业的网站，总结一下其网络公共关系传播有何特色。

3. 讨论网络公共关系的发展趋势。

4. 一家公司挑选出一些适合网络传播的内容，然后去游说相关网站。其试图将这些挑选好的内容放在这些网站的新闻版面和BBS上，引发消费者参与讨论的兴趣。这种做法是科学的公共关系做法吗？为什么？

5. 把全班同学分为若干个小组，每组设计一个虚拟的组织网站，策划网上公共关系传播活动。

6. 登录微博官网，了解一下企业借助微博网络平台开展了哪些富有特色的公共关系传播活动。

7. 案例分析。

案例分析1

海马汽车"汇聚全家福"网络公关

由海马汽车主办的"汇聚全家福，挑战吉尼斯"活动于2009年8月8日早8：08正式启动，在近50天的时间里，海马汽车计划征集数万张全家福照片，在国庆节前夕组成巨幅的中国地图，共庆祖国60周年生日。同时，积极参与此次活动的网友将有机会获得由主办方送出的海马轿车10年使用权。

作为一场全国性的网络活动——"汇聚全家福，挑战基尼斯"活动意在汇集广大网友的力量，全家福的范围也不仅仅局限于家人的合影，凡是有"家"的概念的全家福照片都可参与此次活动，与老同学的"全家福"、与同事的"全家福"，甚至是与最爱宠物的"全家福"，都在征集范围之内。

海马汽车之所以组织这样一场公益性活动，是希望在祖国60周年生日之际凝聚广大同胞的力量，用自己最真实感人的全家福照片向祖国献上一份特殊的生日礼物，同时也向世界表现出中国人最团结、最爱国、最具凝聚力的真实一面。海马汽车无疑取得了预期的公关效果。

资料来源　佚名. 海马汽车"汇聚全家福 挑战吉尼斯"活动［EB/OL］.［2009-09-04］. http：//news.yiche.com/dealernews/20090904/0905021301.html. 改编.

思考讨论：（1）海马汽车"汇聚全家福"网络公关创意有何独到之处？

（2）海马汽车是如何通过开展网络公共关系提高传播效果、实现公关目标的？

案例分析2

大众汽车的网上推广策略

大众汽车为了推广2 000辆最新款式的甲壳虫系列——亮黄和水蓝，决定在网上发布销售信息。公司花了数百万美元通过电视和印刷媒体大做广告，推广活动的广告语为"只有2 000，只有在线"。推广日期从5月4日到6月30日，根据大众公司商业部经理Aragones的介绍，网站采用Flash技术来推广两款车型，进行虚拟的网上试驾，将动作和声音融入其中，让用户觉得他们实际上是整个广告的一部分。网上试驾使得网站的浏览量迅速上升，每月的平均流量为100万人次。在推广的第一天，就有超过80 000的访问量。在活动期间，每天独立用户平均为47 000人，每个用户花费时间达到19分钟，每页平均浏览1.25分钟。

网上试驾招徕了更多的注册用户，用户能在网上建立名为"我的大众"的个人网页。在推广期间，超过9 500人建立了自己的网页。他们能够更多地了解自己需要的汽车性能，通过大众的销售系统检查汽车的库存情况，选择一个经销商，制订自己的买车计划，安排产品配送时间。推广活动一共产生了2 500份在线订单。

资料来源　佚名. 大众汽车网上推广策略［EB/OL］.［2020-01-05］. https://wenku.baidu.com/view/efec77a36fdb6f1aff00bed5b9f3f90f77c64dde.html.有删减.

思考讨论：（1）试分析此次网络公关活动的成功之处。

（2）试分析网上推广策略与大众传播媒介推广策略的异同点。

案例分析3

王老吉高考"蹭"热点

1. 市场背景与商业挑战

2016年以来，我国饮料行业逐渐步入低谷，进入增速放缓期。按照行业规律，每个品类只会保持3年左右的高峰期，继而被其他品类所替代，凉茶亦如此。由于饮料消费品整体疲软，加之品类增多、竞争加剧，凉茶品类的增速预计不及2015年。凉茶品牌为了获得更大的发展空间，赢得新市场，必须率先培养新兴消费者饮用凉茶的习惯，因此需在公关形象和品牌推广上加大力度。在国内凉茶市场中，加多宝与王老吉几乎占据了全行业八成以上的市场份额。在这样的背景下，王老吉面临以下严峻挑战：

（1）凉茶进入增速放缓期，随之而来的是凉茶品牌之间竞争的加剧，消费者对凉茶品牌和凉茶产品都有了一定的了解，王老吉该如何通过公关营销与品牌推广，使其保持原来的增速和市场份额呢？

（2）凉茶品牌为了获得更大的发展空间和市场份额，势必会抢夺新的市场，培育更年轻的消费者（饮用凉茶的习惯）。王老吉该如何更充分地了解新兴的目标消费人群，并与他们展开深度沟通，提升他们对凉茶的认知和好感度呢？

（3）利用社会话题来借势营销是品牌近年来常用的方法，尤其是遇上全国性的热点事件时，众多品牌都会试图与其产生联系，进行传播。因此，消费者的注意力就无法集中在某一品牌上。王老吉在利用社会话题时，该如何独占话题，让用户聚焦在王老吉单一品牌上，达到借势效果的最大化呢？

伴随着这三个核心问题，且看王老吉如何"扭转乾坤"。

2.王老吉的公关举措

在中国的教育体制和体系下，大多数考生对高考都有着难以名状的特殊情感，多年寒窗苦读的同学情谊、对未来的期许等。这个话题最能开启学生的青春记忆，触动他们的内心。与此同时，高考也是全民关注的社会事件。每逢高考，社交媒体上都有高考之于人生未来发展的意义的激烈讨论，与高考贴近的热点也会备受关注，如高考当天考生去考场时遭遇堵车的小插曲、高考后全民对高考作文题的热议等。此外，很多加入高考大军的童星们，他们的高考成绩也受到大众的注目。

考生们无论准备多么充分，经过这么长时间的努力，面对如此重大的考试，还是难免紧张，希望运气能够眷顾自己。为此，王老吉与高考热点链接，传播的主题是"从容面对不上火，祝福高考考生吉上吉"。该主题取王老吉的"吉"字，作为高考期间的正能量以及美好祝愿。而6月高考期间，天气渐热，考场又大多没有空调，考生劳累且压力大，容易上火，凉茶饮料清热降火的特点就能很好地与消费者联系起来。高考考生既是产品推广的目标人群，又是对高考最有独特情感的一群人，因此王老吉在内容的传播上让这群与高考有直接联系的学生及对高考有特殊情感的年轻人成为核心传播者。

（1）前期预热。

①王老吉官方微博发起活动和话题讨论。2016年6月3日，王老吉官方微博就"#2016高考#"发布活动主题，利用粉丝头条精准触达粉丝群体，借势高考全民焦点事件，进行事件营销，其发起的话题背景图全程水印植入王老吉元素。

②创意考前海报，缓解紧张情绪。2016年6月4日，王老吉开始在官方微博发布创意考前海报：倒计时系列海报——海报上除了数字计时外，还提醒考生带三角尺、2B铅笔，保持良好的考试心态；学霸系列海报——将5门重要学科的相关记忆知识巧妙地编写成记忆口诀，并和古诗结合在一起，读起来朗朗上口；关爱考生系列海报——通过简单的漫画形式，将每一位考生的日常学习、生活情节描绘出来，在激励考生复习的同时，更为即将毕业的考生们留下宝贵回忆；网红送祝福系列海报——王老吉请来了网络剧《万万没想到》中的主演和剧组人员，为高考考生手写祝福语并在高考前夕发布，送上最后的祝福。

（2）引爆话题。

①微博"开机报头"广告[①]，以近1.6亿微博月活跃用户和近7 000万微博日活跃用户为基础，在高考时期的第一时间抢占用户关注点，在微博上发起"#2016高考#"互动话题；Tips弹窗消息全面助力双端活动热度，活动期间持续邀请用户参与。此外，还有霍金大神送祝福，引爆热点。项目上线后，"宇宙级"学霸霍金博士发布微

---

① "开机报头"广告是微博在2014年推出的广告产品，帮助广告主在用户打开微博客户端的第一时间实现品牌强曝光。"开机报头"实现了对微博移动端用户的全覆盖，在iOS客户端和Android客户端上均可投放。单次广告时长达到3秒，每天针对单个UV（独立访客）展示一次，在保护用户体验的同时，充分触达用户。

博信息，祝福中国考生，霍金博士在博文中带上了"#2016高考#"的微博话题，微博末尾则自带王老吉Logo的话题头像和简介，博文发出后获得了广泛传播，引爆"2016高考"的话题讨论。

②各界KOL（关键意见领袖）加入转发膜拜，广泛传播。霍金发文后，人民网、《新闻晨报》等媒体第一时间转发；姚晨、霍建华、王祖蓝、Ella（陈嘉桦）等明星也参与转发；商界大佬杨元庆、谷大白话、纯良大叔等微博大V接力参与；各政府大号、媒体都同步参与到整个推广事件中来。同时，微博自营大号高考快讯、微博节日、高考直通车等加入推广阵营，使霍金发博祝福高考考生同步成为当天各大媒体重点报道的事件，王老吉在整个事件中获得了惊人的品牌曝光量。

③媒体策略。

•微博传播路径。利用微博上的重磅武器"霍金微博"引发的全网效应，吸引微博上的各路明星、KOL、媒体转发跟进，从而实现广泛的传播。

•品牌独占植入。利用微博话题植入产品，用户点击"#2016高考#"微博话题，话题封面以及背景图均有王老吉的产品展示和品牌Logo，广告位头图链接是王老吉官方微博，置顶微博则为王老吉官方微博发布的为高考学子加油帖，明星、政府官方微博、KOL、媒体等转发祝福时王老吉全程伴随曝光。

3.活动取得的效果

（1）与年轻消费人群沟通"怕上火喝王老吉"。此次参与"#2016高考#"话题互动的人群属性显示：活动将年轻群体"一网打尽"。其中，互动人群以"90后"女性偏多，互动人群集中在高考大省（广东、山东、江苏、河南），除了应届考生外，不少大学生也参与了话题讨论；互动人群对名人、明星、美食、旅游、校园生活等内容颇感兴趣。调查还显示，微博用户在推广阶段对王老吉的正面评价大涨，好感度提高18%。

（2）品牌推广声量最大化，活化了品牌形象。王老吉"#2016高考#"话题成为超高热点，6月7日和6月8日热门话题自然上榜，排名第二。"#2016高考#"话题阅读量7.7亿、讨论量37万；霍金微博的转发评论超过23万、点赞44.5万。王老吉官微发布活动，使用粉丝头条推广，阅读量是日常博文的9.29倍，平均阅读量达5万。通过微博，王老吉的品牌认知度得到明显提升：推广前，用户提到王老吉时也常提及竞品加多宝；推广中，用户更多地提及王老吉的推广内容，如魔兽、挑战者联盟和高考等；推广后，王老吉官方微博粉丝数量净增长了2 669人。

资料来源　佚名.今年高考，最大的赢家居然是——王老吉！[EB/OL].[2016-06-09]. http://www.linkshop.com.cn/web/archives/2016/350659.shtml.有删减.

思考讨论：（1）王老吉高考"蹭"热点运用了哪些网络媒体开展公关？

（2）本案例对你有什么启示？

任务 8

企业危机公关传播

案例导入   **圣元乳业的危机处理**

2012年1月11日，媒体报道江西都昌县一龙凤胎一死一伤，疑因食用圣元优博所致。消息一出，一石激起千层浪，将刚走出"激素门"的圣元乳业再次推到舆论的风口浪尖。如何澄清事实，还原事件的本相，对圣元乳业来讲又将是一个无法回避的问题。最终，事情的结果如圣元所愿，圣元乳业得以沉冤昭雪，成功化解了此次危机。

2012年1月7日，死者家属找到超市和圣元奶粉经销商，事件开启。

1月10日，死者家属在超市门前停尸问责，圣元江西分公司主动向当地工商和公安部门报案，事件升级。

1月11日，圣元营养食品有限公司客服部人员、生产总监表态将积极配合相关部门调查，公司统一向外界发布信息。

1月12日，圣元发布《20111112BI1批次出厂检验报告》，所有检验项目检测结果均为"合格"，圣元国际董事长兼CEO张亮表示，非常同情遭遇这一悲剧的家庭；与此同时，其坚信这是与圣元产品无关的孤立事件，决定不召回其任何产品。

1月13日，第三方检测结果出炉，都昌县人民政府也对该事件发布公告，江西电视台都市频道《都市现场》就事件采访了都昌县工商局秦局长，事实得以澄清。

事实澄清后，圣元及时在其官方网站发布公告称："权威检测结果已出，圣元奶粉合格，与孩子死因无关。"同时，其他相关媒体也发布或转载正面文章，如网易财经"工商部门为圣元正名，龙凤胎一死一伤事件与奶粉无关"；新华网"权威检测结果还圣元奶粉清白"；新华报业网"圣元奶粉最新事件结果：质量才是硬道理"。这些正面文章为圣元消除了事态的后续影响。

至此，圣元"致死门"事件画上一个圆满的句号。

资料来源　伯建新. 解读圣元乳业"致死门"的危机公关［EB/OL］.［2018-01-10］. https://xmexpo.cn/100074.html.有删减.

任务分析

企业危机实质上是企业状态一种强烈的逆转。一般来说，这种逆转的情形是，企业由于受突发因素的影响，直接或间接地形成了企业自身、公众、社会舆论环境等各方面的无序紊乱状态，企业的各种社会关系严重失衡，公共关系水平下降到危险地步，企业现有状态与应有状态之间的差距越来越大，处于公众压力和社会舆论环境压力之下，其经营管理活动和各种正常的业务活动受到严重影响，有时还会出现生存危机。如何面对与处理危机，变不利因素为有利因素，往往成为衡量一个企业成熟与否的标志。面对严重的危机局面，企业必须立即行动起来，通过各种有效手段，特别是运用公共关系传播沟通手段，迅速控制危机事态，理顺与各类公众和社会媒体之间的关系，解决危机事件，扭转危机状态。企业只有通过危机处理，才能减少各种损失，维护良好的企业形象，增强内部团结，扩大社会影响。

传播沟通在企业管理的任何时候都非常重要，缺乏良好的沟通，任何管理行为都无法有效实施。企业出现危机后更离不开传播沟通，它是迅速处理企业危机的关键。

通过本任务的学习，学生能明确公关危机处理的一般程序，能灵活进行公关危机传播，加强与内外部公众的沟通，做好危机信息的发布工作，使企业早日摆脱公关危机的困扰，重塑企业的良好形象。

实训设计

企业公关危机传播训练

实训背景：国内一家很有名的企业生产出一种新型的玻璃钢燃气灶，投放市场后受到消费者的欢迎，销售业绩不错。可是，由于多种因素所致，出现了一起燃气灶表层玻璃钢爆炸的事故，有两位家庭主妇还受了重伤。该企业公关部的小林被部门经理指派去接待蜂拥而至的记者们，面对记者们铺天盖地的提问，小林反复强调"在调查结束之前，我们不做任何评论"或"无可奉告"，结果引起了记者们的强烈不满。

实训目的：掌握企业公关危机传播的基本工作方法，能够独立开展公关危机传播工作。

实训学时：2课时。

实训地点：实训室。

实训要求：你认为小林的回答合适吗？危机期间到底该如何回答来自媒体的询问？如果是你，在危机处理中，你准备怎样开展传播沟通工作？请制订出具体方案。

实训步骤：

（1）将学生分成若干个小组，分组讨论，制订出具体的方案。

（2）每组选出一名代表进行总结性发言。发言分为两部分：一部分为危机处理方案的陈述；另一部分为答辩，针对方案，其他同学可以自由提问。

（3）还可以针对此危机事件，采用角色扮演的方式，模拟举行新闻发布会。

（4）最后教师进行总结、点评。

一、企业危机处理的一般程序

（一）采取紧急行动

（1）成立临时专门机构。危机爆发后，企业应立即成立临时的危机处理专门机构（即危机处理的领导部门和办事机构，一般由企业的主要领导负责，公关人员和有关部门负责人参加）。这对顺利和有效地处理危机事件是十分必要的。危机处理的专门机构主要起到三方面作用：一是内外通知和联络；二是为媒介准备材料；三是成为公共信息中心，加强与外界公众的传播沟通。

（2）迅速隔离危机险境。当出现严重的恶性事件和重大事故时，为了确保企业及公众的生命、财产不受损失或少受损失，应果断采取各种措施，迅速隔离危机险境，力争将恶性事件和重大事故所造成的损失降到最低限度，为恢复企业的良好经营状态提供保证。为此，应重点做好公众的隔离和财产的隔离工作，对伤员更是要进行无条件的隔离救治，这也是危机过后有可能迅速恢复企业形象的基础。

（3）控制危机蔓延的态势。在严重的恶性事件爆发后的一段时间内，危机（的影响）不会自行消失；相反，它还可能进一步恶化，迅速蔓延开来，甚至还会导致其他危机的出现。因此，必须采取措施，控制危机范围的扩大，使其不致影响更坏。

小案例 8-1　　　　　　　　　**女网红进入机长驾驶舱**

2019 年 11 月 3 日晚，有博主在网上爆料，一女网红进入飞机驾驶舱并发朋友圈炫耀。女网红为何能进入飞机驾驶舱并堂而皇之地发朋友圈？为什么机组人员无一阻拦呢？该事件一经曝出立刻引发网友热议，人们愤怒于女网红的洋洋得意、机组人员的不作为，并愤怒于桂林航空毫不知情。桂林航空深陷舆情危机中。

11 月 4 日，桂林航空在网络上发布官方通知，称针对网友举报"一名乘客进入飞机驾驶舱"一事，公司高度重视。公司对机长做出了终身停飞的处罚，涉事的其他机组成员无限期停飞并接受公司的进一步调查，并表示会按照航空条例做内部自审。

对比官方通告前后的网络情感倾向，网友在官方通告后对桂林航空的正面评价明显上升，对桂林航空的零容忍态度纷纷点赞，认可桂林航空的举动，并坚决给予支持。

资料来源　佚名. 女网红进驾驶舱喝茶［EB/OL］.［2019-11-04］. https：//baijiahao.baidu.com/s？id=1649264437211570907&wfr=spider&for=pc.

（二）积极处置危机

经过第一阶段采取紧急行动，控制住危机蔓延的态势，尽力使危机损失最小化后，企业要从危机反应状态进入积极处理状态。在这一阶段，关键是要遵循正确的工作程序，融积极性与规范性于一体，确保有效地处理危机。

（1）调查情况，搜集信息。企业出现危机事件后，应及时组织人员了解危机事件的各个方面，搜集关于危机事件的综合信息，并形成基本的调查报告，为处理危机提供基本依据。危机调查在方法上强调灵活性和快速性，可运用公众座谈法、观察法、访谈法等进行调查。在内容上，危机调查强调针对性和相关性，一般侧重下列内容：①及时搜集现场信息，以便准确分析事故的原因；②细致地搜集危机事件的综合信息，包括危机发生的时间、地点、原因、人员伤亡情况、财产损失情况、事态发展情况、控制措施以及公众的反应等；③根据危机事件提供的线索，找出企业、公众与危机事件相关联的节点；④调查受害者、政府、新闻媒介及其他相关公众在危机事件中的要求。

企业要从事件亲历者、目击者和有关人员那里全面地搜集企业危机的信息，无论是现场观察还是事后调查，都应详细地做好记录。除一般的文字记录外，最好利用录音、录像、拍照等方式进行更为客观的记录，为危机处理提供充分的信息基础。危机事件的专案人员在全面搜集危机各方面资料的基础上，应认真分析，形成危机事件调查报告，提交给企业的有关部门。

（2）分析研究，确定对策。企业危机处理人员提交了危机事件的调查报告之后，应及时会同有关职能部门进行分析、决策，针对不同公众确定相应的对策（主要有企业内部对策、受害者对策、新闻媒介对策、政府部门对策、业务往来单位对策、消费者对策、社区公众对策等），制订消除危机事件影响的方案。在这一环节，最重要的工作就是针对危机影响到的各方公众采取相应的对策。对策如何，直接影响着处理方案的运作和效果。

（3）分工协作，实施方案。企业制订出危机处理的方案后，就要积极组织力量实施。这是危机处理工作的中心环节。在实施过程中应注意：①调整心态，以友善赢得公众的好感；②工作力求果断，以高效率的工作风格赢得公众的信任；③认真领会方案的精神，做到既忠于方案，又能及时调整，使原则性与灵活性均得到充分体现；④在接触公众的过程中注意观察，了解公众的反应和新的要求，并做好劝服工作。

小案例8-2　　　　　　　　　**善于沟通的总行副行长**

一大型跨国公司因投资失败而破产，贷款给它的美国S银行某分行因此无法收回贷款，面临危机。一时间，该分行即将倒闭的传言在大街小巷飞速传开，几乎所有在该银行存款的储户都赶到银行来提现，生怕在银行倒闭前无法取出现金。前来提现的人群排起了延伸出几个街区的队伍，场面很混乱。S银行总行接到消息后，马上派出运钞车从各分行紧急调拨1 000万美元运送至该分行，并派出了一位解决危机的高手——总行副行长阿里克斯。

阿里克斯火速赶往现场，到达时距银行下班时间还有不到一个小时。现场很混乱，上千人挤在银行门口，甚至有激动的储户开始要砸银行的玻璃，情况非常危急。阿里克斯站在一处高台上，手中拿着扩音器说："我是总行副行长阿里克斯。我知道大家急于提现，担心快到下班时间了。现在我宣布，今天银行在办理完所有的业务后再下班。"人们议论了一小会儿后逐渐安静下来。阿里克斯接着说："今天是周末，大家取出了大量的现金带在身上或放在家里，都是不安全的。现在我的助手就在为大家联系就近的其他银行，希望他们能延时下班，方便大家存款。"这一席话换来了人们的掌声。接着阿里克斯的助手宣布了几家已经谈妥延时下班的银行名字。

一对老夫妻提着一个装了大量现金的袋子从银行中走出来。阿里克斯看到了，忙迎上去，询问两位老人是否有人陪同。老人红着脸对阿里克斯说："我们夫妻俩在这存款有30多年了。这袋子里是我们所有的积蓄，要用来养老的。要不是这次出了这样的事，我是不会把钱都取出来的。"阿里克斯真诚地说："老人家，看来我们是30多年的老朋友了，感谢您一直以来的信任。为了您的安全，我派人开车把你们送到就近的银行去存钱。"说完回身找来自己的司机。两位老人商量了一下，打断了阿里克斯的安排，问道："小伙子，你能向我保证，这银行不会倒闭吗？"阿里克斯沉思两秒，郑重地点了点头："我向您保证，它不会倒闭的。"两位老人手拉着手，转身又走进了银行。此时，挤在银行门口的人群也逐渐散去。

结果，该分行办理完最后一笔业务，只比平时下班时间晚了10分钟。

该案例充分说明了危机公关处理中有效沟通的作用和价值。在调查研究并了解了危机发生的范围、原因及后果以后，组织必须分别针对内部公众、新闻媒介、受害者、政府主管部门、业务往来单位及其他公众开展卓有成效的沟通工作。

（4）评估总结，改进工作。企业在平息危机后，一方面，要注意从社会效应、经济效应、心理效应和形象效应诸方面评估消除危机的有关措施的合理性和有效性，并实事求是地撰写出详尽的危机处理报告，为以后处理类似的危机事件提供参照性依据；另一方面，要认真分析危机事件发生的深刻原因，切实改进工作，从根本上杜绝危机事件的再次发生。

小案例8-3　　　　　网络视频引发美联航缩水1.8亿美元

2009年7月，加拿大歌手戴夫·卡罗尔为了抗议美国联合航空公司（以下简称"美联航"）在托运时弄坏了自己的吉他并拒绝赔偿，写了一首名为《美联航弄坏吉他》的歌曲，并放到了网上。意想不到的是，这首歌不仅红遍了网络，更使得美联航的股票下跌了10%，相当于凭空蒸发了1.8亿美元。

该事件经由国外媒体报道之后，同样受到中国网民的热议。不少网友认为，如果此事发生在中国，尤其是发生在中国的一些垄断企业身上，可能事态将会发生本质性变化。

据国外媒体报道，戴夫·卡罗尔在乘坐美联航的客机到美国旅行时，他携带的一把名贵吉他竟在机场被美联航的行李运输工摔坏了。在之后长达1年的时间里，卡罗尔都心平气和地和美联航进行交涉，希望美联航向他赔偿大约1000英镑的吉他维修费用。然而，美联航消费者服务部一位名叫艾尔威格的工作人员却对卡罗尔的索赔要求置若罔闻，总是冷冰冰地回他一个字——"不！"

于是愤怒的卡罗尔决定用音乐对美联航展开"报复"。他将美联航"拒赔"事件编成一首歌，拍成了视频歌曲《美联航弄坏吉他》，并将这段音乐视频上传到著名的YouTube视频网站上。卡罗尔在这首歌曲中叙述了自己被美联航"拒赔"的经历。在视频中，卡罗尔边弹吉他边唱道："你摔坏了它（吉他），你就应该修好它。"卡罗尔还聘请两名演员扮演美联航的行李运输工，在视频中表演将他的名贵吉他当球踢和扔的情形。一名女演员在视频中扮演美联航消费者服务部的工作人员艾尔威格，对着镜头举起一个"不"字的纸牌。

卡罗尔本来希望这段音乐视频能在一年之内获得100万人次的点击率，可令他和美联航做梦也想不到的是，这段音乐视频上传到YouTube网站后，短短10天内就获得了近400万人次的点击率，成了互联网上最红的视频之一。而在这10天中，美联航的股价暴跌了10%，相当于蒸发了1.8亿美元的市值。美联航的高级主管全都惊呆了，他们确信公司股价暴跌是这段音乐视频惹的祸。

为了挽救公司形象和损失，美联航高级主管立即"亡羊补牢"，和卡罗尔取得了联系，主动表示愿意向他无条件支付维修吉他的费用，还答应向他赠送价值700英镑的飞行优惠券。据美联航官员称，他们希望将《美联航弄坏吉他》用作内部培训的"反面教材"，从而对公司员工进行警示，以确保美联航的所有顾客都能在未来得到更好的服务和体验。

资料来源　佚名．意想不到——网络视频引发美联航缩水1.8亿美元［EB/OL］．［2009-07-09］．http：//news.hsw.cn/system/2009/07/29/050257178.shtml？from=timeline.

【点评】相信美联航是按照规定进行赔偿的，任何一个工作人员都不敢按照少于规定的数额做出赔偿。双方协商了一年，都保持了足够耐心，可仍没有满足顾客的期望。美联航对顾客以歌手的身份扩大负面影响的结果估计不足，没想到这段音乐视频的点击量达400万人次。可贵的是，美联航在痛失1.8亿美元之后，还能够亡羊补牢，进行内部反省、警示教育，相比我们国内的航空公司处理问题要成熟得多。

（三）重塑企业形象

即使企业采取积极有效的措施处理了危机，企业的形象和销售额也不可能马上恢复到危机发生前的水平。危机对企业形象造成了损害，其不利影响会在企业今后的生产经营中日益显露出来。因此，企业危机得到处置，并不等于企业危机处理结束，只有当企业形象重新得以塑造，才谈得上转"危"为"安"。

（1）树立重建企业良好形象的强烈意识。在危机处理过程中，企业必须要有强烈的重塑良好形象的意识、重整旗鼓的勇气、再造辉煌的决心，不能破罐破摔；只有当企业的形象重新树立，企业才谈得上进入良好的经营状态，危机处理才谈得上真正圆满完成。

（2）确立重塑企业良好形象的明确目标。这是重塑良好企业形象必不可少的一个步骤。总的来说，重塑良好企业形象的目标是消除危机带来的形象后果，恢复或重新建立企业的良好声誉，再度赢得社会公众的理解、支持与合作。具体来讲，大致可以分为四个方面：①使企业危机事件中的受害者或其家属得到最大的安慰；②使利益受损者重新获得作为支持者的信心；③使观望怀疑者重新成为真诚的合作者；④获得事业上更多的新的关心者和支持者。只有实现上述目标，危机处理才算是全面和完善的。

（3）采取重塑良好企业形象的有效措施。企业在确立了重塑良好形象的明确目标之后，关键是采取有效措施加以实施，实现相关目标。这些措施包括对内和对外两个方面：

对内，一是要以诚实和坦率的态度安排各种交流活动，以实现企业与其员工之间的上情下达、下情上传、横向联通的双向交流，保证信息畅通无阻，增强组织管理的透明度和员工对企业的信任感；二是要以积极和主动的态度，动员企业全体员工参与决策，制订企业在新的环境中的生存与发展计划，让全体员工产生"乌云已经散去，曙光就在前头"的新感受；三是要进一步完善企业的各项管理制度和措施，有效地规范组织行为。

对外，一是要同平时与企业息息相关的公众保持联络，及时告诉他们危机后企业的新局面和新进展；二是要针对企业形象受损的内容与程度，重点开展有益于弥补形象缺损、恢复良好状态的公共关系活动，与广大公众全面沟通；三是要设法提高企业的美誉度，争取拿出过硬的服务项目和产品在社会中公开亮相，从本质上改变公众对企业的不良印象。

二、危机处理中的传播沟通策略

小案例8-4

CEO 如何成为危机公关榜样

企业危机事件发生后，为了求得公众的准确了解、深入理解、全面谅解，很有必要向广大公众传播有关信息。因此，在形象危机的处理过程中，为了增强信息传播的有效性，策划者必须提出一定的传播对策，以确保企业危机处理的顺利进行，取得良好的危机处理效果。

（一）迅速开放信息传播通道

企业危机事件的出现，往往会引起新闻媒介和广大公众的关注，这时企业必须做到迅速开放信息渠道，把必要的信息公之于众，让公众及时了解危机事态和企业正在尽职尽责地加以处理的情况。面对新闻界的竞相报道和社会公众的着意打探，如果企业在这时隐瞒事实、封锁消息，不仅不会给企业带来什么好处，反而会引起新闻界、公众的猜疑和反感，促使他们千方百计地从各种渠道搜集材料，挖掘信息。这就很容易出现失实和不利的报道，从而更有可能给企业的危机处理带来麻烦，产生新的形象危机。这时的社会公众也是最容易猜疑、误传或者轻信谣言的，这会给企业造成更加不利的社会影响。明智的做法是，开放信息传播通道，公布事实真相，填补公众的信息空白，让新闻界传播客观真实的信息，让广大社会公众接受客观真实的信息。当然，开放信息传播通道并不是让企业危机事件及其处理情况的有关信息放任自流，而是让其有秩序地传播。这要求企业做好信息传播的基础工作。

1.准备好要传播的信息

这主要包括如下内容：一是信息的搜集。信息的搜集一定要全面，要通过相关途径取得完整的企业危机事件及其处理情况的一切信息。二是信息的整理。其关键是对已搜集到的信息进行分类存档，以备查用，或为新闻界提供原始材料。三是信息的分析，即分析各种信息的真实性、可靠性，以及由这些信息反映出的企业危机事件及其处理过程的发展情况。此外，还要对这些信息中哪些应尽早传播，哪些应稍缓传播，哪些应大范围传播，哪些应控制传播等进行具体分析，拿出具体意见。四是信息的加工，即对所需信息进行内容和形式上的加工，目的是确保信息传播的真实性和准确性，使新闻界做出正确的报道。

2.确定信息的发布者

确定信息的发布者，即确定企业危机事件及其处理情况的正式发言人。发言人最好由危机处理专门机构确定，也可以临时委任。发言人的人选应视危机事件的性质和严重程度而定。在发生重大危机事件的情况下，一般由企业总经理担任；在发生一般危机事件的情况下，通常由公关部经理担任。确定发言人的目的是确保对外传播的信息的准确性和权威性，因此，在企业危机事件处理的过程中，危机处理专门机构的信息要全部汇向指定的发言人，发言人要完全了解和明白企业将要发布的信息。

3.设立一个信息中心

在企业危机事件尤其是重大的危机事件发生后，前来采访的记者会很多，前来咨询的公众也有可能川流不息。这时必须考虑设立一个信息中心。信息中心的任务是负责接待前来采访的记者和前来咨询的公众；负责为新闻记者指引采访的路径，并为其提供通信、休息乃至食宿的方便；负责向公众解答有关咨询，并将公众的意见记录下来；在危机处理专门机构的统一部署、统一指挥下，负责公布危机事件处理的进展情况。信息中心的负责人一般由危机处理专门机构委派的发言人担任，也可以由企业的公关部经理担任。

4.始终坚持两个原则

在企业危机事件处理的过程中，信息传播要贯彻两个基本原则：一是统一口径原则（One-voice Principle）；二是充分显露原则（Full-disclosure Principle）。危机事件处理过程中的信息传播工作很重要，因为一言既出，事关全局，影响甚大，传播出去，驷马难追，所以必须注意统一口径，避免公关人员的言辞差异。坚持统一口径原则还能给公众留下企业是团结战斗的整体，企业领导人有能力、有决心、有诚意处理好这一危机事件的良好印象。此外，信息传播还要坚持充分显露原则，对危机事件及其处理的信息知道多少传播多少，不要有所取舍，更不要隐瞒或歪曲。

（二）有效控制新闻传播走向

开放的信息传播通道能避免新闻记者和广大公众的猜疑、误传，能为人们提供可靠的信息来源。但是，由于新闻记者和广大公众对企业危机事件所持的态度不同，看问题的角度不一，因而也有可能使信息传播朝着不利于企业危机事件顺利处理、不利于企业形象恢复重建的方向发展。所以，在开放了信息传播通道后，还必须有效控制信息传播的走向。

（1）尽力进行事前控制。这是指在新闻媒介发布有关信息之前所进行的新闻传播走向控制。它是新闻传播走向控制最为主动的方法和最为有效的措施。其具体方法有：请权威人士发布信息；以书面形式发布信息；编发完整的新闻稿件，聘请权威新闻机构的新闻记者担任新闻代理人；邀请政府官员出面发表见解等。企业若能做好事前控制，对尽快摆脱危机、恢复正常的经营状态是十分有利的。

（2）适当进行即时控制。这是指在新闻媒介即将发布有关信息时进行的新闻传播走向控制。这种控制一般难度较大，原因是记者如何写的公关人员一般不容易知道。所以，公关人员必须多动脑筋，应掌握前来采访的记者的基本情况，如有哪些记者曾前来采访过，他们是哪些新闻机构的记者。在此基础上，可通过两条途径进行控制：一是向新闻机构及时传递信息，达到对偏向新闻进行及时堵塞的目的；二是通过原来与新闻机构建立的各种联系，借助内线人物达到对偏向新闻进行纠偏的目的。

（3）设法进行事后控制。这是指在新闻媒介发布了有关偏向信息之后组织进行的新闻传播走向控制。这方面的方法主要有：①当新闻记者发表了不符合事实真相的报道后，尽快与新闻机构接洽，向其指明失实之处，提出更正要求；②当新闻记者或新闻机构对更正要求有异议时，可派重要发言人（如当事人或受害者本人）接受采访，反映真实情况，争取更正机会；③当新闻记者或新闻机构固执己见、拒不更正时，可用积极的方式在有关权威媒介上发表正面申明，表明立场，要求公正处理，必要时可借助法律手段，但要慎重采用。

小案例 8-5

携程网的"泄密门"风波

小案例 8-6　　　　　　　　宝马冰激凌事件的危机公关

2023 年 4 月 18 日，上海国际车展于上海会展中心举办。宝马 MINI 在展会期间声称，只要在指定的手机 App 上进行预约，即可免费领取冰激凌一份。网友视频显示，一位中国访客前往领取时，现场工作人员称冰激凌"已经发完了"。但没多久，一名外国男子来到宝马 MINI 的展位，表示想要品尝一下冰激凌。工作人员却连手机都没有看，就主动拿出了冰激凌，热情招待。宝马 MINI 的两位员工对待中国人和外国人的态度截然不同，让现场访客及网友十分诧异和愤慨。此事一经曝光，便冲上了微博、百度、抖音等平台的热搜榜。

据悉，事件曝光后，欧洲股市德国宝马 4 月 20 日收跌超 3%，一天之内市值蒸发21.6 亿欧元，约折合人民币 163 亿元。

宝马 MINI 针对事件采取的公关对策如下：4 月 20 日午后，@MINI 中国发布声明称，MINI 发起的"上海车展现场礼——甜宠"活动的本意是给逛展的大小朋友送上一份甜蜜。"因内部管理不细致和工作人员失职引起了大家的不愉快，对此真心道歉！我们检讨自己并改善管理、加强内部培训，努力为每位朋友提供好的服务和体验，再次真诚地向各位道歉！"①之后宝马 MINI 于 4 月 21 日再次发微博致歉，称上海车展冰激凌事件给大家带来了负面体验，并且对现场发放给出了解释，称拿到冰激凌的外籍人士其实是宝马的同事，并且佩戴了工牌，希望广大网友给礼仪小姐多些宽容与空间。

宝马 MINI 在本次冰激凌事件中的应对虽然有少许可取之处，但总体上并不完美。

第一，宝马 MINI 在此次事件中承担了一定的责任。它承认了内部管理不细致和工作人员失职引起了大家的不愉快，表示会检讨自己并改善管理、加强内部培训。这

---

① 胡一璠，胡兴民，宋子义. 史上最贵的冰淇淋 [J]. 销售与市场（管理版），2023（6）：78-81.

表明宝马MINI愿意为此次事件负责。但并未明确具体责任人及部门，连最基本的两名现场工作人员是否为宝马MINI员工、分属什么部门、现场负责人或者负责部门具体是哪些等都未明确说明。

第二，宝马MINI在与公众沟通方面的表现有可取之处。它发布了两次声明，向公众道歉，并解释了现场发放冰激凌的情况。这表明宝马MINI试图以真诚和透明的态度来回应公众的质疑，但并未明确指出现场工作人员及负责人到底有什么不足之处，也可能是避重就轻，避免提及可能存在的媚外及对中国访客的歧视问题。网友的主要不满也大多集中于此。对此宝马MINI并未给出具体说明。

第三，在危机发生后，宝马MINI的反应速度相对较快。在事件发生后的第二天就发布了声明，表明它重视这个问题并迅速采取行动，但未抓住危机公关的"黄金24小时"，使舆论进一步发酵，最终影响了宝马的股价及品牌形象。

第四，系统运行原则。宝马MINI在处理整个危机事件的过程中，本应该按照预先制订的应对计划全面、有序地开展工作，但从进展情况来看，宝马MINI在涉及敏感问题的舆情处理上并无相应预案或预案应对不足。

第五，权威证实原则。在危机公关中，权威性的信息来源是非常重要的。宝马MINI应该寻求权威机构或者专家的支持和证实，以提高危机应对的可信度，但从进展情况来看，宝马MINI在这方面做得不够好。

互联网时代企业危机公关面临诸多挑战，企业应充分认识到危机公关的重要性，建立健全危机预警机制和应对预案，善于利用舆论引导和舆情监控手段，努力提高企业形象塑造能力，以应对不断变化的市场环境和竞争态势。优秀的公关人员不仅可以帮助企业渡过舆情危机，还能够让企业的正面形象得以巩固。

资料来源：杨斯文.互联网时代企业危机公关——以宝马冰激凌事件为例［J］.国际公关，2023（24）：101-103.

（三）消除危机处理中的谣言

谣言是毁坏企业形象、涣散企业组织的恶魔。企业在危机事件处理过程中应预见谣言产生的可能性，谣言一旦产生，要沉着应战，遇事不慌。危机事件中产生谣言的主要原因有：①公众缺乏可靠的来自正常信息渠道的信息，于是就从非正常渠道获取，难免谣言四起；②公众缺乏完整的信息，信息不完整就会给人留下想象或捏造的空间，从而产生谣言；③危机形势紧迫，公众担忧和恐惧，感觉形势无法控制，对前景丧失信心，悲观失望，任由事态发展，也会产生各种谣言；④传闻失实，小道消息流传，使公众对来自正常渠道的信息产生怀疑，这种怀疑使一些人信谣和传谣；⑤从企业中传出的信息有出入，不是统一口径，公众从企业听到不同的声音，自然会产生疑虑，这种疑虑是导致谣言产生和流传的基础。

企业欲消除谣言，首先要消除产生谣言的气候和土壤。企业在危机处理过程中，要认真研究以上谣言产生的原因，仔细观察和分析事态的进展，保证信息渠道的通畅，积极沟通，这样就能在一定程度上防止谣言的扩散。谣言一旦产生，企业要以积极郑重的态度去应对。辟谣的对策包括：首先，要分析谣言传播的范围、造

小案例8-7

"泰诺"牌镇痛胶囊危机处理事件

谣者的意图和背景、谣言的起因，以及谣言造成的影响，在分析的基础上寻求阻止谣言流传的最佳方案。其次，要选择恰当的媒介，及时提供全面、确凿的事件真相资料，用事实讲话，让行动证明，动员一切可以动员的力量（包括企业员工和本地区的行政首脑、知名人士、舆论界权威和一切有社会影响力的人），通过多种渠道，多层次地宣传，应对谣言的流传。最后，在企业内部广泛地开展谈心活动，进行各种形式的信息发布，让企业全体员工体会到企业辟谣的决心，增强企业的凝聚力。辟谣方案实施前，应召开基层人员座谈会，听取大家的意见，保证辟谣工作的实施。

三、危机处理中的信息发布形式

在危机处理过程中，企业通过什么途径进行沟通，如何保证效果，是危机公关传播工作应该考虑的核心问题。一般说来，企业可与新闻媒体接洽、沟通，争取其公正客观的报道，可以利用的形式主要有：

（一）新闻稿

新闻稿是由企业自己拟定、用来宣布有关企业信息和官方立场的新闻报道，是关于危机情况的"明确"的新闻信息。新闻稿可以是企业声明，可以是企业新闻，也可以根据情况和需要决定其具体形式。通常，新闻稿篇幅短小精悍，当危机具有新闻价值时，企业可以及时分发给有关新闻媒体。实际上，许多企业都备有新闻稿，以便紧急情况下派发。大多数危机管理专家都认为，在危机中，新闻稿很难成为企业的唯一声明，但有助于说清事实真相，提供详细的背景信息，在企业希望把同样的信息同时传递给多家媒体的时候，采用新闻稿是最有效的。

（二）新闻发布会

如果危机引起了较大的关注，企业应该考虑召开新闻发布会。但是，是否应该组织新闻发布会，何时组织，如何组织，是一个很难做出而又非常重要的决策，企业需要考虑周全，因为这将直接关系到企业的命运。选择好新闻发布会召开的时间很重要。在危机中，如果新闻发布会开得太早，企业能提供的可信信息就会很少，或者根本就提供不出来，反而导致宣传效果不佳；太晚则会丧失使舆论转变的先机，面临谣言四起的尴尬局面，加大企业危机处理的难度。企业一般只有在经过调查得到了足够多的信息，充分了解了企业的处境与所采取的措施之后，才会主动召开新闻发布会；而在持续时间较长的危机中，可能还要多次召开新闻发布会。

当决定召开新闻发布会时，企业应考虑以下问题：①新闻发布会要达到什么目的？②除新闻发布会外，是否有别的替代方式？③回答记者提问是有助于解决问题还是会使问题更糟？④在危机中，企业对公众负有什么责任？计划采取哪些措施予以解决？⑤在新闻发布会前是否发布一个事先准备好的声明，将复杂的事情简单化？需要特别强调的一点是，记者往往精于判断新闻的真实性，因此，企业发布的消息是否有新闻价值，在新闻发布会之前必须予以确认；此新闻为什么现在发布、效用如何，必须考虑清楚。除非企业能提供一份重要的、合乎时宜的声明，否则就不要轻易召开新闻发布会。

新闻发布会首先要确定主持人和发言人。主持人的作用在于把握主题范围，掌控新闻发布会的进程和会场气氛，并担负着化解情绪、打破僵局等特殊任务。新闻发言人要面对记者的各种提问，应头脑冷静、思维清晰、反应灵敏、措辞精确，代表企业发表权威性意见。许多时候，企业为了证实所发布的消息是准确的、全面的，特别是一些专业性技术问题，往往会通过一位内部专家或外部专家代表企业提供更专业和更详细的背景资料解读，解释事故发生的原因和解决问题的措施，协助媒体了解相关情况。此外，现场服务人员要严格挑选，从外貌到自身的修养均要合格，以体现出企业的风采与水平，并注意服务人员的性别比例，以便发挥"异性效益"。服务人员的主要工作有：①安排与会者签到；②引导与会者入座；③准备好必要的视听设备；④分发宣传材料和礼品；⑤安排餐饮；⑥安排一位摄影师专门拍摄会场情况，以备将来宣传之用。

（三）媒体采访

接受新闻媒体采访是危机中企业领导和新闻发言人的必修课，因为记者们总是渴望知道得更多，而企业领导和新闻发言人无疑是最佳采访对象，这时企业就要考虑如何面对新闻媒体的专访问题了。一般来说，当企业要给媒体提供特定的线索或消息时，最好是安排一对一的媒体专访，这也是与个别媒体联系的最好方法。不过，在记者的采访过程中，很容易遇到记者提出的一些难题。记者为了获得更多的新闻素材，往往会采用职业技巧让被采访者自动落入记者的圈套中，甚至是采用欺骗的手段，特别是对那些不能够给予媒体很好配合的企业，记者会竭尽全力地挖掘企业的新闻价值。为此，企业领导和新闻发言人需要提高个人能力，掌握应对记者的基本技巧。这里结合中美史克公司原新闻发言人杨伟强就《中国经济时报》记者的专访，谈谈应对建议。

（1）错误前提。记者故意以一份声明作为问题的开端，测试企业是否会更正这份声明。真正的问题也许与这个前提毫无关系，但记者会用它来判断企业的反应。要是没有反应，记者就会据此推断企业对这个前提的某些看法。

对策：如果该前提不正确，在回答问题之前应立即给出实际情况资料，进行纠正，绝对不要接受一个错误的前提。

记者：有人认为，国家药监局的政策有点仓促，中美史克是否承担了不该承担的损失？

杨伟强：药监局作为国家药品安全管理部门，肯定要对全国老百姓的健康负责。回到我刚才说的，这就是"大我"与"小我"的关系。我相信药监局既想保护企业，也想保护老百姓的健康，一旦两者发生冲突，政府自然要把13亿人口的利益放在第一位，"小我"要服从"大我"。

（2）假设情况。记者想要企业来谈论某些企业也许会回避的事情时，最常用的方

微课 8-1

危机处理中的信息发布——媒体采访

式之一就是对某些可能发生或者根本不会发生的事进行提问，希望企业能够谈谈这件事，从而使企业透露某些具有新闻价值的信息。

对策：告诉记者企业不会就假设的情形发表看法，而且要管住自己不这么做。

记者：根据你个人以及企业所了解的专家意见，你认为康泰克到底有没有问题？

杨伟强：一个人或者几个人的看法不足为据，要想得出一个权威的结论，必须有一个专家群的统一意见。

（3）我听到一个谣言。有些记者为了对企业内部信息了解得更深入，也许会看一看企业对他们事先捏造的事情有何反应，从而在无意中从一个有趣的角度涉及关键主题。

对策：如果是谣言，就应该立刻加以否定，还要注意给出合理的理由，最好随时准备一些有利于企业申辩的材料，以便更有说服力地答复这些问题。

记者：PPA事件出来后，就有消费者给我们打电话说，他吃康泰克有副作用，康泰克早就应该被禁。对于这一问题，你如何看待？

杨伟强：康泰克在中国销售了12年，之所以能在市场上销售这么多年，不是靠我们打广告能做到的，靠的是这种药在大多数人那里是安全的、有疗效的。从销售开始，如果平均每人每次服用4～6粒，那么全中国就有8亿多人次服用过这种药，如果没有疗效，恐怕早就被扔到臭水沟里了，怎么会销售12年呢？但药的副作用是客观存在的，有些人副作用可能会大些，有些人可能会小些。

（4）对竞争对手做出评论。很多时候，记者会要求企业对竞争对手进行评论，这些问题可能很自然地涉及竞争对手的新的广告活动、企业领导或转移到新目标市场的决策上。企业要知道这有可能引起自身与同行之间的争执与竞争。

对策：把不谈论竞争对手作为企业的行为准则，尤其是在危机中，向记者说明企业的处境并争取其理解。需要注意的是，企业不可能完全了解竞争对手所做出的决策，而且任何企业都不会愿意让竞争对手来剖析自己，所以，企业最好不要对此抱有什么幻想。

记者：你们的竞争对手在PPA事件发生后利用了这一市场空隙，你怎么理解？

杨伟强：在事件发生以后，我们的一些竞争对手必然会利用这个机会多占些市场份额，也有和我们的代理商接触的，这很容易理解。但在这个问题上，我们的代理商始终和我们站在一起，这令我们非常感动。

（5）固执的记者。有时候，有些记者为了获取独家新闻，会试图要挟企业提供他们正在寻找的信息，要是企业不愿意配合，他们就会以报道不利的新闻或从其他地方查找信息来威胁，给企业造成压力。

对策：企业冷静地向记者表明记者可以做任何他们想做的事，但企业不会背离自己的原则和判断，同时简要地解释一下企业不愿意深入的原因。

记者：康泰克在中国感冒药市场上占的市场份额有多少？

杨伟强：说不清楚。你们知道，现在各种对市场份额的统计很难说是准确的。

记者：你们的产量有多少？是否可以透露一下全年的销售额？

杨伟强：这不可以说。药品销售是有季节性的，冬季和春季一般是感冒高发季节，感冒药的市场需求就大，是感冒药销售的黄金季节，这段时间产量就会相对大一些；反过来，夏季的产量就小一些。

（6）对新闻媒体说"无可奉告"。很多经验表明，企业"无可奉告"只会显得企业本身不可信或者在试图逃避问题。

对策：在回答记者的提问时，尽可能不说"无可奉告"，只要企业有所准备，就应该多披露一些内情。如果无法直接回答相关问题，可以采取多种方法转移话题，而不要总是说"无可奉告"。

记者：康泰克的停产给企业造成了多大的经济损失？

杨伟强：暂停使用康泰克确实给企业带来了经济损失，但是这里有一个"大我"和"小我"的关系。从"大我"的角度来看，我们认为，政府做出这样的决定，是对消费者负责，是有道理的。

小贴士8-1　　　　　　　　**艾瑞克的七条危机处理原则**

（1）总是谈实际情况。

（2）尽可能直率，不要误导和不诚实。

（3）时刻准备好，在危机出现之前要有交流机制，不要在事情变糟时才说"我们该干什么"。

（4）表示你的关心，说明你是有同情心的。

（5）快速移动，不要目瞪口呆地站在那里。

（6）快速做出决策和调整。根据你的选择尽快行动，而不要在迫于压力时才应对。

（7）从来不说"无可奉告"。如果你不知道实情，就谈点其他的。

小案例8-8

可口可乐（山西）饮料公司含氯门事件

课后练习

1.某商场近年来危机事件出现的频率明显增加，为了保证企业的良性运转，总经理专门外聘了公共关系专家对企业的公关人员进行培训。在培训课上，专家着重强调了危机管理过程中的沟通协调要点和技巧。你作为一名学员，听了之后认为应掌握哪些内容？

2.一家经营食品的公司因为产品变质而发生中毒事件引发了危机。该公司采取了许多办法和措施来处理公司面临的危机，取得了初步成效。这时，公司领导宣布，危机已经基本结束，要求抓紧时间组织生产，夺回经济损失。请问，公司领导的行为是否正确？他还需要做哪些传播沟通工作？

3.案例分析。

章后案例分析

思政园地

从古代经典中品味危机公关

人类从类人猿进化开始，就在经历着各种各样的危机，聪明的人类通过自己的智慧一次次化险为夷。在这复杂的社会中，古人为了发展，面对不同危机时采取了不同的公关策略。不难发现，早在古代，我国人民就已经能够针对不同的危机采取相应的对策。

请扫描右侧二维码，从古代经典中品味危机公关。

思政园地素材

项目 3：

留连戏蝶时时舞——公关活动组织

今天真正的统治者是那些能够制造大众认同的"舆论工程师"。

——［美］爱德华·伯内斯

一旦问题被确认并且提出解决的方案之后，则下面的问题就是行动和传播。

——［美］斯科特·卡特利普

课程思政指南：

课程思政设计理念与融入路径

本任务内容	融入思政要素	预期目标	教学方式
活动实施基本理念与原则	融入大学生创新创业教育，结合案例开展公关实践	结合本项目内容，学生进一步明晰自身在创新创业发展中应该具备的创新、务实等基本理念	新知讲授 情景模拟 视频引入 新媒体营销
组织专题会议、庆典活动、展览活动、赞助活动、参观活动	在各类公关活动策划中，融入平等、诚信、奉献等社会主义核心价值观；在各类公关活动组织实施中，凝练与体现中华民族语言习惯、文化传统、思想观念、情感认同等	在各类专题活动策划过程中，熟悉各类专题活动的主要策划实施理念。如展览活动在于平等，赞助活动在于奉献等；了解各类专题活动中所折射出的各地风俗、思想、认知的不同，能够尊重个性发展	

任务 9

组织专题会议

案例导入　　　　　　　　**供应商大会**

　　某超级市场有限公司因急速扩张造成资金链的高度紧张，导致供应商货款不能及时支付，供应商为了不承担更多的压力，纷纷停止供货，各大卖场都出现了断货现象。为了扭转这种恶性循环，该企业决定召开一次大规模的供应商大会，让更多的供应商对企业的发展坚定信念，告知企业的现状只是暂时的，让供应商和企业一起发展、成长。

　　会议的细节成为塑造企业新形象的关键，有鉴于此，该企业的公关部制订了细致周密的会议组织方案，大会取得了圆满的成功。

　　供应商大会后，大量货物又源源不断地进入这家企业的各大卖场！

■ 任务分析

　　所谓会议，亦称聚会，是将人们组织起来，一起研究、讨论有关问题的一种社会活动方式。会议的组织是一项相对烦琐的工作，特别是大型会议的组织更加不易。一件小事做不好，也有可能引起参会者的不满和各种连锁反应，因此，会议组织者在会前要做好充足准备，会中及会后的各项服务工作要做到责任到人、团结协作、统筹兼顾、综合协调。

　　出席会议与组织会议是完全不同的两项工作，会议开得是否成功，不仅取决于与会人员的态度与智慧，更取决于会议组织工作。会议组织得法，可以使组织与内外公众很好地沟通，并在与公众的接触中树立良好的组织形象。

　　通过对会议组织的学习，学生能够掌握会议组织的程序及注意事项，并能够积极配合其他组织者，共同做好会议组织工作；能对会议实施有效指挥和控制，提高会务服务能力。

■ 实训设计

会议组织与服务训练

　　实训目的：通过训练，掌握会议签到的内容、签到表的制作、签到服务礼仪的要求，以及到会人员的人数统计、会议组织控制、会务服务与材料整理等工作内容。

实训学时：3课时。

实训地点：实训室。

实训方式：以班级为单位，举行一次"外贸会议"；要求有标准会议室、签到台，设定上级领导或院方领导、来宾若干人；安排签到人员、礼仪服务人员、会议记录员若干人；分组进行训练。

实训步骤：

（1）会前布置。其包括签到表、座位牌的制作；签到台、座位牌的放置；会场环境布置等。

（2）签到、引导会议座次。确定签到人员、礼仪服务人员，要求准确地引导签到和座次，语言表达和礼仪规范得体；与会人员进入会场后在服务人员的引导下签到、就座。

（3）统计到会人数。签到人员统计到会人数并报告给大会主席。

（4）会议组织控制。确定会议主持人，要求具备较强的语言表达和应变协调能力等；小组发言人角色扮演；自由发言。

（5）会务服务与材料整理。资料发放规范训练：方位、顺序、姿势、用语等。礼仪训练：茶水服务。会议记录：除会务组人员和主持人外，原则上每位学生均要记录。安排摄影。

实训考核：包括结果性材料与学生成绩考核（交会议签到表一份，占30%；交会议人数统计表一份，占10%；交会议记录一份，占10%；过程表现，占50%）。

一、专题会议会前准备工作

做好会前准备工作，是开好会议的先决条件。小型会议，准备工作比较简单；大型会议，准备工作比较复杂，并且越是重要的会议，准备工作越是复杂。对中型、大型的会议来说，会前准备工作包括以下几个方面：

小案例9-1

有备才能无患

（一）制订会议预案

制订会议预案首先应明确会议的目的与任务，确定会议的名称、出席对象、主持人、规模、规格、召开时间、需用时间、地点、议程等；应明确会议要做哪些准备工作，如需用哪些文件，会场怎样布置，是否需食宿、车辆，是否安排参观、文化娱乐等其他活动；确定会议的工作人员和服务人员，必要时成立筹备组、临时行政处或筹备委员会。

（二）确定会议议题，拟定议程和日程

议题就是会议讨论的问题、决策的对象。会前要明确会议议题，这样才能达到开会的目的。

确定议题的要求：①议题必须符合会议性质，超出会议讨论范围的议题或无须交

由该会议讨论的议题都不能列入。②一次会议的主要议题不宜过多。重大议题以一会一题为妥，议题多了会使讨论不充分，或者讨论不完，以致影响会议质量。③如果一题多议，最好是内容相近或相关，这样便于讨论，节省时间。④安排议题时要考虑与会人员的心理，将最重要、最复杂的议题先讨论。⑤安排议题时要充分估计每个议题需要讨论的时间，合理分配，以保证会议既能充分展开讨论，又能高效率地利用每一分、每一秒。⑥准备一些后备议题，在会议进展顺利、时间允许的情况下，可以提交会议进行讨论，而不必另花时间组织新会议，从而提高会议效率。

拟定会议议程：会议议程是对会议所要通过的文件、所要解决的问题进行的概略安排，是确定会议讨论问题的程序，需要在会前发给与会者。

编写会议议程表时，首先应注意议题所涉及的各项工作的习惯性顺序；议程表中，第一项是宣布议程，然后再安排讨论的问题，尽量将同类性质的问题集中排列在一起；保密性较强的议题一般放在后面。会议议程一旦确定，就不应再改变了。

确定会议日程：如果会期是一天或一天以上，就应该排定会议的日程表。会议的日程安排是把会议议程规定的各项活动按照单位时间具体落实，不仅包括会议议题内容，还包括其他活动内容，如聚餐、参观、考察、娱乐等。

（三）确定与会人员

确定与会人员关系到会议规模、场地安排、餐饮住宿安排和经费的估算等具体的会议准备事项。与会人员有三类：会议主持人、会议出席人员和会议列席人员。会议出席人员大多数情况下是固定的，有的会议从会议名称上就明确了出席人员，如董事会，出席人员是全体董事。还有一些没有固定与会人员的会议，如汇报会、经验交流会等，需要由组委会人员根据会议目的、会议性质和内容，提出建议名单，然后报请主管人员审批。

确定会议列席人员有的出于政治上的考虑，有的出于工作需要，或兼而有之。如经理办公会议，如果议题涉及人事任免，就要请人事部门的负责人列席。但列席会议的人数要严格控制，太多了会影响会议质量。

为了贯彻会议精简、高效的原则，一些重要的、规模较大的、时间较长的会议，须报请主管部门批准才能召开。

（四）明确会务分工

日常工作性会议、小型会议，一般由行政部门或专职、兼职会议文秘人员负责相关工作。规模较大且又较重要的会议，应组织精干有力的工作班子或成立大会秘书处，下设若干工作小组，如会务组、秘书组、接待组、宣传报道组、财务组、保卫组等。其具体分工如下：①会务组：负责会务组织、会场布置、会议接待、签到，以及安排翻译、会后参观等会议的组织、协调工作。②秘书组：负责准备各种会议文件和资料，做好会议记录，编写会议简报和会议纪要等。③接待组：负责生活服务、交通疏导、医疗服务等工作。④宣传报道组：负责会议的录音、录像、拍照服务和对外宣传报道。⑤财务组：负责会议经费的统筹使用和收费、付账工作。⑥保卫组：负责防火、防盗、人身安全和财产安全、保密工作。各工作小组既要分工明确、各负其责，又要互相协调，保证会议顺利进行。

（五）拟写和发送会议通知

会议通知的内容包括：会议召开的时间、会期，地点（会址），会议名称和主要议题，参加对象，需要准备的事项，或加注报到日期、地点、接站办法等。此外，还应有召集单位的署名、联系方式、通知发出日期，并加盖公章等。

各项会议准备工作基本就绪后，要尽早发出会议通知，以便与会人员提前做好准备。会议通知一般分为书面通知和口头通知两种。书面通知庄重严肃，具有备忘功能，参加人数较多或比较庄重的会议，宜发书面通知。口头通知特别是电话通知，应拟一个电话通知稿，以便简明、扼要、完整地进行通知。重要会议的通知发出后，应及时跟进回馈情况并进行落实。

会议通知如果按行为方式分，又有面对面通知、电话通知、网络通知、电报通知、报纸通知、广播通知、电视通知等。

会议通知按传递方式分，有内部传递通知、邮寄传递通知和报纸、广播、电视通知；按作用又可分为预告通知和正式通知。会议邀请函、请柬也是会议通知的书面形式。

书面通知除具有正规庄重的特点外，也具有备忘和作为会议入场或报到凭证的作用。发会议通知要尽量早些，以便与会人员接到通知后，有充足的时间准备和赶到会场，也便于会务人员安排回程的车、船、机票及接站等相关事宜。有的会议对通知发出有规定的时间。当然，一般的会议没有必要过早发通知，以免情况发生变化而变更会期。做好发通知这项工作，需要在平时打好基础，不能忽视一些细小、琐碎的事情。例如，重要领导、代表们的通信地址、工作单位等难免发生变化，要注意及时修正。机关单位内部所发的书面通知，要求当事人签名；如当事人不在，请他人代转通知时，也要求代转通知人签名，事后通知人要追踪落实。

对于传真和网络通知，务必弄清对方是否收到、收全通知，收到的通知是否清晰。如果只是个别地方不清晰，可以通过电话方式告诉对方；如果整页模糊不清，就要重新发送一次。

（六）制发会议证件与编排分组

会议证件是表明与会议有关人员的身份、权利和义务的证据。它可分为两类：一类是会议正式证件，包括代表证、出席证、列席证、签到证、旁听证、来宾证、入场证、请柬等；另一类是工作证件，包括工作证、记者证、出入证等。各种证件的内容栏目，大致包括会议名称、使用者单位、姓名、性别、职务、发证日期、证件号码等。有些重要证件还会贴一寸免冠照片，加盖钢印，以防伪造。

大中型会议在参加会议人员的名单确定之后，要对与会者进行编组，即按照一定的规律将全体与会人员划分为若干小组，以方便讨论问题。编组的基本方法有：根据地域编组；根据系统或行业编组；完全按人数编组。在进行编组时，要注意组的数量、规模应适中。编组要全面周到，尽可能将召集会议机构的领导分散到各个组中。

（七）选定与布置会场

1.选定会场

会场的选择要综合考虑开会人数、会议内容等。在有条件的情况下，主要考虑下列因素：①会场大小适中，以每人平均2~3平方米为宜。太大显得松散，过小则拥挤。②会场地点适中。③会场附属设施齐全，包括照明、通信、卫生、服务、电话、影音设备等。

2.布置会场

不同的会议，要求有不同的布置形式。党的代表大会会场要求朴素大方，人民代表大会会场要求庄严隆重，庆祝大会会场要求喜庆热烈，追悼会会场要求庄重肃穆，座谈会会场要求和谐融洽，纪念性会议会场要求隆重典雅，日常工作会议会场要求简单实用。这里主要讲一下会场形式和排列座次问题。

（1）会场形式。日常工作会议的会场布置形式多为圆形、椭圆形、长方形、正方形、一字形、T形、马蹄形，以体现民主与团结的氛围；座谈会、讨论会的会场通常布置成半圆形、马蹄形、六角形、八角形、回字形，使人有轻松、亲切之感；中型会议的会场通常布置成而字形、M形、扇面形，使人有正规、严肃之感；大型茶话会、团拜会的会场通常布置成星点式、众星拱月式。大型会议一般在礼堂召开，形式是固定的。

（2）排列座次。它是指按照一定的规律和比较科学的原则为与会人员安排座位。排列座次的规则有：①凡要正式公布名单的，按照名单先后顺序排列座次；②按照选举得票多少排列座次，得票数一样的，以姓氏笔画为序排列先后；③按照姓氏汉语拼音字母字头为序排列先后；④按照姓氏笔画为序排列座次。

排列座次的三种方法（以人大代表会议为例）：①横排法。按照公布的名单或以姓氏笔画为序从左至右依次排列座次，先排出席会议的正式委员（代表），后排候补委员（代表）。②竖排法。按照各代表团成员的既定次序或姓氏笔画沿一条直线从前至后依次排列座次，正式代表在前，候补代表在后。每个代表团按固有顺序从左至右排列，或以会场中心座位为基点，向两边交错扩展。③左右排列法。按照公布的名单或以姓氏笔画为序，以会场或主席台中心为基点，向左右两边交错扩展排列座次。中国传统习惯以左为上，排在第一位的居中而坐，以此为基点，其余的以居中者的左手方为第一顺序，一左一右，依次排列。

（八）准备会议所需用品和设备

会议用品和设备可分为必备用品和特殊用品。必备用品是指各类会议都需要的用品和设备，包括文具、桌椅、茶具、扩音设备、照明设备、空调设备、投影和音像设备等。特殊用品是指一些特殊类型的会议，如谈判会议、庆典会议、展览会等所需的特殊用品和设备，如招贴画、花卉、充气模型、巨型屏幕、展台展板、签字用具等。

对于会议所需各种用品和设备的准备，事先要制订周密的准备方案，尽量详细地列出用品和设备的名称、数量和价格。会议用品和设备是购买、租用还是使用原有的，要本着统筹节约、经济适用的原则来安排，要力求一丝不苟、有备无患。首先，要掌握企业内可用设施的类型和存放位置的清单；其次，了解可以租用会议设备的公司的名称、地址和联系方式；最后，获取外部用品和设备维修单位的名称、地址和联系方式。

二、专题会议会中工作

（一）会议的接站和报到工作

微课9-1

专题会议会
中工作

会议的性质与规模不同，接待的要求、程序和规范也不同。大中型会议参加人数较多，应及时做好接站、报到工作。接站、报到工作的主要步骤如下：

（1）要有统一的指挥调度系统。掌握与会代表的名单以及飞机、火车的班次及抵达的准确时间，将其编成一目了然的表格，并要掌握会议代表的联络方式。

（2）要备有足够的车辆和接站人员。接站人员要人手一份代表抵达时间表，按时间和路线迎接。对于自备交通工具的外地与会人员，要事先通过发传真、发邮件或打电话的形式告知报到地点的详细线路。

（3）在车站、机场设置接待站。制作醒目的牌子或横幅"××接待处"，前面要写明会议主办单位的名称或会议名称。在报到处的周围设立引导牌或标识牌，标明报到的具体位置。

（4）发放文件袋。接待人员将预先准备好的文件袋（包括文件、证件、餐券、住宿房间号码、文具等）发给报到人员。必要时，引导与会者到达其住宿的房间，并简单介绍周围的情况和开会要求。

（二）会议的签到和座位引导工作

公关人员应热情地迎接与会人员，并引导与会人员及时签到，尽快就座。

（1）会议的签到。人数较少的小型会议，可由会务人员按照事先确定的与会人员名单，逐一引导其签到，以便迅速掌握到会者的情况。大型会议可配合使用签到卡和电子签到机，与会人员只需要将自己的电子卡送入签到机插口，有关数据即传入会议组织中心。

（2）安排与会人员就座。请与会人员按照会前安排好的座位或区域就座。内部会议，与会人员一般都有自己的习惯座位。大中型会议，一般事先制作好各种座次标识用品（如主席台或会议桌上的名签卡片、座次图表、指示牌等），采取对号入座的方式，或将会场划分成若干区域，以部门或地区为单位集中就座。

（3）提前到岗、热情迎接。负责接待的人员要提前到岗，使到会较早的参会人员不至于产生无人过问的尴尬感觉。要热情主动地迎接与会人员，做到照顾周到，并按礼仪规范将客人引入会场。一般来讲，无论是陪伴还是引领，公关人员都应走在上司或来宾的左侧。

（三）会议记录工作

在会议期间做好记录是记录员的主要职责。会议记录员应协助主持人进行会议的筹划和安排。正式会议的记录是会议进程的原始记录，是具有法律效力的档案，因此务必准确、完整和条理清楚。

（1）会议记录的准备工作。准备足够的钢笔、铅笔、笔记本和记录用纸；准备好录音设备，作为手工记录的补充；提前到达会场，了解与会人员的座位图，便于识别会议上的发言者；准备一份议程表和其他的相关资料与文件，以便需要核对相关数据和事实时随时使用；在利用录音设备的同时，必须做好手工记录，以防录音设备中途出现故障。如用电脑进行记录，记录员应熟练掌握速录技巧，提高记录速度。

（2）会议记录的内容。其包括会议名称、日期、时间、地点、会议的核心议题。会议记录必须有会议主席和记录员的签名，方能有效，会议主席名字排在前面，记录员名字排在最后。

（3）会议记录的方法。记录员应将会议主要讨论的观点、决议、决定和重要的声明、修正案内容、结论完整记录下来。其他内容可简要概括地记录。漏记的内容，可事先做好记号，然后对照录音修改。对于提出意见、建议的与会者，要把人名记下来。会议记录要确保内容真实可信，内容表述要准确无误，不能含糊其词。会议记录一经会议主席签名、全体成员通过，则不得再自行改动。

（四）会议期间信息沟通

（1）做好会议期间的信息搜集、传递、反馈工作。公关人员要做到多听、多记、多想、多跑，才能比较全面地搜集信息。要深入实际，掌握第一手材料；要注重对信息的加工提炼，使上司、与会者、新闻媒体都能方便使用；要注重时效，反应敏捷，重视对反馈信息的搜集。

（2）做好会议期间的对外宣传工作。会议的公关人员要积极做好对外宣传工作，妥善处理与新闻媒体的关系，注重内外有别，严守单位秘密，并随时注意搜集外界舆论和新闻媒体对会议的报道，为领导决策提供参考。在会议结束后，公关人员要为召开记者招待会准备必要的信息资料，使会议领导者能更好地向新闻媒体介绍会议情况，回答记者的提问。

（五）会议值班和安全保卫工作

（1）会议值班工作的具体做法。大中型会议，一般会务组人员要坚持24小时值守，必要时，应建立主管领导带班制度，以保证会议顺利进行，并准备随时应对各种突发事件。

（2）会议安全保卫工作的具体内容。其包括参会的重要人员的人身安全保卫；会议重要文件的安全保卫；会场和驻地的安全保卫；会议的各种设备和用品的安全保卫。

三、专题会议会后工作

（一）合理安排与会人员返程

有外地人员参加的会议，应根据会议时间的长短、外地与会人员的人数等情况，及早安排好与会人员的返程事宜。做好与会人员的返程工作主要包括以下两点：

（1）提早安排返程事宜。要事先了解外地与会人员对时间安排、交通工具的要求，尊重他们的意愿。一般情况下，要按先远后近的次序安排返程机票、车票的预订事宜，要掌握航班、车次等情况，尽早与民航、铁路、公路、港口等部门或相关订票平台沟通联系，提前预订好飞机、火车、汽车、轮船票；届时应编制与会人员离开的时间表，安排好送行车辆，派人将外地与会人员送到机场、车站、港口，待他们乘坐的交通工具启程后再返回；如有必要，还应安排有关领导为与会人员送行。

（2）帮助与会者提前做好返程准备。提醒与会者及时归还向主办方或会议驻地单位借用的各种物品；提醒与会者及时与会务组结清各种账款，开好发票收据；帮助与会者检查、清退房间，避免遗忘各种物品；准备一些存放资料的塑料袋和打包用的绳子等，以备急需；帮助与会者托运大件物品。

（二）会场清理工作

会场清理工作包括：①检查会场有无物品遗漏，带进会场的资料和会议用品要带回；②桌、椅若有移动，必须复归原位；③检查烟灰缸、纸篓有无易燃物，如有，则必须妥善处理；④洗净烟灰缸、茶具等，并收拾妥当，倒掉垃圾；⑤检查并归还各种视听设备，将会议室整理恢复到备用状态；⑥通知会场的管理单位会议已经结束。

（三）会议文件立卷归档

会议所形成的正式文件以及会议记录应列入立卷范围。会议的重要文书，如会议通知、与会人员名单、通讯录、选票及统计材料、会议宣传提纲、会议总结等也应立卷归档。

注意事项：会议文件的立卷归档工作要落实到人。应严格履行文件登记手续，并认真检查文件是否有缺件、缺页、缺损的情况。如果出现此类情况，应及时采取补救措施。整理过程中要注意保密。会议文件立卷归档工作要严格遵守档案制度。

（四）会议总结工作

公关人员对会议工作应进行检查和总结，以供下次开会时参考。如大中型会议要检查会前所制订的各项会务工作计划是否准确实施，有无脱节现象；检查每位工作人员是否达到最佳工作状态；在提高会议效率方面，无论是组织还是个人，有哪些方面还可以改进等。

课后练习

1.组织专题会议应坚持哪些公共关系原则？

2.晓丹是五湖四海公司的办公室主任，公司董事会决定在北京举行年度股东大会，晓丹负责会议筹备与接待服务工作。请问晓丹应该从哪些方面着手组织这次会议呢？

3.五湖四海公司为了答谢新老顾客对公司的厚爱，决定在公司会议室举办一次座谈会。如果让你来组织，你将怎样做？

4.案例分析。

洽谈会前的准备

朝阳家电公司是国内一家改制后的大型国有企业，公司资产雄厚，员工众多，其中科技人员占比较高。公司在做好内部管理工作的同时，也注意做好客户管理工作。最近几年，公司推出了一系列新产品，占领了国内50%以上的家电市场，在国外的声誉也很好。最近，公司在电脑、手机、电视等多个项目上都研制出了新款产品，准备推向市场。

2023年7月，公司高层召开会议，讨论关于近期召开全国客户咨询洽谈会的有关事宜。在这次客户咨询洽谈会上，公司的新产品将隆重亮相，以引起客户和消费者的关注。在讨论会上，营销部主任提供了拟邀请的本公司客户单位的代表名单，有二三百人。公司决定按这份名单向其发出邀请信，邀请他们参加本公司关于新产品的大型客户咨询洽谈会。公司派公关部王主任负责此项工作，迅速成立会议筹备处，拟订会议方案，准备大会所需的各种材料。会议定于2023年8月8日在北京国际会议中心召开，食宿也在北京国际会议中心，会期暂定5天。日程安排为：第一天开幕式，第二天专家讲座，第三天专家咨询，第四天专项合作项目洽谈，第五天组织客户游览长城。公司要求活动必须圆满成功，达到召开这次会议的目的。

王主任立即组织成立了会议筹备处，成员有10人。他们首先召开会务工作会议，明确将要召开的咨询洽谈会的主题，即宣传新产品，洽谈新业务。围绕该主题，拟订大会筹备方案。确定参加会议的正式人员280人，特邀有关专家10人，相关工作人员10人。

资料来源　佚名.洽谈会前的准备［EB/OL］.［2024-04-05］.https://www.51test.net/show/523552.html.有删减.

思考讨论：（1）该公司做了洽谈会前的哪些准备工作？

（2）你对该公司的会前准备工作满意吗？为什么？

任务 10

组织庆典活动

案例导入　　品牌 Champion 的 100 周年纪念庆典活动

2019 年 7 月 24 日，全球知名运动服饰品牌 Champion 在上海 800 秀举行了第三场 100 周年纪念庆典活动，向品牌成立之初便一直推崇的"团队精神"致敬。奥运冠军、中国男子体操队前队员李小鹏现身活动现场，分享了他的团队故事及对团队精神的见解。

自 1919 年诞生于美国纽约州罗切斯特市开始，Champion 就一直与"团队"紧密相联——从大学校服到军队制服，再到"梦之队"队服，百年间，Champion 服务过无数知名团队，也在此过程中不断创新，致力于为团队提供更舒适、性能更佳的产品——从 1938 年取得专利的独家 Reverse Weave（横纹编织技术），到连帽卫衣、正反两面可穿着上衣以及真正意义上的女性运动内衣，Champion 在专业运动服饰领域取得了多项杰出的成就。在 100 周年纪念庆典的现场，Champion 以实物与影像相结合的方式，向来宾展示了品牌的百年历史与成就。

此外，为庆祝品牌创立 100 周年，Champion 特推出贯穿 2019 年全年的"100 YEARS FOR THE TEAM"全球庆典活动，更拍摄了一部由"梦之队"知名球星——魔术师约翰逊（Magic Johnson）担任主角的短片。同时，亦与世界各地的参赛队伍、球队及不同团体合作，分享团队故事，如女子摩托车队、大型骑手团体、女子呼啦圈队、轮滑队、街头篮球团队等，共同探索 2019 年团队的定义。

除了"100 周年限定系列"，Champion 还在现场展示了品牌经典的 Reverse Weave 系列和专业运动 CPFU 系列，以彰显品牌丰富多样的产品线。

资料来源　方家龙. Champion 于上海 800 秀举行百年庆典活动［EB/OL］.［2019-08-29］. https：//www.chinanews.com/business/2019/07-29/8910405.shtml.

▉ 任务分析

庆典活动是组织为庆祝某一重大事件而举行的一种公共关系专题活动。举办庆典活动可以向社会宣传组织的发展历程，为组织创造良好的形象，因此庆典活动是组织中比较重要的公共关系专题活动。

通过组织引导学生模拟庆典活动，使学生掌握庆典活动的筹备方式、议程安排及庆典的规范服务，了解庆典活动的类型及庆典活动的整体策划、组织程序，并能熟练应用与庆典活动相关的技能。

实训设计

模拟开业庆典

实训目的：掌握开业庆典的组织和相关礼仪规范。

实训学时：2课时。

实训地点：实训室。

实训准备：布置会场、挂横幅、准备致辞等。

实训要求：模拟某企业的开业庆典仪式。

（1）编制一份庆典仪式程序，使仪式按照程序进行。

（2）重要领导和来宾的单位、职务可由学生自行拟定，并分别扮演相关角色。

（3）庆典结束后，学生评析，教师总结。

（4）实训可分组进行，让学生轮流模拟扮演各个角色。

小案例 10-1　　　　　　　　IBM 金环庆典

IBM公司每年都要举行一次隆重的庆功会，对那些在一年中做出过突出贡献的销售人员进行表彰。庆功会常常在风光旖旎的地方，如百慕大群岛或马略卡岛等地进行。这种对3%做出了突出贡献的人所进行的表彰，被称作金环庆典。在庆典中，IBM公司的高层管理人员会盛装出席，并主持盛大、庄重的颁奖晚宴，然后放映由公司制作的表现那些做出突出贡献的销售人员的工作情况、家庭生活乃至兴趣爱好的影片。

在被邀请参加庆典的人中，不仅有股东代表、社会名流、员工代表，还有被表彰人员的家属和亲友。整个庆典活动被全程录像，然后拿到IBM公司的每一家分公司放映。

在金环庆典活动中，公司的主管同那些常年忙碌、难得一见的销售人员聚集在一起，彼此毫无拘束地谈天说地，在交流中，无形地加深了彼此的心灵沟通。尤其是公司主管那些关心的语言，常常使在一线工作的销售人员受宠若惊。正是在这个过程中，销售人员增强了对公司的亲密感和责任感。

资料来源　佚名．IBM金环庆典［EB/OL］．［2024-04-30］．https://max.book118.com/html/2021/0629/8117002125003114.shtm.有删减.

思考讨论：（1）IBM公司金环庆典的公关意义何在？

（2）在激励内部员工方面，组织还可以开展哪些公关活动？

一、庆典活动的策划

庆典活动是所有公关活动中"表演"色彩最为浓厚的。要把庆典活动开展得有声有色，引起社会公众的广泛注意，公关人员应做好以下策划工作：

(一) 明确活动主题

要明确庆典活动的主题，围绕主题来安排活动内容。确定庆典活动的主题，也是选择活动内容和形式的一个基本依据。从公关角度看，每个庆典活动本身的名称只是标明了形式上的主题，比如说它传递的是某一组织的精神、实力、业绩等。公关人员应该努力挖掘与本组织发展有本质联系的东西，这样才能把活动的表现形式与主题内涵有机地融合起来。

(二) 确定形式、规模

组织的性质、特点、经济实力和公关目标等因素，是确定庆典活动的形式和规模的重要依据。一般而言，与公众日常生活密切相关的服务性企业的庆典活动，最好选择能使社区公众最大范围地知晓该组织的庆典形式。如果是业务性质具有广泛影响的社会组织，最好采取具有轰动效应的庆典活动形式。规模的大小，可以根据组织的经济实力、场所的条件和实际需要来决定。

(三) 确定举办时间

在现实生活中，任何值得庆祝的事件都有其1周年、5周年、10周年……但是举办时间一定要结合组织特点来选择。如军队中的立功、授勋仪式通常选择在八一建军节举行；经营妇女、儿童用品的商场，开业典礼时间可以选择三八妇女节、六一儿童节；模范教师的表彰可以选择在教师节举行；以名人姓名命名的基金会，庆典活动宜选择在名人的诞辰纪念日举行。

(四) 确定举办地点

公关人员应根据庆典活动的形式、规模、出席人数和一些附加活动因素等选择庆典活动的场所。

(五) 明确职责分工

公关人员应拟定庆典活动的程序，落实有关任务，明确职责分工。庆典活动一般都比较盛大，任务繁重，需要组织内部有关人员密切配合，共同完成。要做到有条不紊、忙而不乱，就要确定庆典活动的程序，并按照典礼规格确定主持人，按照有关活动内容将任务具体落实到人，尤其是后勤工作和组织工作一定要有专人负责。

二、庆典活动的准备工作

虽然庆典活动的形式并不复杂，所需要的时间也不长，但它确是一项系统工程。俗话说："台上一分钟，台下十年功。"因此，要把庆典活动搞好，准备到位、精心筹备是关键。

(一)发放请柬，邀请来宾

庆典活动影响的大小，往往取决于来宾身份的高低与数量的多少。在力所能及的情况下，要力争多邀请一些来宾参加典礼。地方领导、上级主管部门与地方职能管理部门的领导、合作单位与同行单位的领导、社会团体的负责人、社会名人、媒体人员，都是邀请时应予优先考虑的对象。为慎重起见，应认真书写请柬，并辅之以精美的信封，由专人提前送到对方手中。发放请柬的时间一般至少要提前1周，便于被邀请者及早安排、准备。活动前3天再电话核实，看出席人员有无变动；贵宾在活动前1天还需要再核实一次。

(二)确定主持人

庆典活动的主持人可以是相关部门的领导，也可以是本组织的相关人员，还可以是专业主持人。主持人应仪表大方、口才良好、反应敏捷。

(三)布置会场

公关人员应以隆重、得体为原则来布置会场。主席台及主宾位置是会场前方最突出、最显眼的位置，应根据庆典活动的需要放置桌椅、台布，摆放鲜花和茶具，可以在场地四周悬挂横竖条幅、标语、气球、彩带，或张贴主题词、宣传画等。此外，还应该在醒目之处摆放来宾赠送的花篮、牌匾。来宾的签到簿、本单位的宣传材料、待客的饮料等必须提前准备好。对于音响、照明设备，以及典礼举行时所需使用的其他用具、设备，必须事先认真进行检查、调试，以防在使用时出现差错。

(四)安排宣传工作

要由专门的公关人员负责活动的对内和对外宣传，设计并制作组织标识、宣传品、招贴画、广告词、主题词、条幅等，营造良好的宣传氛围；落实摄影、摄像、印制、美工制作、广告设计、背景音乐、新闻报道资料的准备和与记者联络等工作。

(五)准备新闻材料

这主要是指撰写、打印各种文稿（包括邀请信、演讲稿、致辞、报告和讲话稿，前四项文稿应言简意赅），编写宣传和新闻通讯材料（列出庆典主题、背景、活动内容等相关材料，将其装在特制的包装袋内发给来宾。对于记者，还应额外添加较详细的资料，以方便记者写新闻稿件）等。

(六)安排接待

对所有来宾都应热情接待、耐心服务。对于重要来宾，要由组织领导亲自接待；他们的签到、留言、食宿均应由专人负责。此外，还包括参观、游览、考察、娱乐活动的安排。

（七）其他准备

其他准备如剪彩用的彩带、剪刀、托盘；表彰用的奖品、奖金、荣誉证书；奠基、植树用的铁锹；收受礼品用的登记簿；赠送客人的纪念品；供公众提意见、建议用的留言台（簿）；礼仪小姐的化妆用品以及佩戴的各种开业或庆典标志等。

（八）设计庆典程序

庆典活动的安排程序应当事先印制好，宾客人手一份，以便了解和掌握活动安排。正式庆典活动的程序一般是：①主持人宣布活动开始，介绍重要来宾，或者宣布来宾名单；②宣读重要单位的贺信、贺电或者贺信、贺电单位名单；③致辞，组织领导人或重要来宾分别致辞；④剪彩（或者揭牌、揭幕、颁奖等）；⑤宣布庆典活动结束，安排其他活动，如参观、座谈会、观看表演和宴请招待等。程序的安排要求紧凑连贯、细致周密，这关系到活动的成败。

小贴士10-1

企业综合庆典活动举例

三、庆典活动的实施

宾客来到后，应有接待人员请他们签到。签到簿以红色封面、内部纸张为装饰美观的宣纸为宜，并将相关的组织宣传材料和本次庆典活动的相关资料分发给来宾，以提高组织的知名度。此外，还可以准备两个小盒子，一个放单位领导或公关部经理的名片，另一个放来宾的名片，这样便于今后联系或制作通讯录。

宾客签名后，礼仪小姐为其佩戴胸花，由接待人员引到备有茶水、饮料的接待室，让他们稍事休息并相互认识。本组织人员应在此陪同宾客进行交流，可以谈一些本组织的事情，或者说些对宾客到来表示感谢的话语。

如果是大型工程破土动工奠基仪式、工程竣工仪式、公司成立、商场开业等庆典活动，一般要进行剪彩。剪彩时，礼仪小姐手托托盘，将用彩带扎成的花朵相互连着放在托盘上，可以放置红色方口布，口布上面放花朵及剪刀，同时配以热烈的音乐。当主持人出场时，音乐停止，主持人进行简单致辞，宣读到会来宾，并表示谢意。

剪彩仪式正式开始后，由主持人首先宣布剪彩人员的单位、职务、姓名。主席台上的人员一般要位于剪彩者身后1～2米外。剪彩完毕，主客双方领导或代表致辞。无论是开幕词、贺词还是答谢词，均应言简意赅、热烈庄重，切忌长篇大论。

典礼完毕，宜安排些气氛热烈的节目，如敲锣打鼓、舞狮子、放飞信鸽、放气球、合唱歌曲、放喜庆音乐等。在允许燃放鞭炮的地区，还可燃放鞭炮、礼炮等，以营造喜庆气氛。此外，还可以请军乐队演奏。当然，配套节目可以灵活地穿插在各环节中。

主持人宣布仪式结束，即可引导客人参观工程、企业、厂房或商店；可介绍主要设施或特色商品，以融洽与客人的关系，也可以举行短时间的座谈会或请来宾在留言簿上签字。通过座谈、留言等形式，广泛征求意见，并综合整理、总结经验，还可以安排舞会、宴会答谢来宾。如果是公司或商场"××周年"庆祝活动，可以准备纪念品赠送给自己的员工和来宾，使员工有主人翁的优越意识，使来宾们有受到尊重的感觉，以此达到情感交流的目的；还可以组织员工文艺表演，以示庆祝；也可以举行大型促销活动；还可邀请来宾题词，以留作纪念。

四、庆典活动注意事项

（一）准备要充分

庆典是一种规模较大、十分正规的活动，因此，在举办前，应尽量做到设想周到、事事落实。只有准备充分，才能有备无患、应对自如。

（二）产生轰动效应

组织要选择好时机（时间与机会）制造新闻，以产生轰动效应。例如，某商厦试营业时，一位顾客不慎摔碎了大型导购灯箱。据说，修复灯箱需要 6 000 元，可是，这家商厦的经理却提出只需这位顾客赔偿 1 元，其余部分由商厦承担。这一做法使顾客深受感动，而且产生了强烈的社会反响和轰动效应，引得报界、电视台等新闻媒介纷纷报道和采访。

（三）指挥要有序，头脑要清醒

庆典活动参与人员多，场面热闹，组织不好容易乱套。所以，组织者事先必须对整个庆典活动进行整体构思、策划、领导、协调，并适时地检查各部门和各环节的工作落实情况。其要点是：在活动前，一定要建立有效的联络系统，从上到下保持联络通畅。

庆典是一种传播活动，要想取得好的效果，必须营造一种和谐热烈的气氛，使参加者的情绪受到感染，在不知不觉中接受传播者的宣传。为了达到此目的，鼓动是最好的方法。组织者应具有敏锐的观察力，调动大众情绪，不断把气氛推向高潮。

小案例 10-2 　　　　　**宜家的开业典礼：搬家也是一场营销**

宜家（IKEA）是国际著名的大型家具零售企业，1943 年由英格瓦·坎普拉德创建于瑞典。宜家提供种类繁多、美观实用、老百姓买得起的家居用品。目前宜家产品种类大约有 1 万种，其产品不仅实用，而且美观。宜家的产品虽然不是最流行的，但却是现代的，是以人为本和儿童友好型产品，代表着一种清新、健康的生活方式。

2012 年年底，位于挪威第二大城市卑尔根的宜家准备搬家到 300 米外的新址，不过它希望让"邻居们"都能参与进来。于是它通过报纸、户外广告、网络广告和社交媒体等方式，征集志愿者们前来帮忙。只要登录公司网站，人们即可申请诸多岗位。例如，在开业典礼上发表演讲，协助市长揭幕，或者在新址门外种下第一棵树，主持客户广播等。搬家行动很快产生了巨大反响，人们甚至志愿参加宜家并未征集志愿者的活动，连挪威最著名的嘻哈歌手也自愿报名做一场现场秀。最终，整个新店开业典礼吸引了 20% 的本地居民参与，成为宜家史上举办最成功的一场开业典礼。

资料来源　佚名. IKEA，搬家也是一场营销［EB/OL］. ［2022-02-01］. https：//www.renren-doc.com/paper/190608114.html.有删减.

五、专题庆典活动

（一）周年纪念

组织的周年纪念，也是每年一次开展公关活动的极好时机。由于组织的类型、特点、性质不同，所处的具体环境、所具备的条件以及主观追求的目标不同，所以，同开业庆典一样，组织的周年纪念活动形式也是多种多样的。广州中国大酒店在开业一周年的纪念活动中以照一张全酒店 2 000 名员工参加的"中"字照，作为公关活动主题，并以这张照片为主图制成明信片，将其寄给世界各地曾经住过该酒店的宾客或赠给社会各界知名人士，以此来联络感情、扩大影响、吸引公众。组织周年纪念的形式丰富多彩，但是无论何种形式，都必须注意以下几点：

（1）周年纪念活动必须有明确的主题。明确的主题是周年纪念活动成功举办的保障。例如，对于广州中国大酒店开业一周年的庆祝活动，公关人员设计的主题是："中外通商之途，殷勤款客之道。"这就突出了酒店为来华经商者提供先进、完善的服务的特色。

（2）注意介绍本组织的成就。周年纪念活动对内可以增强凝聚力，对外也是宣传自己的极好机会。因此，组织要注意宣传、介绍本组织的成就、生产经营特色、产品质量、经营方针和宗旨以及所取得的经济效益和社会效益。美国通用汽车公司就是通过具有特色的周年纪念活动向公众宣传该公司对汽车发展所作的贡献的。

（3）感谢各界同仁及朋友的支持。组织的发展离不开各界的广泛支持，组织可以利用周年纪念的机会，有的放矢地提出感谢的具体单位及其主要领导，以此联络感情。

（4）提出未来的发展计划。要注意说明本组织存在的社会价值以及今后对社会发展的贡献，并表示今后要继续求得社会各界的支持。

（二）节日庆典

世界各国、各民族、各地区及各组织都有自己的节日，有的是传统节日，有的是具有纪念意义的节日。可以说，所有的节日都具有纪念意义，都值得庆贺，同时也是开展公关活动的大好时机。近些年来，我国各地开展了丰富多彩的具有地方特色的节庆活动，如青岛国际啤酒节、上海国际电影节、潍坊风筝节等。这些节日对塑造地方形象、扩大影响都起着十分重要的作用。举办节日庆典要注意以下问题：

（1）确定举办节庆的时间、地点。节庆的时间应相对固定，不宜朝令夕改。地点的选择应适合节庆的主题，如"桃花节""樱花节"一定要选在桃花和樱花盛开的地方。

微课 10-1

周年庆典活动

小案例 10-3

玫琳凯50周年
庆典上的
"彩妆画"

（2）设计节庆的宣传口号和节徽。为了使每年的节庆活动有新意，有些节庆的口号可以一年一换，也可采取社会征集的办法，引起更多人的关注。

（3）进行周密策划，力求使每一次节庆活动的内容和形式都丰富多彩，独具特色。活动方案既可由专家设计，也可采取主办单位提出自己的活动方案后，由总负责部门协调的形式。

（4）保证顺利实施。具体活动实施要错落有序、宽松结合。节庆活动要在最吸引人的地点、时间举行；同时，要注意交通秩序，保证安全。

（5）强化宣传报道。要和新闻机构加强联系，准备好宣传、报道方面的材料，加大宣传力度，使整个活动取得良好的社会效益和理想的经济效益。

小贴士10-2　　　　　　　　　　　　　　**庆典活动的其他细节**

在庆典活动中还有一些细节问题需要注意，下面仅举两例加以说明。

（1）国旗悬挂。国旗是一个国家的标志和象征，人们往往通过悬挂国旗表达对本国的热爱和对他国的尊重。在国际交往中，悬旗惯例已被各国公认，成为一种重要的礼宾仪式。

在接待国宾时，通常要在国宾下榻的住所和交通工具上悬挂该国国旗；两国国旗并挂，以国旗本身面向为准，右挂客方国旗，左挂本国国旗；车上挂旗，则以车辆行驶方向为准，司机左方为主方国旗，右方为客方国旗。在国际会议会场也要悬挂与会各国国旗。悬挂国旗的一般规定是日出升旗，日落降旗；悬挂双方国旗，左为下，右为上；升旗时，所有人员要服装整洁，立正、脱帽，行注目礼。

（2）签字仪式。签字是一种常见仪式，作为组织中负责对外交往和礼宾的公关人员，应当熟悉签字仪式的程序。签字时，双方签字人员的身份应大体相同。

安排签字是一项细致的工作：①要做好文本的定稿、翻译、校对、印刷、装订、盖火漆印等工作；②准备好签字时摆放的国旗和使用的文具等物品；③与对方商定签字人员及参加签字仪式的人员，原则上是双方参加会谈的人员，或者为表示重视，安排较高级别的领导人出席签字仪式。签字后，由双方签字人员互换文本，相互握手，有时还备有香槟酒以示庆贺。

课后练习

1. 假如你是某公关公司人员，某学术刊物恰逢创刊30周年纪念，你将如何运作此次公关活动？

2. 某酒店开业前，针对如何举行开业庆祝活动，酒店公关部进行了热烈的讨论。大家出了不少点子，归纳起来有以下五种方案：

第一种方案，主张开业当天要把气氛营造得越热闹越好：鸣放礼炮，进行大型军乐演奏，请名演员登台献艺，大造声势，吸引各方民众。

第二种方案，主张除了一些演出活动外，还邀请省市领导出席剪彩仪式，请主要领导讲话，给予酒店高度评价，产生轰动效应。

第三种方案，主张进行开业大酬宾，通过抽签选出幸运观众，举行500人的宴请品尝活动。这样既增强吸引力，扩大影响面，又使品尝者得到实惠，使之赞不绝口，将此次活动传为美谈。

第四种方案，主张举行隆重的开业典礼，播放喜庆音乐，请劳动模范剪彩，然后召开顾客与酒店领导座谈会，为酒店出谋划策，中午便餐招待。

第五种方案，主张举行简单的开业典礼，把省下的资金捐献给希望工程，请记者参加采访，形成材料，通过媒体传播产生广泛影响。

思考讨论：对于以上策划方案，你认为哪一种比较好？请提出意见，也可以利用或创造条件提出更好的方案。

任务 11

组织展览活动

创始于 1837 年的宝洁公司是世界最大的日用消费品公司之一。自 1988 年宝洁公司在广州成立其在中国的第一家合资企业——广州宝洁有限公司起，到 1999 年为止宝洁在中国已有 11 年的投资历程。多年来宝洁旗下的一些著名品牌可谓家喻户晓，如潘婷、飘柔、玉兰油、佳洁士、碧浪等。1999 年 5 月，宝洁旗下的著名洗发水品牌潘婷，打算于 1999 年 8 月在上海及浙江市场全面推出其最新的护发产品——潘婷润发精华素，从而带动一种全新的护发理念，即从简单护发到深层润发的重大改变。为配合该产品的发布，需要策划一系列既新颖又有力度的公关活动。

在策划活动之前，宣伟公关公司（以下简称"宣伟公司"）进行了详尽的市场调查。由于潘婷润发精华素产品是美发领域的一项新突破，且其上市的时间 1999 年又是新旧世纪交替的特殊年份，同时又欣逢中华人民共和国成立 50 周年。考虑到这一特殊年份正是对文化、历史等领域进行回顾展望的好时机，而此类活动又比较容易引起媒介及大众的兴趣，宣伟公司最后决定举办"潘婷：爱上你的秀发——中国美发百年回顾展"活动。该活动将是中国首次举办的有关美发技术及美发历史的回顾展，在吸引大众关注的同时，也能缔造潘婷品牌在美发界的先驱地位。为此，宣伟公司将此次活动的目标确定为：在上海及浙江地区的媒体中提高潘婷润发精华素的知名度，并通过回顾展，树立潘婷护发先驱的形象。宣伟公司将潘婷形象传播关键信息定义为：潘婷润发精华素倡导护发新习惯；潘婷润发精华素由内而外彻底改善发质，使用一次就有明显效果；潘婷润发精华素是新一代护发产品。

整个项目分三大部分完成：前期宣传、活动本身和后期工作。前期宣传侧重于争取各领域权威人士的支持并为产品发布活动做好铺垫工作。宣伟公司将潘婷润发精华素产品礼盒及使用反馈表发给上海及浙江地区的媒体及美发界、演艺界等领域的社会知名人士，首先争取他们对产品的认同和支持。在他们对产品有了一定认识的基础上，再邀请各主要媒体召开一次媒介研讨会，为将来的正式活动埋下伏笔。为了扩大传播的覆盖面及影响力，并直接影响到产品的目标消费群——18～35岁的女性，宣伟公司特别选择与在华东地区非常热销的生活类杂志——《上海时装报》及拥有一大批年轻听众的上海东方广播电台合作进行一系列宣传活动。活动部分的重点是展览会的组织，其中展览会开幕式活动又是重中之重，内容包括潘婷润发精华素产品上市记者招待会、纪录片播映、不同时代发型表演及有奖问答等。后期工作将集中在与媒体的联络、文章剪报的落实及整个活动的评估总结报告上。展览会于1999年8月25日在上海图书馆一楼展厅举行。展览会的开幕式暨"潘婷润发素上市会"非常隆重。在展厅外悬挂了巨大的宣传横幅以提高影响力和吸引力。上海地区的各大主流媒体以及商业、消费、生活、美容美发等不同类型媒体的代表出席了开幕式，此外还有江浙两省的主要媒体，盛况空前。展览会内容相当丰富，重头戏是向参观者展示从明末清初开始中国社会的发型变化及美发技术变迁的纪录片。该片是中国首部全面展示近代美发史的片子，具有极高的观赏性和教育性。为了增加展览会的生动感，展览会主会场还布置了20世纪三四十年代的旧上海美发厅场景，吸引了成千上万的观众驻足观赏。

为期3天的展览会共吸引了近3万人次的观众到场参观。据统计，在活动期间，全国范围内共发表了相关报道64篇，其中包括4家电台及8家电视台。中央电视台2套的生活栏目还特别选用了展览会的素材，在庆祝中华人民共和国成立50周年的一系列回顾报道节目中，特别制作了一档长达15分钟的有关美发、护发的专题节目。所有这些报道折合广告价值高达230多万元。在活动结束后3个月，潘婷润发精华素荣登上海最大的连锁店——华联集团的护发产品销售额榜首。展览会在造成一定社会影响的同时，也提升了产品的销售表现，提高了潘婷的知名度。

资料来源　张景云，于涛. 100个成功的公关策划［M］. 北京：机械工业出版社，2002.

任务分析

展览会是指组织通过集中的实物展示和示范表演，配之以多种传播媒介的复合传播形式，来宣传产品和组织形象的专门性公共关系活动。展览会有多种类型：按展览性质可分为贸易展览会和宣传展览会；按展览的内容范围可分为综合性展览会和专题性展览会；按展览举办场地可分为室内展览会和露天展览会；按展览规模可分为大型展览会、小型展览会及微型展览会；按展览的时间可分为长期固定展览、定期更换内容展览和一次性展览。展览会作为较为重要的公共关系专题活动，以极强的直观性和真实感，给观者以极强的心理刺激，不仅会加深参观者的印象，而且会大大提高组织和产品在参观者心目中的信誉度。同时，展览会还可以吸引众多的新闻媒体的关注，由记者将展览会的盛况传向社会，取得更大的宣传效果。

通过组织引导学生模拟展览会的学习，学生能够增强感性认识，熟练掌握展览会组织的注意事项，提高动手能力和组织能力。

▌实训设计

举办企业标识展览会

实训目的：通过模拟训练让学生掌握展览活动的操作规范和相关礼仪。

实训学时：2课时。

实训地点：实训室。

实训准备：企业标识、展板、实物、文字说明等。

实训步骤：5～6人为一组，分组进行准备。经过一周的准备后，进行展示，每组一块展板，安排一名学生进行讲解。要求：

（1）尽可能搜集一些企业的标识；

（2）设计布置展台；

（3）设置签到席。

各组对本次实训进行总结，最后指导教师进行点评。

一、展览会的特点

（一）形象的传播方式

展览会是一种非常直观、形象、生动的传播方式。展览会通常以展出实物为主，并进行现场示范表演，如在产品展览会上，有专人讲解和示范产品的使用方法。这种直观、形象的活动，容易给参观者留下深刻的印象。

（二）极好的沟通机会

展览活动给组织提供了与公众直接沟通的极好机会，通常展览会上都有专人解答参观者的问题，并就他们感兴趣的问题进行深入讨论。这样参展单位在让公众了解本组织的同时，还能及时了解公众对本组织传播内容的反应，参展单位可以根据公众反馈的信息进一步做好工作。

（三）多种传媒的运用

小贴士11-1

中国进出口
商品交易会

展览会是一种复合的传播方式，是同时使用多种媒介进行交叉混合的传播过程，它集多种传播媒介于一体：有声音媒介，如讲解、交谈和现场广播；又有文字媒介，如印刷的宣传手册、资料；同时还有图像媒介，如各种照片、录像、幻灯等。这种复合性的沟通效果是其他传播媒介无法比拟的。

二、展览会的策划

展览活动是一种综合性的活动，要耗费大量的人力、物力和财力。因此，举办展览活动是一项比较复杂的工作，需要公关人员用自己的聪明才智对其进行策划和实施。为保证展览活动的成功举办，公关人员需要做好以下几项工作：

（一）分析参展的必要性和可行性

展览会是大型的综合性公关专题活动，需投入较多人力、物力、财力，如不对其必要性和可行性进行科学的分析，就有可能造成两个不良后果：一是费用开支过大而得不偿失；二是盲目举办而起不到应有的作用。所以，应对展览会的投入与产出进行详细计算，然后决定是否举办展览会。

（二）明确展览会的目的和主题

举办任何一个展览，都必须首先明确这一展览的主题和目的，并在此指导下精心确定内容，制作展览的实物、图表、照片、文字等，使之更有针对性，主题要围绕展览的目的而定，并写进展览计划，成为日后评价展览效果的依据。

（三）确定参展单位

大型展览会，主办单位或承办单位可以通过广告、新闻发布或者邀请等形式联系可能的参展单位，并将参展时间、地点、项目、类型、收费标准和举办条件等情况告知联系的单位，一方面通过采取各种公关技能吸引参展单位，另一方面为可能的参展单位提供决策所需的资料。

（四）预估参观者的类型和数量

展览会在策划阶段必须考虑所针对的公众，参观者的类型将影响到信息的传播手段的复杂性和多样性。如果参观者对展出项目有较深的了解和研究，就需要展览会的讲解人员也是这方面的专家，介绍的资料要较为专业、详细、深入；如果参观者只是一般消费者，则应采用通俗易懂的语言进行直观的普及性宣传。参观者的数量将直接影响展览地点的选择，展览地点的面积应足以容纳参观者。

（五）选择展览的时间和地点

展览会时间的选择一般按组织需要而定，有些展览则要顾及季节性，如花卉展览等。在地点的选择上，首先要考虑的是方便参观者的因素，如交通便利、易寻找等；其次要考虑场地的大小、质量、设备等；再次要考虑展览会地点的周围环境是否与展览主题相得益彰；最后要考虑辅助设施是否容易配备和安置等。

（六）成立专门的新闻发布机构

展览会中会产生很多具有新闻价值的信息，需要展览会公关人员挖掘，写成新闻稿发表，扩大展览会的影响范围和效果。专门机构要负责新闻发布的计划和组织实施计划，并负责与新闻界进行联系的一切事务。

（七）准备资料、制定预算

准备资料是指准备宣传资料，如设计与制作展览会的会徽、会标及纪念品、说明书、宣传册等，准备幻灯片、光盘等音像资料，还包括撰写与制作展览会的背景资料、前言及结束语、参展品名目录、参展单位目录以及展览会平面图等。举办展览会要花费一定的资金，如场地和设备租金、运输费、设计布置费、材料费、传播媒介费、劳务费、宣传资料制作费、通信费等。在做这些经费预算时，一般应留出5%～10%的准备金，以作调剂之用。

三、展览会的组织

一般的展览会，既可以由参展单位自行组织，也可以由社会上的专门机构负责。不论组织者由谁来担任，都必须认真做好各项具体工作，力求使展览会取得完美的效果。根据惯例，展览会的组织者需要重点进行的工作如下：

（一）参展单位的确定

一旦决定举办展览会，邀请什么样的单位来参加，通常是非常重要的。在具体考虑参展单位的时候，必须两相情愿，不要勉强。按照商务礼仪的要求，主办单位事先应以适当的方式，发出正式的邀请或召集。

邀请或召集参展单位的主要方式为：刊登广告、寄发邀请函、召开新闻发布会等。无论采用何种方式，均需同时将展览会的宗旨、展出的主题、参展单位的范围与条件、举办展览会的时间与地点、报名参展的具体时间与地点、咨询问题的途径、主办单位拟提供的辅助服务项目、参展单位所应负担的基本费用等，一并如实地告诉参展单位，以便对方做出决定。对于报名参展的单位，主办单位应根据展览会的主题与具体条件进行必要的审核，切忌良莠不齐。当参展单位的正式名单确定以后，主办单位应及时地以专函进行通知，让被批准的参展单位尽早有所准备。

（二）展览内容的宣传

为了引起社会各界对展览会的重视，并且尽量地扩大其影响，主办单位有必要对其进行大力宣传。宣传的重点，应当是展览的内容，即展览会的展示陈列之物。对展览会尤其是对展览内容所进行的宣传，主要有以下方式：举办新闻发布会；邀请新闻界人士到现场进行参观、采访；发表有关展览会的新闻稿；公开刊发广告；张贴有关展览会的宣传画；在展览会现场散发宣传性材料和纪念品；在举办地悬挂彩旗、彩带或横幅；利用升空的彩色气球和飞艇进行宣传。以上方式可以只择其一，也可多种同时使用。在具体进行选择时，一定要量力行事，并且要遵守有关规定，注意安全。

为了搞好宣传工作，在举办大型展览会时，主办单位应专门成立负责对外宣传的组织机构。其正式名称可以叫新闻组，也可叫宣传办公室。

（三）展示位置的分配

对展览会的组织者来说，展览现场的规划与布置，通常是其重要职责之一。在布置展会现场时，基本的要求是：展示陈列的各种展品要围绕既定的主题，进行互为衬托的合理组合与搭配；要在整体上井然有序、浑然一体。

展品在展览会上进行展示、陈列的具体位置，称为展位。所有参展单位都希望自己能够在展览会上拥有理想的位置。理想的展位一般都处于展览会较为醒目之处，除了收费合理之外，应当面积妥当，客流较多，设施齐备，采光、水电的供给良好。

在一般情况下，展览会的组织者要想尽一切办法充分满足参展单位关于展位的合理要求。假如参展单位较多，并且对较为理想的展位竞争较为激烈的话，则展览会的组织者可依据展览会的惯例，采用下列方法之一对展位进行合理的分配：

一是对展位进行竞拍。由组织者根据展位所处位置的不同制定不同的收费标准，然后组织一场拍卖会，由参展者在会上自由进行角逐，出价高者拥有位置好的展位。

二是对展位进行投标。参展单位依照组织者所公告的招标标准和具体条件，自行报价，并据此填具标单，然后由组织者按照"就高不就低"的行规，将展位分配给报价高者。

三是对展位进行抽签。组织者将展位编号分别写在纸上，由参展单位的代表在公证人员的监督下进行抽签，以此来确定其各自的具体展位。

四是按"先来后到"的惯例进行分配。所谓"先来后到"就是以参展单位提交正式报告的时间先后为序，谁先报名，谁便有权优先选择自己所看中的展位。

不管采用哪种方法，组织者均需事先广而告之，以便参展单位早做准备，尽量选到称心如意的展位。

（四）展厅的布置

根据展览会的主题与内容，构思展览会场的整体结构，画出总体设计图，列出设计要点，必要时可以事先制作展区的展品，展板布置小样，然后根据设计图制作与布置参展的图表、实物或模型。要注意统筹美术、摄影、装修、灯光装饰技术，实物展品进场后要有必要的装修，并加强安全保卫工作。在展厅入口处设置咨询服务台和签到处，并贴出展览会平面图，作为参观指南。展览会布置应考虑角度、方向、背景和光线等综合因素，要使展品展出后整齐、美观，富有艺术色彩，给人以美感。

（五）展览会工作人员的培训

展览活动既是组织产品、服务的展示，也是组织员工精神面貌、综合素质的展示。展览活动工作人员的素质和工作技能对整个展览的效果影响很大，特别是一些专业性较强的展览，如果没有一定的专业知识，展览的组织、洽谈、解说、咨询等工作就会受到影响。此外，工作人员的公关素质、接待礼仪、讲解技巧，都影响着展览活动的成败。因此，应在举办展览活动之前，精心挑选所有工作人员并对他们进行必要的专业知识和公关技能培训。培训内容包括：与参展项目、内容有关的专业基础知识；各自的职责及对各种可能发生的突发事件的处理原则和方法；公关知识、接待礼仪方面的训练。

（六）展览会辅助服务项目的提供

主办单位作为展览会的组织者，有义务为参展单位提供一切必要的辅助服务项目；否则，不但会影响自己的声誉，还会授人以柄。由展览会的组织者为参展单位提供的各项辅助性服务项目，最好能事先告知参展单位，并且对有关费用的收取进行详细说明。

由展览会的组织者为参展单位所提供的辅助性服务项目，通常包括下述各项：展品的运输与安装；车、船、机票的订购；与海关、防疫部门的协调；跨国参展时有关证件、证明的办理；电话、传真、电脑、复印机等现代化的通信设备；举行洽谈会、发布会等商务会议或休息时所用的适当场所；餐饮以及展览时使用的零配件的提供；供参展单位选用的礼仪、讲解、推销人员。

（七）组织展览会应注意的问题

微课 11-1

组织展览会应注意的问题

组织举办展览会，一方面可以开展促销活动，宣传产品；另一方面可以开展公关活动，宣传组织，塑造形象。为提高展览效果，应注意以下问题：

保持组织信息网络渠道的畅通，及时了解展览信息和其他相关信息，正确决策，充分准备，利用好展览会时机宣传组织和产品。

一旦展台场地的合同签订，马上同展览会的新闻发布机构人员取得联系。

预先提供组织关于展览的详细情况，至少也应提供有关该组织的情况和展出的主要内容。

提早了解清楚官方揭幕者或剪彩者的身份，争取提前直接同其接洽，邀请其在正式开幕仪式举行时参观组织展台，这对于提高组织声望极为重要。

参展者应利用"CI"企业形象设计原理，使用系统的视觉识别材料。有可能的话，在展台或布展上进行特殊装修或对样品进行特殊安排，以增加其独特性和新鲜感。

展览期间，组织重要人物出席或邀请知名度高的社会名流来展台。参观者既可以直接邀请新闻记者，在展台旁边组织记者招待会；也可以通过展览会新闻发布机构的新闻报道或信息发布进行宣传。

展览会上，如果有大宗买卖成交或接待了一位重要的参观者，或者是一种很有潜在价值的新产品将要展出等，都是新闻媒体关注的重要题材。参展方公关人员应注意挖掘这种素材，甚至可以制造独特新闻，来引起新闻界和社会公众的注意。

参展者应审时度势，在展览期间抓住或制造机会，如借助公益赞助等其他公关活动来促进产品的销售和塑造组织形象等。

展览会结束后，应争取记者给予报道，或者通过努力使本组织的展览成为有关的广播和电视节目构思的内容。

四、展览会的效果检测

展览会后，要对展览会的效果进行检测，了解公众对产品的反映，以及对组织形象的认识和对整个展览会举办形式的看法等，以确定是否达到展览的预期效果。展览会的效果检测方法主要有：

（一）举办有奖测验活动

公关人员可根据展览内容，有重点、有选择地确定试题，答题方式以填空、选择、判断为主，当场解答，当场发奖。参观者踊跃应试，不仅能增强、活跃展览会气氛，而且能为测定展览效果提供统计依据。

（二）设置公众留言簿

公关人员在展览厅出口处可设置公众留言簿，主动征求公众的意见，将其作为日后测定效果的依据。

（三）召开公众座谈会

公关人员还可以召开公众座谈会，随机地找一些公众进行座谈，了解他们对展览会的观后感，讨论一些主要问题，并提出自己的看法。

（四）借助记者采访

在展览会期间，组织公关人员可邀请一些新闻记者参加，让他们对公众进行采访，并做好录音或记录，以备组织测定效果之用。

（五）开展问卷调查

展览会结束之后，公关人员可根据掌握的签到簿上的公众名单邮寄问卷调查表，或登门访问使其填写问卷调查表，以了解展览的实际效果。

小贴士 11-2

成功参展
十二秘诀

■ 课后练习

1.某车展开幕，本次车展来了许多知名宾客，你作为本次车展的解说员，将为这些知名宾客进行解说，你将如何开展工作（这些知名宾客以演员、歌手为主，可以让一些同学扮演宾客）？

2.案例分析。

车展上的公关绝招

在第四届北京国际汽车展览会上，国内外近千家厂商到场参展，气氛火爆异常。展厅里，一辆辆靓车光彩夺目，赢得满场人潮涌动。更为精彩的是，各参展厂商公关高招迭出：法拉利跑车旁有"法拉利小姐"的狂歌劲舞和歌星签名；绅宝轿车前有异国淑女迷人的微笑；福特公司则让金发碧眼的姑娘，与活泼可爱的中国儿童同台演出……所有这些，均令观众耳目一新。

强中更有强中手，奥迪厂家破天荒地使出了绝招——所有奥迪展车，欢迎观众试坐。一个个试坐的观众喜形于色、乐不可支；打方向，踩刹车，点油门，揉离合，俨然就是车主，实实在在地过了一把开车瘾。更多的围观者则看得眼热心跳，跃跃欲试。一时间，观众对奥迪厂家的做法赞美有加，纷纷前去试坐，奥迪车展台成了展览的新闻热点，各路记者纷至沓来，奥迪车的关注度随之大增。

思考讨论：（1）结合本案例谈谈如何提高展览会的公关传播效果。

（2）你参加过展览会吗？请观察一下各参展商都运用了哪些公关绝招。

任务 12

组织赞助活动

案例导入　　　　　　**壳牌汽车环保马拉松赛**

壳牌汽车环保马拉松赛（Shell Eco-Marathon）是壳牌公司发起的一项赞助活动，鼓励科学、工程和技术专业的学生们自己设计、制作和驾驶高能效的新型车辆，实现"用最少的能源，行最远的距离"。它是鼓励年轻人利用技术和创新应对能效挑战的比赛，也是全亚洲青年学子交流未来节能车辆和燃料的盛会。

该比赛最早源于1939年壳牌美国科学家们的游戏，看谁的车使用的燃料最少。1985年起欧洲正式启动了每年一届的面向大中学生的壳牌汽车环保马拉松比赛，看谁用1升燃料跑得最远。2010年该项目正式登陆亚洲。2011年，来自12个国家和地区的93支车队参加了在吉隆坡F1赛道上举办的比赛。参赛车队使用的材料五花八门，从木材、玻璃纤维到麻纤维。参赛车辆的能源包括常规柴油、汽油、生物燃料，或者利用诸如太阳能、氢气、插电电池等替代燃料驱动电动车。参赛车辆必须达到安全要求，而在所有其他方面则可以让年轻人充分发挥他们的想象力。来自上海同济大学的2支车队和北京理工大学的1支车队分别参加了原型车内燃机组和插电式电动车组的比赛，并分别取得内燃机组的第三名和插电式电动车组的第二名。

该项活动注意公共关系传播。壳牌汽车环保马拉松赛有独立的网站，并使用网络媒体，比如Facebook、Twitter及时发布活动信息。在中国，壳牌也在壳牌中国的网站上设立了项目的网页，进行参赛车队的招募以及项目宣传，及时向公众介绍赛事新闻、活动成果和项目的社会效应。壳牌中国也邀请感兴趣的媒体到现场观看比赛，与参赛队员直接交流，并参加原型车的试驾活动，体验壳牌汽车环保马拉松赛上年轻人创新的精神以及不同国家的年轻人之间相互交流的氛围。有些媒体还通过微博及时发布其感受。

任务分析

赞助活动是常见的一种公共关系活动形式。组织通过赞助文体、福利事业和市政建设等来承担一定的社会责任，通过活动，可以扩大组织的知名度与美誉度，树立组织美好的形象。

通过学习，使学生掌握赞助的类型及赞助活动的实施，并能够从树立组织形象的角度帮助组织成功地策划和实施赞助活动。

■ 实训设计

组织奥运希望工程赞助活动

实训背景：2008年海尔集团作为北京奥运会唯一的白色家电赞助商，把支持奥运会作为自己的光荣使命。

奥运前夕，海尔集团向中国青少年发展基金会捐赠了300万元海尔"奥运希望工程"基金，在全国30所希望小学建立海尔奥运电子图书室，并赠送100多台海尔彩电和大量奥运图书，目的是让希望小学的孩子们能有机会观看奥运节目，学习奥运历史和文化，近距离体验2008年奥运激情。

海尔集团在不断追求技术进步的同时，一直积极投身公益事业，反哺社会。多年来，海尔集团在扶贫、救灾、助残、教育、体育等方面积极投入，为社会公益事业做出了卓著的贡献。到2010年，海尔集团用于社会公益事业的资金和物品总价值已高达5亿余元。其中，在救助失学儿童、赞助萌芽工程等爱心活动中捐赠总额近1.6亿元。

实训目的：掌握赞助活动的组织和相关礼仪规范。

实训学时：2课时。

实训地点：实训室。

实训步骤：为海尔集团模拟组织一次"奥运希望工程"赞助活动，具体步骤如下：

（1）将全班同学分为3组，每组不同分工。

（2）假设第一组是情景中海尔集团的公关人员，请拟出此次赞助活动的活动方案。

（3）第二组则拟写此次赞助活动的程序设计。

（4）第三组同学需做出整个赞助活动的效果测定，并写出该活动操作规范及必须注意的问题。

（5）各组对本次实训进行总结。

（6）指导教师进行点评。

一、赞助活动的意义

赞助活动对组织的发展具有特殊而重要的意义。具体表现为以下三点：

（1）提高组织知名度。赞助可以使组织的名字伴随所赞助的事件一起传播。如奥运会是举世瞩目的体坛盛会，收看的公众覆盖面非常广，遍布全世界，这样的赞助活动对组织知名度的提高是可想而知的。

（2）提高组织的美誉度。由于赞助活动所赞助的往往是社会大众所关注的、支持的事业，因此赞助可以树立一个组织关心公益事业的良好形象，改变营利性组织"唯利是图"的商人形象。

（3）履行组织的社会责任。救灾扶贫，支持公益事业，对社会每个成员来说，人人有份，赞助活动体现了组织在建设精神文明、履行社会责任和义务方面的积极态度。

小案例 12-1

奇瑞国旗班

二、赞助活动的类型

（一）赞助体育活动

这是赞助活动最常见的形式。由于体育比赛活动拥有众多的观众，而且往往是新闻媒介热衷报道的对象，对公众的吸引力大，因此，社会组织常常赞助体育活动，以增强对公众施加影响的广度和深度。赞助体育活动常见的形式有提供体育训练经费或物品、赞助体育竞赛活动、设立体育竞赛奖励项目等。

小案例 12-2

安踏荣获"2012年度企业体育营销十大赞助商"案例

（二）赞助文化事业

文化生活是公众社会生活的主要内容之一。社会组织积极赞助文化事业，不仅可以增进组织与公众的感情，而且可以提高组织的文化品位和知名度。赞助文化事业的方式主要有赞助拍摄与社会组织有关的影视片、资助文艺演出队伍、赞助文化演出活动等。

（三）赞助教育事业

社会组织赞助教育事业，既可以促进学校教育事业的发展，又可以为组织树立关心社会教育事业的良好形象。赞助教育事业的方式有捐资建立图书馆与实验室、设立某项奖学金、资助贫困学生、捐资希望工程等。

小案例 12-3　　　　　　　　　**一汽红旗扶贫先扶智**

"让理想飞扬"是一汽红旗品牌的口号（slogan），短短五个字既凸显了红旗品牌之于我国的特殊地位，代表着中国汽车品牌的自强不息；又蕴含着作为央企那一份沉甸甸的企业社会责任感。一个到底是"授人以鱼"还是"授人以渔"的命题，一汽红旗认为两者可以兼顾。

2017年9月21日，中国一汽董事长、党委书记徐留平先生正式宣布设立"红旗扶贫梦想基金"。2018年1月8日，中国一汽为"红旗扶贫梦想基金"注入1.5亿元资金，并携手中国扶贫开发协会、中国扶贫基金会、中国少年儿童文化艺术基金会，共同开展"高举红旗，精准扶贫，走好新时代长征路"项目。

项目开展至今，中国一汽红旗品牌已在长征路沿线的江西省于都县、湖南省通道县、贵州省黎平县、云南省迪庆州香格里拉市、四川省阿坝州小金县等地建成了5所"红旗梦想智慧学校"，切实改善了当地学校软硬件环境。

同时，一汽红旗还在我国的14个省的67个国家级贫困县，设立了69个"红旗梦想自强班"，资助3 472名建档立卡贫困家庭高中学生；开展"红旗梦想艺术课堂"，对791名基层教师进行艺术类培训，受益乡村中小学生达12.5万余名。

无论是贫困家庭学生的直接受益，还是系统地为贫困学校带去实质性的改变。一汽红旗显然做得更多，做得更全面。它也用实际行动证明了"授人以鱼"和"授人以渔"是可以兼顾的。

资料来源　佚名. 一汽红旗扶贫先扶智［EB/OL］.［2018-04-26］. https：//baijiahao.baidu.com/s？id=1598759227942976538&wfr=spider&for=pc.

小案例12-4

诺诗兰连续5年倾力赞助

（四）赞助社会福利事业

赞助社会福利事业，既是社会组织向社会表明其履行社会义务的重要手段，也是社会组织改善社区公众关系、政府公众关系的重要途径。如为孤寡老人、残疾人、福利院儿童提供物资和经费帮助，开展服务活动等。

三、赞助活动的策划

策划社会赞助活动，可以从以下几个方面考虑：

（一）赞助内容要符合本组织的特点

一般来讲，性质不同、特点不同的组织，应选择不同的赞助内容。例如，专营民间乐器的商店最好选择赞助民间艺术展览；专营图书的书店最好选择赞助图书展览；生产文具的工厂最好选择赞助残疾儿童等。

微课12-1

赞助活动的策划

（二）与其他专题活动结合进行

赞助活动要适时，并能和其他专题活动结合进行。结合其他专题活动或节庆活动开展赞助活动，有利于提高活动的有效性。例如，赞助儿童事业，最好选择"六一儿童节"；赞助老人活动，则最好选择"重阳节"。结合组织的开业、周年庆典、新年节庆，或者在组织受奖之时进行公益赞助活动，也更容易引起公众的注意。

（三）切忌盲目赞助

组织的赞助活动应以组织所面对的社会环境为出发点，制定出切实可行的公共关系政策、方针和策略，切忌盲目。对有争议的社会活动和社会事件，要慎重赞助。

（四）突出赞助的独特性

策划赞助活动最忌千篇一律、人云亦云，公关人员要敢于占先，独辟蹊径，只有创新，才能出奇制胜。

四、赞助活动的步骤

组织参与社会赞助活动是一项深得人心的善举。为了使赞助活动收到应有的公关效果，公关人员必须精心策划，认真实施，重点做好以下工作：

（一）前期调查研究

组织参与社会赞助活动有两种形式：一种是企业主动对某些组织予以支持；另一种是根据某些组织提出的申请，予以赞助。大多数企业都依据后者进行赞助。如果企业想获得更好的信誉，就应该采取第一种主动的赞助形式。但不管选择哪种形式都应该首先对其可行性进行详细、周密、科学的调查与论证，这是赞助活动成功的关键。

首先，要研究自身的有关情况，从经营政策入手，分析本组织的公共关系政策和目标，是否通过某项赞助活动来塑造形象，并以此作为制定政策、选择方向、决定赞助金额的基础。

其次，要调查赞助对象的有关情况，包括赞助对象的社会背景、业务内容、经济状况、社会信誉、公众关系、面临的问题、公众的评价、该项目对社会与公众的影响力、公众对其可能出现的心理反应、操作实施中可能出现的困难与问题及对该项目赞助的条件等因素。总之，对活动项目的一切细节及社会效益、经济效益调查论证得越周密，就越有利于活动的操作，越有助于活动成功。

最后，为了保证活动的成功，通常要成立一个专门的组织，负责研究活动的各项事宜，包括调查了解、成本效益分析、撰写可行性报告给领导层及负责实施全过程操作与协调工作，确保社会和组织同时受益。

此外，还要在调查研究的基础上，优先考虑对各种慈善事业、社会福利事业、公共设施、教育事业的赞助。这样，既表明企业对社会的责任和义务，也比较容易获得社会各界的普遍好感。

（二）制订赞助计划

在调查研究的基础上，根据组织的赞助政策和方向，制订出赞助计划。赞助计划的内容应该具体翔实，应对赞助目的、赞助的对象、赞助的形式、赞助的费用预算、为达到最佳赞助效果而选择的赞助主题和传播方式、赞助活动的具体实施方案等都有所计划，做到有的放矢，同时还要考虑应变方案。赞助计划是赞助研究的具体化，借助赞助计划，负责人可以控制赞助范围，防止赞助规模超过组织的承受能力，尽量杜绝浪费，并注意留存一部分机动款项，作为遇到临时、重大活动时的备用。

例如，《××企业 2018 年赞助计划》可以包括如下内容：赞助目标、赞助对象、赞助形式、赞助金额、重点传播对象、选择传播方式、具体实施方案。

（三）赞助活动的具体实施和注意事项

经过前面的工作步骤后，赞助机构派出专门公关人员负责落实赞助事宜，与受赞助组织联系，有的赞助还需签订赞助协议书或合同（如奥运会、亚运会、全运会的赞助）。在实施的过程中，公关人员应该充分运用各种有效的公共关系技巧，使企业尽可能借助赞助活动扩大其对社会的影响。

赞助活动实施之际，往往需要举行一次赞助会，将相关事宜向社会公告。在赞助活动中，尤其是大型赞助活动中，赞助会大都必不可少。赞助会一般由受赞助者操办，也可由赞助者操办。

1.赞助会的组织

（1）场地的布置。赞助会的举行地点一般可选择受赞助者所在单位的会议厅，也可租用社会上的会议厅。会议厅要大小适宜，干净整洁，灯光亮度要适宜。赞助会会场的布置不可过度豪华张扬，略加装饰即可。

（2）人员的选择。参加赞助会的人员要有充分的代表性，但数量不必过多。除了赞助单位、受赞助者双方的主要负责人及员工代表之外，赞助会应当重点邀请政府代表、社区代表、群众代表以及新闻界人士参加。所有参加赞助会的人士，与会时都要身着正装，注意仪表，举止规范，与赞助会庄严的整体风格相协调。

（3）会议的议程。赞助会的会议议程应该周密、紧凑，其全部时间不应超过1小时。一般议程如下：

第一，宣布会议开始。赞助会的主持人，一般应由受赞助单位的负责人或公关人员担任。在宣布正式开会之前，主持人应请全体与会者就位，保持肃静，并且邀请贵宾到主席台上就座。

第二，奏国歌。奏国歌之前，全体与会者须一致起立。在国歌之后还可演奏本单位标志性歌曲。

第三，赞助单位正式实施赞助。赞助单位代表首先出场，宣布其赞助的具体方案或具体数额。随后受赞助单位的代表上场，双方热情握手。接下来由赞助单位代表正式将标有一定金额的巨型支票或实物清单双手交给受赞助单位的代表。必要时礼仪小姐要为双方提供帮助。在以上过程中，全体与会者应热烈鼓掌。

第四，双方代表分别发言。首先由赞助单位代表发言，其发言内容，重在阐述赞助的目的与动机；与此同时，还可将本单位的简况略作介绍。然后由受赞助单位代表发言，表达对赞助单位的感谢。

第五，来宾代表发言。根据惯例可以邀请政府有关部门的负责人讲话。其讲话内容主要是肯定赞助单位的义举，呼吁全社会积极倡导这种互助友爱的美德。该项议程有时也可略去。至此赞助会结束。

会后，双方主要代表及会议的主要来宾应合影留念。此后，宾主双方稍事晤谈，来宾即应告辞。

（4）效果检测。赞助活动结束后，还应对赞助活动的效果进行评价。一方面，依据媒介报道和广告传播的情况测定组织在活动中的地位、作用、角色如何，公众对组织以及整个活动有何反响，组织的形象在多大程度上得到了改善等；另一方面，要对参加赞助的全过程进行总结和回顾，内容包括：组织参加的这次赞助与赞助目标和赞助规划是否相符；落实赞助的公关人员的公关技巧和能力如何；本单位是否适宜用这样的方式赞助这种性质的活动等。评价总结应以书面报告的形式呈现，一份送交有关领导，另一份归档保存，为以后的赞助活动提供参考。

小案例12-5　　　　　　　　　　美国航空公司的AYP计划

美国航空公司为了在未来的顾客——青少年心目中塑造一个良好的形象，每年都举办音乐大赛，提供优胜者奖金，并辅助高中学校的音乐教育。每年5月，该公司在纽约市卡内基音乐厅举办音乐大赛的颁奖典礼，并邀请世界著名的指挥家为受奖人指挥。此外，还将音乐大赛的门票收入作为高中学校基金。这项活动在全美影响很大，由此更加深了美国航空公司在青年人心目中的"光辉形象"。

问题：试分析如何将企业良好的形象信息渗透给未来的消费者。

2.赞助活动的注意事项

赞助活动的策划组织实施是一门艺术，并不是组织的任何赞助活动都能取得预期的效果，因此，在具体实施赞助活动时，作为公关人员，在接待和礼仪方面需要注意以下几点：

（1）在准备阶段，要经常向赞助企业提供筹备信息，征求其意见，以示尊重。

（2）确定双方的固定联系人。

（3）根据协议向赞助企业提供各种免费沟通条件。

（4）积极配合赞助企业与新闻界建立密切的联系，为它们之间的友谊推波助澜，这样赞助企业会由衷地表示感谢，产生好感。

（5）对于赞助企业的特点、喜好、期望和愿望，尽量予以满足。

（6）及早向赞助企业主要负责人发送参加活动的书面邀请。

（7）在吃住方面尽可能地提供较高规格；在整个活动期间安排有影响力的人物或邀请赞助企业感兴趣的人物（名人、企业家、官员）陪同叙谈。

（8）邀请赞助企业出面主持某些公开活动，如授奖、晚会、新闻发布会等，并予以最大程度的曝光；尽可能地让赞助企业享受某些优待，如领导人会见、显眼的贵宾席和停车位置、贵宾接待室等。

（9）活动结束后再次感谢赞助企业的支持，赠送纪念品，如奖杯、照片、剪报、录像等。

小贴士12-1　　　　　　　　　　赞助商赞助决策提问一览表

（1）活动是否符合公司的赞助原则和范围？

（2）活动能否提升公司的形象？

（3）活动能否与某一个产品相关联？

（4）建议书是否包括在活动后评估的可测量的目标？

（5）公司是否参与策划和管理活动的角色？

（6）冠名权的归属如何？

（7）展露/宣传的机会点：海报、广告、公告、展示板还是其他？

（8）赞助的金额是否在公司的预算之内？

（9）长期的效果如何？

（10）活动能否促进业务的增长？

（11）能否获得有关参与者的资料库（包括邮件地址等，但注意隐私保护）？

（12）有无足够的时间去策划和实施赞助方案？

■ 课后练习

1.某化妆品公司为了提升企业形象，决定对电视台一档歌唱比赛栏目进行赞助，但是赞助企业太多，并且其中的许多企业实力更强、名气更大，若增加赞助金额，又会在财力方面捉襟见肘，请你帮助该公司提出解决问题的办法。

2.某集团一直热衷于社会公益事业，公司董事会决定对2010年上海世博会进行赞助，请结合本任务赞助活动相关知识，写出该赞助活动的程序和注意事项。

3.清泉饮品股份有限公司一直热衷于社会公益事业。公司董事会决议赞助2022年卡塔尔"世界杯"足球邀请赛，请结合本次活动说明组织社会赞助活动应注意哪些问题。

4.案例分析。

以小博大的赞助活动

李宁

当人们看到李宁在2007年奥运赞助商竞标中失利时，理所当然地以为李宁在奥运营销大战中失败了。其实，李宁已经走在了另一条路上——非奥运营销。

角逐奥运会服装赞助资格失利仅仅几天后，早有第二手准备的李宁开始接连挥出数记重拳：2007年1月5日，李宁与中央电视台体育频道签订协议：2007—2008年播出的栏目及赛事节目的主持人和记者出镜时均须身着"李宁"牌服饰。此举意味着，在北京奥运期间，只要打开央视体育频道，"李宁"的Logo就会映入观众眼帘。

这是一次堪称经典的赞助方案，它十分巧妙地躲过了"奥运知识产权"的壁垒，以一种低成本的方式去拥抱北京奥运会——我不能跟北京奥组委合作，我就跟中央电视台合作，赞助不了整个赛事或者运动队，我就赞助报道赛事的主持人和记者。

这样，李宁通过赞助奥运期间在公共活动中出镜最多的主持人和记者，使消费者产生了它是奥运赞助商的印象，自然地将其品牌与奥运联系在一起，达到了很好的公关效果。

鸿星尔克

首次在中国举办奥运会，哪块金牌最为瞩目？自然是第一金。奥运赛程刚定，鞋业新星——鸿星尔克就迅速签约中国举重女子队，全力赞助女子队48公斤级项目。女子举重队作为传统优势项目，历来都是我国摘金夺银的奖牌大户。其中，48公斤级又是王牌，极有可能成为中国首金，鸿星尔克可借此迅速扯起举重冠军大旗，第一时间传播自己的"奥运概念""奥运精神"。果不其然，在这历史性的时刻，鸿星尔克的名字因伴随着首金的诞生而吸引了亿万眼球，被国人记住，而且，鸿星尔克在赞助中国举重女子队上并没有花费太多的成本。

思考讨论：（1）结合本案例谈谈怎样才能使赞助活动取得理想的公共关系效果。

（2）你从本案例中能得到哪些启示？有哪些方面值得学习和借鉴？

任务 13

组织参观活动

案例导入　　　　伊利工厂开放之旅

2013年4月6日，"伊利工厂开放之旅"活动全面启动。"伊利诚邀消费者走进工厂，接受来自社会各界的审视和监督。作为企业，我们会充分保证消费者的知情权和监督权"。活动相关负责人表示，"在伊利工厂，天天都是开放日，人人都是监督员"。

全年——从时间上看，参观活动自2013年4月6日启动，持续到2013年年底。

全国——从地域上看，北至黑龙江肇东，南至广东佛山，西起宁夏吴忠，东到江苏苏州，本次开放的伊利工厂基本实现了全国性覆盖。

全民——全国各地的消费者只需上网搜索"参观伊利"，或登录伊利官网，按照页面提示，选择距离最近的伊利工厂，简单几步即可完成预约。伊利公司将在工厂所在城市或临近城市，提供免费专车接送，并全程配备专业的讲解员，一一解答消费者对于伊利产品的各种提问。

"伊利工厂开放之旅"首日即得到了公众的普遍认可。伊利用诚恳的态度，表达了其"成为世界一流的健康食品集团"的信心。

■ 任务分析

开放参观，顾名思义，就是社会组织为了让公众更好地了解自己，将组织内部有关场所和工作流程对外开放，组织相关的公众到组织所在地参观和考察，以事实说服公众，进而赢得公众理解和支持的公共关系活动。

开放参观是现代社会组织为了扩大自己的知名度而经常采用的一种公关手段，它是指社会组织利用某个契机定期或不定期向组织内外公众开放，以增强内部凝聚力、扩大组织知名度、塑造组织形象，从而不断提高该组织美誉度的一种公共关系活动。其主要作用是加深公众对组织的了解，引起公众对组织的兴趣，消除公众对组织的误解或者扭转公众对组织的不良印象。

通过组织引导学生模拟参观活动，使学生掌握参观活动的策划及规范服务，并能熟练运用与参观活动相关的技能。

■ 实训设计

模拟组织"校园开放日"参观活动

实训目的：掌握开放参观活动的组织和相关操作规范。

实训学时：2课时。

实训地点：实训室和校园。

实训要求：为了向2021届考生及家长宣传你所在的学院，现拟组织"校园开放日"参观活动。

实训步骤：

（1）将全班同学分为3组，每组进行不同分工。

（2）其中第一组假设是学院的接待人员，请写出此次"校园开放日"活动整体策划方案，包括参观主题、内容、时间、地点、宣传内容、接待事宜等。

（3）第二组请拟出"校园开放日"活动的接待细节。

（4）第三组同学分别扮演考生、考生家长、学院接待人员，模拟参观现场。

（5）各组对本次实训进行总结。

（6）指导教师进行点评。

一、开放参观的类型

（一）专题性参观和常规性参观

专题性参观是有特定的目的、围绕一个专门确定的主题而进行的。常规性参观一般没有特定的主题，是组织常规工作的一项内容。

（二）特殊参观和一般参观

特殊参观就是对特定公众对象开放的参观，如上级部门领导人视察、组织学生来单位参观等。一般参观就是对公众对象不加限制的参观。一般参观应事先通过告示或其他传播手段广泛宣传开放参观的目的、时间及参观须知，争取使尽可能多的参观者来组织进行参观。

小案例 13-1

板鸭店

二、开放参观活动的组织实施

微课 13-1

开放参观活动的组织实施

小案例 13-2　　　　　　　　　　**大唐电厂的开放参观**

2012年5月18日，大唐国际陡河发电厂组织了主题为"精彩电力 文化大唐"企业开放日活动，当天来自全国各大媒体的记者、陡电职工家属、学生代表近百人参观了发电厂。

在生产现场，厂区职工对工作的严谨态度和一丝不苟的敬业精神深深感动了前来参观的每一位代表。更让人震惊的是，在李家峪灰场，这座当年面积2.82平方千米，号称"万里飞灰"的粉煤灰场，经过多年的治理，现已成为种植沙棘近60万株、植树近百万棵、绿化面积达250万平方米的防护林带。这次企业开放日使公众对大唐国际陡河发电厂有了更多的了解。

开放参观不仅是提高组织知名度、美誉度以及争取社会各界理解与合作的重要手段，而且是激发本组织成员的自豪感与凝聚力的有效措施。因此，许多组织将开展这类活动作为组织进行公关策划经常选择的方式。要使开放参观活动取得良好效果，需把握以下环节：

（一）确定主题

开放参观活动是一项细致而复杂的工作，涉及组织内部和外部的多种因素，一定要明确开放参观的目的是什么，解决组织什么问题，达到什么样的效果。只有在此基础上，才有可能进一步策划和组织好参观活动，使整个活动有的放矢地进行。

开放参观的目的主要有以下四个方面：一是扩大组织的知名度，提高美誉度；二是促进组织的业务拓展；三是和谐组织与社区的关系；四是增强员工或家属的自豪感。

（二）安排参观内容

要根据主题来安排开放参观的内容。参观的内容一般包括：第一，情况介绍。事先准备好简明生动、印刷精良的宣传小册子。第二，现场观摩。让参观者参观现场，如：生产经营设备和工艺流程；厂区环境或营业大厅；员工的教育和培训设施；组织的科技开发（实验）中心；组织服务、娱乐、福利、卫生等设施。第三，实物展览。参观组织的成果展览室，室内陈列资料、模型、样品等实物。此外，参观活动内容的确定还要考虑到参观者的需要和兴趣。

（三）选择参观时间

参观活动时间，主要是针对公众开放参观的时间，应尽可能安排在一些有特殊意义的日子，如周年纪念日、开业庆典日等，使参观者有兴趣、有时间来参观；同时要避开一些重大政治事件日、社会事件日和节假日。此外，还要考虑季节和气候因素，太热、太冷都不宜安排开放参观。要尽可能为开放参观活动留有足够时间做准备工作，较大规模的开放参观活动一般需要3～6个月的准备时间，更大规模的或极为特殊的开放参观活动则需要更长时间的准备。另外，由于工作需要，一些部门负责人、党政要员、专家学者、社会名流、外国合作伙伴等的开放参观可以没有时间限制，可根据他们的需要，随时组织参观。

（四）安排参观路线

开放参观的路线由参观的内容来确定，是全局开放还是局部开放，由组织的决策部门审定。在此基础上再确定开放参观的路线，并在沿途的必要处设置路标，有利于参观者按路线有顺序地进行参观。开放参观活动不是一种自由随便的活动，不能任由参观者随意参观，要提前拟好开放参观路线，制作向导图及标志牌，标明办公室、餐厅、休息室、医务室、卫生间等有关方位。如有保密或安全需要，应注意防止参观者超越所限范围，以免发生泄密或意外事故，影响正常的工作程序。

（五）落实参观者

组织应根据参观活动的目的和主题选择相应公众。对参观公众的邀请，可以通过广告发布信息，还可以向有关公众发出邀请信（函）。邀请既要重视目标公众，又要充分考虑一般社会公众，可以邀请一些党政要员、社会名流、文体明星来参观，以制造新闻点。同时还要考虑组织的接待能力，邀请参观的时间不要太集中，应分期分批安排。可以编制来宾名册，请参观者进行签到、留言，以便为事后统计提供依据。

（六）培训工作人员

开放参观活动要由一些具有一定素质的接待人员和讲解员从事接待组织工作。专门的接待人员和讲解员要接受培训，使他们不但充分了解组织的情况，具有一定的专业知识，还要有一定的公关素质，特别是演讲口才、接待礼仪等，这样才能把开放参观活动开展得生动、活泼，有声有色，给参观者留下深刻的印象，为组织树立良好的形象。

（七）准备辅助设施和纪念品

辅助设施有停车场、休息场所、会议室等。参观场所应设路标，对特殊参观者还应根据参观对象进行特别的准备，如用餐、用车等。另外，还要准备好代表组织形象的纪念品。对于外宾，应多选择一些有地方或民族特色的产品作为礼物。

（八）做好宣传工作

为了配合开放参观活动的有效进行，要积极做好宣传工作，尽可能邀请新闻记者参加，为他们的采访报道提供便利条件。此外，还应准备各种有关的宣传材料，如关于组织和产品的宣传片、说明书、画册、纪念册等，还可以配备有关的视听材料供参观者收看和收听。

为了使开放参观活动起到应有的效果，说明书或宣传材料应简明、通俗易懂。在开放参观之前，可以先放宣传片进行介绍，帮助参观者了解组织的主要概况，然后再由向导陪同参观，向导沿开放参观线路作进一步解释和说明。最好将参观者分成10人以内一个小组，这样既便于组织，又能让参观者听清讲解。公关人员的解说词要简明扼要，文字应配在图表、数字、模型、展品下方，标语一般写在前面或后面，还可用照片来增加展览的形象性，给参观者留下良好印象。

（九）做好接待工作

开放参观接待工作是针对接待任务进行总体安排并予以执行和实施的过程，一般包括以下内容：

首先是为开放参观活动所做的安排、协调、引领、衔接工作，具体包括：制订总体接待方案；联系协调相关部门，下达和分配具体接待任务；按照方案调度车辆，做好宣传讲解，确保开放参观活动高效、有序运转。

其次是礼仪工作，具体包括迎送、陪同、会见、赠送纪念性礼品等，通过礼仪表达尊重和友好。

最后是生活安排及其他有关服务，具体包括住宿与餐饮安排、返程票务代订、物品托运等。通过生活服务安排，方便参观者活动，可以进一步体现组织对参观者的关心和友爱。

（十）安排参观后工作

参观活动结束以后，还需要进行一系列的公关活动，如致函向来宾道谢、登报向各界鸣谢、召开参观者代表座谈会等，目的是听取各方意见和建议，以便改进日后管理。

小案例 13-3   **隆力奇推进企业观光旅游**

工业旅游是伴随着人们对旅游资源认知的拓展而产生的一种旅游新概念和产品新形式。工业旅游在发达国家由来已久，特别是宝洁、安利等一些国际大型企业，利用自己的品牌效应吸引游客，同时也使自己的产品家喻户晓。

早在 2004 年，我国就发布了首批 103 个国家级工业旅游示范点，隆力奇名列其中。隆力奇打造了集科普教育、时尚体验、休闲购物于一体的工业旅游线路，开创了日化和养生保健行业的先河。通过"隆力奇一日游"，企业既传播了研发的科普知识，又让来客身临其境地了解隆力奇产品知识，更展示了隆力奇的文化和形象。

隆力奇对其生物工业园进行美化、绿化、亮化、硬化建设，初步达到了春有花、夏有荫、秋有果、冬有景的标准；开辟了旅游通道；建造了占地 8 万平方米的智能化新厂房，并配备了展示大厅，厅内设有产品展示区、体验区、多媒体宣传区；创意新颖，造型美观，与公司标准化的厂房、整洁的柏油路面、宽敞的院落、花草绿地相互映衬，显现了一个现代化企业的英姿。同时，隆力奇还配有专职的讲解员，游客们可以在讲解员们细致的讲述和耐心的引导下，亲身感受到工业给消费者和经销商带来的生活改变，从中学到科普知识，感受到隆力奇的文化。

三、开放参观活动的注意事项

组织开放参观活动虽然是件很繁杂的工作，但又是一项很好的公关活动。为了使开放参观活动收到应有的公关效果，在组织开放参观活动时，必须注意以下事项：

①要结合参观者的要求和组织的自身情况，组织公众参观活动，既要有针对性，又要适合参观者的兴趣爱好。

②要恰如其分地介绍组织情况，在不泄露机密的前提下，使参观者对组织有较为

深入的了解。

③要妥善安排参观活动的每一个细节，防止出现不必要的失误。

④要虚心征求参观者的意见和建议，积累经验，使开放参观活动产生更加积极的效果。

⑤在开放参观过程中，如果参观者提出特殊要求，工作人员要注意先与有关管理人员或负责人商讨后再作答复，以免妨碍正常工作或节外生枝。

⑥做好食宿、交通等后勤保障工作。如果开放参观活动的时间较长，注意中间要安排适当的休息时间。

小案例 13-4

某大型超市的
顾客参观日

■ 课后练习

1.上海大众集团将对力帆集团进行为期4天的参观考察，假如你是力帆集团的公关人员，请拟订参观接待方案。

2.小杨是某企业的公关部经理助理，一批客人要来公司参观，他将承担接待工作。请问，他至少应做好哪些准备工作？

3.案例分析。

章后案例
分析

■ 思政园地

晋商的公关艺术

明清时期的晋商是指山西籍的商帮集团。晋商在5个多世纪的经营活动中所创造的晋商精神和经营管理经验形成了独特的晋商文化，晋商在商场中所表现出来的杰出的公关艺术，尤其值得我们学习与借鉴。

请扫描二维码，学习和借鉴晋商的公关艺术。

思政园地
素材

项目4：

当窗理云鬓，对镜帖花黄
——个人形象礼仪

心诚色温，气和辞婉，必能动人。

——［明］薛瑄

凡人之所以为人者，礼义也。礼义之始，在于正容体、齐颜色、顺辞令。容体正，颜色齐，辞令顺，而后礼义备。

——《礼记·冠义》

课程思政指南：

礼仪课程思政元素

1.传统礼仪文化

传统礼仪文化作为传统社会的行为准则，包含着丰富的道德教育资源，诸如"仁""敬""和"等道德精神。

2.我国民间礼俗

我国民间礼俗涉及人生礼仪民俗、岁时节日民俗、语言发展民俗、艺术民俗、物质生产生活民俗和信仰民俗等诸多方面，其中蕴含着丰富的德育教育内容。

3.古今名人礼仪故事

在古今名人，尤其是老一辈无产阶级革命家学礼、知礼、守礼的小故事中，他们遵守礼仪规范，讲究沟通技巧，体现出其崇高的人格风范，具有深远的教育意义，永远激励青年学子学会"做人"。

任务 14

仪 容

案例导入 尼克松因何败北？

1960 年 9 月，尼克松和肯尼迪在全美的电视观众面前，进行他们竞选总统的第一次辩论。当时，这两个人的名望和才能相当，可谓棋逢对手。但大多数评论员预料，尼克松素以经验丰富的"电视演员"著称，可以击败比他缺乏电视演讲经验的肯尼迪。但事实并非如此。为什么呢？肯尼迪事先进行了练习和彩排，还专门跑到海滩晒太阳，养精蓄锐。结果，他在屏幕上一出现，精神焕发，满面红光，挥洒自如。而尼克松没听从电视导演的规劝，加之那一阵十分劳累，更失策的是其面部化妆用了深色的粉底，因而在屏幕上显得精神疲惫、神情木讷、声嘶力竭。正如一位历史学家所形容："他让全世界看来，好像是一个不爱刮胡子和出汗过多的人带着忧郁感等待着电视广告告诉他怎么不要失礼。"正是仪容仪表上的差异和对比，助力肯尼迪取胜，使竞选的结果最终出人意料。

任务分析

在公关交际中，交往对象对一个人发自内心的好恶亲疏，往往都是根据其在见面之初对这个人仪容的基本印象"有感而发"的。这种对他人仪容的观感除了先入为主之外，往往还一成不变，其作用可谓大矣。日本松下电器产业株式会社的创始人松下幸之助一次到银座的一家理发厅去理发，理发师对他说："您毫不重视自己的容貌修饰，就好像把产品弄脏一样，您作为公司代表都如此，产品还会有销路吗？"一席话说得松下幸之助无言以对，此后他接受了理发师的建议，十分注意自己的仪表并不惜破费到东京理发。

实际上，在任何情况下，一个正常人倘若不注意对自身的仪容进行合乎常规的修饰与维护，往往在他人的心目中也难有良好的个人形象可言。所以，我们在平时必须时刻不忘对自己的仪容进行必要的修饰和整理，做到"内正其心，外正其容"。

通过仪容的学习，学生能够进行仪容细节的修饰，做到仪容整洁卫生；能够根据自身面容的特点进行化妆，并做到发型美观，展现出富有魅力的妆容，塑造良好的个人形象。

▓ 实训设计

举行仪容形象设计展示会

实训目的：掌握仪容礼仪的基本知识，展现出良好的仪容。

实训学时：2课时。

实训地点：实训室或教室。

实训步骤：

（1）准备化妆盒、棉签、粉底霜、腮红、眼影、眉笔、唇彩、香水等化妆用品。

（2）将全班学生分组，两人一组，要求其根据所学仪容礼仪知识，扬长避短，展现出最得体的妆容。

（3）在课堂上分组进行形象展示，最好用相机进行拍摄，由学生互评，要求从面部化妆、发型设计方面进行重点评价。

（4）由教师进行总结评价，重点评价各组存在的共性问题。

（5）由全班评出"最佳表现"妆容。

一、仪容的基本要求

小故事14-1 　　　　　　　　　　　**林肯对长相的要求**

一次林肯总统面试一位新员工，后来他没录取那位应征者。幕僚问他原因，他说："我不喜欢他的长相！"幕僚不理解，又问："难道一个人天生长得不好看，也是他的错吗？"林肯回答："一个人40岁以前的脸是父母决定的，但40岁以后的脸应是自己决定的。一个人要为自己40岁以后的长相负责。"

【点评】仪容礼仪在个人形象中有着非常重要的作用，应遵循美观、自然、协调等原则，掌握仪容修饰的技巧，使仪容礼仪在自己的仪表形象中真正起到美化形象、促进社交的作用。

（一）整洁

（1）保持面部干净。应当选择适合自己肤质的清洁产品早晚洁面，去除面部的油脂和毛孔中的污垢。同时要注意眼部卫生，及时去除眼角产生的分泌物。若戴眼镜，要注意保持镜片洁净光亮。

小贴士14-2 　　　　　　　　　　　**去除口腔异味的方法**

去除口腔异味的方法有两种：一是每天早晚坚持用淡盐水漱口。二是嚼口香糖保持口气清新。但要注意，在人际交往中当着他人的面嚼口香糖既不文雅，也是失礼于人的。另外还要养成在工作时间不吃生蒜、生葱、韭菜一类带刺激性气味的食物的良好习惯，免得在工作中说话"带味道"，或是使接近自己的人感到不快。

（2）头发适时梳洗。头发要勤洗勤理。一般每周应当洗头2～3次，短发每月修

小贴士 14-1

正确地洗脸

小贴士 14-3

洗发的注意
事项

剪 1 ~ 2 次。男士的头发要没有汗味，保持干净整洁，发型要大方得体、不怪异。女士的头发要有自然光泽，发型要端庄协调，刘海不要遮住眼睛和脸。

（3）保持脚部清洁。脚作为支撑人体的重要部位，每天都在做运动。它会分泌出大量汗液，恶化脚底环境，为真菌繁衍提供温床，如不及时改善，会导致各种脚部疾病，如脱皮、脚癣等。所以，平时要注意洗脚，让其通气，擦些护脚霜，还要加以适当保健按摩，美化脚部肌肤。

（4）注意洗澡。洗澡可以除去身上的污垢和汗味，使人精神焕发。应养成每天洗澡的好习惯，至少也要每星期洗 1 次，在参加重大礼仪活动之前更要保持身体洁净。

（5）保持衣着整洁。要勤换内衣，定期清洗、消毒外衣。要勤换鞋袜，保持鞋袜舒适干净，不要在集会或演出等公众场合脱鞋。

除了注意以上方面之外，还要注意经常修剪不雅的体毛。男士要每天刮脸、修剪胡须，及时修剪鼻毛；女士如果穿无袖的服装，要注意提前刮除腋毛，否则露出来会给人不雅的感觉。

（二）美观

漂亮、端庄的外观仪容是形成良好的商务形象的基本要素之一。女士都希望自己在商务场合中变得更美丽，这是毋庸置疑的。有些人认为把发胶喷在头上，把各种色彩涂抹在脸的相应部位就美了，我们经常可以看到"横眉冷对""血盆大口""油头粉面"，这就不是美，而是丑了，美是从效果方面来说的。要使仪容达到美观的效果，首先必须了解自己的脸型及脸上各部位的特点，对脸部优缺点要做到心中有数；其次要清楚怎样化妆、美发和矫正才能扬长避短，变拙陋为俏丽，使容貌更迷人。这些是要在把握脸部个性特征和正确的审美观的指导下才能实现的。

（三）自然

小案例 14-1

李霞，你过
得好吗

自然是美化仪容的最高境界，它使人看起来真实而生动，而不是像戴着一副呆板生硬的面具。失去自然的效果，那就是假，假的东西就无生命力和美感了。化妆的最高境界是无妆，是自然。因此，美化仪容，要依赖正确的技巧、合适的化妆品；要一丝不苟，井井有条；要讲究过渡，体现层次；要点面到位，浓淡相宜。只有这样才能使人感受到自然、真实的美。

小贴士 14-4

生命的化妆

（四）协调

美化仪容的协调包括以下几个方面：

（1）妆面协调。它是指化妆部位色彩搭配、浓淡协调，所化的妆针对脸部个性特点，整体设计协调。

（2）全身协调。它是指脸部妆容、发型与服饰协调，力求取得完美的整体效果。

（3）角色协调。它是指针对自己在社交中扮演的不同角色，采用不同的化妆手法。如作为职业人员，应注意化妆后体现端庄稳重的气质。

（4）场合协调。它是指化妆、发型要与所去的场合气氛要求一致，如日常办公，应略施淡妆；出入舞会、宴会，可浓妆扮之；参加追悼会，应素衣淡妆。

二、美观的发型

发型是构成仪容美的重要内容。美观的发型能给人一种整洁、庄重、洒脱、文雅、活泼的感觉。发型的选择既要与性别、发质、服装、身材、脸型等相匹配，还要与自己的气质、职业、身份相吻合，这样才能扬长避短、和谐统一，显现出真正的美。

（一）发型与性别

对于男士来讲，头发的具体长度在一般职场上有着规定的上限和下限。所谓上限，是指头发最长的极限。除了一些特殊的行业，一般不允许男士在工作时长发披肩，或者梳起辫子。在修饰头发时要做到：前发不覆额，侧发不掩耳。在男士头发长度的下限方面，除特殊情况外，剃光头一般不被允许。对于女士来讲，头发长度在工作岗位上的上限是：不宜过长，刘海不宜挡住眼睛。头发过长的女士在上岗之前，可以采取一定的措施，如将超长的头发盘起来、编起来，不可以披头散发。女士头发长度的下限也是不允许剃光头。

（二）发型与发质、服装

以女士为例，一般来说，直而硬的头发容易修剪得整齐，故设计发型时应尽量避免花样复杂，应以修剪技巧为主，适合设计简单而大方的发型。比如，梳理成披肩长发，会给人一种飘逸秀美的悬垂美感；用大号发卷梳理成略带波浪的发型或梳成发髻等，会给人一种雍容、典雅的高贵气质。

细而柔软的头发比较服帖，容易整理成型，可塑性强，既适合做小卷曲的波浪式发型，显得蓬松自然，也可以梳成俏丽的短发，充分体现个性美。

在现代交际礼仪中，一个人的发式与服装有着十分密切的关系。发式应与不同场合所穿着的服装相配，这样才显得协调大方，如高贵典雅的发髻配上一套牛仔服就会显得不伦不类。因此，只有和谐统一才能体现美。

（三）发型与身材

身材高大者，应选择显得大方、健康、洒脱美的发式，以避免给人大而粗、呆板生硬的印象。身材高大的女士，一般留简单的短发为好，切忌花样复杂；烫发时，不应卷小卷，以免与高大的身材不协调。

身材高瘦的女士，适合留长发，并且应适当增加发型的装饰性。如卷曲的波浪式发型，对高瘦身材有一定的调和作用。身材高瘦者不宜盘高发髻，或将头发修剪得太短，以免给人一种更加瘦长的感觉。

身材矮小的女士，适宜留短发或盘发，因为露出脖子可以使身材显得高些，并可

小贴士14-5

男士发型的
长度

小贴士14-6

发型与季节
的配合

以根据自己的喜好将发式做得精巧、别致些，以显得优美、秀丽。身材矮小者不宜留长发或粗犷、蓬松的发型，那样会使身材显得更矮。

身材较胖的女士，适宜梳舒展、轻盈的发式，尤其是应注意将整体发式向上，将两侧束紧，使脖子露出来，这样会使人产生视错觉，感觉苗条些；若留长波浪式，两侧蓬松，则会显得更胖。

另外，如果上身比下身长，或上下身等长，发式可选择长发以调整上身观感；如肩宽臀窄，就应选择披肩发或下部头发蓬松的发式，以发盖肩，分散肩部宽大的注意力；若颈部细长，可选择长发式，不宜采用短发式，以免使脖颈显得更长；若颈部短粗，则适宜选择中长发式或短发式，以淡化颈粗的感觉。

总之，进行发式选择时，应根据自己的体型，选择一个与之相称的发型。

小贴士 14-7　　　　　　　　　　　　　　　　　**发型与职业**

根据职业的需要，设计一个既能衬托整体又能表现个性的发型对每个人都非常重要。以下是几种常见职业的发型选择。

（1）教师或机关人员的发型选择。发型要简洁、大方、朴素、明快，最好是剪成短发或烫后稍加修理。若留成中长发，则可在自然蓬松的基础上以适宜的发卡装饰，给人以淡雅、端庄的感觉。

（2）公务人员或秘书的发型选择。由于社会活动较多，头发最好留得长一些，以便能经常变换发型。一般可以将头发烫成波浪或剪成披肩直发，这些发型稍加修饰或变动，即可适应多种场合。

（3）运动员或学生的发型选择。根据这类人员的身份特点，发型可以做成轻松活泼的短发，若留长发则扎成马尾状，看起来十分可爱、阳光，又易于梳理。

（四）发型与脸型

微课 14-1

发型与脸型

发型与脸型的配合要点主要是突出优点和遮盖缺点，达到美化面容的目的，见表 14-1。

表 14-1　　　　　　　　　　　　**发型与脸型适配一览表**

脸型	主要不足	适合发型	效果
梨形	面颊较前额宽	短发，头发尽量梳高，并覆盖前额和太阳穴，紧贴双耳	使面颊与前额比例平衡，突出前额
圆形	苹果般的面孔和丰满的下巴	避免从中间分开头发，将头发侧分，并盖住耳朵	由于头发不对称，脸看起来长些
方形	太显刚毅	头发不宜中间分开，刘海可向侧吹起一定的高度，向后平掠，贴着耳朵	脸的轮廓变得柔和
瓜子脸	下巴显尖削	额前覆盖些头发，头发可在耳后散下	下巴丰润些

三、化妆的技巧

小贴士 14-8

用发型矫正
面部缺陷的
方法

小故事 14-2

百变公主

（一）做好妆前准备

（1）束发。用宽发带、毛巾等将头发束起或包起，避免散发妨碍化妆，这样会使脸部轮廓更加清晰明净，以便有针对性地化妆。化妆时，最好在肩上披块围巾，防止化妆品弄脏衣服。

（2）洁肤。用洗面奶或洗面皂清洁面部的污垢及油脂，有条件的话还可做些清除角质、皮屑的护理，然后结合按摩涂上有营养的化妆水。

（3）护肤。选择膏霜类，如日霜、晚霜、润肤霜、乳液等涂在脸上，可令肌肤柔滑，并起到保护皮肤的作用。

（4）修眉。用眉钳、小剪修整眉形并拔除多余的眉毛，使眉形更加清秀。

小贴士 14-9　　　　　　　　常用化妆造型的特点

（1）端庄型。稳重、大方、清秀，双颊、双唇在脸上形成倒三角形。

（2）文秀型。文静、娇柔，强调柔和、透明、粉嫩的装扮，一般选择松散、多卷的发型，不强调脸上的某一部分，以清纯秀气为主。

（3）自然型。自然、随意、洒脱，不刻意修饰，但应强调眉毛、眼睛及发型的洒脱、浪漫、时尚。

（4）华丽型。典雅、高贵，强调眼睛和嘴唇的颜色艳丽华贵、多变幻。

（二）化妆的具体过程

（1）抹粉底。选择与肤色较接近的粉底，用海绵块或手指从鼻子处向外均匀涂抹，尤其不要忽视细节，在脸与脖子衔接处要渐渐淡下去；粉底不要太厚，以免像戴上一个面具。粉底抹完后要达到调整肤色、掩盖瑕疵、使皮肤细腻光洁的效果。

（2）画眉毛。首先用眉刷自下而上将眉毛梳理整齐，然后用眉笔顺眉毛生长方向一道道描画，眉毛从眉头起至其2/3处为眉峰，在眉峰处应以自然的弧度描至眉尾，眉尾处渐淡。最后用眉刷顺眉毛生长方向刷几遍，使整体眉形自然。

（3）画眼影。眼影用什么颜色，用多少种颜色，如何画，因人、因场合而异。一般来说，深色眼影刷在最贴近上睫毛处，中间色刷在稍高处并向眼尾晕染，浅色刷在眉骨下。

（4）画眼线。眼线要贴着睫毛根画，浓妆时可稍宽一些，淡妆时要稍细一些。上眼线内眼角方向应淡而细，外眼角方向则应加重，至外眼角时要向上挑一点，将眼角向上提，使其上翘。

（5）刷睫毛。先用睫毛夹将睫毛由内向外翻卷，然后用睫毛刷顺着睫毛根到睫毛尖刷上睫毛膏。为了使睫毛显得长些、浓些，可在第一遍睫毛膏干后再刷第二遍。最后用眉刷上的小梳子将粘在一起的睫毛梳开。

在眼部化妆前，可先在眼下扑一层粉，这样即使眼线液或睫毛膏晕染到眼下，只要用刷子一扫便成，就不会弄污眼部及整个妆面了。

（6）抹腮红。腮红应抹在微笑时颧骨的最高点，然后向耳朵上缘方向抹一下，将边缘晕开，可用腮红和阴影粉做脸型的矫正。如在宽鼻梁两侧抹上浅咖啡色，鼻梁正中抹上白色，能够使鼻子立体感增强。

（7）定妆。用粉扑将干粉轻轻地、均匀地扑到妆面上，只需薄薄一层，吸收粉底过多的油光，以起到定妆的作用，使妆面柔和。扑好粉后，用大粉刷将妆面上的浮粉扫掉。

（8）涂口红。先用唇线笔画好唇廓，再将唇膏涂在唇廓内，可用唇刷涂，也可用棒式唇膏直接涂。口红的颜色应与服装及妆面相协调。为了使口红色彩持久，可用纸巾轻抿一下口红，然后扑上粉，再抹一次唇膏。

（9）喷香水。使用香水应注意两方面的问题：首先是香型。一般来说，应选择香味淡雅的香水。如果香味浓烈刺鼻，周围的人会很难忍受。其次是喷洒的部位。搽香水的正确部位一般是：耳后、胸前、手肘、手腕内侧及膝盖关节后面；也可将香水直接喷洒在空中，让香水粒子自然飘落在身上。千万不能全身各部位都搽上香水，这样不但无助于塑造整体形象，反而会使人"敬而远之"。

小案例 14-2

香水的使用

（三）做好妆后检查

按照以上步骤化妆后，不要忘记进行妆后检查，主要包括：第一，检查左右是否对称，眼、眉、腮、唇、鼻侧等两边形状、长短、大小、弧度是否对称，色彩浓淡是否一致；第二，检查脸与脖子，鼻梁与鼻侧，腮红与脸色，眼影、阴影层次等过渡是否自然；第三，检查整体与局部是否协调，局部是否有缺漏、破坏和谐之处，浓淡是否达到应有效果，整个妆面是否协调统一；第四，检查整体是否完美。

化妆后忌把镜子贴近脸部检查，虽然这样能看清细小的部分，但一般人只是在1米之外的距离面谈或打招呼，所以要在镜前50厘米处审视自己，对脸部整体的平衡做出正确的判断。

（四）适当进行补妆

妆面很容易被外界的环境破坏，因此，随时补妆对保持妆面完整是非常必要的。及时补妆要注意以下方面：第一，随身准备吸油纸，方便迅速去除分泌的面油；第二，喷洒矿泉水在面部，再用面纸吸干，可代替爽肤水；第三，搽唇膏要达到省时且效果好的效果，可先用自然色唇膏，然后再用同色唇笔描出唇形，最后才搽上与服装颜色相配的唇膏。

（五）化妆的禁忌

化妆的禁忌主要包括以下方面：切忌在公共场合化妆；女士不能当着男士面化妆；不能非议他人的妆容；不要借用别人的化妆品；男士使用化妆品不宜过多；女士不要忽视颈部皮肤的护理，把自己的颈部护理得与脸部一样年轻，就会更加完美了。

（六）男士的"化妆"

以上化妆主要针对女士而言，其实男士也应注意面容之美。除了因宗教信仰与风俗习惯外，男性一般不宜蓄胡须，因为在交际场合"美髯公"并不美，反而显得不清洁，还对交往对象不尊重，因此男性最好每天坚持剃胡须，绝对不可以胡子拉碴地上班或会见他人。如果迫不得已需要蓄须，也要考虑工作是否允许，并且要经常修剪，保持卫生，不管是留络腮胡还是小胡子，整洁大方最重要。

此外，男士还要注意经常检查和修剪鼻毛。在人际交往中，有一两根鼻毛"外出"，是会破坏他人对自己的印象的；吸烟的男士要注意吸烟后嚼口香糖等去除烟味；有"汗脚"的男士应注意保持鞋袜清洁，鞋最好准备两双以上换着穿。

（七）不同脸型的化妆技巧

小故事 14-3

换妆

脸部化妆一方面要突出面部五官最美的部分，使其更加美丽；另一方面要掩盖或矫正缺陷或不足的部分。经过化妆修饰的美有两种：一种是趋于自然的美，一种是艳丽的美。前者是通过恰当的淡妆来实现的，它给人以大方、悦目、清新的感觉，最适合日常的场合。后者是通过浓妆来实现的，它给人以隆重、高贵的印象，可用在晚宴、演出等特殊的社交场合。无论是淡妆还是浓妆，都要运用各种化妆手法恰当地使用化妆品，通过一定的艺术处理，达到美化形象的目的。

（1）椭圆形脸化妆技巧。椭圆形脸可谓公认的理想脸型，化妆时宜注意保持其自然形状，突出其可爱之处，不必通过化妆去改变脸型。

涂腮红时，应涂在颊部颧骨的最高处，再向上向外揉化开去。涂唇膏时，除嘴唇唇形有缺陷外，尽量按自然唇形涂抹。修眉毛时，可顺着眼睛的轮廓修成弧形，眉头大体与内眼角齐，眉尾可稍长于外眼角。

正因为椭圆形脸不需要太多修饰，所以化妆时一定要找出脸部最动人、最美丽的部位予以突出，以免给人平淡、毫无特点的印象。

（2）长形脸化妆技巧。长形脸的人在化妆时力求达到的效果应是增加面部的宽度。

涂腮红时，应注意离鼻子稍远些，在视觉上拉宽面部。涂抹时，可沿颧骨的最高处与太阳穴下方所构成的曲线，向外、向上揉开去。涂唇膏时，依自己的唇形涂成最自然的样子，修改不宜过大。施粉底时，若双颊下陷或者额部窄小，应在双颊和额部涂以浅色调的粉底，造成光影，使之变得丰满一些。修眉毛时，应令其成弧形，切不可棱角太过分明。眉毛的位置不宜太高，眉尾切忌高翘。

（3）圆形脸化妆技巧。圆形脸给人以可爱、玲珑之感，若要修正为椭圆形并不十分困难。

涂腮红时，可从颧骨起涂至下颌部，注意不能简单地在颧骨突出部位涂成圆形。涂唇膏时，可将上嘴唇涂成浅浅的弓形，不能涂成圆形的小嘴状，以免有圆上加圆之感。施粉底时，可在两颊造阴影，使圆形脸显得瘦一点。选用暗色调粉底，沿额头靠近发际线处起向下窄窄地涂抹，至颧骨部位下可加宽涂抹的面积，使脸部亮度自颧骨以下逐步集中于鼻子、嘴唇、下巴附近。修眉毛时，可修成自然的弧形，可作少许弯曲，不可太平直或有棱角，也不可过于弯曲。

（4）方形脸化妆技巧。方形脸的人以双颊骨突出为特点，因而在化妆时要设法加以掩蔽，增加柔和感。

涂腮红时，切忌涂在颧骨最突出处，可抹在颧骨稍下处并往外揉开，与眼部平行。涂唇膏时，可涂丰满一些，强调柔和感。施粉底时，可用暗色调在颧骨最宽处形成阴影，令其方正感减弱。下颚部宜用大面积的暗色调粉底形成阴影，以改变面部轮廓。修眉毛时，应修得稍宽一些，眉形可稍带弯曲，不宜有角。

（5）三角形脸化妆技巧。三角形脸的特点是额部较窄而两腮较阔，整个脸部呈上小下宽状。化妆时应将下部宽角"削"去，把脸修饰为椭圆状。

涂腮红时，可由外眼角处起始，向下抹涂，将脸部上半部分拉宽一些。涂唇膏时，应注意使唇角稍微上扬，唇形可适当外扩。施粉底时，可用较深色调的粉底在两腮部位涂抹、掩饰。修眉毛时，宜保持自然状态，不可太平直或太弯曲。

（6）倒三角形脸化妆技巧。倒三角形脸的特点是额部较宽大而两腮较窄小，呈上阔下窄状。人们常说的"瓜子脸""心形脸"即指这种脸型。化妆时，掌握的诀窍与三角形脸相似，需要修饰部分则正好相反。

涂腮红时，应涂在颧骨最突出处，而后向上、向外揉开。涂唇膏时，宜用稍亮些的唇膏以加强柔和感，唇形宜稍宽厚些。施粉底时，可用较深色调的粉底涂在过宽的额头两侧，而用较浅的粉底涂抹在两腮及下巴处，达到掩饰上部、突出下部的效果。修眉毛时，应顺着眼部轮廓修成自然的眉形，眉尾不可上翘，描时从眉心到眉尾宜由深渐浅。

小贴士14-10　　　　　　　　　　　　　**女性化妆十不宜**

（1）不宜面部搽香水。搽了香水的部位，经太阳光线照射会引起化学变化，产生红肿刺痛，严重的还会发展成为皮炎。

（2）不宜化妆时拔眉毛。化妆拔眉毛会给人一种光秃的造型感，从医学观点看，拔眉毛不仅会损害生理功能，而且容易因破坏了毛囊以及化妆涂料的刺激导致局部感染。

（3）口红使用不宜太频繁。口红中的油脂能渗入皮肤，而且有吸附空气中飞扬的尘埃、各种金属分子和病原微生物等副作用。通过唾液的分解，各种有害的病菌就可乘机进入口腔，容易引起口唇过敏。

（4）不宜用一种色号的粉底。粉底的颜色比脸部的肤色过深或过浅，都会破坏容貌整体的和谐，因此，应该多备几种不同色号的粉底，随不同季节及肤色的改变而不断调整。

（5）不宜重涂眼影粉。尤其是热天汗水多，汗水会将眼影冲入眼内，损害视觉器官，如再用手揉，更易将细菌带入眼内，染上眼部疾病。

（6）不宜把面膜涂在眉毛和睫毛上。撕拉式的面膜如粘在眉毛和睫毛上，除去时容易将眉毛和睫毛一起拔掉。

（7）脂粉不宜涂得过厚。皮肤专家介绍，正常皮肤有一层皮脂腺覆盖，如脂粉涂得过厚，容易堵塞毛孔，影响汗腺及皮脂腺的分泌与排泄，还影响皮肤的呼吸。

（8）不宜用他人化妆品。化妆品可能成为疾病传染的媒介，因此，不要乱用他人的化妆品，也不要将自己用过的化妆品随意借给别人。

（9）使用磨砂膏时手指用力不宜过大。天热时人体毛孔放大，表皮较嫩，使用磨砂膏时用力过大，表皮会被磨砂膏中的微粒损伤，再经风吹日晒，反而变得粗糙。

（10）不宜不断补粉。如果不断在脸上补粉，脸上就会出现很不雅观的斑底，如鼻子就会因不断的油粉混合而发黑。

■ 课后练习

1.为什么在公关交际中要注重个人仪容礼仪？

2."妆成有却无"，你对这句话是怎样理解的？

3.假如你是一名即将毕业的大学生，准备参加招聘面试。为了能更好地展示自己良好的形象，能在众多的应聘者中脱颖而出，除了注意服装搭配外，在仪容修饰方面你该如何准备？

4.案例分析。

案例分析1

美中不足

一天，黄先生与两位好友小聚，来到某知名酒店。接待他们的是一位五官清秀的服务员，接待服务工作做得很好，可是她面无血色，显得无精打采。黄先生一看到她就觉得心情欠佳，仔细留意才发现，这位服务员没有化工作淡妆，在餐厅昏黄的灯光下显得病态十足。上菜时，黄先生又突然看到传菜员涂的指甲油缺了一块，他的第一反应就是"不知是不是掉到我的菜里了"。但为了不惊扰其他客人用餐，黄先生没有将他的怀疑说出来。用餐结束后，黄先生召唤柜台内服务员结账，而服务员却一直对着反光玻璃墙面修饰自己的妆容，丝毫没注意到客人的需要。自此以后，黄先生再也没有去过这家酒店。

思考讨论：（1）请指出案例中服务员在仪容上存在的问题。

（2）本案例对你有哪些启示？

案例分析2

气质魅力从头开始

某集团公司的卫董事长有一回要接受电视台的采访。为了慎重起见，事前卫董事长特意向公司为自己特聘的个人形象顾问咨询，有无特别需要注意的事项。对方专程赶来之后，仅仅向卫董事长提了一个建议：换一个较为儒雅而精神的发型，并且一定要剃去鬓角。对方的理由是：发型对一个人的上镜效果至关重要。果然，改换了发型之后的卫董事长在电视上亮相时，形象焕然一新。他的新发型使他看起来精明强干，也为他的谈吐增添了睿智稳健之感。两者相辅相成，达到了非常好的效果。

思考讨论：（1）发型在社交中发挥了怎样的作用？

（2）本案例对你有哪些启示？

任务 15

服　饰

案例导入　　　　　如此着装

　　一家海外知名企业的董事长要来本市访问，有寻求合作伙伴的意向。某商务信息公司的王总经理获悉这一情况后，请有关部门为双方牵线搭桥，让他喜出望外的是，对方也有合作意向，而且希望尽快见面。到了双方会面的那一天，王总特意在公司挑选了几个漂亮的女员工来做接待工作，并特别指示她们穿紧身的上衣、黑色的皮裙。他认为这种时尚、性感的装束一定会让外商觉得自己对其到来格外重视，因此，一定会赢得他们的好感和信任。这时，正在做准备工作的办公室秘书小李看到这几位漂亮姑娘后十分诧异，她皱着眉头，想要说什么又咽了回去。过了一会儿，她还是忍不住对王总说："王总，做接待工作是不适合穿这种服装的。"王总惊讶地问道："是吗？为什么？"

任务分析

　　一位女推销员在气候常年阴冷的地区工作，一直都穿着深色套装，提着一个男性化的公文包。后来她被调到阳光普照的地区，她仍然以同样的装束去推销商品，结果业绩不够理想。后来她改穿淡色的套装，换了一个女性化一点的皮包，使自己更有亲切感。着装的这一变化，使她的业绩提高了25%。可见，随着社会经济、文化的发展，穿着打扮已成为一门学问。在工商界和金融界或学术界，打扮过于时髦的女性并不吃香，人们对服装过于花哨怪异者的工作能力、工作作风、敬业精神、生活态度，一般都会持怀疑态度。

　　世界著名心理学家及演讲大师肯利教授告诉人们一个原则：服装只要穿着得当，就是最有利的沟通工具之一，也是最便捷的人际交往的"名片"。他进一步通过实验证实，不同的着装能让我们得到不同的待遇，假如穿戴得像一个成功的人，就能在各种场合得到尊敬和善待。肯利教授最后指出，在任何事业上，得体的穿着都能够帮助我们取得更大成功。

　　通过服饰的学习，使学生掌握服饰打扮的基本知识，能够正确、规范地穿着西装、西服套裙等正装，讲究色彩搭配与和谐之道，并能够按照礼仪规范的要求佩戴各类饰物。

实训设计

举行着装展示会

实训目的：掌握服饰礼仪的基本知识，展现出良好的个人形象。

实训学时：2课时。

实训地点：实训室或教室。

实训步骤：

（1）将全班学生分组，每组5～6人，每组设计不同场合（如正式场合、休闲场合等）的服饰穿戴与搭配。

（2）每组学生进行角色扮演，演示服饰的穿戴与搭配，用摄像机记录整个过程，然后投影回放，学生进行自我评价，找出不合规范之处。

（3）授课教师总结并点评学生存在的个性和共性问题。

（4）最后全班评选出"最佳表现组"。

一、正装的穿着

服饰美能使人增强自信与自尊，能树立良好的形象。服饰穿着整洁大方、自然得体，不仅是对别人的尊重，也反映了自身的形象、尊严与素养。

服装根据适用的场合不同，一般可分为功能与特点都不相同的两大类别，即在正式场合中穿着的礼服、职业装等正式服装和在非正式场合穿着的家居服、休闲服等便装。便装较注重自我感觉，方便、舒适、轻松；而正式服装较注重社会评价，严谨、规范、符合时宜。在社交活动中，人们更多穿着的是正式服装，正式服装主要有以下几类：

（一）男士西装

西装是男士通用的职业服装，也是现代社交活动中最得体的服装。许多涉外机构，包括国内一些大企业，明文规定职员不能穿短裤、休闲装上班，要求男士必须穿西服打领带。一些剧院也规定了观看者须西装革履。男士服装的流行式样变化较小，因而应准备几套做工考究的西装以应付各种社交场合。

男士西服一般分为美式、英式和欧式三类。从款式上分西服套装和西服便装。西服套装有两件套和三件套（外套、马甲、裤子）、双排扣和单排扣、三个扣眼和两个扣眼之分。

一般男士正式西装最好备三件套，选用较好的毛织品或毛涤混纺织物，采用不鲜艳、没有明显图案的单色。做工要精细，裁剪要合体，式样可趋于保守。为了提高每套西装的利用率，可选偏暗的色彩，适用于办公室、会议、宴会等多种场合。平时上班或参加不太正式的社交活动，可以不穿马甲，只穿套装。有条件的，西装不妨多备一两套，暗色、中性色均有，以分别用于不同场合。

微课 15-1

男士西装

西装的上衣如果是双排扣，不管在什么场合都应把纽扣全部扣上；单排扣西装则可随场合而定，一般两个扣眼的只扣上面一个，三个扣眼的可扣前两个，如全部扣上则显得拘谨。扣第一个显得土气，只扣第三个显得流气，在非正式场合全部敞开既潇洒自由，又不失礼，但参加宴会、婚礼等正式场合必须扣上全部扣子。

西服套装要与领带、衬衫配套穿。在社交场合，穿西服套装一定要系领带、穿衬衫。在正式场合，穿西服套装不仅要配领带与衬衫，而且衬衫领子要挺括、合体，颜色一般为浅色，白色衬衫能适应多种色彩的西装。西装衬衫领子的式样分为标准领、立领、宽角领等。

与西装配套穿的毛衣、毛背心应是"V"形领，领带应放在"V"领毛衣、毛背心里面。一身得体的西装，配上一条精致的领带，会使男士尽显风度，领带对西装有烘托的妙处。

正式场合的领带以深色为宜；非正式场合的领带以浅色、艳丽些为好。领带的颜色一般不宜与服装颜色完全一样（参加凭吊活动穿黑西装系黑领带除外），以免给人以呆板的感觉。一是领带底色可与西装同色系或为邻近色，但二者色彩的深浅明暗不同，如米色西装配咖啡色领带；二是领带与西装同是暗色，但色彩形成对比，如黑西装配暗红色领带；三是单色的西装配花领带，花领带上的一种颜色尽可能与西装的颜色相呼应。领带的打法主要有以下几种：

（1）平结。平结为男士选用最多的领结打法之一，几乎适用于各种材质的领带。要诀：领结下方所形成的凹洞需让两边均匀且对称，如图15-1所示。

图15-1　领带平结打法

（2）交叉结。这是单色素雅且较薄领带适合选用的领结打法，如图15-2所示。喜欢展现流行感的男士不妨多加使用。

图15-2　领带交叉结打法

（3）温莎结。温莎结适用于宽角领衬衫，该领结多往横向发展。应避免使用材质过厚的领带，领结也勿打得过大，如图15-3所示。

图15-3 领带温莎结打法

男士穿着西服套装时应注意：合体上衣应长过臀部，四周下垂平衡，手臂伸直时上衣的袖子恰好过腕部。领子应紧贴后颈部。衬衫领子稍露出外衣领。衬衫的袖口也应长出外衣袖口 1~2 厘米。领带结须靠在衣领上，但不能勒住脖子，也不能太往下，显得松松垮垮、不精神。领带系好后，垂下的长度应触及腰带，超过腰带或不及腰带都不符合要求。领带用领带夹固定，西装上衣左胸部的装饰袋，有时用来插放绢饰，不可用来放钢笔之类的其他东西，钢笔应放在衣服内袋中。西装的裤子要合体，要有裤线，裤长要及脚面 1~2 厘米。西服套装要配穿皮鞋，式样要稍保守，颜色与衣服相协调。在日常工作及非正式场合的社交活动中，男士可穿西服便装。西服便装上下装不要求严格配套一致。颜色可上下深浅不一，面料也可以上柔下挺。可以衬衫、领带配西裤，也可以不扎领带，不穿衬衫，穿套头衫或毛衣。

此外，男士参加社交活动也可穿中山装、民族服装或夹克。如出席庆典仪式（包括吊唁活动）、正式宴会、领导人会见国宾等隆重活动，可穿中山装或民族服装，在一些非正式场合也可以穿夹克衫。

男士在社交中穿中山装应选择上下同色同质的深色毛料材质，一般配以黑色皮鞋。中山装衣服要平整、挺括，裤子要有裤线。穿着时要扣好领扣、领钩、裤扣。在非正式社交场合中，男士也可穿夹克衫等便装，但同样应注意服装的清洁与整齐。

男士外出还可准备一件大衣或风衣，在室内正式场合一般不宜穿风衣或大衣，在需要室外活动的场合，大衣或风衣既可保暖挡风，又可增添不少潇洒的风采。

标准的男士西装穿着如图 15-4 所示。

图15-4 标准的男士西装穿着

小案例15-1 毁了一桩大生意的着装

某公司的老总到国外宣传推广自己的企业，来宾都是国际著名投资公司的管理人员，场面很正式。但来宾们发现台上的老总虽然西装革履，裤脚下却露出一截"棉毛裤的边"，而且老总的黑皮鞋里是一双白色袜子。来宾们因此产生了疑问：这样一个公司老总能管好他的企业吗？这个公司的品质能有保证吗？后来合作也就不了了之了。

问题：你能回答来宾们的疑问吗？

（二）女士西服套裙

小故事15-1   **女王的着装**

1986年英国女王伊丽莎白二世访问我国，走出机舱门的第一次亮相，穿的是正黄色西服套裙，戴正黄色帽子，在阳光下显得非常绚丽、典雅。女王本人喜欢红色和天蓝色，很少穿黄色衣服。但在中国，几千年的历史上黄色是皇帝的专用色。女王来中国访问穿正黄色裙装，既体现了自己高贵的气质，也显示了她作为一国君主的尊严与威仪，还表现出尊重中国传统文化习俗的友好姿态。

（1）选择合适的套裙。套裙最好选纯天然质地、质量上乘的面料。上衣、裙子及背心等应选用同一种面料。在外观上，套裙所用的面料，讲究的是匀称、平整、滑润、光洁，不仅有弹性、手感好，而且应当不起皱、不起毛、不起球。色彩应当以冷色调为主，借以体现出着装者的典雅、端庄与稳重。一套套裙的全部色彩不要超过两种，不然就会显得杂乱无章。图案要按照常规，商界女士在正式场合穿着的套裙，可以不带任何图案。不宜添加过多的点缀，一般而言，以贴布、绣花、花边、金线、彩条、亮片、珍珠、皮革等加点缀或装饰的套裙都不适宜商界女士穿着。尺寸要求上衣不宜过长，下裙不宜过短。裙子下摆恰好达小腿最丰满处，乃是最标准、最理想的裙长。紧身式上衣显得较为正统，松身式上衣则看起来更加时髦一些。造型上，"H"形上衣较为宽松，裙子多为筒式；"X"形上衣多为紧身式，裙子大多为喇叭式；"A"形上衣为紧身式，裙子则为宽松式；"Y"形上衣为松身式，裙子多为紧身式，并以筒式为主。套裙款式的变化主要体现在上衣和裙子方面。上衣的变化主要体现在衣领方面，除常见的平驳领、戗驳领、一字领、圆领之外，青果领、披肩领、燕翼领等并不罕见。裙子的式样常见的有西装裙、一步裙、筒式裙等，款式端庄、线条优美；百褶裙、旗袍裙、"A"字裙等，飘逸洒脱、高雅大方。

（2）选择和套裙配套的衬衫。与套裙配套穿着的衬衫，有不少讲究。从面料上讲，主要要求轻薄而柔软，比如真丝、麻纱、府绸、罗布、涤棉等，都可以用作其面料。从色彩上讲，则要求雅致而端庄，不失女性的妩媚。除了作为"基本型"的白色外，其他各式各样的色彩，包括流行色在内，只要不过于鲜艳，并且与所穿的套裙的色彩不相互排斥，均可用作衬衫的色彩。不过，还是以单色为最佳之选。同时，还要注意，应使衬衫的色彩与所穿的套裙的色彩相互协调，要么外深内浅，要么外浅内深，形成两者的深浅对比。

（3）选择和套裙配套的内衣。一套内衣往往由胸罩、内裤以及腹带、吊袜带、连体衣等构成。它应当柔软贴身，并且起到支撑和烘托女性线条的作用。有鉴于此，选择内衣时，最关键的是要使之大小适当。

内衣所用的面料，以纯棉、真丝等为佳。它的色彩可以是常规的白色、肉色，也可以是粉色、红色、紫色、棕色、蓝色、黑色。不过，一套内衣最好为同一色系，而且其各个组成部分宜为单色。就图案而论，着装者完全可以根据个人爱好加以选择。

内衣的具体款式甚多，在进行选择时，应当特别注意的是，穿上内衣之后，不应当使它的轮廓一目了然地在套裙之外显现出来。

（4）选择合适的鞋袜。选择鞋袜时，首先要注意其面料。女士所穿的与套裙配套的鞋子，宜为皮鞋。同时，所穿的袜子则可以是丝袜或羊毛袜。

鞋袜的色彩则有许多特殊的要求。与套裙配套的皮鞋，以黑色最为正统。此外，与套裙色彩一致的皮鞋亦可选择。但是鲜红、明黄、艳绿、浅紫的鞋子，则最好不要尝试。穿着套裙时所穿的袜子，有肉色、黑色、浅灰等几种常规选择，并且以单色为宜。多色袜、彩色袜，以及白色、红色、蓝色、绿色、紫色等色彩的袜子，都是不适宜的。

鞋袜在与套裙搭配穿着时，要注意其款式。与套裙配套的鞋子，宜为高跟、半高跟的船式皮鞋或盖式皮鞋。系带式皮鞋、丁字式皮鞋、皮靴等，都不宜采用。高筒袜与连裤袜，则是套裙的标准搭配。中筒袜、低筒袜，绝对不宜与套裙同时穿着。

标准的女士套裙穿着如图 15-5 所示。

图15-5　标准的女士套裙穿着

（三）女士连衣裙

连衣裙是上衣和裙子的结合体，它不但能尽显女士特有的恬静与妩媚，而且穿着便捷、舒适。连衣裙也可与西装外套等组合搭配，提高服装的使用率。连衣裙的造型丰富多彩，有前开襟、后开襟、全开襟和半开襟的；有紧身的、宽松的、喇叭形的、三角形的、倒三角形的；有无领的、有领的；有方领的、尖领的、圆角领的；有超短的、过膝的、拖地的等，它们为各种身材的女士在不同场合提供了大量的选择。

穿着连衣裙时虽以个人爱好、流行时尚而定，但社交场合的连衣裙还应以大方典雅为宜。单色连衣裙在大多数场合效果都很好，点、条、格等图案的连衣裙也要力求简洁。穿连衣裙时要注意避免：一是受时髦潮流的影响，太流行或趋于怪异，这会让人觉得突兀或荒诞。二是不顾及环境而穿着领口过低、款式过紧、面料过透的衣裙，

小贴士 15-3

职业女士
着装禁忌

会使人感到极不雅观。

（四）女士旗袍

旗袍被公认为是一种最能体现女性曲线美的服装。它源自满族服饰，在我国有着悠久的穿着历史。近年来旗袍带着一股从未有过的震撼力影响着世界各地女性的穿着，它像一种特殊的世界语，迅速被各种族的人们所接受，打破了只有东方女性才适合穿着的传统论断，因而旗袍也可作为社交中的礼服。旗袍作为礼服，一般采用紧扣的高领、贴身、长度过膝，两旁开衩、斜式开襟、袖口至手腕上方或肘关节上端的款式，面料以高级呢绒绸缎为主，配以高跟鞋或半高跟鞋。

小故事15-2　　　　　　　　　　　　　　**总统夫人与旗袍**

1984年春，里根总统夫妇访华。在总统夫人挑选面料做旗袍时，她先看中一种金色的织锦缎，但考虑到没有金色的皮鞋与之配套，便改选了以深红色为底色的中国织锦缎。在欢送里根总统的招待会上，她穿上这件深红底色的中国织锦缎旗袍，配上一双深色的高跟鞋，显得特别雍容华贵，着装搭配无懈可击。

二、着装的色彩搭配

根据礼仪的需要和自身的特点，选择适当的服装色彩进行合理搭配，是穿好服装的重要步骤。我们常说："没有不美的色彩，只有不美的搭配。"人们往往会看到，同一套衣服，不同人进行不同搭配，产生的效果是截然不同的。

（一）色彩搭配的基本法

（1）统一法，使用同一色系，根据其明暗深浅不同来搭配，从而产生一种和谐美，注意不能衔接太生硬，应尽量过渡自然。

（2）对比法，用对比色搭配，如黑与白、红与黑、黄与蓝等。

（3）调合法，用相近的颜色搭配，如红与橙、绿与蓝，配色明度、纯度应该有所差别，可以一种色深一些，一种色浅一些。

（二）色彩的主要搭配

1. "万能色"

色彩中的"黑、白、灰"是"万能色"，它们与任何颜色都能搭配，尤其是黑色与白色，是永恒的、不落伍的颜色，许多世界著名时装大师以黑、白为主题创造了诸多经典款式。

2. 其他色

有些色彩的组合对大多数人来说都是非常实用而且别致的。比如：红与黑、白、深蓝的搭配；黄与黑、绿的搭配；蓝与白、黄的搭配等；还有粉红配浅蓝，褐色配白色，黑色配浅绿等。

3.色彩搭配的技巧

（1）应根据肤色、身材、体型来确定颜色。如皮肤黄的人，应避免穿暗黄色、土黄色、紫色等颜色，因为这些颜色会使其看上去老气、不健康。再如身形肥大的人应尽量避免穿浅色、花色，深颜色会给人以收缩感。

（2）要善于调节主色、补色、突出色三者之间的关系。比如穿西服套装，以西服套装的颜色为主色，以衬衫颜色为补色，用同系列的颜色搭配，而领带则可以对比色为突出色。这样的配色，就能使服装显示出和谐而有层次的美。

（3）应根据人的性格特征来选择颜色。色彩会带给人不同的感觉，如蓝色可以说是男性"永恒的颜色"，它有高雅、理性、稳重的内涵，能让人产生信服感、权威感；灰色象征着信心十足，由于它的色彩属性比较中庸、平和，所以不易表现出威严感，但却会显得很庄重；红色似火，会使人感到热情奔放。因而，性格活泼的人宜选择暖色、花色面料，性格沉稳的人宜选深色、素色面料。

（4）应根据不同场合选择颜色。各种场合适用的着装颜色是不同的。首先，应了解各种场合的环境氛围，如果服饰所传达出的视觉感受与特定的环境氛围相吻合，这样的色彩搭配就非常协调。比如，在严肃的职业场合，要求表达高效和干练，对于喜欢暖色调的人来说，就不能自由选择适合自己的颜色了；而对于喜欢冷色调的人来说，其用色和配色就比较容易。

（5）要善于简化全身的色彩。色彩的组合适用减法，全身的色彩种类不宜过多，一般情况下不应超过三种，否则会让人感到繁乱、花哨。即便是一些饰品，如丝巾、手套、皮包等，也要尽量与服装配套或一致，以免凌乱繁杂。男士尤其要避免花哨，应严格控制鲜艳明亮色彩的过多使用。用于男士服饰上的色彩只能放在令人感到活泼、轻松的一两个点上，起到画龙点睛的作用。

小贴士 15-4

肤色与服色
的忌配

总之，色彩的组合对服装的穿着效果十分重要，要巧用色彩，善于配色，才能用不同色彩主调搭配成多姿多彩的你。

三、着装的和谐之道

（一）着装与自身形象相和谐

这里的自身形象有两层含义：一是指所从事的工作的职业形象；二是指自身的身材、长相。作为一名公关人员，经常要出入各种重要的社交场合——新闻发布会、揭幕揭牌仪式、宴会舞会等，接触不同层级的人，上至国家、国际要人，下至平民百姓，应酬活动频繁，工作主题均围绕"形象"二字，所以理应重视自身的穿着。一般说来，选择的衣料要考究，做工要精细，裁剪式样要美观，以表现出稳重、大方、干练、富有涵养的公关人员形象。另外，着装与人的身材关系密切，因而应根据自己的特点来选择适宜的服装。俗话说"三分长相、七分打扮"，把握自己的身材特点，扬长避短，会让服饰弥补缺憾。具体应注意以下几点：

（1）体型较胖的人，应用冷色调的、小花型的、质地较软的面料。因为粗呢、厚毛料、宽条绒等会有增加面积的效果，使胖人看起来更胖，给人一种笨重感。大花型面料有扩张效果，暖色、明亮的颜色也有扩张感，这都是体型较胖者所不宜选取的。

（2）身材矮小的人，宜穿同色系服装，最好鞋袜也同色。如爱穿带有花色的服装，可选择清雅小型花纹为宜，衣领式样可取方领、V领。裤子宜选用式样简单的传统式西裤，令腿显得修长。女士穿高跟鞋与深色的丝袜，也能使双腿看上去较长，但不宜穿下摆有花纹的裙子。

（3）腰粗的人，可选择剪裁自然、曲线不明显的款式，或选肩部较宽的衣服。不宜穿紧腰式的裤子，或是把上衣掖在里面，避免使人特别注意你的腰部。不要穿腰部有松紧带的裙子，以免看起来更胖。

（4）腿型不佳的人，可选择裙装和宽松的裤子。腿粗的女士，可选有蓬松感的裙子和宽大的裤子，不宜穿百褶裙，以免更显腿粗。腿短的女士，穿裙装时选高腰设计加宽腰带，长裤宜与上装同色。O型腿的人，应避免穿紧身裤，可穿质地优良的长裤或九分裤。裙长保持在膝盖以下。

（二）着装与出入场所相协调

要根据场合的不同选择着装，通过适宜的穿着、打扮给他人留下美好的印象，以便于活动的顺利开展。

（1）正式场合。这指的是商务谈判、重要的商务会议、求职面试等正规、严肃的场合。男士在正式场合通常穿严肃的西服套装（上下装面料相同、颜色相同）。纯黑色西服在西方通常用于婚礼、葬礼及其他极为隆重的场合，而正式的商务场合最常使用的西服套装颜色为深蓝色和深灰色。深蓝色和深灰色西装搭配白衬衫，是商务场合男士的首选服装。在正式的商务场合中，与男士西装相对应的女士着装是女士西服套裙或套裤（上衣领子与男士西装领子相似），而西服套裙又比西服套裤更正式。

（2）半正式场合。这是指无重大活动、无重要严肃事务的商务场合（需要注意的是，有些着装要求非常严格的公司只有周末允许穿半职业装）。男士在半正式场合，不用系领带，可以选择不太正式的西服上衣，比如亲切感更强的咖啡色西服，以及其他权威感较弱的、颜色明快的西服。面料可以选择更随意舒适的粗花呢等。上装和长裤采用不一样的面料和不一样的颜色，看上去更加轻松。搭配的时候要注意颜色与面料的平衡感。男士半职业装可以搭配高品质的针织衫以及时尚感、休闲感较强的衬衫，衬衫的领型可有较多变化。长裤的面料和颜色可以更加自然随意。需要注意的是，长裤的款式还是以西裤款式为主，不可出现萝卜裤、牛仔裤等休闲时尚裤型。女士的半职业装款式变化与组合非常丰富，可以将正装的西服套裙与套裤分开来穿，搭配经典款式的连衣裙、针织衫、短裙、衬衫等。各个款式的细节处理可以更加富有创意，颜色可以更加明亮丰富，但仍然要保持躯干线条的清晰和整体的干练。

（3）休闲场合。所谓休闲，指的是"停止工作或学习，处于闲暇轻松状态"。在这种休闲状态下，服装应当舒适、轻松、愉快，因此在款式上，男士和女士都可采用宽松的款式，比如夹克衫、T恤衫、棉质休闲裤、牛仔装等。服装颜色可以选择鲜艳

新奇的色彩。女士连衣裙、短裙或衬衫的款式细节、图案和色彩都可以更大胆、更丰富。

小案例15-3　　　　　　　　　　　　　　小李的尴尬

　　小李和几个外国朋友相约周末一起聚会娱乐。为了表示对朋友的尊重，星期天一大早，小李就西装革履地打扮好，对着镜子摆正漂亮的领结前去赴约。8月的天气酷热难耐，他们来到一家酒店就餐，边吃边聊，大家好不开心快乐！可是不一会儿，小李就汗流浃背，不住地用手帕擦汗。饭后，大家到娱乐厅打保龄球，在球场上，小李不断为朋友鼓掌叫好。在朋友的强烈要求下，小李勉强站起来整理好服装，拿起球做好投球准备。当他摆好姿势用力把球投出去时，只听"咔"的一声，上衣的袖子被扯开了一个大口子，弄得小李十分尴尬。

　　（4）商务酒会场合。西方男士在特殊场合的礼服分为晨礼服、晚礼服等，但近年来有逐渐简化的趋势。国内一般公司的小型商务酒会、聚会，男士穿深色西装即可，但是领带的图案和颜色都需要更加华丽一些。女士的服装尽量以小礼服风格的款式为主，但不宜过于暴露肌肤，领、袖、肩既不可过于裸露又不可过于严实，不要过于隆重、夸张，裙长在膝盖上下比较妥当。可以选用带丝缎短裙、纱裙等，也可用无领无袖单色连衣裙搭配亮丽的首饰、丝巾等增强闪光点和华丽感。酒会穿的鞋可以选用丝缎面料、露趾的晚装鞋，手提包换成小巧一些的晚装包。

　　（5）晚宴场合。参加国际商务场合的隆重晚宴需要穿晚礼服。晚礼服是20：00以后穿用的正式礼服，是礼服中档次最高、最具特色、最能充分展示个性的礼服样式。女士的晚礼服常与披肩、外套、斗篷等相搭配，与华美的装饰手套等共同构成整体装束效果。西方传统晚礼服款式强调女性窈窕的腰肢，增加臀部以下裙子的重量感，肩、胸、臂的充分展露为华丽的首饰留下表现空间。通常选用闪光缎、丝光等面料，充分展现华丽感、高贵感。多配高跟细袢的凉鞋或修饰性强、与礼服相宜的高跟鞋。中国女性的身材和西方女性有所不同，因此可以选用面料华丽、制作精美的旗袍式晚礼服，同样能够产生惊艳的效果。男士参加晚宴的时候可以根据自身的喜好选择正式晚礼服或黑色西装，但一定注意细节处理要恰到好处。

　　（6）运动场合。商务人员会经常参加公司组织的体育比赛或观看体育赛事，参加此类活动应当穿运动装。运动装与休闲装都具有宽松、舒适的特点，但是运动装比休闲装更加适宜人体运动。不同的体育比赛有不同的运动装款式，参加活动之前应当准备好相应的服装。

　　（7）家居场合。下班回家之后通常应当换上家居服。家居服也有晨衣、睡衣等诸多款式，但其共同的特点是舒适、宽松、随意。因此，需要提醒商务人员注意的是，假如有客人来访，只要不是非常熟悉的人，就一定要换上休闲服或半职业装会见客人。即使是在家里，穿着睡衣之类的家居服见同事或客户也是非常不礼貌的。有些家居服的款式是会客时穿的，但也只适用于见很熟的私人朋友或邻居等。最后要提醒大家的是，家居服绝不可以穿到自家大门以外，哪怕你只是去楼下小卖店买瓶酱油，穿着睡衣也是非常失礼的。

（三）着装整体要和谐

服饰的穿着与搭配要考虑整体协调性。具体要注意的是：

（1）切忌撞色。配色时要么用柔性搭配，运用同色系或类似色表现稳重；要么用暗色，以对比组合表现个性。如在正式服装中选用了不搭配的颜色，如蓝西服、黄衬衫、红领带，会显得滑稽可笑。

（2）切忌服装线条不配衬。例如，穿条纹外衣配搭条纹衬衫再配斜条领带，形象就不佳。

（3）切忌质感冲突。如厚重质料的上衣配厚重质料的衬衣，或毛呢上衣配一轻柔的裙子则不协调。

（4）切忌款式配合不当。例如，外衣是传统的，领带却是很新潮的，会让人觉得不伦不类。

可见，着装只有把握自我特点，适应不同环境，并且保持整体的协调一致，才能穿出风采与神韵，显示个性与风格。

四、服装饰物的佩戴

小案例15-4   **饰品佩戴**

小刘大学毕业不久，在一家公司担任销售代表，平时就很讲究穿着打扮。一次，她去本市一家大型国有企业洽谈业务。这个业务对公司非常重要，为了给对方留下好印象，她做了精心的打扮：穿了一套流行的服装，左右手各戴着一只造型独特的戒指，右手腕上戴着一只时尚的手镯，脖子上戴着一条亮闪闪的白金项链，耳朵上戴着一副新潮的耳坠，随着她的走动，耳坠还发出清脆悦耳的声音。接待她的是一位50岁左右的中年人和一位20多岁的小伙子。在洽谈过程中，年轻人不时盯着她看，使她很不好意思，当她站起来将有关材料递给对方时，耳坠又不小心钩住了中年人的衣袖，使得双方都很尴尬。

饰物的佩戴要注意与个人的风格、服装的质地、整体形象等相一致，具体需要注意如下方面：

（一）帽子与围巾

帽子可以遮阳，可以御寒，同时也给人的仪表增添各种不同的造型感。帽子种类有许多，如法式帽、西班牙式帽、宽檐帽、鸭舌帽、滑雪帽、水手帽、棒球帽等。帽子要注意与发型、脸型及服装的式样、颜色相配，还要注意与围巾相呼应。例如，简单优雅、线条流畅的圆形滚边帽下散落一头长发，最能表现出不造作的个性；而棕色的豹纹丝绒圆帽及围巾，既流行又不失沉稳，表现出酷劲十足。单单一条围巾也可为服装增添色彩，如一条丝巾的随意变化，或围在肩上，或系在脖子上，或在头上装饰发型都会起到意想不到的效果。冬季的一条长围巾披在一边的肩膀上，也会有意想不到的美感。

（二）眼镜

眼镜不仅是实用的日常用品，也可以看成是"眼睛的服饰"，眼镜的选择要适合人的脸型。方形脸可选用稍圆或有弧度的镜框，这样可与方形脸互补，鼻托应较高，以使镜框顶端的位置凸起；长方形脸由于脸型过长，镜框应当尽可能遮住脸部中央以修短脸型，因此适合佩戴镜框较大的眼镜；圆形脸为减弱圆形的感觉，可选择有直线或有角度的镜框，黑色、咖啡色等较深色系也有改变脸型的效果；三角形脸由于前额宽、脸颊较尖，选择有细边和垂直线的镜框可以平衡脸的下方，镜框位置不宜太高，过粗的鼻桥及深色、方形眼镜皆不合适。此外，个性也是考虑因素之一：较大鼻子要选择较大镜框来平衡；较小鼻子要戴浅色和较高鼻托的眼镜，可使鼻子看起来较长。

（三）包

无论是男士的公文包还是女士的坤包都应与所穿服装相协调，要保持包的清洁和美观。如果包中没有分隔夹层的话，可用几个小袋子将包内物品分类存放。如女士的皮包中可放一些化妆品、零钱、钥匙、纸巾、笔等用品，可将其分类装入不同的小袋中，以免找东西时乱翻一通或需把东西全倒出来才能找到，这样既破坏美感又浪费时间。正式社交场合中，皮包最好拿在手上，而不是背在肩上。

（四）鞋

社交中，男士的鞋一般都是皮鞋，如穿民族服装和中山装也可以穿布鞋。男士的皮鞋以黑色最为通用，样子以保守一点为宜。女士的皮鞋一般为敞口鞋或冬季的短靴，布鞋、凉鞋或长筒马靴一般不适用于正式社交场合。女士鞋的颜色也以黑色为通用，也可与服装颜色协调一致。皮鞋要求线条简洁，无过多的装饰。女士穿高跟鞋的高度一般以 3 厘米 ~ 4 厘米为宜，最高不超过 6 厘米。此外，高跟鞋的鞋跟也不可太细，以免发生危险。

（五）袜子

社交中，男士的袜子应是深色的，最好是服装与鞋的过渡色。有的人在穿西装时穿白袜子，会破坏整体的稳重感，把人的视线吸引到了脚上，也许一双袜子就破坏了精心设计的整体美。女士穿西服套装时的袜子也是同样的道理。女士穿裙子时最好穿连裤长袜，它比较适合各种款式的裙子，尤其是在穿短裙、中间或两旁开衩的裙子时，以免穿半截袜大腿露出不雅。即使穿长筒袜也要用吊袜带，以免袜子松松垮垮或滑下。长袜以肉色、黑色系列最为通用。尽量穿有透明感的长袜，除非冬季穿很厚的衣裙、大衣时才可以厚实一点。

（六）首饰

对于服饰而言，首饰起着辅助、烘托、陪衬、美化的作用。从审美的角度来看，

小故事 15-3

查尔斯王子的婚典

它与服装、化妆一道被列为人们用以装饰、美化自身的三大方法。较之于服装，它常常发挥画龙点睛的作用。

（1）戒指。在西方，戒指是无声的语言。一般来说，将戒指戴在左手各手指上有不同的含义：戴在食指上表示未婚或求婚；戴在中指上表示正在热恋中；戴在无名指上表示已订婚或结婚；戴在小指上则表明"我是独身者"。右手戴戒指纯粹是一种装饰，没什么特别的意义。中国人也戴戒指，但一定不能乱戴。参加较正规的外事活动，一般情况下，一只手上只戴一枚戒指，戴两枚或两枚以上的戒指是不适宜的，并且最好佩戴古典式样的戒指。

（2）项链。项链的粗细应与脖子的粗细成正比。从长度上分，项链可分为四种：短项链约40厘米，适合搭配低领上衣；中长项链约50厘米，可广泛使用；长项链约60厘米，适合在社交场合使用；特长项链约70厘米，适用于隆重的社交场合。

（3）耳饰。它有耳环、耳链、耳钉、耳坠等款式，一般为女性所用，并且讲究成对使用，也就是说每只耳朵上均佩戴一只。工作场合，不要一只耳朵上戴多只耳饰。另外，佩戴耳饰，应兼顾脸型，不要选择和脸型相似形状的耳饰，使脸型的短处被强调夸大。耳饰中的耳钉要小巧而含蓄一些。

（七）手饰

（1）手镯。有雕塑感的木质宽手镯带有中性色彩，金属宽手镯就显得很酷。而另一种风格的宽手镯——人造宝石镶上图案，展示出一种目不暇接的华丽风格。它主要强调手腕和手臂的美丽。可以只戴一只，通常应在左手；也可以同时戴两只，一只手戴一只，或者都戴在左手。

（2）手链。男女都可以佩戴手链，但一只手上只能戴一条，而且应戴在左手上。它可以和手镯同时佩戴。在一些国家，佩戴手链、手镯的数量、位置，可以表示婚姻状况。手链不要和手表同时戴在一只手上。

（3）手表。在社交场合，佩戴手表，通常意味着时间观念强、作风严谨。在正规的社交场合，手表往往被看作首饰，其也是一个人地位、身份、财富状况的体现。所以，男士的手表，往往引人注意。在正式场合佩戴的手表，在造型上要庄重，避免怪异、新潮，尤其是尊者、年长者更要注意。一般正圆形、正方形、长方形、椭圆形和菱形手表适用范围极广，也适合在正式场合佩戴，而那些新奇、花哨的手表造型，仅适合少女和儿童。一般选择表带为单色或双色的手表，色彩要高雅。黑色的表带最理想。除数字、商标、厂名、品牌外，手表没必要再出现其他无意义的图案，像广告表、卡通表等不宜出现在工作人员的手腕上。另外，在交际场合，特别是和别人交谈时，不要有意无意地看表，否则对方会认为你对交谈心不在焉、不耐烦，想结束谈话。

（八）胸花

胸花，也叫胸针，是为女性特别设计的，专门用于装饰女性的胸、肩、领口等部位。胸花有鲜花、人造花及金属材质等几种。相比之下，鲜花佩戴起来更显高雅，但不能持久。选择胸花时，一定要考虑服装的款式、颜色、面料，要考虑所出席的社交活动的层次，要考虑自身的体型和脸型条件。例如，个子矮小的女士适合小一点的胸花，佩戴时部位可稍高一些；个子高大的女士可选择大一点的胸花，佩戴时位置可低一些。同时要注意佩戴的部位，穿西服时应别在左侧领上，穿无领上衣时应别在左侧胸前。发型偏左时胸针应当居右，发型偏右时胸针应当偏左，其高度应在从上往下数第一粒和第二粒纽扣之间。

课后练习

1.服装美的最高境界是外在美和内在美的统一，你对这个问题是怎样理解的？

2.在日常生活中你还发现哪些着装不符合礼仪要求的现象？应该怎样改进？

3.请根据周围同学的脸型、体型和个性特点，给他（她）在服饰运用上提些合理化建议。

4.学校将举行首届校园形象礼仪大赛，请为自己进行整体形象设计。

5.如果你所在的学校向学生征集校服设计方案，你班积极响应学校的号召，准备参与这项活动，你应该怎样做？请将你的设计思路与同学分享、讨论。

6.案例分析。

利用服饰巧妙地修饰形体缺陷

沈秋月是一家公司的经理助理，因为工作的关系，她非常注重自己的穿着。可她有一个烦恼，那就是她的胸部过于丰满。如果穿职业装，势必将胸部衬托得鼓鼓囊囊，有失美感。很快她就对自己的服装进行了调整，她改穿背心式的长洋装，这样里面不但可以搭配不同颜色的上衣，而且能造成前胸的视觉分割，使得胸部看起来不那么明显；同时，极力修饰自己下半身线条，选择深色调的长筒袜。这样搭配之后，无论她走到哪里，都会引来欣赏和赞美的目光，瞬间提升了自己的职场气质指数。

张明朗是客服经理，每天要跟形形色色的顾客打交道，除了能说会道外，她也不忘让自己的衣服替自己说话。用她自己的话说，她长得哪儿都不对，比如大腿胖、小腿粗、有小肚子、臀部还宽，那些具有修身效果的紧身衣服她连试都不敢试。后来经过服装搭配方面的学习，她开始关注时髦的宽松长裙，这样不但可以对她的粗腿和小肚子加以修饰，还可以将臀部巧妙地隐藏起来。当她和客户沟通时，显得气质优雅，用一句流行的话来形容就是：很有范儿！

陈菊英是一位中学教师，为人师表自然要格外注意穿衣。她之前一般以穿套装为主。但她身材不高，较胖，腰还比较粗，穿上传统套装整个成了一个滚筒，这身打扮背地里不知道引来同事和学生多少笑话。后来她听从服装店店员的建议更换了服装款式，给自己选择了伞状上衣，腰部以下有蓬松的下摆，恰到好处地遮挡了粗壮的腰部，并且使得她的个子显得不那么矮小。

思考讨论：（1）本案例对你选择服饰有何启示？

（2）你存在形体缺陷吗？你准备怎样利用服饰巧妙地修饰形体缺陷？

任务 16

仪 态

案例导入　　　　面试怎么还没开始就结束了呢？

一次，有位老师带着三位毕业生同时去应聘一家酒店总台接待职位，面试前老师怕学生面试时紧张，同人事部经理商量让三位同学一起面试。三位同学进入人事部经理的办公室时，经理上前请三位同学入座。当经理回到办公桌前，抬头一看欲言又止，只见两位同学坐在沙发上，一个架起二郎腿而且两腿不停地抖动，另一个身子松懈地斜靠在沙发一角，两手攥握手指咯咯作响，只有一位同学端坐在椅子上等候面试。人事部经理起身非常客气地对两位坐在沙发上的同学说："对不起，你们的面试已经结束了，请退出。"两位同学四目相对，不明所以，面试怎么还没开始就结束了呢？

◼ 任务分析

仪态，又称"体态"，是指人的身体姿态和风度。姿态是身体所表现出的样子，风度则是内在气质的外在表现。人的一举手、一投足、一弯腰乃至一颦一笑，并非偶然的、随意的，这些行为举止自成体系，像有声语言那样具有一定的规律，并具有传情达意的功能。人们可以通过自己的仪态向他人传递个人的学识与修养，并能够通过仪态交流思想、表达感情。在社交中，仪态是极其重要、有效的交际工具，它用一种无声的语言向人们展示出一个人的道德品质、人品学识、文化品位等。用优良的仪态礼仪传情达意，往往比语言更让人感到真实、生动。所以，我们在公关交际中必须举止优雅，做到仪态美。

学生通过仪态知识的学习，在公关交际场合能够以正确优美的站姿、坐姿、走姿、蹲姿塑造出良好的交际形象；能够正确遵循眼神、微笑、手势等礼仪规范要求，展现出大方自然的个性形象；能够杜绝各种不良的行为举止。

◼ 实训设计

仪态举止情景模拟活动

实训目的：掌握仪态礼仪的基本知识，具有优雅的举止，展现出良好的个人形象。

实训学时：2课时。

实训地点：实训室或教室。

实训步骤：

（1）将同学分组，每个小组5～6人，设计各种情景（如求职面试、商务接待、商务拜访等场景）展示基本的仪态礼仪；

（2）每组同学根据设计的情景进行角色扮演，展示基本的站姿、坐姿、走姿、蹲姿、表情、手势等仪态，用摄像机记录展示的全过程；

（3）根据录像，找出不规范的地方，同学之间可进行相互评价；

（4）最后由授课老师进行总结评价，全班同学评选出"最佳表现组"。

仪态比相貌更能表现人的精神。"站如松，坐如钟，走如风，卧如弓"是中国传统礼仪的要求，在当今社会中已被赋予更丰富的含义。仪态属于人的行为美学范畴，它既依赖于人的内在气质的支撑，同时又取决于个人是否接受过规范的和严格的体态训练。英国哲学家培根说："在美的方面，相貌的美，高于色泽的美，而优雅合适的动作又高于相貌的美。"

微课 16-1

仪态

一、站姿

站姿是静态的造型动作，是指人的双腿在直立静止状态下所呈现出的姿势，站姿是走姿和坐姿的基础，一个人想要表现出得体优雅的姿态，首先要从规范站姿开始。所谓"站如松"，就是指人的站立姿势要像松树一样直立挺拔，双腿均匀用力。

（一）标准站姿

（1）头正。两眼平视前方，嘴微闭，脖颈挺直，头顶上悬，下颌微收，表情自然，面带微笑。

（2）肩平。肩部微微放松，稍向后下沉，自然呼吸。

（3）臂垂。两肩平整，两臂自然下垂于体侧，虎口向前，手指自然弯曲。

（4）躯挺。挺胸收腹，臀部向内向上收紧。

（5）腿并。女性两腿立直、贴紧，脚跟靠拢，脚尖呈45°～60°夹角，男性可两脚分开，与肩同宽。

标准站姿如图16-1和图16-2所示。

（二）不同场合的站姿

在升国旗、奏国歌、接受颁奖、接受接见、致悼词等庄严的仪式场合，应采取严格的基本站姿，而且神情要严肃。在发表演说、发言、作报告时，为了减轻身体对腿的压力，减轻由于较长时间站立双腿的疲倦，可以用双手支撑在讲台上，两腿轮流放松。主持文艺活动、联欢会时，可以将双腿并拢站立，女士可站成"丁"字步，让站立姿势更加优美。站"丁"字步时，上体前倾，腰背挺直，臀微翘，双腿叠合，玉立于众人间，富于女性魅力，如图16-3所示。门迎、侍应人员往往站的时间很长，双

图16-1 标准站姿（正面）　　　　　　　　　图16-2 标准站姿（侧面）

腿可以平分站立，双腿分开不宜超过肩。双手可以交叉或前握垂放于腹前；也可以背后交叉，右手放到左手的掌心上，但要注意收腹。礼仪小姐的站立，一般可采取立正的姿势或"丁"字步。如双手端执物品时，上手臂应靠近身体两侧，但不必夹紧，下颌微收，面含微笑，给人以优美亲切的感觉。

图16-3 "丁"字步站姿

小贴士16-1　　　　　　　　　　　　　　　**站姿与性格**

　　双腿并拢站立者，给人的印象是可靠、脚踏实地，但表面有时显得有点冷漠。

　　双腿分开30厘米左右，脚尖略朝外偏的站姿，表现出站立者果断、任性、富有进取心，不装腔作势。

　　双腿并拢站立，一脚稍后，两足平置地面，体现出站立者有雄心，性格急躁，是个积极进取、极富冒险精神的人。

　　站立时一腿直立，另一腿弯置其后，以脚尖触地，说明站立者情绪非常不稳定，变化多端，喜欢不断的刺激与挑战。

(三) 站姿的训练

（1）对镜练习。在他人的帮助下，或自己对着镜子进行训练，便于纠正不良姿势，在找准标准站姿的感觉后，再坚持每次20分钟左右的训练。

（2）靠墙站立练习。要求脚后跟、小腿、臀部、双肩、后脑勺都要紧贴墙壁，每次训练控制在20~30分钟，如图16-4所示。

图16-4　靠墙站立练习

（3）头顶书练习。要求把书放在头顶中心，为使书不掉下来，头、躯干要挺直，自然保持平衡，这种训练方法可以纠正低头、仰脸、晃头及左顾右盼等不良习惯，每次训练控制在20~30分钟，如图16-5所示。

图16-5　头顶书练习

二、坐姿

坐姿是一种基本的静态体位，是指人在就座以后身体所保持的一种姿势。端庄优美的坐姿会给人以文雅、稳重、大方的美感，给人留下良好的印象。所谓"坐如钟"，就是指坐姿要像钟一样端庄沉稳、镇定安详。

(一) 标准坐姿

轻轻地走到座位前，缓慢转身，从座位左侧入座，坐在椅子上时，应坐满椅子的

1/2～2/3。坐下后，头正颈直，下颚微收，面带微笑，双目平视前方或注视对方。身体要保持正直，挺胸收腹，腰背挺直。双腿并拢，小腿与地面垂直，双膝及脚跟并拢。双肩放松下沉，双臂自然弯曲内收，双手呈握指式，右手在上，手指自然弯曲，放于腹前双腿上。标准坐姿如图16-6所示。

图16-6　标准坐姿

一般情况下，要求女性的双腿并拢，男性双腿之间可适度留有间隙。双腿自然弯曲，两脚平落地面，不宜前伸。在日常交往场合，男性可以跷腿，但不可跷得过高或抖动。女性大腿并拢，小腿交叉，但不宜向前伸直。如果女性着裙装，应养成在就座前从后面抚顺一下再坐下的习惯，如图16-7所示。根据不同的场合和不同的座位，坐的位置可前可后，但上身一定要保持挺直。

图16-7　整理裙装

（二）坐姿的分类

以一个人的脚位为依据，男士、女士的坐姿可以做以下分类：

（1）垂直式坐姿。这一坐姿就是通常说的"正襟危坐"，在最正规的场合使用，男士、女士均适用。要领是：上身与大腿、大腿与小腿、小腿与脚部都呈直角，小腿垂直于地面，双膝、双腿完全并拢。

（2）标准式坐姿。这一坐姿适用于各种场合。要领是：在垂直式坐姿的基础上，女士两脚保持小"丁"字步，男士两脚自然分开呈45°角。

（3）屈直式坐姿。这在稍微低矮一些的椅子上更为适用，是女士非常优雅的一种坐姿。要领是：大腿与膝盖靠紧，一脚伸向前，另一脚屈回，两脚前脚掌着地并在一条直线上。

（4）前伸式坐姿。这一坐姿适用于各种场合，一般为女士所采用。要领是：双腿及双脚并在一起，向前伸出一脚左右的距离，按方向共有三种：正前伸直、左前伸直和右前伸直，脚的位置可以是双脚完全并拢，也可以脚踝不交叉，脚尖不可翘起。

（5）后屈式坐姿。这一坐姿适用于各种场合，以女士为主。要点是：两腿和膝盖并紧，小腿向后屈回，脚尖着地。

（6）分膝式坐姿。这一坐姿适用于一般场合，为男士坐姿。要领是：两膝左右分开，但不超过肩宽，小腿与地面垂直，两脚脚尖朝向正前方，两手自然放于大腿上。

小贴士 16-2

使用电脑时
的坐姿

（三）坐姿的训练

坐姿是否优美，最关键的影响因素是腿位和脚位，这是坐姿训练的主要内容。训练时要求上身挺直，腿姿优美。同时，还要注意入座和离座两个环节的训练。入座时，要轻而缓。走到座位前面转身，右脚后退半步，左脚跟上，保持上身的直立和身体重心的稳定，轻轻地坐下。女性入座时，要稍微拢一下裙边。离座时，也要轻而缓。先采用基本的站姿规范，站定之后方可离开。若是起身就走，则会显得过于匆忙，有失稳重。

三、走姿

走姿也称步态，是指一个人在行走过程中的姿势。它以人的站姿为基础，是站姿的延续，始终处于运动中。走姿体现的是一种动态美，能直接反映出一个人的精神面貌，表现一个人的风度、风采和韵味。有良好走姿的人会更显年轻有活力。所谓行如风，就是指行走动作连贯、从容稳健。步幅、步速要以出行的目的、环境和身份等因素而定。协调和韵律感是步态的最基本要求。

（一）标准走姿

走姿的要领：双眼平视臂放松，以胸领动肩轴摆，提髋提膝小腿迈，跟落掌接趾推送。

标准的走姿应该是上身基本保持站立的标准姿势，挺胸收腹，腰背笔直。两臂以身体为中心，前后自然摆动：前摆约35°，后摆约15°，手掌朝向体侧。起步时身子稍向前倾，重心落在前脚掌，膝盖伸直；脚尖向正前方伸出，行走时双脚内侧踩在一条线缘上。正确的行走姿势，上体的稳定与下肢的频繁规律运动形成对比，和谐、干净利落、均匀的脚步形成节奏感。前后、左右行走动作的平衡对称都会呈现行走时的形式美。男子走路的步幅要大于自己的一个脚长，女子穿裙装走路时步幅要小于自己的一个脚长。正常的情况下步速要自然舒缓，显得成熟自信，男子行走的标准速度为每分钟108～110步，女子则以每分钟118～120步为宜。

（二）走姿的种类

（1）前行式走姿。身体保持起立挺拔，行进中若与人打招呼时，要同时伴随头部和上身的左右转动，微笑点头致意。禁止只转动头部，用眼睛斜视他人的举止。

（2）后退式走姿。当与他人告别时，扭头就走是不礼貌的。应该先后退两三步，再转身离去。退步时不能轻擦地面，不高抬小腿，后退的步幅要小些，两腿之间距离不能太大，要先转身再转头。

（3）侧行式走姿。当引导他人前行或在较窄的走廊、楼道与他人相遇时，要采用侧行式走姿。引导时要走在来宾的左侧，身体稍向右转体，左肩稍前，右肩稍后，身体朝向来宾，保持两步左右的距离。介绍环境时要辅以手势，这样可以观察来宾的意愿，及时提供满意的服务。

小贴士16-3　　　　　　　　　**不同走姿所反映的心理特征**

心理学家史诺嘉丝发现，走路大步，步子有弹性及摆动手臂，显示一个人自信、快乐、友善及富有雄心；而拖着脚走路的人，通常不快乐或内心苦闷；喜欢支配别人的人，走路时倾向于脚向后踢高；性格冲动的人，就像鸭子一样低头急走；女性走路时手臂摆得高，则显示出她精力充沛和快乐。

（三）不同环境的走姿

第一，在比较拥挤的环境中，要精神饱满，步态轻盈，行走的步幅、速度要适中，手臂的摆幅不宜过大，路遇来宾要让路，躲闪要灵敏、有礼貌。

第二，在要求保持安静的地方，要避免发出大的响声，走路要轻盈；若穿皮鞋或高跟鞋在没有地毯的地方行走，要把脚后跟提起，尽量用脚掌着地行走，以免发出响声。

第三，如在楼道、楼梯等环境里，由于过道狭窄，行走时要靠右，途中如迎面遇到来宾，要提早侧身让路，并微笑点头致意，表示尊重。

第四，进出电梯时，应遵循"先出后进"的原则。进出时，应侧身而行，以免碰撞、踩踏他人，进入电梯后，应尽量靠里边站。

（四）走姿的训练

（1）顶书训练。将书置于头顶，面对镜子，行走时，双肩自然摆动，保持头正、颈直、目不斜视，可以纠正走路摇头晃脑、东瞧西望的毛病。

（2）步位、步幅训练。在地上画一直线，行走时检查自己的步位和步幅是否正确，可以纠正八字脚及步幅过大或过小的毛病。

（3）步态综合训练。最好在节奏感较强的音乐中训练走姿，行走时各种动作要协调，注意掌握好行走的速度和节拍。

四、蹲姿

俗话说"蹲要雅"，蹲姿是人的身体在低处取物、拾物、整理物品、整理鞋袜时所呈现的姿势，它是人体静态美与动态美的综合。蹲姿要动作美观，姿势优雅。

（一）标准蹲姿

标准的蹲姿有以下要求：首先要讲究方位，当需要捡拾低处或地面物品的时候，可走到物品的左侧；当面对他人下蹲时，要侧身相向；当需要整理鞋袜或于低处整理物品时可面朝前方，两脚一前一后，一般情况下左脚在前、右脚在后，目视物品，直腰下蹲。直腰下蹲后方可弯腰捡拾低处或地面的物品，以及整理鞋袜或在低处工作。取物或工作完毕后，先直起腰部，使头部、上身、腰部在一条直线上，再稳稳站起。标准的蹲姿如图16-8所示。

图16-8　标准的蹲姿

（二）蹲姿的种类

蹲姿主要有高低式、单膝点地式和交叉式三种。

（1）高低式。这是常用的一种蹲姿，基本特征是双膝一高一低。此蹲姿男士、女士均适用。要领是：下蹲后，左脚在前，右脚在后；左脚完全着地，小腿基本垂直地面；右脚要脚掌着地，脚跟提起；右膝要低于左膝，右膝内侧可靠于左小腿的内侧，形成左膝高右膝低的姿态。臀部向下，基本上以右腿支撑身体。女士应注意紧靠双腿，男士两腿之间可有适当的距离，如图16-9所示。

图16-9　高低式蹲姿

（2）单膝点地式。这种蹲姿适用于男士，其特征是双腿一蹲一跪。它是一种非正式的蹲姿，多在下蹲时间较长或为了用力方便时采用。下蹲后，右膝点地，臀部坐于脚跟之上，以脚尖着地。左腿全脚掌着地，小腿垂直于地面。双膝同时向外，双腿尽力靠拢，如图16-10所示。

图16-10　单膝点地式蹲姿

（3）交叉式。这种蹲姿优美典雅，其基本特征是双腿交叉在一起，此蹲姿适用于女士。要领是：下蹲后，左脚在前，右脚在后，左小腿垂直于地面，全脚着地。左腿在上，右腿在下，二者交叉重叠，右膝从后下方伸向左前侧，右脚跟抬起，脚掌着地，两腿前后靠近，全力支撑身体。上身略向前倾，臀部朝下，如图 16-11所示。

图16-11　交叉式蹲姿

（三）蹲姿的注意事项

（1）不要突然下蹲。下蹲时，速度切勿过快，特别是在行进中下蹲时尤其要注意。

（2）不要方位失当。在他人身边下蹲时，最好与之侧身相向，正面面对他人或背对他人下蹲都是极不礼貌的。

（3）不要毫无遮掩。在大庭广众之下下蹲时，身着裙装的女性一定要注意掩饰。

（4）不要随意滥用。不要在工作中随意采用蹲姿，也不可蹲在椅子上或蹲在地上休息。

错误的蹲姿如图 16-12 所示。

图16-12　错误的蹲姿

（四）蹲姿的训练

要主动有意识地、经常地进行标准蹲姿训练，养成良好习惯。可以运用压腿、踢腿、活动关节等方式加强膝关节、踝关节的力量和柔韧性训练，这是形成优美蹲姿的基础。

平时在进行蹲姿训练时可以配上优美的音乐，放松心情，减轻单调、疲劳之感。

五、眼　神

俗话说"眼睛是心灵的窗户"，它是人体传递信息最有效的器官，而且能表达最细微、最精妙的差异，显示出人类最明显、最准确的交际信号。据研究，在人的视觉、听觉、味觉、嗅觉和触觉感受中，唯独视觉感受最为敏感，人由视觉感受到的信息占总信息的83%。人的七情六欲都能通过眼睛这个神秘的器官显现出来。

（一）眼神礼仪的构成

小故事 16-1

老师的眼神

眼神礼仪的构成，一般涉及时间、角度、部位、方式等几个方面，见表16-1。

表 16-1　　　　　　　　　　　　　　　　眼神礼仪

时间	友好：注视对方的时间应占全部相处时间的约1/3
	关注：比如听报告、请教问题时，则注视对方的时间应占全部相处时间的约2/3
	轻视：注视对方的时间不到全部相处时间的1/3，意味着对其瞧不起或没有兴趣
	敌意：注视对方的时间超过了全部相处时间的2/3，往往表示可能对对方抱有敌意，或是为了寻衅滋事
	兴趣：注视对方的时间长于全部相处时间的2/3，还有另一种情况，即对对方本人产生了兴趣
角度	平视，也叫正视，一般用于在普通场合与身份、地位平等之人进行交往
	侧视，是平视的一种特殊情况，即位于交往对象一侧，面向对方，平视着对方
	仰视，即主动居于低处，抬眼向上注视他人，适用于面对敬重之人
	俯视，即抬眼向下注视他人，一般用于身居高处之时。它可表示对晚辈宽容、怜爱，也可表示对他人轻慢、歧视
部位	注视对方双眼，表示重视对方，但时间不宜过久
	注视对方额头，表示严肃、认真、公事公办，适用于极为正规的公务活动
	注视眼部至唇部，是交际场合面对交往对象时所用的常规方法
	注视眼部至胸部，多用于关系密切的男女间
	注视眼部至腿部，它适用于注视相距较远的熟人，亦表示亲近、友善，但不适用于关系普通的异性
	对他人身上的某一部位随意一瞥，可表示注意，也可表示敌意，多用于在公共场合注视陌生之人，但最好慎用

方式	直视，即直接地注视交往对象，它表示认真、尊重，适用于各种情况。若直视他人双眼，即称为对视。对视表示自己大方、坦诚，或是关注对方
	凝视，是直视的一种特殊情况，即全神贯注地进行注视。它多用以表示专注、恭敬
	盯视，即目不转睛，长时间地凝视其人的某一部位。它表示出神或挑衅，故不宜多用
	扫视，即视线移来移去，注视时上下左右反复打量。它表示好奇、吃惊，亦不可多用，对异性尤其应禁用
	睨视，又叫睥视，即斜着眼睛注视。它多表示怀疑、轻视，一般应当忌用。与初识之人交谈时，尤其应当忌用
	眯视，即眯着眼睛注视。它表示惊奇、看不清楚，模样不大好看，故也不宜采用
	环视，即有节奏地注视不同的人员或事物。它表示认真、重视，适用于同时与多人打交道，表示自己"一视同仁"
	他视，即与某人交谈时不注视对方，反而望着别处。它表示胆怯、害羞、心虚、反感、心不在焉，是不宜采用的一种眼神

小贴士16-4　　　　　　　　　　　　　　　　　**丰富的眉语**

眉语十分丰富，仅眉毛的表情动作就有20余种，可以表达出不同的语义（见表16-2）。在人际交往中，为了体现良好的教养，保持优美的形象，双眉应保持自然平直的状态，不要有皱眉、挑眉等动作。

表16-2　　　　　　　　　　　　　　　眉毛动作语义

动作	语义	动作	语义
扬眉	喜悦	横眉	轻蔑
展眉	宽慰	皱眉	为难
飞眉	兴奋	锁眉	忧愁
喜眉	欢愉	挤眉	戏谑
竖眉	愤怒	低眉	顺从

（二）眼神的训练

准备好小镜子、音乐播放器、乐曲、优秀影视剧中的演员和节目主持人通过眼神表达内心情感的影像资料等。运用以下方法坚持天天训练，不要间断，必使眼睛明亮、有神：

（1）睁大眼睛训练。有意识地练习睁大眼睛，增强眼部周围肌肉的力量。

（2）转动眼球训练。头部保持稳定，眼球尽最大的努力向四周做顺时针和逆时针

360°转动，增强眼球的灵活性。

（3）视点集中训练。点上一支蜡烛，视点集中在蜡烛火苗上，并随其摆动，坚持训练可使目光集中、有神，眼球转动灵活。

（4）目光集中训练。眼睛盯住3米外的某一物体，先看外形，逐步缩小范围到物体的某一部分，再到某一点，再到局部，再到整体。这样可以提高眼睛明亮度，使眼睛十分有神。

（5）影视观察训练。观看视频资料，注意观察和体会优秀影视剧中的演员和节目主持人是如何通过眼神表达内心情感的。

六、微笑

著名画家达·芬奇的杰作《蒙娜丽莎》是欧洲文艺复兴时期最出色的肖像作品之一，画中女士的微笑给人以美的享受，使人们充满对真善美的渴望，让人回味无穷。

（一）微笑的作用

微笑是一种特殊的语言——"情绪语言"。它可以和有声语言及行动相配合，起"互补"作用，沟通人们的心灵，架起友谊的桥梁，给人以美的享受。工作、生活中离不开微笑，社交中更需要微笑。

小故事16-2　　　　　　　　今天你对客人微笑了吗

美国的希尔顿酒店享誉世界，回头客众多，秘诀就在于微笑服务。其创始人康纳·希尔顿在50多年里，不断到世界各地的希尔顿酒店视察，他经常问员工的一句话就是"今天你对客人微笑了吗？"他还要求员工记住一个信条：无论酒店本身遇到何种困难，希尔顿酒店员工脸上的微笑永远是属于顾客的阳光。

（二）微笑的规范

微笑是有规范的，一般要注意四个结合。

（1）口眼结合。要口到、眼到、神色到，笑眼传神，微笑才能扣人心弦。

（2）笑与神、情、气质相结合。这里讲的"神"，就是要笑得有情入神，笑出自己的神情、神色、神态，做到情绪饱满、神采奕奕；"情"，就是要笑出感情，笑得亲切、甜美，反映美好的心灵；"气质"就是要笑出谦逊、稳重、大方、得体的良好气质。

（3）笑与语言相结合。语言和微笑都是传播信息的重要符号，只有注意微笑与美好语言相结合，声情并茂，相得益彰，微笑方能发挥出它应有的特殊功能。

（4）笑与仪表、举止相结合。以笑助姿、以笑促姿，形成完整、统一、和谐的美。尽管微笑有其独特的魅力和作用，但若不是发自内心的真诚的微笑，那将是对微笑的亵渎。有礼貌的微笑应是内心真实情感的表露，否则强颜欢笑、假意奉承的

小贴士16-5

正式场合笑的禁忌

"微笑"则可能演变为"苦笑""皮笑肉不笑"。如翘起嘴角一端微笑，使人感到虚伪；吸着鼻子冷笑，使人感到阴沉；捂着嘴笑，给人以不自然之感。这些都是失礼之举。

（三）微笑的训练

每人准备一面小镜子、音乐播放器、乐曲、优秀影视剧中的演员和节目主持人微笑的影像资料等物品，在教室进行训练，练习微笑之前要忘掉自我和一切烦恼，让心中充满爱意。训练时可以配上优美的音乐，放松心情，减轻单调、疲劳之感。

（1）情绪记忆法。将自己生活中最高兴的事件储存在记忆里，当需要微笑时，可以想起那件最令你兴奋的事，脸上会流露出笑容。注意练习微笑时，要使双颊肌肉用力向上抬，嘴里念"一"音，用力抬高口角两端，注意下唇不要过分用力。普通话中的"茄子""田七""前"等的发音也可以辅助微笑口形的训练。

（2）对镜训练法。对着镜子练习微笑，调整自己的嘴形，注意与眼神、面部其他部位的协调，做最令自己满意的微笑表情，离开镜子时也一直保持。

七、手势

手是人体上最富灵性的器官，如果说"眼睛是心灵的窗户"，那么手就是心灵的触角，是人的第二双眼睛。手势在传递信息、表达意图和情感方面发挥着重要作用。手的"词汇"量是十分丰富的。语言专家统计，表示手势的动词有近200个，如招手致意、挥手告别、握手言和、摆手回绝、合手祈祷、拍手称快、拱手答谢（相让）、抚手示爱、指手示怒、颤手示怕、捧手示敬、举手赞同、垂手听命等。可见，丰富的手势语在人们交往中是不可缺少的。

在社会交往中，手势有着不可低估的作用，生动形象的有声语言再配合准确、精彩的手势动作，必然能使交往更富有感染力、说服力和影响力。社交中常见的手势和手势语如下：

（一）引领的手势

在各种交往场合都离不开引领动作，例如请客人进门，请客人坐下，为客人开门等，都需要运用手与臂的协调动作，同时，由于这是一种礼仪，还必须注入真情实感，调动全身活力，使内心与形体高度统一，才能做得出色、做出美感。引领动作主要有以下几个表现形式：

（1）横摆式。以右手为例：将五指伸直并拢，手心不要凹陷，手与地面呈45°角，手心向斜上方。腕关节微屈，腕关节要低于肘关节。做动作时，手从腹前抬起，至横膈膜处，然后，以肘关节为轴向右摆动，到身体右侧稍前的地方停住。同时，双脚形成右丁字步，左手下垂，目视来宾，面带微笑。这是在门的入口处常用的礼让的手势，如图16-13所示。

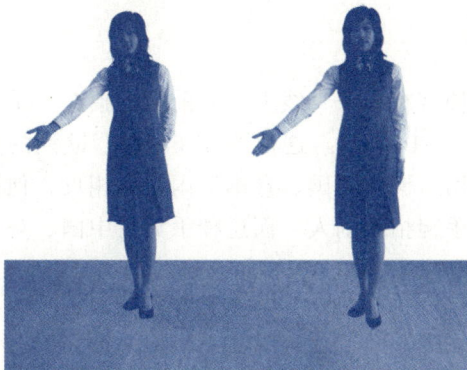

图16-13　横摆式引领手势

（2）曲臂式。当一只手拿着东西，扶着电梯门或房门，同时要做出"请"的手势时，可采用曲臂手势。以右手为例：五指伸直并拢，从身体的侧前方向上抬起，至上臂离开身体的高度，然后以肘关节为轴，手臂由体侧向体前摆动，摆到手与身体相距20厘米处停止，面向右侧，目视来宾，如图16-14所示。

图16-14　曲臂式引领手势

（3）斜下式。来宾入座时，手势要斜向下方。首先用双手将椅子向后拉开，然后，一只手曲臂由前抬起，再以肘关节为轴，前臂由上向下摆动，使手臂向下成一斜线，并微笑点头示意来宾，如图16-15所示。

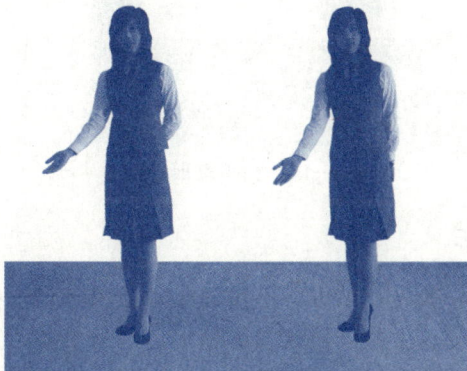

图16-15　斜下式引领手势

（二）招呼他人的手势

手放于体侧，手臂伸直在一条直线上，向前向上抬起，手掌向下，屈伸手指做搔痒状或晃动手腕，如图16-16所示。这种手势在中国、欧洲的大部分地区以及拉丁美洲的许多国家都比较适用；但在美国、日本等国与此相反，他们用掌心向上，向内屈伸手指做搔痒状或晃动手腕招呼别人，而这种手势在中国、马来西亚等国却是用来召唤动物的。

图16-16　招呼他人的手势

（三）挥手道别的手势

身体要站直，不晃动，目视对方，手臂伸直，呈一条直线，手放在体侧，向前向上抬至与肩同高或略高于肩，手臂不可弯曲，掌心朝向对方，指尖朝向上方，手腕晃动，如图16-17所示。

图16-17　挥手道别的手势

（四）指引方向的手势

当有人询问去处时，要先行站直，不可尚未站稳或在行走中指引方向。手臂伸直在一条直线上，五指并拢，手掌翻转到掌心朝上，与肩平齐，直指准确方向。目光要随着手势走，指到哪里看到哪里，否则易使对方产生迷惑。指引方向后，手臂不可马上放下，要保持手势顺势送出几步，以体现对他人的关怀和尊敬。

（五）递接物品的手势

应双手递送、接取物品。不方便使用双手时，也可用右手，但绝不可单用左手。双方距离比较远时，应起身站立，主动走近对方递送或接取物品。递送时最好直接递至对方手中并且要方便对方接取。递送有文字、图案、正反面的物品时，要正面向上且朝向对方；接取物品时，要缓而且稳，不要急于抢取。递物品的手势如图16-18所示。递送带尖、带刃或其他易于伤人的物品时，应使尖刃朝向自己或朝向他处，切不可朝向对方，如图16-19所示。

图16-18　递物品的手势

图16-19　递笔、刀、剪子的手势

（六）展示物品的手势

应使物品在身体的一侧展示，不要挡住展示人的头部。展示的位置不同表明物品的意义不同：当手持物品高于双眼时，适用于被人围观时采用；当手持物品位于眼睛下方、胸部上方，双臂横伸时物品在肩至肘部以内时，给人以放心、稳定感；当手持物品位于眼睛下方、胸部上方，双臂伸直时在肘部以外时，给人以清楚感，通常在这个位置展示想让对方看清楚的物品；当手持物品位于胸部以下时，给人以漠视感，通常展示不太重要或不太明显的物品时采用。展示物品的手势如图16-20所示。

图16-20　展示物品的手势

（七）鼓掌的手势

鼓掌是在观看文体表演、参加会议、迎候嘉宾时表达赞赏、鼓励、祝贺、欢迎等情感的一种手势。要领是：以右手掌心向下有节奏地拍击左掌，不可左掌向上拍击右掌；不可右掌向左，左掌向右，两掌互相拍击。鼓掌时间要长短相宜，5~8秒钟为宜。

（八）常见手势语

手势语是以手的动作和面部表情表达思想、进行交际的手段。使用时，多伴有上肢和身体的动作。社交中常用的手势语如下：

（1）"OK"手势。拇指和食指合成一个圆圈，其余三指自然伸张。这一手势于19世纪初期风靡美国，其意义相当于英语的"OK"，即"好了""一切妥当""赞扬""允许""了不起""顺利"的意思。"OK"手势在西方某些国家比较常见，但应注意在不同国家其语义有所不同，如在法国表示"零"或"无"；在印度表示"正确"；在中国表示数字"三"；在日本、缅甸、韩国则表示"金钱"。

（2）伸大拇指手势。大拇指向上，在英语国家多表示"OK"之意或是打车之意；若用力挺直，则含有骂人之意；若大拇指向下，多表示坏、下等人之意。在我国，伸出大拇指这一动作基本上是向上伸表示赞同、一流、好等，向下伸表示蔑视、不好等。

（3）"V"字手势。伸出食指和中指，掌心向外，其语义主要表示胜利（英文Victory的第一个字母）。这一手势来源于英国首相温斯顿·丘吉尔。在第二次世界大战中，英国在抵抗德国的进攻中处于较为不利的地位。首相丘吉尔在演说中使用了这样的手势，代表"Victory"（胜利）之义，号召人们保家卫国，坚决同法西斯斗争到底。这一手势受到人们的欢迎和喜爱，很快风靡全国。现在，这一手势已经风靡世界。在赛场上、在人们互相祝贺的各种场合中都不难发现这一手势频频亮相。需要注意的是，如果将手心向内做出这样的手势，在英国、澳大利亚和新西兰等国，就成了一种亵渎侮辱他人的信号。在中国，可以使用类似的手势表示数字"二"。在欧洲各地，这一手势也用来表示"二"。

小故事16-3

小明的手势

（4）捻指作响手势。这一手势就是用手的拇指和中指弹出声响，其语义或表示高兴，或表示赞同，或是无聊之举，有轻浮之感。应尽量少用或不用这一手势，因为其声响有时会令他人反感或觉得做这个动作的人没有教养，尤其是不能对异性运用此手势，这是带有挑衅、轻浮之举。

（5）伸出食指手势。在我国以及亚洲一些国家表示"一""一个""一次"等；在法国、缅甸等国家则表示"请求""拜托"之意。在使用这一手势时，一定要注意不要用手指指人，更不能在面对面时用手指着对方的面部和鼻子，这是一种不礼貌的动作，容易激怒对方。指人时的正确手势如图16-21所示。

图 16-21 指人时的正确手势

小案例 16-1　　　　　　　错误的数数法

某日，小郑奔赴机场，准备接待当天到达的外国客户。小郑笑容可掬地站在机场出口，迎候客户的到来。在清点人数时，小郑按惯例轻轻地念着："1，2，3，4……"，边数边用手指点客户。在接下来的接待中，小郑服务十分周到，但是他发现客户们还是有点不对劲。小郑百思不得其解。

【点评】在人际交往过程中，应掌握不同情况下手势的正确使用。在清点人数时，可以采用默数的方式，即用目光进行清点，心里默记。本案例中，小郑的行为既不礼貌，也不符合职业道德。

（九）手势的训练

准备多媒体设备，毛泽东、周恩来等伟人的音像资料等物品。训练时首先观看毛泽东、周恩来等伟人的音像资料，然后在四面墙上安装了长度及地镜子的形体训练室中开始训练。每两人一组对着镜子练习常用手势并互相纠正。教师最后点评、总结。注意练习时调整体态，保持良好的站姿，并且表情自然。

八、举 止

一个人举止端庄、行为文明、动作规范，是具有良好素养的表现，它既能帮助个人树立美好形象，也能为组织赢得美誉；反之，则会损害组织形象。

小案例 16-2

一口痰毁了一项合同

（一）冒冒失失的行为

行为冒失的人，往往"目中无人"，以自我为中心，不考虑自己的行为是否会对他人造成影响。行为冒失的人的行为特征是手脚太"快"、动作太"硬"、幅度太"大"。有些人是手脚冒失，如在庄重肃穆的场合，冒失的人往往会窜来窜去；展览会上的展品他会随便去摸；进别人的房间时，往往忘了敲门；由于手脚冒失经常将物品损坏。有些人是语言冒失，他们常常说话不看对象、不分场合、不讲分寸，结果常常闹出笑话或得罪人。例如，初次相识，冒失的人便会给对方提出一些不恰当的问题或要求；连别人是否结了婚都没搞清楚，便贸然问人家的孩子是男孩还是女孩；一不小心言语就伤害了别人的自尊心等。有人认为这是性格粗犷、豪爽仗义，其实不然，这些冒失的行为举止正表现出其在礼仪方面的修养很不成熟。

（二）公共场合大声说话

在公共交通工具、餐厅、剧院、电梯等地方经常可以看到一些人大声交谈，即使是谈论一些很隐私的问题。这必将影响周围人的心情、思绪，有时甚至让听者感到难堪。所以，在公共场合应注意控制自己说话的音量，以免干扰别人。如果可以找到一个不影响他人的区域，最好到这样的区域去谈话。

（三）随便吐痰，乱扔垃圾

吐痰是最容易直接传播细菌的途径，随地吐痰是非常没有礼貌而且绝对影响环境、影响我们身体健康的行为。如果要吐痰，应该把痰吐在纸巾上，丢进垃圾箱，或去洗手间吐痰，但不要忘记清理痰迹和洗手。随手扔垃圾也是应当受到谴责的最不文明的举止之一。

（四）当众搔痒

搔痒的举止很不文雅。瘙痒的原因很多，出现这些情况时，要按所处场合来灵活掌握。如果处在极严肃的场合，应稍加忍耐；如果实在是忍无可忍，则只有离席到较为隐蔽的地方去挠一下，然后赶紧回来。一般来说，在公共场合不得用手抓挠身体的任何部位，因为不管怎样，抓挠的动作都是不雅的。

（五）当众嚼口香糖

有些人当众嚼口香糖以保持口腔卫生，此时应当注意在别人面前的形象。咀嚼的时候闭上嘴，不能发出声音。嚼过的口香糖应该用纸包起来，扔到垃圾箱里。

（六）当众挖鼻孔、掏耳朵

有些人当众用小指挖鼻孔或用钥匙、耳勺等掏耳朵，这都是很不好的习惯。尤其是在餐厅或茶坊，别人正在进餐或饮茶，这种不雅的小动作往往会令旁观者感到非常恶心。

（七）当众挠头皮

有些头皮屑多的人，因为头皮发痒往往在公共场合忍不住挠起头来，头皮屑飞扬四散，会令旁人大感不快。特别是在那种庄重的场合，这样做是很难得到别人谅解的。

（八）在公共场合抖腿

有些人坐着时会有意无意地抖动双腿，或者让跷起的腿像钟摆似的来回晃动，而且自我感觉良好，以为无伤大雅。其实，这会令人觉得很不舒服。记住，这不是文明的表现，也不是优雅的行为。

（九）当众打哈欠

在交际场合，打哈欠给对方的感觉是对所讲话题不感兴趣，表现出很不耐烦的样子。因此，如果控制不住要打哈欠，一定要马上用手掩住嘴，并立即说"对不起"。

小案例 16-3

"我的财都被他抖掉了"

（十）频频看表

在与人交谈时，如果无其他重要约会，最好少看自己的手表。这样的动作会使对方认为你还有什么重要的事情，不想使谈话继续下去，或者认为你没有耐心再谈下去。如果你确实有事在身的话，不妨婉转地告诉对方改日再谈，并表示歉意。

通过克服以上不良举止，可展现良好的风度气质，打造出完美的个人形象。

小案例 16-4　　　　　　　　　　　　　**李嘉诚的风度**

冯仑在他的《伟大是熬出来的：冯仑与年轻人闲话人生》一书中谈到，有一次，他们长江商学院 CEO 班三十几个同学到了香港地区，此行的安排之一是见李嘉诚。冯仑说，见李嘉诚之前他有几个预想。一是，他们到达约好的会见室后，肯定是先见到李嘉诚的空座椅，而不会一下子就见到本人。二是，见面后，他们一拨人会递名片给对方，而对方是不会派名片的。三是，吃饭时肯定有主桌，因为这么多人不可能都和李嘉诚坐在一张桌子上。四是，李嘉诚不会等饭吃完才离开，一定是吃两口就推说忙而先行离开。

结果却如冯仑的记叙："首先电梯刚一开，一位 70 多岁的大哥站着跟我们握手，这样的开场很不一样，我有点愣。其次，一见面大哥先发名片，这个也很诧异，而且发名片还给你递过来一个盘子，上面有号，拿名片顺带抓个号，这个号决定你吃饭时坐在哪桌，避免到时候我们这些同学谁坐一号桌，谁坐二号桌，心里有想法。后来才知道，照相也根据这个号，站哪儿就是哪儿，我觉得挺好，大家避免尴尬。"

让人更没想到的是，那次共有 4 张桌子，每张桌子上都多备一副碗筷，一个小时的用餐时间，李嘉诚每张桌子都去坐了一会儿，而且都大约是 15 分钟时间。会餐结束后，李嘉诚又与每个人握手道别，一个都不漏掉，就连站在旁边的服务员，李嘉诚都专门走过去认真握手道谢……

■ 课后练习

1. 请每天拿出 10～20 分钟时间练习站、坐、走、蹲等姿势。

2. 你对自己的仪态满意吗？请观察一下你周围人士的站姿、坐姿、走姿等方面存在什么问题，提醒自己避免出现这些问题。

3. 请制定一份班级举止文明公约。

4. 案例分析。

章后案例
分析

■ 思政园地

礼仪楷模

　　周恩来是每个中国人都熟悉的名字，周总理是每个中国人都熟悉的称呼。中华民族百年来经历的风风雨雨，中华人民共和国半个多世纪进行的艰辛探索，和这个名字相伴，和这个称呼相随……1955年，当时的联合国秘书长哈马舍尔德在会见过周总理后，说了这样一句话："与周恩来相比，我们简直就是野蛮人。"周总理之所以具有如此非凡的魅力，当然首先源于他高尚的品德、卓越的思想和才华，以及他对于自己的人民和国际社会所做的杰出贡献。美国前国务卿基辛格博士称周总理"智慧超群、学识渊博、道德高尚，无论对哪个国家来说，他都是一位非常杰出的政治家"。此外，周总理的风度、气质，以及他的仪表和言谈举止，也无不给世人留下难以忘怀的记忆，堪称"礼仪楷模"。

　　请扫描二维码，感受"礼仪楷模"周总理的魅力，并努力向其学习。

项目 5：

此生何处不相逢——日常交际礼仪

礼尚往来。往而不来，非礼也；来而不往，亦非礼也。

——《礼记·曲礼》

在人与人的交往中，礼仪越周到越保险。

——［英］托·卡莱尔

课程思政指南：

实施课程思政的教学方法

1.融入法

把思政教育融入公关与礼仪教学内容中，提高学生的传统美德和认知能力，让学生能够在学习传统公关思想和礼仪文化的同时，领会其中的做人道理，潜移默化地提升个人的道德修养及对社会的认知能力。

2.渗透法

把思政教育渗透到公关与礼仪教学环节中，将自主学习、课堂操作、课后实践相结合，提高学生的审美能力及对企业的认知能力，使学生具备爱岗敬业、与人沟通与合作等职业素养，改善人际关系，提高职场竞争力。

3.指导法

把思政教育融入现代公关与礼仪教学情景中，采用情景教学，通过教师的启发指导，提高学生的自信心和自我认知意识，使学生得到社会的认同，对未来生活充满信心。

任务 17

见 面

案例导入　　　　　　　　　如此见面

　　小李今年大学刚毕业，在大华公司总经理办公室做秘书工作。一天，公司王总经理派他到机场去接广州明光公司销售部的吴丽晶经理。小李准时来到机场，在出口处吴经理见到小李手中的字牌，走到小李面前说："你好！你是小李吧，我是吴丽晶！"小李连忙用不太标准的普通话说："是的是的，我是小李，您好！您就是广州过来的狐狸精（吴丽晶）吧？我是王总派来接您的。我是东方大学行政管理专业毕业的研究生，现在是王总的秘书。"一边说一边伸手准备与吴经理握手。面对小李这样的称呼、这样的自我介绍、这样的握手方式，吴经理会有什么感觉呢？

任务分析

　　一个人在社会中要生存、发展，就必须以各种形式与其他人进行交往。没有交往就难以合作，没有合作就难以生存、发展。见面礼仪是与人交往时最基本、最常用的礼节，它最能反映一个人及社会的礼仪水平，可以帮助我们顺利地打开交际之门。人们见面后互致问候，不熟悉的人之间相互介绍，然后握手，互换名片，寒暄后才进入正题。这看似简单，却蕴含复杂的礼仪规则，表达着丰富的交际信息。掌握基本的见面礼仪，能使现代人适应各种场合的社交礼仪要求，赢得交际对象的好感，塑造良好的社交形象；相反，如果不注意社交礼仪，会像"案例导入"中的"小李"那样使交际对象难堪。

　　见面礼仪的学习，能够使学生在公关交际中得体地称谓对方；得体地进行自我介绍和为他人作介绍；规范运用握手等见面礼节；规范地使用名片；恰当地选择礼品，规范地互赠礼品；礼貌、规范地接待来访者，给对方留下美好印象；掌握恰当的拜访时机，以合适的言谈举止拜访客户。

实训设计

见面场景模拟训练

　　实训目的：掌握见面礼仪的基本规范，展现出良好的交际形象。

实训学时：2课时。

实训地点：实训室或教室。

实训步骤：

（1）实训前需要事先设计见面的场景，准备名片、小礼物若干。

（2）将全班学生分成若干组，每组3～5人，每组设计一个见面场景，将称呼、介绍、握手、递接名片、礼物馈赠等交际礼仪连贯地演示下来。表演之前，每组应就设计的场景和成员的角色进行说明。

（3）学生对各组的表演进行评价，最后教师总结。

一、问候的礼仪

小贴士17-1

路遇的问候

问候，即与人见面时微笑、点头问好、打招呼，或以语言向对方致意的一种方式。问候的礼仪要求注意问候的次序、态度、方式、内容等。

（一）问候的次序

（1）一个人问候另一个人。讲究"位低者先问候"，即辈分、身份较低者首先向辈分、身份较高者问候。如晚辈先问候长辈、下级先问候上级、主人先问候客人、男士先问候女士。

（2）一个人问候多人。如果同时遇到很多人，可以笼统地加以问候，比如说"大家好"；也可以逐一加以问候。当逐一问候许多人时，可以按由尊而卑、由长而幼的次序进行，也可以采用由近及远的顺序进行。

（二）问候的态度

（1）主动。遇到认识的人要积极主动地问候对方。当他人首先问候自己时，要立即热情地予以回应，不能不理不睬失礼于人。

（2）热情。问候他人时，通常要表现得热情、友好。面无表情地问候还不如不问候。

（3）自然。主动、热情地问候他人，更要表现得自然大方。问候时，要面带微笑，注视对方的双眼，并且要专心致志。

（4）专注。问候的时候，要面含笑意，注视对方的双眼，以示口到、眼到、意到，专心致志。不要在问候对方的时候，眼睛已经看向别处，让对方不知所措。

（三）问候的方式

（1）语言问候。一般熟人相见，使用频率最高的问候语是"你好"或"您好"，另加"好久没见，近来可好（怎么样）？"等。问候语应根据不同场合、不同对象而灵活机动，总的原则是越简单越好。随着社会的发展进步，人们越来越喜欢用"你好"或"您好"来表达见面时的喜悦和礼貌。

（2）动作问候。动作问候有点头、微笑、握手、拥抱、吻礼、鞠躬等。与外国人见面时，视场合、对象的不同，礼节也不同。在日本等东方国家，鞠躬是最常见的。欧洲人则更喜欢拥抱的礼节。

（四）问候的内容

（1）直接式。直接式问候就是直截了当地以问好作为问候的主要内容。它适用于正式的公务交往，尤其是宾主双方初次相见。

（2）间接式。间接式问候就是使用某些约定俗成的问候语，或者在当时条件下可以引起的话题，主要适用于非正式、熟人之间的交往。比如，"忙什么呢""您去哪里"等，来替代直接问好。交谈者可根据不同的场合、环境、对象进行不同的问候，常见的问候语有：

①表示礼貌的问候语。如"您好！""早上好！""节日好！""新年好！"之类。根据问候对象的不同，如从年龄上考虑，对少年儿童要问："几岁了？"或者问："上几年级了？"对成年人问："工作忙吗？"从职业上考虑，对老师可以问："今天有课吗？"对作家问："又有大作问世了吧？"对朋友、邻居、同事的问候就更为丰富了，如果用得好能密切关系、增进友谊。

②表达思念之情的问候语。如"好久不见，近来怎样？""多日不见，可把我想坏了！"等。

③表示对对方关心的问候语。如"最近身体好吗？""来这里多长时间了？还住得惯吗？""最近工作进展如何，还顺利吗？"

④表示友好态度的问候语。如"生意好吗？""在忙什么呢？"等这些貌似提问的话语，并不表明真想知道对方的起居行止，往往只表达说话人的友好态度，听话人则把它当成交谈的起始语予以回答，或把它当作招呼语不必详细作答，只不过是一种交际的媒介。

小故事17-2

令人乏味的问候

二、称谓的礼仪

在社会交往中，交际双方见面时，如何称谓对方，这直接关系到双方之间的亲疏、了解程度、尊重与否及个人修养等。一个得体的称谓，会令彼此如沐春风，为以后的交往打下良好的基础；否则，不恰当或错误的称谓，可能会令对方心里不悦，影响到彼此的关系乃至交际的成败。

（一）称谓的原则

（1）礼貌原则。合乎礼节的称谓，是向他人表达尊重的一种方式。在人际交往中，称谓对方要用尊称。现在常用的有：您——您好、您慢走；贵——贵姓、贵公司、贵方、贵校；大——尊姓大名、大作（文章、著作）；老——王老、李老、您老辛苦了；高——高寿、高见；芳——芳名、芳龄等。

（2）尊重原则。一般来说，中国人有崇大崇老崇高的心态，如对同龄人，一般称谓对方为哥、姐；对既可称"叔叔"又可称"伯伯"的长者，以称"伯伯"为宜；对副校长、副处长、副厂长等，也可在姓后直接以正职相称。

（3）恰当原则。许多青年人往往喜欢对别人称"师傅"，虽然亲热有余，但文雅不足，且普适性较差。对理发师、厨师、司机称师傅恰如其分，但对医生、教师、军人、商务工作者称"师傅"就不合适了，如把小姑娘称为"师傅"则要挨骂了！所以，要视交际对象、场合、双方关系等选择恰当的称谓。

（二）称谓的方式

称谓的方式见表17-1。

表 17-1   **称谓的方式**

称谓的表达	举例
名字	李平、张明、大李、老李、小李、俊杰
职务	张总经理或张总、刘市长、王局长、张主任、孙书记
职称	张教授、赵研究员、周工程师（周工）
学位	孙博士、冯博士
职业	马教练或马指导、王医生或王大夫、孙律师、邹会计、吴护士长、董秘书
亲属	本人的亲属应采用谦称：家父、家叔；舍弟、舍侄；小儿、小女、小婿 对他人的亲属应采用敬称：尊母、尊兄；贤妹、贤侄；令堂、令爱、令郎 仿亲属称呼：大爷、大娘、叔叔、阿姨、大哥、大姐
涉外称呼	夫人、小姐、先生

（三）称谓的禁忌

（1）使用错误的称谓。常见的有两种：一是误读，一般表现为念错被称谓者的姓名。比如，"郁""查""盖"这些姓氏的读音就极易弄错。要避免犯此错误，就一定要做好前期准备，必要时不耻下问，虚心请教。二是误会，主要指对被称谓者年纪、辈分、婚否以及与其他人的关系做出了错误判断。比如，将未婚女子称为"夫人"，就属于误会。

（2）使用不当的行业称谓。学生喜欢互称为"同学"，军人经常互称"战友"，工人可以称为"师傅"，道士、和尚可以称为"出家人"，这无可厚非。但以此去称谓"界外"人士，并不表示亲近，没准对方不领情，反而产生被贬低的感觉。

（3）使用庸俗低级的称谓。在人际交往中，有些称谓在正式场合切勿使用。例如，"兄弟""朋友""哥们儿""姐们儿""死党""铁哥们儿"等一类的称谓，就显得

小故事 17-3

小姐还是太太

小案例 17-1

"小"字别
乱喊

不正式，档次不高。它们听起来很肉麻，而且带有明显的江湖气。逢人便称"老板"，也显得不伦不类。

（4）使用绰号作为称谓。对于关系一般者，切勿自作主张给对方起绰号，更不能随意以道听途说来的对方的绰号去称谓对方。至于一些对对方具有侮辱性质的绰号，例如"北佬""阿乡""鬼子""鬼妹""拐子""秃子""罗锅""四眼""肥肥""傻大个""北极熊""麻杆儿"等，则更应当免开尊口。另外，还要注意，不要随便拿别人的姓名开玩笑。要尊重一个人，必须首先学会尊重他的姓名。

三、介绍的礼仪

（一）自我介绍

在不同场合，遇见对方不认识自己，而自己又有意与其认识，当场没有他人从中介绍时，往往需要自我介绍。自我介绍要注意如下方面：

1.把握自我介绍的时机

在交际场合，自我介绍的时机包括：与不相识者相处一室；不相识者对自己很有兴趣；他人请求自己做自我介绍；在聚会上与身边的陌生人共处；打算介入陌生人的交际圈；求助的对象对自己不甚了解，或一无所知；前往陌生单位，进行业务联系；在旅途中与他人不期而遇而又有必要与人接触；初次登门拜访不相识的人；利用社交媒介，如信函、电话、电报、传真、电子邮件，与不相识者进行联络；利用大众传媒，如报纸、杂志、广播、电视、电影、标语、传单等，向社会公众进行自我推介、自我宣传。

2.选择自我介绍的方式

自我介绍的方式主要有：第一，应酬式的自我介绍。这种自我介绍的方式最简洁，往往只包括姓名一项即可。比如说："您好！我叫王平。"它适合于一些公共场合和一般性的社交场合，如途中邂逅、宴会现场、舞会、通电话时。它的对象主要是一般接触的交往者。第二，工作式的自我介绍。工作式的自我介绍的内容，包括本人姓名、供职的单位以及部门、担任的职务或从事的具体工作三项。比如说："我叫唐婷，是大地广告公司的客户经理。"第三，交流式的自我介绍，也叫社交式自我介绍或沟通式自我介绍，是一种刻意寻求交往对象进一步交流沟通，希望对方认识自己、了解自己、与自己建立联系的自我介绍。内容大体包括本人的姓名、工作、籍贯、学历、兴趣以及与交往对象的某些熟人的关系等。比如说："我的名字叫陈友，是招商银行的理财顾问，说起来我跟您还是校友呢。"第四，礼仪式的自我介绍。这是一种表示对交往对象友好、尊敬的自我介绍，适用于讲座、报告、演出、庆典、仪式等正规的场合。内容包括姓名、单位、职务等项。自我介绍时，还应多加入一些适当的谦辞、敬语，以示自己尊敬交往对象。比如说："女士们、先生们，大家好！我叫宋河，是精英文化公司的常务副总。值此之际，谨代表本公司热烈欢迎各位来宾莅临指导，谢谢大家的支持。"第五，问答式的自我介绍。针对对方提出的问题，做出自己的回答。这种方式适用于应试、应聘和公务交往，在一般交际应酬场合也时有所见。举例来说，对方发问："这位先生贵姓？"回答："免贵姓张，弓长张。"

小案例 17-2　　　　　　　　　　　罗兰的自我介绍

罗兰去参加朋友的生日宴会，在那里她遇上了几个不认识的人。当时朋友正在忙里忙外地招呼客人，所以没有顾得上更多地关照罗兰这个"自己人"。正当性格内向的罗兰胆怯地坐在客厅一角，不知道自己该不该和那些陌生人寒暄几句，更不知道自己应该如何启齿时，一位温文尔雅的先生走了过来，主动跟她打招呼："小姐，您好！我叫邓雨轩，请问您怎么称呼？"缺乏准备的罗兰有点儿慌乱地随口应道："叫我小罗好了。"

其实，罗兰这时打心眼里感谢这位不熟悉的邓先生过来跟她打招呼，使她不至于"孤立无援"，而且她也真想大大方方地同邓先生聊上几句。然而意想不到的是，罗兰就那么一句"叫我小罗好了"，让邓先生的热情顿减，立马扭头走了回去。

【点评】在作自我介绍时需要选用恰当的方法，把握好相应的时机和场合，掌握好分寸。本例属于一般性的社交场合，须介绍自己的姓名，而不应该只介绍自己的姓。

3.掌握自我介绍的分寸

首先，语言要力求简洁。要节省时间，通常以半分钟左右为佳，如无特殊情况最好不长于1分钟。为了提高效率，在做自我介绍时，可利用名片、介绍信等资料加以辅助。

其次，态度要友好自信。态度要保持自然、友善、亲切、随和，整体上讲求落落大方、笑容可掬。要充满信心和勇气，敢于正视对方的双眼，显得胸有成竹、从容不迫。语气自然，语速正常，语言清晰。

最后，内容要追求真实。进行自我介绍时所表达的各项内容，一定要实事求是、真实可信。过分谦虚，一味贬低自己去讨好别人，或者自吹自擂，夸大其词，都是不足取的。

小贴士 17-2

尴尬不堪的
介绍

（二）他人介绍

他人介绍即社交中的第三者介绍。在他人介绍中，为他人作介绍的人一般是社交活动中的东道主、社交场合中的长者、家庭聚会中的女主人、公务交往活动中的公关人员（礼宾人员、接待人员、文秘人员）等。他人介绍要注意如下方面：

1.他人介绍的时机

这些时机包括：在家中或办公地点接待彼此不相识的客人；与家人外出，路遇家人不相识的同事或朋友；陪同亲友，前去拜会亲友不认识的人；陪同上司、来宾时，遇见了其不相识者，而对方又跟自己打了招呼；打算推介某人加入某一交际圈；受到为他人做介绍的邀请等。

2.他人介绍的顺序

一般来说，在被介绍的两个人中，应让女士、长者、位尊者拥有"优先知晓权"，例如：介绍年长者与年幼者认识时，应先介绍年幼者，后介绍年长者；介绍长辈与晚辈认识时，应先介绍晚辈，后介绍长辈；介绍老师与学生认识时，应先介绍学生，后介绍老师；介绍女士与男士认识时，应先介绍男士，后介绍女士；介绍已婚者与未婚者认识时，应先介绍未婚者，后介绍已婚者；介绍同事、朋友与家人认识时，应先介绍家人，后介绍同事、朋友；介绍来宾与主人认识时，应先介绍主人，后介绍来宾。

在他人介绍时要注意：

（1）少数服从多数。当被介绍者双方地位、身份大致相似时，应先介绍人数较少的一方。

（2）强调地位、身份。若被介绍者双方地位、身份存在差异，虽人数较少或只一人，也应将其放在尊贵的位置，最后加以介绍。

（3）单向介绍。在演讲、报告、比赛、会议、会见时，往往只需要将主角介绍给广大参加者。

（4）人数较多一方的介绍。若一方人数较多，可采取笼统的方式进行介绍。比如说："这是我的家人""这是我的同学"。

小案例 17-3

不注重细节
的小李

（5）人数较多各方的介绍。若被介绍的不止两方，需要对被介绍的各方进行位次排列。排列的方法：①以其负责人身份为准；②以其单位规模为准；③以单位名称的英文字母顺序为准；④以抵达时间的先后顺序为准；⑤以座次顺序为准；⑥以距介绍者的远近为准。

3.他人介绍的细节

细节决定成败，在介绍中还要注意如下细节，只有这样才能取得良好的交际效果：

（1）介绍者为被介绍者介绍之前，一定要征求一下被介绍双方的意见，切勿上去开口即讲，这样显得很唐突，会让被介绍者感到措手不及。

（2）被介绍者在介绍者询问自己是否有意认识某人时，一般不应拒绝，而应欣然应允。实在不愿意时，则应说明理由。

（3）介绍人和被介绍人都应起立，以示尊重和礼貌；待介绍人介绍完毕后，被介绍双方应微笑点头示意或握手致意。

（4）在宴会、会议、谈判桌上，视情况介绍人和被介绍人可不必起立，被介绍双方可点头微笑致意；如果被介绍双方相隔较远，中间又有障碍物，可举起右手，点头微笑致意。

（5）介绍完毕后，被介绍双方应依照合乎礼仪的顺序握手，并且彼此问候对方。问候语有"你好，很高兴认识你""久仰大名""幸会幸会"等，必要时还可以进一步做自我介绍。此外，介绍时不要开玩笑，不要使用易生歧义的简称，特别是在首次介绍时要准确地使用全称。

他人介绍如图 17-1 所示。

图 17-1　他人介绍

四、握手的礼仪

微课 17-1

握手的礼仪

小贴士 17-3　　　　　　　　　　　握手的由来

　　史前时期，人类的祖先以打猎为生，世界对他们来说是充满着危险的。因此，当陌生人相遇时，如果双方都怀着善意，便伸出一只手来，手心向前，向对方表示自己手中没有石头或武器，走近之后，两人互相摸摸右手，以示友好。这样沿袭下来，便成为今天人们表示友好的握手。

　　关于握手礼来源的另一种说法是：中世纪时，骑士们都穿着盔甲，全身披挂后，除两只眼睛外，其余都包裹在盔甲里，随时准备冲向敌人。如果表示友好，互相走近时就应脱去右手的甲胄，伸出右手，表示没有武器，互相握手，这是和平的象征。

(一) 握手的时机

　　握手是商务活动中最常用的礼节。一般来说，两人初次见面，朋友久别重逢，或者在社交场合偶遇同事、同学、同行、上司等要握手；在家待客和登门拜访，以及告辞或送行要握手；表示理解、支持、鼓励、肯定时要握手，表示感谢、恭喜、祝贺时也要握手。

(二) 握手的方式

　　距握手对象 1 米，双腿立正，上身略向前倾，伸出右手，四指并拢，拇指张开，与对方相握，握手时力度适中，上下稍晃动三四次，随即松开手，恢复原状。与人握手，神态要专注、热情、友好、自然，要面含笑容，目视对方双眼，同时问候对方，如图 17-2 所示。

图17-2　握手

（三）握手的力度

握手时为了表示热情友好，应当稍许用力，但以不握痛对方的手为限度。一般情况下，握手不必用力，握一下即可。男子与女子握手不能握得太紧，西方人往往只握一下女性的手指部分，但老朋友可以例外。

（四）握手的时间

握手时间的长短可根据握手双方亲密程度灵活掌握。初次见面者，一般应控制在3秒钟以内，切忌握住异性的手久久不松开。即使握同性的手，时间也不宜过长。但时间过短，会被人认为傲慢冷淡，敷衍了事。

（五）伸手的次序

根据礼仪规范，握手时双方伸手的先后次序，一般应遵循"尊者先伸手"的原则，由尊者先伸出手来，位卑者只能在此后予以响应，而绝不可贸然抢先伸手。其规则主要包括：男女之间握手，男方要等女方先伸手后才能握手，如女方不伸手，无握手之意，可用点头或鞠躬致意；宾主之间，主人应向客人先伸手，以示欢迎；长幼之间，年幼的要等年长的先伸手；上下级之间，下级要等上级先伸手，以示尊重；多人同时握手切忌交叉，要等别人握完后再伸手。值得注意的是：在公务场合，握手时伸手的先后次序主要取决于职位、身份；而在社交、休闲场合，它则主要取决于年龄、性别等。

（六）握手的禁忌

小案例 17-4

郑某吃哑巴亏

握手虽然司空见惯，但是它可被用来传递多种信息，因此在行握手礼时应努力做到合乎规范，并且注意下述几点：①不要用左手与他人握手，尤其是在与阿拉伯人、印度人打交道时要牢记此点，因为在他们看来左手是不洁的。②不要在握手时争先恐后，而应当遵守秩序，依次而行。特别要记住，与基督教信徒交往时，要避免两人握手时与另外两人相握的手形成交叉状，这类似十字架，在基督教信徒眼中是很不吉利的。③不要戴着手套握手，在社交场合女士的晚礼服手套除外。④不要在握手时戴着墨镜，只有患有眼疾或眼部有缺陷者才能例外。⑤不要在握手时将另外一只手插在衣袋里。⑥不要在握手时另外一只手依旧拿着香烟、报刊、公文包、行李等东西而不肯放下。⑦不要在握手时面无表情，不置一词，好似根本无视对方的存在，而纯粹是为了应付。⑧不要在握手时喋喋不休，点头哈腰，过分客套或滥用热情，这会让对方感动不自在、不舒服。⑨不要在握手时把对方的手拉过来、推过去，或者上下左右晃个没完。⑩不要在与人握手之后，立即揩拭自己的手掌，好像与对方握一下手就会使自己受到传染似的。

（七）其他常见的见面礼

在国内外交往中，除握手之外，以下见面礼也颇为常见：

（1）点头礼。其适用于路遇熟人，在会场、剧院、歌厅、舞厅等不宜与人交谈之处，在同一场合碰上已多次见面者，遇上多人又无法一一问候之时。行礼的做法是：头部向下轻轻一点，同时面带笑容，不宜反复点头不止，点头的幅度也不必过大。

（2）举手礼。行举手礼的场合与行点头礼场合大致相似，它最适合向距离较远的熟人打招呼。其做法是右臂向前方伸直，右手掌心向着对方，其他四指并齐，拇指分开，轻轻向左右摆动一两下。不要将手上下摆动，也不要在手摆动时用手背朝向对方。

（3）脱帽礼。戴着帽子的人在进入他人居所，路遇熟人，与人交谈、握手或行其他见面礼时，进入娱乐场所，升国旗、奏国歌等情形下，应自觉主动地摘下自己的帽子，并置于适当之处，这就是所谓脱帽礼。女士在社交场合可以不脱帽子。

（4）注目礼。其具体做法是：起身立正，抬头挺胸，双手自然下垂或贴放于身体两侧，笑容庄重严肃，双目正视被行礼对象，或随之缓缓移动。一般在升国旗、游行检阅、剪彩揭幕、开业挂牌等情况下，使用注目礼。

（5）拱手礼。这是我国民间传统的会面礼，在过年举行团拜活动，向长辈祝寿，向友人恭喜结婚、生子、晋升、乔迁，向亲朋好友表示感谢，以及与海外华人初次见面表示久仰大名时使用拱手礼。行礼时应起身站立，上身挺直，两臂前伸，双手在胸前高举抱拳，自上而下，或者自内向外，有节奏地晃动两三下。

（6）鞠躬礼。其在日本、韩国、朝鲜等国十分普遍。目前在我国主要适用于向他人表示感谢、领奖或讲演之后、演员谢幕、婚礼上或追悼活动中。行礼时应脱帽立正，双目凝视受礼者，然后上身弯腰前倾。男士双手应贴放于身体两侧裤线处，女士的双手则应下垂搭放于腹前，如图 17-3 和图 17-4 所示。下弯的幅度越大，所表示的敬重程度就越大。

（7）合十礼。在东南亚、南亚信奉佛教的地区以及我国傣族聚居区，合十礼最为普遍。行合十礼时双掌十指在胸前相对合，五个手指并拢向上，掌尖和鼻尖基本持平，手掌向外侧倾斜，双腿直立，上身微欠低头，如图 17-5 所示。可以口颂祝词或问候对方，亦可面带微笑，但不准手舞足蹈、反复点头。一般而论，行此礼时，合十的双手举得越高，越体现出对对方的尊重，但原则上不可高于额头。

图17-3　鞠躬礼（15度）

图17-4　鞠躬礼（30度）

图17-5　合十礼

（8）拥抱礼。在西方，特别是在欧美国家，拥抱礼是十分常见的见面礼与道别礼。在人们表示慰问、祝贺、欣喜时，拥抱礼也十分常用。正规的拥抱礼，讲究两人对面站立，各自举起右臂，将右手搭在对方左肩后面；左臂下垂，左手扶住对方右侧后腰。首先各向对方左侧拥抱（如图17-6所示），然后各向对方右侧拥抱（如图17-7所示），最后再一次各向对方左侧拥抱，一共拥抱3次。在普通场合行礼，不必如此讲究，次数也不必要求如此严格。

图17-6　左侧拥抱

图17-7　右侧拥抱

（9）亲吻礼。这也是西方国家常用的见面礼，有时它会与拥抱礼同时使用。行礼时，通常忌讳发出亲吻的声音，而且不应将唾液弄到对方脸上。在行礼时，双方关系不同，亲吻的部位也有所不同。长辈吻晚辈，应当吻额头；晚辈吻长辈，应当吻下颌或面颊；同辈之间，通常应当贴面颊，异性应当吻面颊。接吻，即吻嘴唇，仅限于夫妻与恋人之间，而不宜滥用，不宜当众进行。

（10）吻手礼。其主要流行于欧美国家和地区。它的做法是：男士行至已婚女性面前，首先垂手立正致意，然后以右手或双手捧起女士的右手，俯首以自己微闭的嘴唇，象征性地轻吻一下其手背或手指。行吻手礼的地点，应在室内为佳。吻手礼的受礼者，只能是女性，而且应是已婚女性。

五、接待的礼仪

（一）做好迎宾的准备

迎接，是给客人以良好第一印象的最重要工作。在接待工作中，把迎宾工作做好，对来宾表示尊敬、友好与重视，来宾就会对东道主产生良好印象，从而为下一步深入接触打下基础。在迎宾工作中，要注意做好以下前期准备工作：

（1）掌握基本状况。商务人员一定要充分掌握来宾的基本状况，尤其是主宾的个人情况，如姓名、性别、年龄、籍贯、民族、单位、职务、专业、偏好等，必要时还需要了解其婚姻、健康状况、政治倾向与宗教信仰等。如果来宾尤其是主宾曾经来访过，则在接待规格上要注意前后一致，无特殊原因不宜随意升格或降格。来宾如报出自己一方的计划，比如来访的目的、来访的行程、来访的要求等，应在力所能及的前提下满足其要求，尽可能对对方给予照顾。

（2）制订具体计划。为了避免疏漏，一定要制订详尽的接待计划，以便按部就班地做好接待工作。根据常规，接待计划至少应包括迎送方式、迎送规格、交通工具、膳宿安排、日程安排、文娱活动、礼品准备、经费开支以及接待、陪同人员等基本内容。

（3）确认抵达时间。有时候，来宾到访时间或因其健康状况，或因紧急事务缠身，或因天气变化、交通状况等的影响，难免会有较大变动。因此，接待方务必在对方正式启程前与其再次确认一下抵达的具体时间，以便安排迎宾事宜。

（二）迎宾礼仪

1.迎宾人员

一般来说，迎送人员与来宾的身份要相当，但如果一方当事人因临时身体不适或不在当地而不能前来迎送也可灵活变通，由职位相当的人士或由副职出面。遇到这种情况，应从礼貌的角度出发向对方做出解释。另外，迎宾人员最好与来宾的专业对口。

2.迎宾地点

来宾的地位身份不同，迎宾地点往往有所不同。一般情况下，迎宾的常规地点有交通工具停靠站（机场、码头、火车站等）、来宾临时住所（宾馆）、东道主的办公地点等。在确定迎宾地点时，还要考虑以下因素：双方的身份、关系及自身的条件。

3.迎宾时间

到车站、机场去迎接客人，应提前到达，绝不能迟到让客人久等。客人刚下飞机或下车就能瞥见有人等候，一定会感激万分；如果是第一次到这个城市，还能因此获得一种安全感。若迎接来迟，会使客人感到失望和焦虑不安，还会因等待而产生不快，事后无论怎样解释都无法消除这种因失职和不守信誉造成的不良印象。

4.迎宾标识

如果迎接人员与客人素未谋面，一定要事先了解一下客人的外貌特征，最好在迎接地点举个小牌子。小牌子上尽量不要用白纸写黑字，这样会给人晦气的感觉；也不要写"××先生到此来"，而应写"××先生，欢迎您！""热烈欢迎××先生"之类的字样；字迹力求端正、大方、清晰，不要用草书书写。一个好的迎宾标识，既便于找到客人，又能给客人留下美好印象——当客人迎面向你走来时会产生自豪感。如在单位门口接待客人，不要千篇一律地写上"Welcome"一词，而应根据来宾的国籍随时更换语种，这样会给来宾一种亲切感。

5.问候与介绍

接到客人后，切勿一言不发、漠然视之，而要先与之略作寒暄，比如说一些"一路辛苦了""欢迎您来到我们这个美丽的城市""欢迎您来到我们公司"之类的话。然后要向客人介绍自己的姓名和职务，如有名片更好；客人知道你的姓名后，如一时还不知如何称呼你，你可以主动表示："就叫我小×或××好了。"其他接待人员也要一一向客人作自我介绍，有时可由领导介绍，但更多的时候是由秘书承担这一职责。在作介绍时，态度要热情，要端庄有礼，要正视对方并略带微笑，可以先说"请允许我介绍一下"，然后按职务高低将本单位的人员依次介绍给来宾。对于远道而来、旅途劳顿的来宾，一般不宜多谈。

6.握手

握手是见面时最常见的礼节，双方相互介绍之后应握手致意。握手时，要注视对方，微笑致意，并使用"欢迎您"等礼貌用语。迎接来宾时，迎宾人员一定要主动与对方握手。

7.献花

有时迎接重要宾客还要向其献花，一般以献鲜花为宜，并要保持花束的整洁、鲜艳。在社交场合，献什么花、怎么献花，常因民族、地域、习俗、目的的不同而有所区别。一般情况下，应注意从鲜花的颜色、数目和品种三个方面加以考虑。

8.为客代劳

接到来宾后，在走出迎宾地点时应主动为来宾拎拿行李，但对来宾手上的外套、坤包或密码箱等则不必"代劳"。客人如有托运的物件，应主动代为办理领取手续。

（三）陪车礼仪

客人抵达后从交通工具停靠站到住地以及访问结束后由住地到交通工具停靠站，有时需要主人陪同乘车。主人在陪车时，应请客人坐在自己的右侧。有司机的时候，后排右位最佳，应留给客人。上车时，应主动打开车门，以手示意请客人先上车，自己后上。一般最好让客人从右侧门上车，主人从左侧门上车，以免从客人座前穿过。如客人先上车坐到了主人的位置上，则不必请客人挪动位置。在接待客人时，客人一般会对将要参加的活动的有关背景资料、筹备情况、有关建议，当地风土人情、气候、物产，富有特色的旅游点，近期本市发生的大事，本市知名人士的情况，当地的物价等感兴趣，接待人员要向客人就上述信息作必要的介绍。

（四）宾馆接待礼仪

将来宾送至宾馆，要主动代为办理登记手续，并将其送入房间。进入客人房间后，应告知客人餐厅何时营业、有何娱乐设施、有无洗衣服务等以便客人心中有数。客人一到当地，最关心的就是日程安排，所以应事先制订活动计划。客人到宾馆后，应马上将日程表送上，以便客人据此安排私人活动。根据活动安排，客人将与哪些人会面与会谈，也应向客人作简略介绍。为了帮助客人尽快熟悉访问地的情况，还可以准备一些有关这方面的出版物供客人阅读，如本地报纸、杂志、旅游指南等。考虑到客人旅途劳累，主人不宜久留，应让客人早些休息，离开前要约好下一次见面的时间和地点，并留下自己的地址和电话号码，以便客人有事时联系。

（五）引导客人的礼仪

1.注意迎接客人的三阶段行礼

我国国内通行的三阶段行礼包括15°、30°、45°的鞠躬行礼。15°的鞠躬行礼是指打招呼，表示轻微寒暄；30°的鞠躬行礼是敬礼，表示一般寒暄；45°的鞠躬行礼是最高规格的敬礼，表达深切的敬意。在行礼过程中，要弯下腰，头部与上半身保持在一条直线上，目光不要看向自己的脚尖；要尽量举止自然，令人舒适；切忌用下巴跟人问好。

2.引导手势要优雅

男性接待人员在做引导时，应该在访客进来时，向其行个礼、鞠个躬。手伸出去的时候，眼睛要随着手动，手的位置在哪里眼神就跟向哪里。如果访客问"对不起，请问经理室怎么走"，千万不要口中说着"那里走"，手却指着不同的方向。女性接待人员在做指引时，手要放下来，避免碰到其他过路的人，等到必须转弯的时候，需要再次打个手势告诉访客"对不起，我们这边要右转"。打手势时切忌五指张开或表现出软绵绵的无力感。

3.注意危机提醒

在引导过程中，要注意对访客进行危机提醒。比如，在引导访客转弯的时候，熟悉地形的接待人员知道在转弯处有一根柱子，就要提前对访客进行危机提醒；如果拐弯处有斜坡，就要提前对访客说"请您注意，拐弯处有个斜坡"。对访客进行危机提醒，让其高高兴兴地进来，平平安安地离开，这是每一位接待人员的职责。

4.上下楼梯的引导方式

引导客户上楼梯时，假如接待者是女性，应请客人先走，客人从楼梯里侧向上行，引导者走在中央，配合客人的步伐速度引领；而引导客户下楼梯时，引导者应走在客人的前面，客人走在里侧，引导者走在中间，边注意客人动静边下楼梯。

5.走廊和电梯的引导方法

在走廊中，接待人员应在客人的左斜前方，距离二三步远，配合步调。若左侧是走廊的内侧，应让客人走在内侧。引导客人乘坐电梯时，接待人员先进入电梯，等客人进入后关闭电梯门，到达时，接待人员按开电梯门，让客人先走出电梯。

6.注意开启会客室大门

会客室的门分为内开和外开，在打开内开的门时不要急着把手放开，这样会令后面的宾客受伤；如果要开外开的门，就更要注意安全，一旦没有控制好门，很容易伤及客户的后脑勺。所以，开外开门时，千万要用身体抵住门板，并做一个请的动作，等客人进去之后再随后将门轻轻地扣住，以保证客人的安全。

7.会客室安排和客厅引导方法

正常情况会客室座位的安排：一般会客室离门口最远的地方是主宾的位子。假设某会客室对着门口有一个一字形的座位席，这些位子就是主管们的位子，而与门口成斜角的位子就是主宾的位子，旁边是主宾的随从或者直属人员的位子，离门口最近的位子安排给年龄、职位比较低的员工。

特殊情况会客室座位的安排：会客室座位的安排除了遵照一般的情况，也要兼顾特殊。有些人位居高职，却不喜欢坐在主位，如果他坚持一定要坐在靠近门口的位置，要顺着他的意思，让客人自己去挑选他喜欢的位置，接下来只要做好其他位子的顺位调整就好了。当客人走入会客室时，接待人应用手指示，请客人坐下，看到客人坐下后，才能行点头礼并离开。如果客人错坐下座，可提请客人改坐上座，但不要勉强。

（六）奉茶的礼仪

我国人民习惯以茶水招待客人。在招待尊贵客人时，选择什么茶具、怎样倒茶和递茶都有许多讲究。在给客人送茶时，茶具不能有破损和污垢，要洗干净、擦亮，杯内的茶水倒至八分满即可，不可倒满，免得溢出来溅洒到客人身上。茶水的温度也要控制好，千万别烫着客人。端送茶水最好使用托盘，既雅观又卫生；托盘内放一块抹布更好，以便茶水溢出时擦拭。端茶时，有杯柄的茶杯可一手执杯柄一手托在杯底或单手执杯柄；若茶杯没有杯柄，注意不要用手握住茶杯，以减少手指和杯沿部分的接触，更不可把拇指伸入杯内。敬茶时可以按由右往左的顺序逐个奉上，也可按主要宾客或年长者—上级领导—其他客人这个顺序敬奉。

（七）接待时的礼仪

小案例 17-5

小李的接待观

小李是公司新入职不到 2 个月的员工。在这不到 2 个月的时间里，就数次被顾客投诉。

原来，小李自以为是大学生，在业务接待中对顾客爱搭不理、态度非常冷淡。他认为：我是大学生，搞业务如果还赔着笑脸"低三下四"地接待，那岂不成了侍候他们了！再说了，每天的工作都不清闲，哪还有那么多精力去赔笑脸？

甚至有一次一位白发苍苍的老人为了了解业务，在小李面前一直站着说话、半蹲着身子写材料前后近半小时，而小李则抖着腿，有一搭没一搭地应付着，更不用说起身请老人坐下说话、给老人端杯水了。

正好经理巡视路过，在月末的大会上点名批评了小李。经理说这样的接待行为无疑严重影响了企业形象，绝不允许这样的行为再发生……

【点评】大学生刚毕业从事商务工作，需要学习、了解的东西很多，应该虚心地向同事学习，应该从尊重人、懂礼貌等基础礼仪做起。

1. 主动热情接待客人

在客人到达本单位时，参与接待的相关领导和工作人员，应该前往门口迎接。进入办公室或会客室时，接待人员一般应起身握手相迎，对上级、长者、客户来访，应起身上前迎候。如果相关领导有事暂不能接待来访者，应安排秘书或其他人员接待，不能冷落来访者。正在接待来访者时，有电话打来或有新的来访者，应尽量让秘书或他人接待，以避免中断正在进行的接待。

2. 要保持亲切灿烂的笑容

笑是世界的共同语言，笑是接待人员最好的语言工具，访客接待的第一要诀就是展现亲切的笑容。当客户靠近的时候，接待人员绝对不能面无表情地说"请问找谁""有什么事吗"……这样的接待会令客人很不自在；相反，一定要面带微笑地说"您好，请问有什么需要我服务的吗"。

3. 注意使用温馨合宜的招呼语

接待客人时，最好不要或者尽量减少使用所谓的专业术语，多使用客人易懂话语。比如医学专业术语、银行专业术语等，许多客人无法听懂那些专业术语，如果在与其交谈时张口闭口皆术语，就会让客人感觉很尴尬，也会使交流受到影响。所以，招呼语要通俗易懂，要让客人切身感觉到亲切和友善。同时，应尽量使用简单明了的礼貌用语，比如"您好""大家好""谢谢""对不起""请"等，向客人展现自己的专业风范。另外，还应该尽量使用生动得体的问候语。比如"有没有需要我服务的？""有没有需要我效劳的？"这样的问候语既生动又得体。切忌使用类似"找谁？""有事吗？"这样的问候语，会让客人感到不舒服，甚至会把客人吓跑。

4. 妥善处理客人意见或建议

对来访者的意见和观点不要轻率表态，应思考后再作答复。对一时不能作答的，要约定一个时间再联系。对能够马上答复的或立即可办理的事，应当场答复，迅速办理，不要让来访者无谓地等待或再次来访。对来访者的无理要求或错误意见，应有礼貌地拒绝，不要使来访者尴尬。

（八）送别礼仪

送别，是留给客人良好的最后印象的一项重要工作。不管你前面的接待工作做得多么周到，如果最后的送别让客人备受冷落，整个接待工作就会功亏一篑。做好送别工作，关键在于一个"情"字。具体而言，送别时应注意以下礼仪：

1.提出道别

在日常接待活动中，宾主双方由谁提出道别是有讲究的。按照常规，道别应当由客人先提出来，如果主人先提出与来客道别，难免会给人以厌客、逐客的感觉。

2.送别用语

宾主道别，彼此都会使用一些礼貌用语表达对对方的惜别之情，最简单、最常用的莫过于一声亲切的"再见"。除此之外，"您走好""有空多联系""多多保重"等也是得体的送别用语。

3.送别的表现

一般客人告辞离去，商务人员只需起身将其送至门口，说声"再见"即可。如果上司要求你代其送客，则应视需要将客人送至相应地点：如果对方是常客，通常应将其送至门口、电梯口或楼梯旁、大楼底下、院门外；如果是初次来访的贵客，则要陪伴对方走得更远些。如果只将客人送至会议室或办公室门口、服务台边，则要说声"对不起，失陪"，并目送客人走远；如果将客人送至电梯口，则宜点头致意，目送客人至电梯门关合为止；若将客人送至大门口或汽车旁，则应帮客人搬运行李或稍重物品，并帮客人拉开车门，开车门时右手置于车门顶端，按先主宾后随员、先女宾后男宾的顺序或客人的习惯引导客人上车，同时向客人挥手道别，祝福旅途愉快，目送客人离去。在送别的过程中，切忌流露出不耐烦、急于脱身的神态，以免给客人一种匆忙打发他走的感觉。

小故事17-4   **李嘉诚送客**

很多知名企业家很注意送人的礼节。一位内地企业家在接受电视台采访时谈到了他去拜访李嘉诚的经历。

那天，李嘉诚和儿子一起接见了他。会谈结束之后，李嘉诚起身从办公室陪他出来，送他到电梯口。更让人惊叹的是，李嘉诚不是送到即走，而是一直等到电梯上来，他进去了，再举手告别，并等到电梯门合上。作为成功的企业家，李嘉诚肯定公务繁忙，可他依旧注重礼节，亲自送人，没有丝毫的怠慢。这位内地企业家面对着电视机前的亿万观众动情地说："李嘉诚这么大年纪了，对我们晚辈如此尊重，他不成功都难。"

六、拜访的礼仪

拜访是公务、商务等社会活动中一件经常性的工作，是最常见的社交形式，同时也是联络感情、增进友谊的一种有效方法。要使拜访做得更得体、更有效，更好地实现拜访的目的，就要重视和学习拜访的礼仪。

（一）约好时间

拜访前，应事先联络妥当，尽可能事先告知，最好是和对方约定一个时间，以免扑空或打乱对方的日程安排，即使电话拜访也不例外，不告而访是非常失礼的。如果双方约好时间，应准时赴约，不能轻易失约或迟到。但如果因故不得不迟到或取消访问，一定要设法在约定时间前立即通知对方，并表示歉意。拜访应选择一个对方方便的时间。做客拜访一般可在平时晚饭后或假日的下午，要避免在吃饭和休息的时间登门造访。

（二）做好准备

（1）明确拜访目的。无论是初次拜访还是再次拜访，都要事先明确拜访的主要目的。

（2）准备有关资料。商务拜访，比如客户拜访，要准备的资料包括公司及业界的资料、相关产品资料、客户的相关信息资料、销售资料及方案、针对可能出现的情况事先拟订的解决方案或应对方案、一些小礼品等。此外，名片、电话号码簿等也要事先准备好。

（3）设计拜访流程。要针对拜访环节准备好最稳妥、最得体的称呼和开场白，选择好话题资料，确定话题范围等。

（4）电话预约确认。出发前应致电被拜访者，再次确认本次拜访人员、时间和地点等事宜。

（5）注意礼仪细节。到达前，最好先稍事整理服装仪容。如果是重要的拜访对象，要事先关掉手机，这体现了对拜访对象的尊敬、对访问事宜的重视。

（三）上门有礼

小故事 17-5

有备无患

到达拜访地点后，如果对方因故不能马上接待，可以在对方接待人员的安排下在会客厅、会议室或在前台安静地等候。如果等待时间过久，可以向有关人员说明，并另定时间，不要显出不耐烦的样子。如果接待人员没有说"请随便看看"之类的话，就不要东张西望、到处窥探，那是非常不礼貌的。

到达被访人所在地时，一定要事先轻轻敲门，进屋后等主人安排后坐下。后到的客人到达时，先到的客人应站起来，等待介绍或点头示意。对室内的人，无论认识与否，都应主动打招呼。如果与对方是第一次见面，应主动递上名片，或作自我介绍。对熟人可握手问候。如果你带其他人来，要介绍给主人。

小案例 17-6

如此拜访

进门后，应把随身带来的外套、雨具等物品搁放到对方接待人员指定的地方，不可任意乱放。接茶水时，应从座位上欠身，双手捧接，并表示感谢。和主人交谈时，应注意掌握时间。有要事必须与主人商量或向对方请教时，应尽快表明来意，不要说话不着边际，浪费时间。

（四）礼貌告辞

拜访结束时彬彬有礼地告辞，可给对方留下良好的印象，同时也给下次的拜访创造良好的氛围和机会。所以，及时告辞、礼貌告辞这一环节相当重要。拜访时间长短应根据拜访目的和主人意愿而定，通常宜短不宜长，适可而止。

当接待者有结束会见的表示时，应立即起身告辞。告辞时要同主人和其他客人一一告别。如果主人出门相送，应请主人留步并道谢，热情地说声再见。中途因特殊情况不得不离开时，无论主人在场与否，都要主动告别，不能不辞而别。

（五）拜访过程礼仪

（1）准时到达。让被拜访者无故等候无论何因都是严重失礼的事情。如果对方要晚点到，要安静等待。可充分利用剩余的时间，检查准备工作。

（2）控制时间。谈话时开门见山，不要漫无边际地闲扯、浪费时间。最好在约定时间内完成访谈，如果客户表现出有其他要事的样子，千万不要拖延。如未完成访谈，可约定下次拜访时间。

（3）注意言谈举止。要以优雅得体的言谈举止体现素质、涵养和职业精神，赢得对方的好感和敬重。即便与接待者的意见相左，也不要争论不休。要注意观察接待者的举止神情，当有不耐烦或为难的表现时，应转换话题或口气。总之，要避免出现不愉快或尴尬的场面。

（4）处理好"握手"与"拥抱"的关系。必须事先弄清对方人员的真实身份，根据主次或亲疏的关系，处理好见面时的礼仪。

（5）尊重对方习惯。由于被拜访者的国别、民族、年龄、性别以及兴趣爱好、习惯各有不同，事先要了解清楚，并给予充分的尊重。

（6）讲究服饰。服饰事关拜访者自身的职业形象和所代表的机构形象，也体现出对被拜访者的尊重。所以，拜访前对服饰的选择马虎不得。

（7）及时致谢。对拜访过程中接待者提供的帮助要及时适当地致以谢意。

（8）事后致谢。若是重要约会，拜访之后给对方寄一封感谢函或留一条短信，会加深对方的好感。

课后练习

1.设想几种不同的社交场景，如何根据交往对象的不同进行称呼？

2.请面对全班同学做一分钟自我介绍。

3.设计几个不同人物身份和场景，模拟训练正确的介绍方法。

4.3～5人一个小组，每组设计一个见面场景，将称呼、介绍、握手等交际礼仪，连贯地演示下来，学生对各组的表演进行评价，最后教师总结。表演之前，每组应就设计的场景和成员的角色进行说明。

5.进行拜访礼仪实践。学生2～4人为一组，利用业余时间，到亲朋好友家进行拜访。拜访的目的可以是社会调查、礼节性拜访或请教问题等。拜访结束后，每个人写出详细的拜访过程，在教师的指导下，在全班进行拜访总结。

6.假如你明天要拜访一位重要客户，列出你需要做哪些形象准备和资料准备。

7.王秘书做秘书工作多年，积累了不少经验。近日，领导让他给新来的秘书介绍一下接待经验，如果你是王秘书你应怎样介绍？

8.案例分析。

案例分析1

注意称呼

一天，有位斯里兰卡客人来到南京的一家宾馆准备住宿。前厅服务人员为了确认客人的身份，在办理相关手续及核对证件时花费了较多的时间。看到客人等得有些不耐烦了，服务人员便用中文跟陪同客人的女士解释，希望能够得到对方的谅解。谈话中，服务人员习惯性地用了"老外"这个词来称呼客人。谁料这位女士听到这个称呼后立刻沉下脸来，表示了极大的不满。原来这位女士不是别人，正是客人的妻子。见此情形，这位服务人员立即赔礼道歉，但客人的心情已经大受影响，对这家宾馆产生了不好的印象。

思考讨论：（1）交际中怎样称呼才能表达敬意？

（2）本案例对你有何启示？

案例分析2

小张错在哪里？

小张大学毕业后在扬州昌盛玩具厂办公室工作。中秋节前两天办公室陈主任通知他，明天下午3点本公司的合作伙伴上海华强贸易有限公司的刘君副总经理将到本市（昌盛玩具厂的出口订单主要来自华强贸易有限公司），这次来的主要目的是了解昌盛玩具厂是否有能力、有技术在60天内完成美国的一批圣诞节玩具订单。昌盛玩具厂很希望拿到这份利润丰厚的订单，李厂长将亲自到车站接站。由于陈主任第二天将代表李厂长出席另外一个会议，临时安排小张随同李厂长一起去接刘副总经理，小张接到任务后，征得李厂长同意，在一家四星级酒店预订了房间，安排厂里最好的一辆轿车去接刘副总经理。

第二天上午，小张忙着布置会议室，通知一家花木公司送来一批绿色植物，准备欢迎条幅，又去购买了水果，一直忙到下午2：30，穿着休闲服的小张急急忙忙随李厂长一起到车站，不料市内交通拥挤，到车站后发现刘副总经理已经等待了10多分钟，李厂长不住地表示抱歉，小张也跟着说，厂子离市区太远，加上堵车才迟到的。小张拉开车前门请刘副总经理上车，并说："这里视线好，您可以看看我们的市容市貌。"随后，又拉开右后门请李厂长入座，自己急忙从车前绕到左后门上了车。车到达宾馆后，小张推开车门直奔总台，询问预订房间情况，为刘副总经理办理入住手续，刘副总经理提行李跟过来。小张将刘副总经理送到房间后，李厂长与刘副总经理交流着第二天的安排，小张在房间里转来转去，看看是否有不当之处。片刻后，李厂长告辞，临走前告知刘副总经理晚上6：00接他到扬州一家非常有特色的餐馆吃晚饭。

小张随李厂长出来后，却受到了李厂长的批评，说小张经验不够。小张觉得很冤枉，自己这么卖力，是哪里出错了呢？

思考讨论：（1）小张的接待准备工作充分吗？

（2）小张在礼仪上有什么不足？

（3）小张接到这份接待工作后，应该怎样做更合适？

案例分析3

使生意告吹的拜访

某公司新建的办公大楼需要添置一系列办公家具，价值数百万元。公司总经理已做了决定，准备向A公司购买这批办公家具。这天，A公司的销售员打电话来，要上门拜访这位总经理。总经理打算等对方来了，就在订单上盖章，定下这笔生意。不料对方比预定的时间提前了2个小时，原来对方听说这家公司的员工宿舍也要在近期内落成，希望员工宿舍需要的家具也能向A公司购买。为了谈这件事，销售员还带来了一大堆资料，摆满了台面。总经理没料到对方会提前到访，不巧手边又有事，便请秘书让对方等一会儿。这位销售员等了不到半小时，就开始不耐烦了，一边收拾资料一边说："我还是改天再来拜访吧。"这时，总经理发现对方在收拾资料准备离开时，将自己刚才递上的名片不小心掉在了地上，对方却没察觉，走时还无意从名片上踩了过去。但这个不小心的失误，却令总经理改变了初衷，A公司不仅没有机会与对方商谈员工宿舍的设备购买，连几乎到手的数百万元办公家具的生意也告吹了。

思考讨论：（1）A公司的生意为何告吹了？

（2）拜访他人应该注意哪些问题？

任务 18

通　信

案例导入　　　　　　　　　**电话里的女高音**

　　某杂技团计划于下月赴美国演出，该团团长刘明就此事向市××局作请示，于是他拨通了×局长办公室的电话。

　　可是电话响了足足有半分多钟时间，不见有人接听。刘明正纳闷，突然电话那端传来一个不耐烦的女高音："什么事啊？"刘明一愣，以为自己拨错了电话："请问是××局吗？""废话，你不知道自己往哪儿打的电话啊？""哦，您好，我是市杂技团的，请问×局长在吗？""你是谁啊？"对方没好气地盘问。刘明心里直犯嘀咕："我叫刘明，是杂技团的团长。"

　　"刘明？你跟我们局长什么关系？"

　　"关系？"刘明更是丈二和尚摸不着头脑。

　　"我和×局长没有私人关系，我只想请示一下我们团出国演出的事。""出国演出？×局长不在，你改天再来电话吧。"没等刘明再说什么，对方就"啪"地挂断了电话。

　　刘明感觉像是被人戏弄了一番，拿着电话半天没回过神来。

任务分析

　　众所周知，现代社会是一个信息社会。对于现代人而言，信息就是资源，信息就是财富，信息就是生命，所以大家不约而同地对信息重视有加。目前，现代化通信工具层出不穷，它们的出现，为人们获取信息、传递信息、利用信息，提供了越来越多的选择。

　　通信，一般有其特定的含义，是指人们利用一定的电信设备来进行信息的传递。被传递的信息，既可以是文字、符号，也可以是表格、图像。当今，在日常生活中，人们接触最多的通信手段主要有电话、短信、传真、电子邮件等。通信礼仪，通常即指在利用上述各种通信手段时所应遵守的礼仪规范。

　　通过通信礼仪的学习，使学生能够礼貌、规范地接打电话；正确规范地使用移动电话；规范地收发短信；熟练使用传真，并注意其礼仪规范；网络沟通符合礼仪规范。

▇ 实训设计

自编小品——《打电话（手机）》

实训目的：掌握打电话（手机）礼仪的基本规范，展现出良好的通信交际形象。

实训学时：2课时。

实训地点：实训室或教室。

实训步骤：

（1）学生3~5人分为一组，每组自编小品《打电话（手机）》。

（2）每组同学将其创作的《打电话（手机）》小品在全班进行表演。

（3）表演中注意将《打电话（手机）》中不规范的表现演示出来，最后师生共同评价。

一、电话礼仪

（一）电话语言要求

目前大部分电话能传输的信号是声音，但这一信号载体包含着许多信息。说话人想做什么，要做什么，是高兴还是悲伤，还有对另一方的信任感、尊重感，彼此都可以清晰地得知。这些都取决于电话的语言与声调。因此，电话语言要求礼貌、简洁和明了，以准确地传递信息。

（1）态度礼貌友善。当我们使用电话交谈时，我们不能简单地将对方视作一个"声音"，而应看作面对一个正在交谈的人。尤其对办公人员来说，我们面对的是组织的一名公众。如果你们是初次交往，那么，这样一次电话接触便是你在公众面前的第一次"亮相"，应十分慎重。因此，在使用电话时，多用肯定语，少用否定语，酌情使用模糊用语；多用些致歉语和请托语，少用些傲慢语、生硬语。礼貌的语言、柔和的声音，往往会给对方留下亲切之感。正如日本一位研究传播的权威所说："不管是在公司中还是在家庭里，凭着个人在电话里的讲话方式，就可以基本判断出其'教养'水准。"

（2）传递信息简洁。电话用语要言简意赅，将自己所要讲的事用最简洁、明了的语言表达出来。因为通话的一方尽管有诸如紧张、失望而表情异常的体态语言，但通话的另一方不知道，他所能得到的判断只能来自他听到的声音。在通话时最忌讳说话人吞吞吐吐、含糊不清、东拉西扯。正确的做法是：问候完毕对方，即开宗明义、直言主题，少讲空话，不说废话。

（3）控制语速语调。通话时语调温和，语速适中，这种有魅力的声音容易使对方产生愉悦感。如果说话过程语速太快，则对方会听不清楚，显得应付了事；太慢，则对方会不耐烦，显得懒散拖沓；语调太高，则对方听得刺耳，感到刚而不柔；语调太低，则对方会听得不清楚，感到有气无力。一般说话的语速、语调和平常一样就行了，无须大喊大叫，把受话器放在离嘴两三厘米的地方，正对着它讲就行了。另外，通电话时如果周围有种种异样的声音，会使对方觉得自己未受尊重而变得恼怒，这时应向对方解释，以保证双方心情舒畅地传递信息。

（二）接电话礼仪

（1）迅速、礼貌地接听电话。接电话首先应做到迅速接听，力争在第三次铃响之前就拿起话筒，这是避免让打电话的人产生不良印象的一种礼貌。电话铃响三遍后才做出反应，会使对方焦急不安或不愉快。正如日本著名社会心理学家铃木健二所说："打电话本身就是一种业务。这种业务的最大特点是无时无刻不在体现每个人的特性。""在现代化大生产的公司里，职员的使命之一，是一听到电话铃声就立即去接。"接电话时，也应首先自报单位、姓名，然后确认对方，如："您好！这是××公司营销部。"如果对方没有马上进入正题，可以主动询问："请问您找哪位通话？"

（2）仔细聆听并积极反馈。作为受话人，通话过程中，要仔细聆听对方的讲话，并及时作答，给对方以积极的反馈。通话中听不清楚或意思不明白时，要马上告诉对方。在电话中接到对方邀请或会议通知时，应热情致谢。

（3）规范地代转电话。如果对方请你代转电话，应弄明白对方是谁，要找什么人，以便与接电话人联系。此时，请告知对方"稍等片刻"，并迅速找人。如果不放下话筒喊距离较远的人，可用手轻捂话筒或按保留按钮，然后再呼喊接电话人。如果你决定将电话转到别的部门处理，应客气地告知对方，你将电话转到处理此事的部门或适当的职员，如："真对不起，这件事由财务部处理，如果您愿意，我帮您转过去好吗？"

（4）认真做好电话记录。如果接电话的人不在，应为其做好电话记录，记录完毕，最好向对方复述一遍，以免遗漏或记错。

小案例 18-1

接到不懂礼仪的人打来电话时

（三）打电话礼仪

（1）选好时间。打电话给别人，首先要注意选择好恰当的时间。通常情况下，打公务电话最好避开临近下班以及用餐时间，因为这些时间段打电话，对方往往急于下班或用餐，极有可能得不到满意的答复。

公务电话应尽量打到对方单位，如果确实需要往家里打电话，则需要避开吃饭以及睡觉的时间。通常，最佳打电话的时间是上午9：00—12：00；下午2：00—5：00；晚上8：00—10：00。

如果知道对方的上下班时间，则应避免对方刚上班半小时或下班前半小时通话。如果不是十万火急的情况，一般不要在节假日、用餐时间和休息时间给对方打工作电话。若是拨打国外电话，还应该注意时差。

（2）事先通报。电话接通后，要先通报自己的姓名、身份，如"您好，我是××公司销售部小陈"。必要时，还要询问对方现在是否方便接听电话。若对方现在不方便接听电话，则应等对方方便时再打。

（3）控制时长。打公务电话时，必须对通话时长进行控制，基本要求是"以短为

小案例 18-2

问询员的委屈

佳，宁短勿长"，即所谓的电话礼仪的"三分钟原则"。

商务场合的电话，刚开始的寒暄是必不可少的，但是要点到为止，不能没完没了、本末倒置。然后开门见山，直奔主题。特别是打重要电话或国际长途电话时，最好事先做好充分准备，把谈话内容要点先罗列在纸上，打电话时就不会出现丢三落四的现象。

通话时要干脆利落，不要东拉西扯，这样既浪费时间，又给对方留下不良印象。交谈完毕后，再简单复述通话内容，然后就结束通话。

（4）文明礼貌。通话过程中态度要热情，吐字要清晰，语气要亲切。通话时要集中精力，不可边吃边说，更不可一边打电话一边同旁人聊天，或兼做其他工作，给人心不在焉的感觉。

打错电话时，要主动向对方道歉，不可一言不发，挂断了事。无论哪方原因掉线，都应主动再打一遍，并说明原因，而不要等对方打来。通话完毕时要说"再见""打扰您了"等礼貌性用语。

（5）举止得体。通话时，要站好或坐端正，举止得体。不可以坐在桌角上或椅背上，也不要趴着、仰着、斜靠着或双腿高架着。使用电话要轻拿、轻放。

不要在通话时把话筒夹在脖子下，抱着话机随意走动。通话的时候不要发声过高，免得让受话人承受不了。

小案例18-3　　　　　　　　　　**一时口误遭冷遇**

王先生在兴发公司购买的产品出了一点小问题，于是他打电话找兴发公司的业务员寻求解决办法。

王先生拨通了兴发公司的电话后，一时口误将兴发公司说成了倾鑫公司。兴发公司的业务员小李一听对方要找的是自己的竞争对手，于是冷冷地说了句"你打错了"，还没等王先生回过神来，便"啪"地一下挂断了电话。对此，王先生觉得心里很不舒服。他之前购买产品时就是与业务员小李联系的，当时小李表现得温文尔雅，而这次就因为一时的口误，小李便表现出这个态度，实在令人寒心。此事之后，王先生再也不想购买兴发公司的产品了。

业务员小李在接到他人打错的电话后，态度冷淡并随即挂断电话的行为是极其不尊重发话人的行为，损害了兴发公司的商务形象。正确的做法如下：接通电话后，首先向发话人问好，并作自我介绍，然后主动询问发话人需要哪些帮助等。当发话人出现口误时，则应友好地告知对方，而不可表露出愤怒或不耐烦的情绪。

二、手机礼仪

无论在社交场合还是工作场合，毫无顾忌地使用手机，已经成为礼仪的最大威胁之一，手机礼仪也越来越受到关注。在国外，如澳大利亚电信各营业厅就采取了向顾客提供"手机礼节"宣传册的方式，宣传手机礼仪。在使用手机的时候应该注意以下礼仪：

小贴士18-1

拨打电话的
空间环境考虑

（一）注意手机使用的场合

在会议中、和别人洽谈的时候，最好的方式是关掉手机，起码也要调到静音状态。这样既显示出对别人的尊重，又不会打断发言者的思路。而那种在会场上铃声不断，像是业务很忙，使大家的目光都转向他的人，实际给人的印象只能是缺少教养。

注意手机使用礼仪的人，不会在接听座机电话时、剧场里、图书馆里接打手机，就是在公交车上大声地接打电话也是有失礼仪的。

公共场合特别是楼梯、电梯、路口、人行道等地方，不可以旁若无人地使用手机，应该把自己的声音尽可能地压低一下，绝不能大声说话，同时不要妨碍他人通行。

在一些场合，比如在电影院或剧院打手机是极其不合适的，如果非得回话，或许采用静音的方式发送短信是比较适合的。

（二）考虑对方是否方便接听

给对方打手机时，尤其当知道对方是身居要职的忙人时，首先应想到的是，这个时间他（她）方便接听吗？并且要有对方不方便接听的准备。在给对方打手机时，注意从听筒里听到的回音来鉴别对方所处的环境。如果很静，应想到对方在开会，有时大的会场能感到一种空旷的回声，当听到噪声时对方就很可能在室外，开车时的隆隆声也是可以听出来的。有了初步的鉴别，对能否顺利通话就有了准备。但不论在什么情况下，是否通话还是由对方来定为好，所以"现在通话方便吗？"通常是拨通电话后的第一句问话。其实，在没有事先约定和不熟悉对方的前提下，我们很难知道对方什么时候方便接听电话。所以，在有其他联络方式时，还是尽量不打对方手机。

在用餐时，关掉手机或是把手机调到震动状态还是必要的。避免正吃到兴头上，被一阵烦人的铃声打断。

不要在别人能注视到你的时候查看短信。一边和别人说话，一边查看手机短信，是对别人不尊重的表现。当与朋友面对面聊天时，不要正对着朋友拨打手机，避免发射的高频电流对其产生辐射，让对方心中不快。

要讲究公德，不要用手机偷拍。在用手机拍照或摄像时应征得对方同意。

（三）注意安全使用手机

使用手机时必须牢记"安全至上"，否则不但害人，还会害己。要注意不要在驾驶汽车时使用手机，以防止发生车祸；不要在装有某些仪器的病房、加油站等地方使用手机，以免发出的信号有碍治疗，或引发火灾、爆炸；不要在飞机飞行期间使用手机，否则极可能使飞机"迷失方向"，造成严重后果。

出于自我保护和防止他人盗机、盗取密码等多方面考虑，通常不宜随意将本人的手机借予他人使用，或是前往不正规的维修点进行检修。考虑到相同的原因，随意借用别人的手机也是不恰当的。

（四）讲究手机置放文明

在一切公共场合，手机在没有使用时，都要放在合乎礼仪的常规位置。不要在不使用的时候拿在手里或挂在脖子上。放手机的常规位置有：随身携带的公文包里，这种位置最正规；上衣的内袋里；有时候，也可以暂放在不起眼的地方，如手边、背后，但不要放在桌子上，特别是不要对着对面正在聊天的客户。

三、网络礼仪

（一）网络礼仪基本规范

1.充分尊重他人

当今，在互联网上交流已成为一种重要的交际方式。在互联网上人与人之间的交流，出于各种原因，双方往往难以完全正确理解对方所要表达的意思，这样就很容易使人际关系陷入"言者无心、听者有意"的困境。所以，在网络交往中更要充分尊重他人。

（1）记住别人的存在。互联网为来自五湖四海的人们提供了一个交流的空间，这是高科技的优点，但往往也使得我们在面对电脑屏幕时忘了自己是在跟他人打交道，忽略了他人的存在，自己的行为也因此容易变得更粗劣和无礼。因此，有些话如果你当面不会说，那么在网络上也不要轻易说出口。现实生活中，有法律法规来约束我们的行为；虚拟的网络世界，也不是法外之地，同样有相应的法律条款来约束我们的行为。

（2）尊重他人的隐私。别人与你的电子邮件或聊天记录应该是隐私的一部分。如果你认识的某个人用笔名上网，在论坛中未经同意就不得将其真名公开。如果不小心看到别人打开的电脑上的电子邮件涉及秘密事项，不应该到处传播。

（3）尊重别人的时间。在提问题前，自己先花些时间去搜索和研究。可能同样的问题以前已经被问过多次，现成的答案唾手可得，这样可节省别人为你寻找答案而消耗的时间和资源。

2.注意言行举止

（1）网络留言文明。由于网络的匿名性，无法根据人的外观对其做出判断，网络语言就成为了解一个人的唯一途径。所以，在网络上留言要格外注意文明、礼貌、规范。如果你对某个领域不是很熟悉，就不要贸然开口。发帖前要仔细检查自己的用词和语法，不要说脏话和故意挑衅的话。网络交流不得使用攻击性、侮辱性的语言。对于常用的语言符号，应当熟练掌握，以便理解对方的意思；同时也要谨慎使用语言符号，以免对方不理解而导致交流障碍。

（2）注意交流的语气。在谈话中听来有趣和合理的语言，变成书面语就可能会显得咄咄逼人、唐突甚至粗鲁。大多数人发送网络信息时都不像写普通书面文章时那么认真和注意修饰。实际上，在把信息发表到网上之前应该好好地检查一下。与此同时，你也应当认真阅读别人所写的内容，他们真正要表达的也许并不一定是你所理解的那种意思。

3.宽容他人的错误

任何人上网都有一个从生疏到熟练的过程，作为新手都会有犯错误的时候。所以，当看到别人写错字、用错词、问一个低级问题时，请不要太在意。如果真的想给别人提建议，最好用留言私下提出。

4.进行合理争论

网络上的争论可以说是一场"没有硝烟的战争"。其实这些争论都属于正常现象，要注意的是争论时要以理服人，不要进行人身攻击和使用侮辱性的语言。

小贴士18-3

文明上网自律公约

（二）收发电子邮件礼仪

1.电子邮件的书写礼仪

电子邮件的书写通常应按照纸质信函的格式进行。书写电子邮件时，还应当注意以下礼仪：

（1）主题明确。添加邮件主题是电子邮件与纸质信函的主要不同之处。商务人员在撰写电子邮件时，一定要在"Subject（主题）"栏设定一个邮件主题。该主题应明确、具体、提纲挈领（如"关于洽谈会的准备事宜"等），但不宜过长，以便收件人通过主题快速判断邮件内容的轻重缓急，减轻查找或阅读邮件的负担。

（2）内容规范。与纸质商务信函一样，电子邮件也应当用语规范、内容完整。与此同时，电子邮件的书写还应注意以下两个方面：一是尽量避免使用晦涩难懂的缩略语，且不要使用网络用语和符号表情，以免影响商务信函的专业性和严肃性。二是在英文电子邮件中，切勿使用大写字母书写正文，以免被误解为态度恶劣或强硬。

（3）签名恰当。商务人员可在电子邮件的签名档中列入写信人的姓名、公司、电话、传真、地址等信息，还可列入个人的座右铭或公司的宣传口号等信息，但信息行数不宜过多，一般不超过4行。

（4）附件合理。商务人员可以通过电子邮件的附件发送文档形式的文件，还可以发送照片、音频、视频等文件。在使用邮件的附件功能时，应在邮件的正文中对附件进行简要说明，并提示收件人查看附件。

若附件为特殊格式的文件，则应在正文中说明其打开方式，以免影响收件人查看。

此外，应为附件设定有意义的文件名。当附件的数目较多（多于2个）时，应将其打包成一个压缩文件。若附件容量较大，则应事先确认收件人所使用的邮件服务系统是否有足够的容量收取，如果没有足够的容量，应将附件分割成多个小文件分别发送。

2.电子邮件的收发礼仪

（1）及时确认发送状态。发送电子邮件后，一定要及时确认邮件是否已经发送成功。确认邮件发送状态的方法通常有如下两种：一是检查被发送的邮件是否已显示在

"已发送"列表中，若该列表中有显示，则表明发送成功；二是邮件发送几分钟后，检查邮箱中有无系统退信，若无系统退信则表明发送成功。

（2）通知收件人。重要的或有时效性的电子邮件在发送完毕后，还要打电话通知收件人查收并阅读邮件，以免耽误重要事宜。

（3）及时回复。收到重要或紧急的电子邮件后，通常应当在 2 小时内回复对方，以示尊重。对于一些不紧急的电子邮件，则可暂缓处理，但一般不可超过 24 小时。

回复邮件时，最好只将原件中相关的问题抄到回件上，然后附上结构完整的答复内容。若只回复"已知道""对""谢谢""是的"等，则是非常不礼貌的。

（三）微信礼仪

（1）注意联系的时间。现在，微信在商务中的使用越来越频繁。不管是使用语音功能还是文字或图片，都要注意时间，避免在对方不方便的时候，特别是在休息的时候。如果是因公联系，除非你们有约定，否则晚上 8 点后就应避免再联系。

（2）注意内容。输入文字内容时要认真谨慎，避免手指不小心碰错了地方，发出了造成误会的内容。输入数字时，手写功能更易出错，所以输好后应审查一遍再发出。发送前最好再确认一下联系人，有时同时聊天的人有好几位，容易将内容发错对象，引起尴尬。听别人语音内容的时候，最好戴上耳机或将手机贴近耳朵，除非你周围没人，否则不要让你与朋友间的私密语音和大家"分享"。

（3）注意"朋友圈"刷屏。刷"朋友圈"已经成为大部分微信用户的习惯性动作，有事没事刷两下，看看谁有什么动态，同时该关心的关心，该点赞的点赞，该调侃的调侃。但最忌讳的就是在别人的伤口上撒盐。同时，也要注意发心情和共享的内容不要太过频繁，以免浪费别人的流量，让人反感。转发时也应转发健康向上的"朋友圈"内容，"朋友圈"内容每时每刻都在更新，转发内容前最好自己稍微看几眼，不要转发有错误、影响自身形象的内容。当然有时"朋友圈"的内容是写给自己的，那就要及时将可见范围设置为私密。最好不要在里面发布自己的身份信息，如身份证号码、驾驶证号码等重要的个人信息，以防被不法分子窃取。

（4）微信公众号注意事项。如建立微信公众号，应注意在内容上要遵守公共道德规范。另外，关注微信公众号时也应注意分辨，对于具有广告目的或不法内容的微信公众号，最好辨认清楚了再去关注或转发其内容。

微信时代过年新礼仪

（1）亲朋好友来家里拜年，要及时告知 Wi-Fi 密码，以防其流量不够用，这样显得体贴又周到。

（2）吃年夜饭的时候，不要着急动筷子。因为可能有人想拍照发"朋友圈"，等大家都拍完了，再请长辈先动筷。

（3）在"朋友圈"晒年夜饭的时候，记得要感谢辛苦准备年夜饭的亲人。

（4）春节祝福微信满天飞，要经常检查手机，看是否有祝福消息收到没及时回复，否则别人会觉得你不重视他的祝福。

（5）如果有人没有及时回你的祝福消息，也要将心比心，对方可能是过节太忙碌，不要太往心里去。

（6）过年非常开心，有很多信息想发到"朋友圈"和大家分享，但是不要连续发多条信息刷屏，一天的"朋友圈"发送数量最好控制在5条以内。发太多可能会遭到屏蔽。

（7）群发的节日祝福显得太没诚意，一条好的祝福信息需要三要素：有称呼、有特定（个性化）祝福语、有发信人落款。

（8）过年遇到许久不见的亲朋好友，想添加为好友，一定要主动扫长辈的微信，不要让长辈或者女士手忙脚乱地来扫你。

（四）微博礼仪

微博是近几年兴起的一种网络传播和交流的方式，其实就是一种通过关注机制分享简短信息的广播式的社交网络平台。微博可以相互关注，可以共享信息，可以交朋结友，而且使用起来极为方便和快捷，因而一经问世，立即风靡全网，现在依然是很受欢迎的私媒体和社交平台。

对话，是微博的基本形式。虽然大家在微博上彼此互动却不见面，但微博绝非一个纯虚拟空间。微博上的一言一行，都能体现出每个用户的不同学识、气质形象与品行素养；而企业的官方微博更是一个直接的窗口，可以展现一家企业、一个品牌的内涵。因而，不论是个人的微博，还是企业组织的微博，都应特别注重内容发布的方法技巧与礼仪规范。

（1）文明高雅，客观评论。对于个人微博，发布的信息语言一定要文明高雅，内容要清新可读，不可语言粗俗，更不可攻击他人，甚至公开骂人；发送前一定要检查是否有错别字，转发时必须确保自己了解这件事情；评论别人的微博时要了解原文，客观地发表自己的意见，不能信口雌黄。这些都是基本的微博礼仪。

（2）礼尚往来，互相关注。微博也是一个网络社交平台，在微博上同样讲究礼尚往来，互相关注也是一种礼貌。一般说来我们会优先关注那些已经关注自己的人、那些回复自己消息的人，主要是获得心理的认知，体会到被人关注、受人尊重的感觉。如果你想和一个人交朋友，你不妨经常关心他的微博动态并评论，这可能会引起他的关注，并回关你的微博。如果别人粉你（关注你），你也应当适时回访，也加上关注，"互粉"才是礼貌的。

（3）官方微博，注重形象。企业的官方微博，更需要讲究礼仪，这样才能树立企业的良好形象。因为从某种意义上来说，企业的官方微博就是企业形象的一个展示，甚至就是企业的形象。企业官方微博的运营人员及管理者必须清楚，其发布的内容都是代表企业的声音。因此，在具体操作上应尽量减少和避免微博运营人员的个人行为，而应遵循亲和、干练的职业化原则。企业的官微要对大事件高度敏感，对于一些公众最为关心或当前的热点问题，不妨多加转发；对于一些公益活动，不妨积极参与并转发；对于企业的客户，要全心全意服务，并在服务中提升企业的形象。

（4）语言文明，灵活互动。微博上的礼仪，大多通过微博的发布、回复、评论及私信得以体现。发布微博的语言应当文明、生动、风趣。使用微博文明用语，不仅仅有助于培养积极健康的心态，而且是一种热情、亲和、开放合作精神的体现。在微博互动时穿插趣味性、生动性的回复，偶尔与大家开开玩笑，也会起到很好的效果。微博文字中的"小表情"，也可以很好地辅助传递情绪，体现人性化的感性内涵。如果一些敏感性问题不适合公开交流，那么不妨私信对方。同时要注意，没有必要进行私密沟通的事宜，应尽可能不以发私信的形式来处理，以免让对方产生反感，甚至拉黑。

■ 课后练习

1.欣赏相声表演艺术家马季的相声《打电话》，讨论打电话应该注意的礼节。

2.以下接电话过程中有哪些错误的礼仪行为？

电话铃声响起，响了五六声。

女：喂！五湖四海公司，你找谁？

客：我的手机好像出了问题，请问要找谁处理呢？

女：你等一下。

转接声响了很久……

男：喂！找谁？

客：我的手机出问题了，有一位小姐帮我转到这里的。

男：我们这是业务部，不管手机修理的问题（不耐烦）。

客：我应该找谁呢？可以帮我转一下吗？

男：好啦！你等一下。

转接声又响了好久……

女：喂！

客：我的手机出了问题，请问如何……（被打断）

女：电话转错了吧！

客：那我到底要怎么办？

女：我再帮你转转看。

电话又响了很久……没人接听。

客：怎么搞的（骂声）！

"啪！"客户把电话挂掉了。

3.每两人一组，模拟各种情形进行手机短信的发送和回复，然后相互评论对方发送短信的做法有无不符合礼仪之处。

4.在网络这个虚拟世界中，应该注意哪些礼仪？

5.给大家讲一个你亲身经历过（或者听说过）的跟手机短信有关的故事。

6.举办一次主题短信写作比赛，主题自拟，评选出最佳写手。

7.或许你在网上对人有不礼貌的行为，或许别人对你有不礼貌的行为。请试举一例，并根据所学的知识和技术，提出解决问题的方案。

8.案例分析。

对方会看到你打电话的表情

日本有一个特别有名的销售员，有人结合他的经历写了一本书，叫《史上最伟大的推销员》。这个推销员的伟大之处在哪儿呢？他在工作中又有哪些有趣的故事？

有一天晚上，他回到家后比较累了，决定先睡一觉。但他定了一个闹钟，同时告诉他妻子，晚上10点的时候，一定要把他叫起来，因为他跟一个很重要的客户约好在10点半的时候打电话。

到10点的时候，不等他妻子催他，他听到闹钟就醒了，然后去洗手间洗漱，接着又是刮胡子，又是穿衬衫、打领带的，还穿上了西装和皮鞋。最后拿了个本子，在电话机旁正襟危坐，一到10点半就准时给对方打电话。

业务倒是谈得很顺利，十几分钟就搞定了，但是他这番举动让他妻子感到很奇怪：不就打一个电话吗？有必要这么正式吗？大半夜的还要起来精心打扮一通，好像现在不是晚上，而是星期一一大早。

你猜他是怎么解释的？他跟他妻子说，如果我很邋遢、很懒散的话，对方虽然看不到我的样子，但是我自己的精神面貌不好，这会通过我的语气传达到对方那里。经过这么一番打扮，我看起来正式多了，人也精神多了。虽然看不见对方，我也要尊重对方，我相信，对方一定能感受得到！

一个人的成功，从来都不是无缘无故的。他凭借着这样的好心态赢得了众多的客户，很多客户觉得，不管什么时候和这个推销员打电话，都会感觉他精神百倍，全心全意地在做这件事。客户要是感觉到你是全心全意的，哪怕只是对待一通电话，他也会觉得受到了极大的尊重。

思考讨论：（1）与客户进行电话沟通时，怎样让客户觉得你是尊重他（她）的？

（2）本案例对你有什么启示？

任务 19

交　谈

案例导入　　　　　　　　**黄渤的口才**

　　曾经有人说，娱乐圈如果要选情商最高的三个人，黄渤一定身在其中，他情商高，不是油嘴滑舌，不是世故圆滑，不是虚与委蛇，不是即兴表演，而是历尽沧桑的智慧，灵光四溢的表达，审时度势恰到好处的应对。

　　我们先来看两段采访。

　　一段是他在"鲁豫有约"节目中的表现。

　　主持人陈鲁豫问他："现在觉得自己特别火了吧？"

　　他说："都来《鲁豫有约》了，能不火吗？"

　　一句话，把鲁豫、自己、节目全夸了。滴水不漏的情商，堪称完美！

　　有一年，在金马奖颁奖典礼上，黄渤是颁奖嘉宾。

　　在此之前，他已经主持过一届金马奖，参与过几届，算是熟脸孔了。

　　那天，他的礼服有些像睡衣。和他搭档的女嘉宾问他："你怎么穿个睡衣就来出席颁奖礼？你看梁朝伟、刘德华……他们都穿得很隆重的。"

　　他立马回应说："对对对，因为他们是客人嘛，客人到别人家里，当然要隆重了。你5年没来金马奖，我这5年一直都在这里，已经把金马奖当成自己的家。回到家里应该穿什么，当然要舒适一点……"

　　明星们为黄渤的机智而鼓掌。

　　资料来源　佚名. 黄渤的情商到底有多高？[EB/OL]. [2017-04-19]. http: //m-tianmen. cjyun.org/p/40963.html.

▓ 任务分析

　　美国哈佛大学前校长伊立特曾说过："在造就一个有修养的人的教育中，有一种训练必不可少，那就是优美、高雅的谈吐。"交谈是交流思想和表达感情最直接、最快捷的途径。在公关交际中，像本任务"案例导入"中发生的语言冲突并不鲜见。有的人不注意交谈的礼仪规范，或用错了一个词，或多说了一句话，或不注意词语的色彩，或选错话题等而导致交往失败或影响人际关系。因此，在交谈中必须遵从一定的礼仪规范，才能达到双方交流信息、沟通思想的目的。

通过交谈礼仪的学习，使学生恰当得体地与人进行交谈，能够自觉地使用礼貌用语，恰当地选择交谈话题；在交谈中注意倾听并能恰当地发问。

实训设计

交谈礼仪训练

实训背景：新学期开始，班上一位同学因家境贫寒、生活拮据而产生自卑感，不愿和大家交往，性格有点孤僻。一次，班级组织春游，大家都踊跃报名，只有他一声不吭地待在寝室里。班主任让你找他谈谈，动员他参加这次集体活动。你面对他打算从哪里谈起？

实训目的：掌握交谈礼仪的基本规范，展现出良好的交际形象。

实训学时：2课时。

实训地点：实训室或教室。

实训步骤：

（1）选几位同学扮演这位有点自卑的同学，每人将自己最希望别人和你交谈的话题写在纸条上。

（2）其他同学扮演"你"，通过2分钟的准备，上前搭话，进行交谈。

（3）然后打开纸条看看自己的搭话和对方此时想要听的话有多大的联系。

一、交谈的基本礼仪

（一）态度谦虚诚恳

交谈首先要有一个正确的谈话态度。正确的谈话态度是坦率的、真诚的，要讲实话，讲肺腑之言。坦率往往能唤起彼此间的信任感和亲切感，加深双方的了解与友谊，这是交谈成功与否的关键所在。真诚是指话语从内容到语气都诚恳可信，使人愿意同你交往。同时，交谈中必须精神专注、思想集中，而不是糊弄应付；否则就会话不投机半句多，影响谈话效果。

微课 19-1

交谈的基本礼仪

（二）表情亲切自然

表情是人体语言最丰富的部分，人的喜怒哀乐都能够通过表情来反映。交谈时的表情要亲切自然，首先应当注意保持微笑，因为真诚的微笑最能打动人；同时要养成用目光与对方交流的习惯，用目光传递真诚与尊重。

（三）语调平和沉稳

语气语调是说话者真情实感的"显示器"，恰当地运用语气语调，可以增强语言魅力；抑扬顿挫的语气，会给话语添上形象色彩、感情色彩、理性色彩、风格色彩。

要善于根据不同的交际对象，运用不同的语调恰当得体地表现不同的思想感情。

如夫妻、母女等亲密者之间的交谈，其语气语调应为"气徐声柔"，给人以温馨感；如果谈话对象是长辈、领导、师长，表达的是敬爱之情，语气语调应为"气平声谦"，给人以敬重感；如果对象是下级、晚辈或年幼者，表达的是关心与爱护之情，语气语调应为"气舒声长"，给人以亲切感；如果对象是朋友、同事，抒发的是信任之情，语气语调应为"气平声沉"，给人以诚挚感；如果对象是陌生人，语气语调应为"气缓声轻"，给人以礼貌感。

（四）举止大方得体

为了表示交谈的诚意，举止一定要配合。坐姿要端正，不能懒散地靠在沙发上，诸如双腿叉开、高跷"二郎腿"等不雅坐姿都应该避免。手势要自然得体，不能过多，不要出现用笔敲击桌面、玩弄钥匙等小动作，也不要出现用手指指人等幅度过大的动作。

（五）话题贴切妥帖

话题选择得当，可使交谈有个良好的开端，引导双方各抒己见，深入交谈；话题选择不当，交谈就容易中断、错位，很快陷入困境。选择话题可以把握两个要点：

一是以对方感兴趣的事情为话题。只有双方都对某一话题感兴趣，才能你一言我一语地交谈下去。以对方感兴趣的事情为话题，就必须了解对方的兴趣。而与刚认识的人交谈是最不容易的，因为不了解对方的性格、爱好。这时宜从平淡处开口，而不要冒昧提出太深入或太特别的话题。最简单的是谈天气，或从所处的环境中找寻话题。比如："今天来的人真不少！""这儿您从前来过吗？""您和宴会主人是在哪里做过同学？""盆花养得真不错！"另外，还可以询问对方的籍贯，然后引导对方详谈其家乡的风土人情。

二是以对方擅长的事情为话题。交谈犹如打乒乓球，你发的球要让对方容易接，才有可能一来一去地打出多个回合。人际关系也只有在不断的语言交往中才会逐渐融洽。如果你发的球对方不好接，双方的来往就会中断，对方甚至会认为你在故意为难他。这样，就会影响双方关系的进一步发展。

小故事19-1　　　　　　　　　　　　　　　　芭芭拉的采访

美国记者芭芭拉·华特初遇运输业巨头亚里士多德·奥纳西斯，午餐时趁他与大家谈论业务的短暂空隙，采访了他。"奥纳西斯先生，您在海运和空运方面，还有其他方面都取得了巨大的成就，这是令人震惊的，请问您是怎样开始的？"这个话题触动了奥纳西斯先生的心弦，他立即同芭芭拉侃侃而谈，动情地回顾了自己的奋斗史，而芭芭拉的采访也因此取得了成功。

（六）掌控周到适度

同时与几个人交谈，目光应照顾到在场的每一个人，不要把注意力只集中在你感兴趣的一两个人身上，冷落任何一个人都是失礼的。有人欲与你谈话，应乐于与之交谈。有人想参与你们的谈话，应点头示意，表示欢迎，并在谈话中不时朝向新来者，以示认可。

谈话要注意分寸。措辞要得体、文明，不庸俗，不粗鲁；要有放有抑有收，不过头，不嘲弄，把握好"度"；不要唱"独角戏"，夸夸其谈，忘乎所以，不给别人插嘴的机会，或者没完没了，以致影响别人的工作和休息；要察言观色，注意对方的情绪，对方不爱听的话少讲，一时接受不了的话不要急于讲。开玩笑要看对象和场合，一般不与性格内向、多疑敏感的人开玩笑，对方情绪低落、心情不快时不要开玩笑，庄重、肃穆的场合不要开玩笑。

谈话还要注意把握时间。和其他形式的交际活动一样，交谈也要有时间观念，要适可而止、见好就收，要多给他人留有说话的时间。如普通场合的小规模交谈，以30分钟内结束为宜，最长不要超过1个小时；个人每次的发言，最长也应控制在3~5分钟。

（七）寒暄恰当得体

寒暄是谈话之前的开场白，是谈话进入正题的必要过渡。寒暄可以打破陌生人之间的界限，缩短交谈双方的情感距离，顺利引出交谈的话题。因此，一个恰当的寒暄过程，往往预示着正式谈话的顺利进行。寒暄的内容常常是天气冷暖、身体状况、工作忙闲、最近活动、谈话环境等。

小贴士 19-1

皮埃尔的
"润滑原则"

社交中和对方初次见面，标准的说法有"您好""很高兴认识您""见到您非常荣幸"；比较文雅一点的，可以说"久仰""幸会"。跟熟人寒暄，用语应该亲切一些，如"好久不见了""您的气色真不错""今天天气真好""上班去吗"等。

二、交谈的语言艺术

语言作为人类的主要交际工具，是沟通不同个体心理的桥梁。交谈语言的基本要求包括以下几个方面：

（一）准确流畅

在交谈时如果词不达意、前言不搭后语，很容易被人误解，达不到交际的目的。因此，在表达思想感情时，应做到口音标准、吐字清晰，说出的语句应符合规范，避免使用似是而非的语言。应去掉过多的口头语，以免语句割断；语句停顿要准确，思路要清晰，谈话要缓急有度，从而使交流活动畅通无阻。

小幽默 19-1

自作自受

语言准确流畅还表现为让人听懂，因此言谈时尽量不用书面语或专业术语，因为这样谈话让人感到太正规、受拘束或是理解困难。

（二）委婉表达

交谈是一种复杂的心理交往，人的微妙心理、自尊心往往在起着重要的控制作用，触及它，就有可能产生不愉快。因此，对一些只可意会不可言传的事情、人们回

避忌讳的事情、可能引起对方不愉快的事情，不能直接陈述，只能用委婉、含蓄、动听的话去说。常见的委婉说话方式有：

避免使用主观武断的词语，如"只有""一定""唯一""就要"等不带余地的词语，要尽量采用与人商量的口气。

先肯定后否定，学会使用"是的……但是……"这个句式。把批评的话语放在表扬之后，就显得委婉一些。间接地提醒他人的错误或拒绝他人。

（三）掌握分寸

谈话要有放有抑有收，不过头，不嘲弄，把握"度"；谈话时不要唱"独角戏"、夸夸其谈、忘乎所以、不让别人有说话的机会；说话要察言观色，注意对方情绪，对方不爱听的话少讲，一时接受不了的话不急于讲。开玩笑要看对象、性格、心情、场合，一般来讲，不随便开女性、长辈、领导的玩笑；一般不与性格内向、多疑、敏感的人开玩笑；当对方情绪低落、心情不快时不开玩笑；在严肃的场合、用餐时不开玩笑。

（四）适时赞美

善于发现他人的优点，并恰到好处地赞美他人，能促进人际关系的和谐，有利于交谈的顺利进行。但赞美别人也要讲究技巧，赞美要适时，并给人真诚的感觉。例如，当看到对方理了新发型、换了新衣服，如果适时地给予赞美，立刻能使对方感到愉悦，如："新发型真时尚啊！""你的新衣服真不错！"但赞美时也要注意表达，如果告诉对方："你的新衣服真不错，我从来没看到你穿得这么漂亮！"那么这句赞美将适得其反。

赞美别人千万不要过分地恭维，那样只会让人觉得虚情假意。赞美应因人而异，要了解不同人群喜欢听什么样的赞美。男人喜欢别人称赞他幽默风趣、有风度、有才华；女人渴望别人注意自己年轻、漂亮、时尚；老人喜欢别人夸奖自己身体健康、养生有道、经历丰富；孩子则爱听别人表扬自己聪明、懂事。

小故事 19-2　　　　　　　　　　　赞美成就了拿破仑

拿破仑从小就失去了母亲，因为没有受到应有的管教，整天在村里游手好闲、惹是生非，成了村里人人皆知的坏小孩，不论村里发生什么坏事，人们都要和他联系起来，认定就是他干的。幸运的是，在他14岁那年，一个对他有重要影响的人来到了他的家庭，这就是他的继母。

他的父亲介绍说拿破仑是这些孩子中最不听话的，继母却不以为然，她把自己的双手放在拿破仑的肩上，慈祥地看着拿破仑的眼睛，说："这是最坏的孩子吗？不对吧，我看他恰恰是这些孩子中最伶俐的一个，而我们所要做的，就是把他所具有的伶俐品质挖掘出来。"

靠着赞美的力量，拿破仑的继母赢得了一个孩子的心，也正是靠着赞美的力量，拿破仑走上正途、不断奋进，最终成就了一代伟业。

（五）幽默风趣

在交谈中常常会因争论或分歧而出现不和谐的地方，这就需要交谈者随机应变，凭借机智抛开或消除障碍。幽默可以化解尴尬局面或增强语言的感染力。它建立在说话者高雅的情趣、较深的涵养、丰富的想象、乐观的心境、对自我智慧和能力自信的基础上，它不是要小聪明或"卖嘴皮子"，它应使语言表达既诙谐又入情入理，应体现一定的修养和素质。

小幽默 19-2　　　　　　　　　　"还没插秧呢"

有一次，梁实秋邀请几位亲友到"鱼家庄"饭店欢宴。酒菜齐全，唯独白米饭久等不来。经一催二催之后，仍不见白米饭的踪影。梁实秋无奈，待服务小姐入室上菜之际，戏问曰："怎么饭还不来，是不是稻子还没收割？"服务小姐眼都没眨一下，答称："还没插秧呢！"本是一个不愉快的场面，经服务小姐这一妙答，举座大乐。

（六）耐心倾听

有一句老话"人长着一张嘴巴，两只耳朵，就是为了少说多听"，这是很有道理的。与人交谈不但要善于表达自己的意思，还要善于倾听对方说话，这在社会交往活动中是个不容忽视的问题。认真听取他人讲话可以获得更多的信息，抓住机会向别人学习；可以避免和减少说话的失误，使谈话简而精；同时也是对对方的尊重。我们不仅口才要好，而且要有一副好"耳才"，做一个善于倾听的人。

小贴士 19-2　　　　　　　　　　我还要回来

美国知名主持人林克莱特有一天访问一名小朋友，问他说："你长大后想干什么呀？"小朋友天真地回答："嗯……我要当飞机的驾驶员！"林克莱特接着问："如果有一天，你的飞机飞到太平洋上空所有引擎都熄火了，你会怎么办？"小朋友想了想："我会先告诉坐在飞机上的人系好安全带，然后我挂上我的降落伞跳出去。"当在场的观众笑得东倒西歪时，林克莱特继续注视着这孩子，想看他是不是个自作聪明的家伙。没想到，接着孩子两行热泪夺眶而出，这才使得林克莱特发觉这孩子的悲悯之心远非笔墨所能形容。于是林克莱特问他："为什么你要这么做？"小孩的答案透露了他真挚的想法："我要去拿燃料，我还要回来！我还要回来！"

【点评】通过这个故事，大家应该明白沟通是双向的，我们并不只是单纯地向别人灌输自己的思想，还应该学会积极地倾听。

（七）声音优美

每个人的声音都是有感情的，也是有色彩的。如何让自己的声音富有吸引力，展现出独特的个人魅力，这也是一门艺术。

首先要注意音调的高低变化。无变化的声音是单调的，如同催眠曲，令人进入精神凝滞状态，更达不到讲话的目的。因此，与人交谈时，我们应根据谈话内容的变化，适当调整音调的高低，给人抑扬顿挫的感受。

其次要控制好音量。谈话时，音量的控制也非常重要。太大的声音会令人反感，以为你在那里装腔作势；音量太小会使人听不清楚，以为你怯懦。一般来说，应根据听者距离的远近来调节自己的音量，达到最适合的状态。

最后要注意语速。说话时一直保持同一种语速会使人产生听觉上的疲劳，容易昏昏欲睡，打不起精神。因此，在与人交谈时，我们应该把握说话的语速，不要太快或太慢，应追求一种有快有慢的音乐感。在主要的语句上放慢速度作强调，在一般的内容上稍微加以变化。

（八）用语礼貌

用语礼貌，一是要求交谈中多使用礼貌用语，这样不仅会得到人们的尊重，提高自身的信誉和形象，还会对自己的事业起到良好的辅助作用。在现代交际中，日常礼貌用语归结起来，主要可划分为表19-1所示的几个大类。

表19-1　　　　　　　　　　　　　礼貌用语的类型

序号	礼貌用语类型	举例
1	问候用语	您好！各位好！××女士好！××先生好！××主任好！早上好！中午好！下午好！晚安！各位下午好！××经理早上好
2	欢迎用语	欢迎！欢迎光临！见到您很高兴！恭候光临！××先生，欢迎光临！欢迎再次光临！欢迎您又一次光临本店
3	送别用语	再见！回头见！慢走！走好！欢迎再来！保重！一路平安！旅途顺利
4	请托用语	请稍候！请让一下！劳驾！拜托！打扰！请关照！请您帮我一个忙！劳驾您替我看一下这件东西！拜托您为这位女士让一个座位
5	致谢用语	谢谢！××先生，谢谢！谢谢，××小姐！谢谢您！十分感谢！万分感谢！多谢！有劳您了！让您替我们费心了！上次给您添了不少麻烦
6	征询用语	您需要帮助吗？我能为您做点什么？您需要点什么？您需要哪一种？您觉得这件工艺品怎么样？您不来一杯咖啡吗？您是不是很喜欢这种方式啊？您是不是先来试一试？您不介意帮助您吧？您打算预订雅座，还是散座
7	应答用语	是的。好。很高兴能为您服务。好的，我明白您的意思。请不必客气。这是我们应该做的。请多多指教。过奖了。不要紧。没关系。不必，不必。我不会介意。哪里，哪里，我做得还很不够。承蒙夸奖，真是不敢当。得到您的肯定，的确让我们很开心
8	赞赏用语	太好了！真不错！对极了！相当棒！非常出色！您真有眼光！还是您懂行！您的观点非常正确，看来您一定是一位内行
9	祝贺用语	祝您成功！一帆风顺！心想事成！身体健康！生意兴隆！全家平安！节日快乐！活动顺利！新年好！春节快乐！生日快乐！旗开得胜，马到成功
10	推脱用语	您可以到对面的商场去看一看。我可以帮您向其他专卖店询问一下。下班后我们酒店还有其他安排，很抱歉不能接受您的邀请
11	道歉用语	抱歉。对不起。请原谅。失礼了。失言了。失陪了。失敬了。失迎了。不好意思，多多包涵。很惭愧。真的过意不去

二是要求拒绝不文明用语。表19-2中的语言在交谈中均不宜采用。

表 19-2　　　　　　　　　　　　不文明用语示例

粗话	为了显示自己为人粗犷，出言必粗，如把爹妈叫"老头儿""老太太"；把吃饭叫"撮一顿"，在交际中使用这种粗话是很失身份的
脏话	讲脏话，即口带脏字，讲起话来骂骂咧咧，出口成"脏"；讲脏话的人，非但不文明，而且自我贬低，低级无聊
黑话	黑话，即流行于黑社会的行话，讲黑话会令人反感厌恶，难以与他人进行真正的沟通和交流
荤话	荤话，即说话者把艳事、绯闻、男女关系之事挂在嘴上，说话"带色""贩黄"不仅表明说话者品位不高，而且对交谈对象也不够尊重
怪话	有些人说话或怪里怪气，或讥讽嘲弄，或怨天尤人，或黑白颠倒，或耸人听闻，专要以自己的谈吐之"怪"而令人刮目相看；爱讲怪话的人，难以令人对其产生好感
气话	气话，即说话时闹情绪、泄私愤、图报复，大发牢骚，指桑骂槐；在交谈中说气话，不仅无助于沟通，还容易伤害人、得罪人

■ 课后练习

1. 讨论在交谈中遇到以下三种情况该如何处理：

（1）对方不知不觉将话题扯远了；

（2）对方心血来潮，忽然想到了他得意的事；

（3）对方故意转变话题，不愿意再谈原来的事。

2. 运用语言沟通的知识和技巧，由3~4名同学自由组成小组，其中一人为讨论组织者，任选以下问题进行讨论，5~8分钟完成讨论，并派一人当众综述沟通结果：

（1）你们几位同学都是电影爱好者，打算成立一个校内影迷协会，作为发起者请讨论它的可行性方案。

（2）你们几个同学是超级数码影迷，一直想自导、自拍、自演一部DV，现在商量实施方案。

（3）如果你们班有一名同学因经济困难假期无钱回家，几个好朋友想帮助他，但他的自尊心很强，讨论一个最得体的办法。

（4）假设你们班得到优秀班集体的奖金1 000元，你们几个是班干部，现在商议一下这笔奖金的处置方案。

3. 案例分析。

25分钟等于25万美元

美国的"超级推销大王"法兰克·贝德佳，在30多年的保险推销生涯中，赢得了"保险行销教父"的称号。有一次，贝德佳仅用了短短的25分钟，就谈成了一笔25万美元的保险。这笔交易在美国保险界有口皆碑，堪称贝德佳的经典之作。

一天，贝德佳从朋友处获悉，纽约一位名叫布斯的制造业巨商为了拓展业务，向银行申请了25万美元的贷款。但银行开出一个条件，要求他必须同时投保同等数额的保险。

贝德佳迅速与布斯先生取得了联系，并电话约定次日上午10点45分在布斯先生的办公室见面。然后他又打了个电话给纽约最负盛名的健康咨询中心，替布斯先生预约了次日上午11点30分的健康检查时间。

第二天，贝德佳准时到达布斯的办公室。

"您好，布斯先生。""您好，贝德佳先生，请坐。"布斯打过招呼后，摆出一副等他说话的样子。

但贝德佳没有说话，采取等客户先开口的策略。

"恐怕你会浪费时间，"布斯先生指着桌上的一叠其他保险公司的企划书和申请书说，"你看，我已经打算在纽约三大保险公司中选一家。你可以留下你的企划书，也许两三个星期后，我才决定。不过，坦白地说，我认为这是在浪费时间……"

"如果您是我的兄弟，我实在等不及想告诉您一些话。"贝德佳表情诚恳地说。

"哦——是什么话？"布斯很惊讶地问道。

贝德佳继续道："我对保险这一行颇为熟悉，所以，如果您是我的兄弟，我建议您将这些企划书都丢到纸篓中去。"

布斯先生听后，更觉得诧异："此话怎讲？"

"我可否先问您几个问题？"贝德佳接着说。

"请说。"贝德佳的故弄玄虚，果然勾起了布斯的兴趣。"据我所知，贵公司正打算贷款25万美元拓展业务，但贷方希望您投保同额的保险，是吗？"

"没错。"布斯答道。

"换句话说，只要您健在，债权人便对您的公司信心十足，但万一您发生意外，他们就无法信任您的公司可以继续维持下去。是这样吗？"贝德佳继续问道。

"嗯，可以这么说。"布斯答道。

"所以，您要立刻投保，把债权人所担心的风险转移给保险公司承担。这是眼前刻不容缓的事情。因为，如果您的生命未附上保险，而人又有旦夕祸福，我想债权人很可能会因此而减少贷款金额，或者干脆拒绝贷款，您说呢？"贝德佳又问道。

"很有可能。"布斯答道。

"因此您要尽快取得保证自己健康的契约，这个契约对您而言就相当于25万美元的资金。"贝德佳说。

"你有何建议？"布斯看上去有些坐不住了，但他仍在控制着自己。

"现在我为了您，正要安排一项别人做不到的事。我已替您约好今天11点30分去看卡拉伊尔医生。他可是纽约声誉极高的医疗检验师，他的检验报告获得全国保险公司的信任。如果您想只做一次健康检查，就能签订25万美元的保险契约，他是唯一的人选。"

"其他的保险经纪人难道不能替我安排这件事吗？"布斯怀疑贝德佳是否"别具用心"。"当然，谁都能办到。但他们没办法安排好您今天立刻去做检查。这些经纪人肯定是先跟一向合作的医疗检验师联络，这些人可能只是一般的检验师。因为事关25

万美元的风险，保险公司必定会要求您到其他有完善设备的诊所做更精确的检验。如此一来，25万美元贷款便要拖延数日，您愿意浪费这些时间吗?"

"我一向身体硬朗。"布斯仍下不了最后的决心。

"可是，我们难保自己不会在某天早晨醒来时，突然患了感冒。即使您在保险公司所能接受的程度内恢复了，也难保他们不会说:'布斯先生，您已留下头痛的记录，在未确定您的病因是暂时性还是长期性之前，我们想请您暂停投保3~4个月。'这样，您又可能失去这笔贷款。"

"是有可能。"布斯开始动摇了。

贝德佳故意看了看表，说:"11点10分了，如果我们立刻出发，可以按时到达诊所。如果检查结果正常，您就可以在48小时内签订保险契约。布斯先生，您今天早上看起来精神非常好。"

"是呀，我感觉很好。"

"既然如此，您为何不现在就去做检查呢?"

布斯陷入沉思，但没过几秒钟，他便取下衣架上的帽子，说:"好，我们走吧。"

资料来源　李麟. 智慧锦囊 第1辑 ［M］. 太原:北岳文艺出版社，2004.

思考讨论:(1) 本案例中美国"超级推销大王"法兰克·贝德佳"25分钟谈成25万美元保险"都运用了哪些交谈技巧?

(2) 贝德佳来到布斯的办公室没有说话，采取等客户先开口的策略，这样做有何好处?

(3) 本案例对你有何启示?

任务 20

餐 饮

案例导入　　　　　　　　**如此吃相**

　　在与自己的同事一道外出参加一次宴会时，李君因为举止有失检点，从而招致了大家的非议。李君当时在宴会上为了吃得畅快，在开始用餐之后便一而再、再而三地减轻自己身上的"负担"。他先是松开自己的领带，接下来又解开领扣、松开腰带、卷起袖管，到了最后，竟然又悄悄地脱去自己的鞋子。尤其令人感到不快的是，李君在吃东西时，总爱有意无意地咂巴嘴儿，吃得訇然作响，并且其响声"一波未平，一波又起""一浪高过一浪"。李君在宴会上的此番作为，不仅令参加宴会的人瞠目结舌，而且也使他的同事们无地自容。

任务分析

　　我国是一个注重"饮食"的国度，宴请礼仪历来备受重视。宴会是在社交活动中，尤其是在商务场合中表示欢迎、庆贺、饯行、答谢，以增进友谊和融洽气氛的重要手段。招待宴请活动的形式多样，礼仪繁杂，掌握其礼仪规范是十分重要的。

　　宴请礼仪因为宴会的性质、目的、地区、国度的不同而有较大的差异，在宴请活动中，无论是作为主人还是客人，如果不重视自己在餐饮活动中的表现，在用餐过程中举止失当，很难让自己的社交活动成功，不但影响个人形象，甚至影响到组织形象。因此，在社交中必须高度重视餐饮礼仪。

　　通过餐饮礼仪的学习，使学生能够根据宴会的种类和形式的不同，选择合适的赴宴方式，熟悉宴请的程序和规范，遵守中、西餐宴会礼仪规范；遵守自助餐、酒会、喝咖啡、喝茶的礼仪规范。

实训设计

组织中餐宴会活动

实训目的：掌握餐饮礼仪的基本规范，展现出良好的交际形象。

实训学时：2课时。

实训地点：实训室或教室。

实训步骤：

（1）在多功能餐厅开展本训练，训练前要准备好会场背景资料、材料（气球、彩带、花束）、餐桌、餐具、拍照摄像设备等。

（2）以寝室6个人为单位，分工合作，分别展示餐会会场布置、餐桌摆放、座次牌摆放，说明这些设计摆放的理由。

（3）用摄像机（或照相机）记录整个过程，并用大屏幕回放，学生自我评价，授课教师总结点评学生存在的个性和共性问题。

（4）师生共同评选出"最佳表现团队"。

一、宴会的组织

宴请宾客是一种较高规格的礼遇，所以主办单位、主人和被宴请宾客都要认真、周到地做好各项准备工作，包括制订宴请计划、拟定宴会日程、落实宴会事宜等。

（一）制订宴请计划

（1）确定宴请的目的。宴请的目的多种多样，可以是表示欢迎、欢送、答谢，也可以是庆贺、纪念等。目的清楚了，就可以根据需要安排宴请的对象、范围和形式了。

（2）确定宴请的对象和范围。要根据主宾的身份、国籍、习俗、爱好等确定宴会的规格、主陪人、餐式等。

（3）敲定宴会的形式。根据规格、对象、目的来确定是举办中式宴会、西式宴会，还是冷餐会、酒会等。一般正规的、规格高的、人数少的，以宴会形式为宜，人数较多则以冷餐会或酒会的形式更为合适。

（二）确定宴会时间、地点和主题

（1）时间。确定正式宴请的具体时间，要讲究主随客便，主人不仅要从自己客观能力出发，更要优先考虑被邀请者，特别是主宾的实际情况。如果可能，应该先和主宾协商一下，力求两相方便。最好尽可能提供几种时间上的选择，以显示自己的诚意。

（2）地点。用餐地点的选择非常重要。选择地点的三大要素，第一是环境：首先环境要幽雅，宴请不仅仅是为了"吃东西"，也要"吃文化"。一定要选择清静、雅致的地点用餐。第二是卫生：选择卫生条件良好的地点，否则会破坏用餐者的食欲。第三就是交通：要考虑到用餐者的交通情况是否方便，有没有公交线路通过，有没有停车场，是不是要为聚餐者预备交通工具等一系列的具体问题。

（3）主题。其包括欢迎、庆贺、纪念、答谢等。这样做主要是让来宾了解宴请的大概内容，便于安排赴宴。

（三）落实宴会事宜

1.发出邀请函或请柬

宴会一般都要用请柬正式发出邀请。这样做一方面出于礼节，另一方面也是供客人备忘。请柬内容应包括：活动的主题、形式、时间、地点、主人姓名等。请柬应书写清晰、设计精美；通常提前一周左右将请柬发出，太晚则不够礼貌，也不便于被宴请者提早安排。

2.确定菜单

根据宾客的饮食习惯，在宴请前，主人需要对菜单进行再三斟酌。一般情况下，优先考虑的菜肴有"三特一拿手"。

（1）有中餐特色菜肴。在宴请外宾的时候，这一条更为重要。像日常生活中的家常菜油炸春卷、元宵、饺子、狮子头等，因具有鲜明的中国特色，而受到很多外国人的推崇。

（2）有本地特色菜肴。例如，山东名菜：曲阜孔府三大宴（家宴、喜宴、寿宴）；广东名吃：脆皮乳猪、荔浦扣肉；江苏名菜：南京板鸭、无锡脆鳝；浙江名菜：西湖醋鱼、龙井虾仁、绍式小扣、西湖莼菜；安徽名吃：黄山炖鸡、芙蓉蹄筋、符离集烧鸡；还有北京烤鸭、天津包子、西安肉夹馍等，在这些地方宴请外地客人时，上这些特色菜，恐怕要比千篇一律的生猛海鲜会更受好评。

（3）有本餐馆特色菜肴。很多餐馆都有自己的特色菜。上一份本餐馆的特色菜，能说明主人的细心和对被邀请者的诚意和尊重。

（4）有主人最拿手的菜肴。举办家宴时，如果主人当众露一手，做几个自己的拿手菜，即使拿手菜不一定十全十美，单凭主人亲自动手这一条，也足以让对方感觉到你对他的尊重和友好。

在安排菜单时，还必须考虑到来宾的禁忌。要注意不要勉强别人吃其不喜欢吃的东西。虽然有人主张"舍命吃名品"，但要记住英国的一条谚语："你的佳肴，他人的毒药。"

3.安排席位

宴会一般要事先安排好桌次和座位，以便参加宴会的人各就各位，入席并然有序。座位的安排体现了对客人的尊重。一般而言，中国习惯于按职位高低排列，以面对庭院，背向墙壁为上座；西方以男女参差排列，背向壁炉，正中间的座位为女主人，女主人面对的正中座位为男主人，离入口最近的地方为末席。

小贴士20-1

我国著名的
八大菜系

微课20-1

中餐宴会礼仪

二、中餐宴会礼仪

中餐宴会礼仪，是中华饮食文化的重要组成部分，无论是在国内交往还是涉外交往中，举办中餐宴会都是经常性的。学习中餐宴会礼仪，主要需注意掌握席位排列、上菜顺序和用餐方式、餐具使用、用餐要求等方面的规则和技巧。

（一）中餐宴会组织安排

1.中餐宴会的席位排列

这关系到来宾的身份和主人给予对方的礼遇，所以是一项重要的内容。中餐宴会的席位排列可以分为桌次和位次排列两方面：

（1）桌次排列：在中餐宴请活动中，往往采用圆桌布置菜肴、酒水。排列圆桌的次序，分两种情况：

第一种情况是由两桌组成的小型宴请。这种情况，又可分为两桌横排和两桌竖排的形式。两桌横排，桌次以右为尊，以左为卑。这里说的左和右，是以面对正门的位置来确定的。两桌竖排，座次讲究以远为上，以近为下。这里说的远和近，是以距离正门的远近而言的。

第二种情况是由三桌或三桌以上的桌数所组成的宴请。在安排多桌以上的桌次时，除了要注意"面门定位""以右为尊""以远为上"等规则外，还应兼顾其他各桌离主桌的远近。通常，距离主桌越近，桌次越高；距离主桌越远，桌次越低。中餐宴会三桌、六桌、八桌桌次排列分别如图20-1、图20-2、图20-3所示。

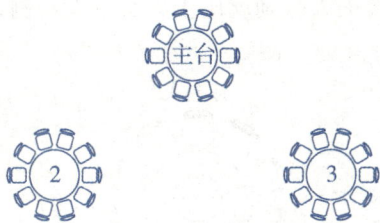

图20-1　三桌桌次排列

图20-2　六桌桌次排列

图20-3　八桌桌次排列

在安排桌次时，所用的餐桌的大小、形状要基本一致。除主桌可以略大外，其他餐桌都不要过大或过小。

为了确保赴宴者及时、准确地找到自己所在的桌次，可以在请柬上注明对方所在的桌次，在宴会厅入口悬挂宴会桌次排列示意图，安排引位员引导来宾来桌就座，或者在每张餐桌上摆放桌次牌（用阿拉伯数字书写）。

（2）位次排列。举办中餐宴会一般用圆桌。宴请时，每张餐桌上的具体位次也有主次尊卑之分。排列位次的基本方法有四条，它们往往会同时发挥作用。

方法一，主人应面对正门而坐，并在主桌就座。

方法二，举行多桌宴请时，每桌都要有一位主桌主人的代表。位置一般和主桌主人同向，有时也可以面向主桌主人。

方法三，各桌位次的尊卑，应根据距离该桌主人的远近而定，以近为上，以远为下。

方法四，各桌距离该桌主人相同的位次，讲究以右为尊，即以该桌主人面向为准，右为尊，左为卑。

另外，每张餐桌上所安排的用餐人数应限定在10人以内，最好是双数。比如，6人、8人、10人。人数如果过多，不仅不容易照顾，而且可能坐不下。

根据上面的排列方法，圆桌位次的具体排列可以分为两种具体情况，它们都和主位有关。

第一种情况是每张桌上有一个主位的排列方法。每张餐桌上只有一个主人，主宾在其右手就座，形成一个谈话中心（如图20-4所示）。

第二种情况是每张桌上有两个主位的排列方法。如主人夫妇就座于同一桌，以男主人为第一主人，女主人为第二主人，主宾和主宾夫人分别就座于男女主人右侧，桌上形成两个谈话中心（如图20-5所示）。

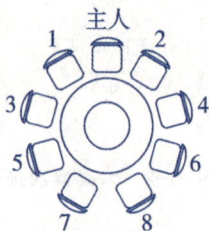

图20-4　中餐宴会位次排列（一个主位）　　**图20-5　中餐宴会位次排列（两个主位）**

如遇主宾的身份高于主人，为表示对他的尊重，可安排主宾在主人位次上就座，而主人则坐在主宾位次上，第二主人坐在主宾的左侧。

如果本单位出席人员中有身份高于主人者，可请其在主位就座，主人坐在身份高者的左侧。

以上两种情况，也可以不作变动，按常规予以安排。

为便于宾客及时准确地找到自己的位次，除安排服务人员引导外，还要在桌子上事先放置座位卡。举办涉外宴会时，座位卡应以中外文两种文字书写，中文写在上面，外文写在下面。座位卡上面可书写就餐者姓名或编号。

2.便餐的席位排列

排列便餐的席位时，位次的排列遵循四个原则。一是右高左低原则。两人并排就座，通常以右为上座，以左为下座。这是因为中餐上菜时多以顺时针方向为上菜方向，居右坐的因此要比居左坐的优先受到照顾。二是中座为尊原则。三人一同就座用餐，坐在中间的人在位次上高于两侧的人。三是面门为上原则。用餐的时候，按照礼仪惯例，面对正门者为上座，背对正门者为下座。四是特殊原则。高档餐厅里，室内外往往有优美的景致或高雅的演出，供用餐者欣赏。这时候，观赏角度最好的座位上为座。在某些中低档餐馆用餐时，通常以靠墙的位置为上座，靠过道的位置为下座。

3.宴请的程序

在席位和位次均安排好的情况下，宴请的程序是：迎接宾客（主人一般站在门口）—引宾入座（按先女宾后男宾、先主宾后一般来宾的顺序，从椅子左边进入）—上菜服务—致辞、祝酒—用餐、敬酒—散席送客。

（二）中餐宴会上菜顺序与用餐方式

（1）上菜顺序。标准的中餐，不论何种风味，其上菜顺序都大体相同，通常是：冷盘—热炒—主菜—点心和汤—水果拼盘。当冷盘吃剩1/3时，开始上第一道热菜，一般每桌要安排10个热菜。宴会上无论桌数有多少，各桌上菜都要同时上。

上菜时，如果由服务员给每个人布菜，要按照先主宾后主人，先女士后男士，或按顺时针方向依次进行。如果由个人取菜，每道热菜应放在主宾面前，自主宾开始按顺时针方向依次取食，切不可迫不及待地越位取菜。

（2）用餐方式。其可以分为多种，具体有分餐式、布菜式和公筷式等。

（三）中餐宴会注意事项

1.中餐餐具的使用

和西餐相比，中餐的一大特色就是就餐餐具有所不同。我们应重点关注餐具的使用。

（1）筷子。上菜后不要先拿筷，应等主人邀请，主宾动筷时再拿筷。筷子是中餐最主要的餐具。使用筷子时，必须成双使用。用筷子取菜、用餐的时候，要注意下面几个"小"问题：一是不论筷子上是否残留着食物，都不要去舔。用舔过的筷子去夹菜，是不是有点倒人胃口呢？二是和人交谈时，要暂时放下筷子，不能一边说话，一边挥舞着筷子。三是不要把筷子竖插放在食物上面。因为这种插法，只在祭奠的时候才用。四是严格筷子的使用职能。筷子只是用来夹取食物的。用来剔牙、挠痒或是夹取食物之外的东西都是失礼的。

（2）勺子。尽量不要单用勺子去取菜。用勺子取食物时，不要过满，免得溢出来弄脏餐桌或自己的衣服。在舀取食物后，可以在原处"暂停"片刻，判断汤汁不会再往下流时，再移回来享用。

暂时不用勺子时，应把它放在自己的碟子上，不要直接放在餐桌上，或是让它在食物中"立正"。用勺子取食物后，要立即食用或放自己碟子里，不要再把它倒回原处。如果取用的食物太烫，不可用勺子舀来舀去，也不要用嘴对着吹，可以先放到自己的碗里等凉了再吃。不要把勺子塞到嘴里，或者反复吮吸、舔食。

小贴士20-2
用筷十忌

（3）盘子。盘子在餐桌上一般要保持原位，而且不要堆放在一起。

需要着重强调的是一种用途比较特殊的被称为食碟的盘子。食碟的主要作用是暂放从公用的菜盘里取来享用的菜肴的。用食碟时，一次不要取放过多的菜肴，看起来既繁乱不堪，又像是急于求食。不要把多种菜肴堆放在一起，弄不好它们会相互"窜味"，既不好看，也不好吃。不吃的残渣、骨、刺不要吐在地上、桌上，而应轻轻取放在食碟前端，放的时候不能直接从嘴里吐在食碟上，要用筷子夹放到碟子里。如果食碟放满了，可以让服务员更换。

（4）水杯。水杯主要用来盛放清水或者果汁、可乐等软饮料。不要用它来盛酒，也不要倒扣水杯。另外，喝进嘴里的东西不能再吐回水杯中。

（5）湿毛巾。中餐用餐前，比较讲究的话，会为每位用餐者上一块湿毛巾。它只能用来擦手。擦手后，应该放回盘子里，由服务员拿走。有时候，在正式宴会结束前，会再上一块湿毛巾。和前者不同的是，它只能用来擦嘴，不能用来擦脸、抹汗。

（6）牙签、牙线。尽量不要当众剔牙，非剔不可时，应以一只手掩住口部。剔出的东西切勿当众观赏或再次入口，也不要随手乱弹、随口乱吐。剔牙之后，不要长时间用嘴叼着牙签，更不要用来扎取食物。

2.用餐过程注意事项

（1）入席时按主人的安排就座，若旁边有女宾或长者，先帮助她（他）就座，然后自己坐下。

（2）任何国家的餐饮，都有自己的传统习惯和寓意，中餐也不例外。比方说，过年少不了鱼，表示"年年有余"；和渔家、海员吃鱼的时候，忌讳把鱼翻身，因为那有"翻船"的意思，需要翻转时，两人合作，共同用筷子"滑过来"。

（3）主人祝酒、致辞时不要吃东西，也不要取食物，应停止交谈，注意倾听。

（4）为了表示友好、热情，彼此之间可以让菜，劝对方品尝，但不要为他人布菜，不要擅自做主，无论对方是否喜欢，主动为其夹菜、添饭，都让人为难。

（5）正式宴会由侍者布菜，不要拒绝送来的菜，实在不爱吃的菜尝一两口后可将其留在盘中；最好各样菜都取一点，让主人高兴；主人送上的菜，即使不喜欢，也不要拒绝。不要挑菜，不要在公用的菜盘里挑挑拣拣，拨来翻去。取菜时，要看准后夹住立即取走。不能夹起来又放下，或取回来后又放回去。

（6）用餐时坐姿要端正，肘部不要放在桌沿；餐巾可用来擦嘴，但不能用来擦汗或鼻涕。

（7）用餐时不要摇头晃脑、宽衣解带、声响大作。这样不但失态欠雅，而且会破坏别人的食欲。

（8）席间碰翻酒水、打碎或掉落餐具时，不要手忙脚乱，也不要自己处理，而应让服务员收拾，调换餐具，但要对邻座说声"对不起"。

（9）用餐期间，不要敲敲打打、比比划划，还要自觉做到不吸烟。用餐时，如果需要有清嗓子、擤鼻涕、吐痰等举动，应去洗手间解决。

（10）用餐的时候，不要当众修饰。比如，不要梳理头发、化妆或者补妆。如有必要可以去化妆间或洗手间。用餐的时候不要离开座位、四处走动。如果有事要离开，也要先和旁边的人打个招呼，可以说声"失陪了""我有事先行一步"等。

三、西餐礼仪

小贴士 20-3

文雅用餐口诀

西餐是西方国家的一种宴请形式。由于受民族习俗的影响，西餐的餐具、摆台、酒水菜点、用餐方式、礼仪等都与中餐有较大差别。随着我国对外交往活动的不断增多，西餐也已成为我国招待宴请活动的一种重要方式。因此，了解西餐的一般常识和礼仪是十分重要的。

小案例 20-1　　　　　　　　　　**一个真实的故事**

小贴士 20-4

西餐文化的
特色

黄慰宣女士讲过一个真实的故事：20世纪90年代，我去德国一家著名公司购买价值30万美元的印刷包装机。当时德方很怀疑我们能不能用好这么高精度的机器，因此谈判中德方的态度非常尖锐苛刻。到午餐时间，德方负责人请我们到一家很高档的餐馆就餐。吃过面包、喝过汤后，德国人开始窃窃私语。后来，对方告诉我，他们发现我的用餐姿势应该是受过很好的西方礼仪教育的。在那次宴会中，上后面的菜时，对方的态度就缓和下来了，相信了我们的能力，接下来的谈判也非常顺利。现在一些跨国公司老板在招聘高管时，也会选择一家西餐厅边吃边聊，候选人的西餐礼仪，也会成为综合素质考察的一个方面。

西餐的餐具多种多样，常见的西餐餐具有叉、刀、匙、杯、盘等。摆台是西餐宴请活动中的一项专门的技艺，也是必不可少的一个礼仪程序。它直接关系到用餐过程、民族习俗和礼仪规范等。西餐的摆台因国家的不同也有所不同，常见的有英美法式和国际式西餐摆台。这里我们介绍一下国际式西餐摆台。

国际式西餐摆台方法是：座位前正中是垫盘，垫盘上放餐巾（口布）。盘左放叉，盘右放刀、匙，刀尖向上、刀口朝盘，主食靠左，饮具靠右上方，如图 20-6 所示。正餐的刀叉数目应与上菜的道数相等，并按上菜顺序由外至里排列，用餐时也从外向里依序取用。饮具的数目、类型应根据上酒的品种而定，通常的摆放顺序是从右起依次为葡萄酒杯、香槟酒杯、啤酒杯（水杯）。

图20-6　西餐餐具的摆放

吃西餐时，应注意掌握以下几个方面的礼仪：

（一）上菜顺序

西餐上菜的一般顺序是：开胃前食—汤—鱼—肉—色拉—甜点—水果—咖啡或茶等。

菜肴从左边上，饮料从右边上。

（二）餐巾使用

入座后先取下餐巾，打开铺在双腿上。如果餐巾较大，可折叠一下，放在双腿上，切不可将餐巾别在衣领上或裙腰处。用餐时可用餐巾的一角擦嘴，但不可用餐巾擦脸或擦刀叉等。用餐过程中若想暂时离开座位，可将餐巾放在椅背上，表示还要回来；若将餐巾放在餐桌上，表示已用餐完毕，服务员则不再为你上菜。

（三）刀叉使用

吃西餐时，通常左手持叉、右手持刀，用叉按住食物，用刀子切割，然后用叉子叉起食物送入口中，切不可用刀送食物入口。如果只使用叉子，也可用右手。使用刀叉时应避免发出碰撞声。用餐过程中，若想放下刀叉，应将刀叉呈"八"字形放在盘子上，刀刃朝向自己，表示还要继续吃，如图20-7所示。用餐完毕，则应将叉子的背面向上，刀的刀刃一侧应向内与叉子并拢，平行放置于餐盘上。尽量将柄放入餐盘内，这样可以避免由于碰触而掉落，服务员也容易收拾，如图20-8所示。

图20-7　刀叉呈"八"字形　　　　　　　　　图20-8　用餐完毕

（四）用餐礼节

当全体客人面前都上了菜，主人示意后开始用餐，切不可自行用餐；喝汤时不要发出声响；面包要用手去取，不可用叉子去取，也不可用刀子去切，面包应用手掰着吃；吃沙拉时只能使用叉子；用餐过程中，若需用手取食物，要在西餐桌上事先备好的水盂里洗手（沾湿双手拇指、食指和中指），然后用餐巾擦干，切不可将水盂中的水当成饮用水喝掉；最好避免在用餐时剔牙，若非剔不可，必须用手挡住嘴；当服务员依次为客人上菜时，一定要等服务员走到我们的左边时，才轮到我们取菜，如果在我们的右边，不可急着去取；吃水果不可整个咬着吃，应先切成小块，用叉取食；若不慎将餐具掉在地上，可由服务员更换；若将油水或菜汤溅到邻座身上，应表示歉意，并由服务员协助擦干。

■ 课后练习

1. 如果你是一位宴请者，根据当地的风俗习惯，你会在宴会的前前后后注意哪些礼仪规范？请详细列表。

2. 五湖实业公司总经理让其助理郑小姐安排一次中餐接待宴会，宴请公司重要的合作伙伴四海公司王总经理一行（5人），郑小姐应该怎样安排这次宴请呢？

3. 事先准备几份饭店菜单，让学生分组进行点菜、配菜练习，最后由老师和学生一起从色、香、味、营养、价格等方面进行评价，评出班级点菜"营养师"。

4. 在某个重要节日或者纪念日，酌情组织一次宴会，学习和掌握宴会礼仪。活动参考主题：

（1）毕业聚餐。

（2）到新岗位宴请同事。

（3）公司年终慰劳员工。

5. 在方便的时候，约上几个好友去西餐厅就餐，感受环境氛围，品尝美味佳肴，并观察他人的就餐习惯，寻找不符合西餐就餐礼仪的地方并进行总结。

6. 案例分析。

案例分析 1

小张错在哪？

刘小姐和一位姓张的男士在一家西餐厅就餐，男士小张点了海鲜大餐，刘小姐则点了烤羊排。主菜上桌，两人的话匣子也打开了，小张一边听刘小姐聊着童年往事，一边吃着海鲜，心情愉快极了。正在陶醉的当口，有根鱼骨头塞进他的牙缝中，这让他很不舒服。小张觉得用手去掏太不雅观了，于是就用舌头舔，舔也舔不出来，还发出啧啧喳喳的声音。后来好不容易将它舔吐出来，就随手放在餐巾上。之后他在吃虾时又在餐巾上吐了几口虾壳。刘小姐对这些不太计较，可这时小张想打喷嚏，便拉起餐巾遮嘴，用力打了一个喷嚏，餐巾上的鱼刺、虾壳随着气流飞出去，正好飞落在刘小姐的烤羊排上，这下刘小姐有些不高兴了。接下来，刘小姐的话也少了许多，饭也没怎么吃。

思考讨论：（1）请指出本例中小张的失礼之处。

（2）本案例对你有何启示？

案例分析 2

如何用西餐？

老张的儿子留学归国，还带了位外国女友回来。为了与未来的公公联络感情，这位外国女友张罗着请老张一家到当地最好的四星级饭店吃西餐。

用餐开始了，老张为了在儿子的女友面前显示出自己也很讲究，就用桌上一块

"很精致的布"仔细地擦了自己的刀、叉。吃的时候，学着他们的样子使用刀叉，既费劲又辛苦，但他觉得自己挺得体的，总算没丢脸。用餐快结束了，吃饭时习惯了喝汤的老张盛了几勺精致小盆里的"汤"放到自己碗里，然后喝下。儿子的女友先是一愣，紧跟着也盛着喝了，而他的儿子早已满脸通红。

老张闹了两个笑话：一是他不应该用"很精致的布"（餐巾）擦餐具，那只是用来擦嘴或手的；二是精致小盆里的"汤"是用来洗手的，而不是喝的。

随着我们对外交往越来越频繁，西餐也离我们的生活越来越近。只有掌握一些西餐礼仪，在必要的场合，才不至于"出意外"。

思考讨论：（1）吃西餐的礼仪有哪些？

（2）你对此案例有何评价？

任务 21

求　职

案例导入

招　聘

一家公司招聘一名办公人员，有50多人前来应聘。公司经理在众多的应聘者中选中了一名普通的年轻人。其助手说："怎么选了他呀？他没有任何工作经验啊！"公司经理回答："他一定能适应这个工作。首先，他在进门之前妥善地收放好了自己的雨具，进门后随手关上了门，说明他做事很仔细。在等候的时候，他不像其他应聘者那样在外面喋喋不休地谈论，当一名老年人向他咨询时，他礼貌耐心地为老人解答。进了办公室，其他应聘者都没有注意到我故意倒放在门边的拖布，只有他俯身捡起并把它放到了墙角。他衣着整洁，回答问题思路清晰、简明干脆。这些足以证明他能够胜任这份工作。"

任务分析

求职礼仪是求职者在求职过程中与招聘单位接待者接触时应具有的礼貌行为和仪表形态规范。它通过求职者的应聘资料、语言、仪态举止、仪表和着装打扮等几个方面体现其内在素质。在求职过程中求职者要讲究对人的尊重和礼貌修养，给招聘者留下一个良好的印象，增加招聘单位录用自己的机会。正如本任务"案例导入"中的那位普通的年轻人，其良好的礼仪表现帮助他取得了求职的成功。

通过求职礼仪的学习，使学生做好求职面试的各项准备，根据自身实际设计出引起用人单位关注的简历，面试符合礼仪规范，拥有职业化的举止，在面试中得体地与面试官沟通交流，展现良好的职业形象。

实训设计

举办模拟招聘会

实训目的：掌握招聘礼仪的基本规范，展现出良好的职业形象。

实训学时：2课时。

实训地点：实训室或教室。

实训步骤：

（1）实训地点宜选在实训室进行。实训需准备模拟招聘企业及需求岗位情况、面试问题、面试桌椅等。

（2）选3~4名学生担任某企业面试考官，其他同学担任求职者。

（3）面试考官先介绍单位及岗位需求情况，然后求职者依次进行1分钟自我介绍，面试考官提问，求职者回答问题。

（4）最后教师总结、点评。

一、求职的心理准备

（一）调整心态

求职面试前的准备首先是求职心态上的准备，要调整择业心态，端正择业态度，正确评价自己，理想值与期望值不要过高，特别是大学生要先就业、再择业，自我定位不可过高。

小案例21-1   **不同的回答**

在上海某单位组织的一次面试中，某主考官先后向两位考生提出了同样的问题："我们单位是全国数一数二的大公司，下面有很多子公司，凡被录用的人员都要到基层去锻炼，基层条件比较艰苦，请问你们是否有思想准备？"

毕业生A说："吃苦对我来说不成问题，因为我从小在农村长大，父亲早逝，母亲年迈，我很乐意到基层去，只有在基层摸爬滚打才能积累丰富的工作经验，为今后发展打下基础。"

毕业生B则回答："到基层去锻炼我认为很有必要，我会尽一切努力克服困难，好好工作。但作为年轻人总希望有发展的机会，不知贵公司安排我们下去的时间多长？还有可能上来吗？"

结果，显而易见，哪位学生被录用了呢？当然是A被录用，B被淘汰。

点评：在面试过程中，回答问题的技巧非常重要。对有些问题的回答，表面上看来合情合理，无可厚非，但会令考官反感。这是因为，主考官并不在乎你回答内容的多少，而在于考察你对问题本身的态度，进而了解你对职业的态度等。显然，考生A对下基层的态度端正、诚恳，令主考官欣赏；而考生B思想上明显有顾虑，尽管此乃人之常情，但在这种场合提出很不合时宜。

现在许多大学生求职时把自身看得很重，一味地追求待遇，你能给我什么待遇，每月少于多少钱不去，有的还挑部门和岗位。其实你站在企业的角度考虑一下，企业用人，即进行人力资源管理，也是有成本的，劳动力的价格是由什么决定的？是由你这个劳动力的价值决定的，你刚毕业，没有什么工作实践、工作经历，实习经历也很有限，只是在课堂上学了点东西，也许进入社会就忘了。企业不知道你有什么本事，你有多大能力，因此不可能给你高工资。

（二）知己知彼

每一位求职者，都希望在面试时留给主考官一个好印象，从而增大录取的可能性。孙子说："知己知彼，百战不殆。"面试就如同一场试探性的战斗，战斗的双方就是面试单位的主考官和参加面试的求职者。求职者要事先了解用人单位的基本情况、研究好主考官，看清自身情况，才能在求职中争取主动，可以说，这是求职者迈向成功的第一步。

1.了解用人单位

求职前要了解一个单位的规模、声誉、发展潜力、人员构成、业务范围、硬件设施、工作性质、岗位培训、晋升机会、福利待遇等，并在此基础上制定相应的应聘策略。

2.研究主考官

首先应聘者要明确主考官会从以下方面来考察、评价自己：

（1）主考官可能会先评价一个应聘者的衣着、外表、仪态和行为举止；

（2）主考官会对应聘者的专业知识、口才、谈话技巧做整体的考核；

（3）主考官可能会从面谈中来了解应聘者的性格和人际关系，并从谈话过程中了解应聘者的情绪状况以及思想成熟度；

（4）主考官会在面试时，观察应聘者对工作的热情程度和责任心，了解应聘者的人生理想、抱负和是否有上进心。

其次面对不同类型的主考官，应预先制定相应的策略。主考官不同，注重的能力方面也不同。如果主考官是技术干部，他就会注重专业和处世能力；若是人事干部，就会注重应试者的社会意识和处世能力；若是领导干部，则注重合作精神、办事能力及处理紧急事件的应变能力。在面试时要学会察言观色，注意主考官更看重哪一方面，在他感兴趣的方面充分展现一下。

3.看清自身情况

（1）了解自己的长处、兴趣、人生目标、就业倾向等。许多学校都会为毕业生就业求职开设一些培训课程，帮助毕业生分析个人的专业和志向，因此毕业生应充分利用这个渠道，为求职预先做好准备。

（2）听取家人和有社会经验的亲友的意见和建议，修正个人的志愿，也是很有必要的。

（3）参加面试一定要抱着谨慎的态度，不浪费每一次机会，并把每一次面试都当作重要的经验积累。

（4）了解并演练一下必要的面试礼仪，可以放松紧张的心情，在面试时表现得轻松自如。

小贴士 21-1

招聘的绝招

二、撰写面试材料

在双向选择过程中，大部分用人单位安排面试的依据是反映毕业生情况的书面材料，通过这些书面材料来判断和评价毕业生的学习成绩、工作潜力。毕业生要成功地向用人单位推销自己，撰写具有说服力和吸引力的求职面试材料，这是成功的第一步。

求职面试材料包括毕业生就业推荐表、简历、自荐信、成绩单及各类证书（获奖证书，英语、计算机等各类技能等级证书）、已发表的文章、取得的成果等。

（一）毕业生就业推荐表

毕业生就业推荐表是反映毕业生综合情况并附有学校书面意见的推荐表。毕业生就业推荐表一般包括毕业生基本资料、照片、学历、社会实践、获奖情况、科研情况、个人兴趣特长等，一般还应附有教务部门出具的成绩单。其中，该表的综合评定及推荐意见部分是由最了解毕业生全面情况的辅导员填写的，并且是以组织负责的形式向用人单位推荐，具有较高的权威性和可靠性，所以大部分用人单位历来把该表作为接收毕业生的主要依据。

（二）简历

简历主要是针对应聘的工作，将相关经验、业绩、能力、性格等简要地列举出来，以达到推荐自己的目的。由于毕业生就业推荐表栏目和篇幅所限，多数毕业生更希望有一份个性突出、设计精美、能给用人单位留下深刻印象的简历。

1.简历的设计原则

真实、简明、无错是简历设计的三个原则。

真实原则就是指简历从内容上讲必须真实，比如选修了什么课就写什么课，如果没有选修，就不要写。兼职工作更是如此，做了什么就写什么，不要做了一，却写了三或四。因为在面试时，你的简历就是面试官的靶子，他会就简历上的任何问题提出疑问。如果你学了或做了，你就能答上来，否则你和考官都会很尴尬，你在其眼中的信誉也就没有了，这是很不利的。要讲真话，不要言过其实，相信自己的判断力是十分重要的。

如果你没有参加任何兼职工作，你可以不写，因为主考官知道你是将要毕业的学生，而学生的本职工作就是学习。或许你只是钻研本专业，没有顾上其他；或许你在学习本专业的同时选择了第二专业或辅修专业；或许你虽然没有在校外兼职，但在校内为系里或班里做了大量工作。总之，你有自己的选择，没有必要为没做过兼职工作而苦恼或凭空捏造。请记住，主考官都是从学生过来的，他们会尊重你的选择。

简明原则就是简单明了，这是简历的又一重要原则。如果简历内容过多，又缺乏层次感，会给人以琐碎的感觉。必要信息如姓名、性别、出生年月、联系电话和地址等一定要写上。相比之下，身高、体重、血型、父母甚至兄弟姐妹做什么工作并不是非常重要的，这些内容纯属辅助信息，可要可不要，至少不应占据重要位置。可以将自己认为重要的信息全部浓缩到第一页上，然后把认为次要的信息，诸如每学期成绩单、获奖证书复印件等都当作附件。这样的简历主考官只看一页就清楚了，主次分明，非常有效，主考官如果感兴趣，可以继续看附件里的文件。

无错原则是指简历应该没有错误。在撰写完简历后，应逐字检查几遍，连标点符号也不能落下；否则会被认为是一个粗心的人，在激烈的竞争中就可能被淘汰。

2.简历的内容

简历并没有固定格式，对于社会经历较少的大学毕业生来说，一般包括个人基本资料、学历、社会工作及课外活动、兴趣爱好等，其内容大体包括以下几方面：

（1）个人基本资料。主要指姓名、性别、出生年月、家庭住址、政治面貌、身高等，一般写在简历最前面。

（2）学历。用人单位主要通过学历情况了解应聘者的智力及专业水平，一般应写在前面。习惯上书写学历的顺序是按时间的先后，但实际上用人单位更重视现在的学历，最好从现在开始往回写，写到中学即可。学习成绩优秀，获得奖学金或其他荣誉称号是学习生活中的闪光点，可一一列出，以加重分量。

（3）实习经历、科研成果和毕业论文及发表的文章。这些材料能够反映你的工作经验，展示你的专业能力和学术水平，将是简历中一项有力的参考内容。

（4）社会工作。近几年来，越来越多的用人单位渴望招聘到具有一定应变能力、能够从事各种不同性质工作的大学毕业生。学生干部和具备一定实际工作能力、管理能力的毕业生颇受青睐。社会工作对于仍在求学的毕业生来说，主要包括社会实践活动和课外活动。

（5）勤工助学经历。即使勤工助学经历可能与应聘职业无直接关系，但是勤工助学能够显示你的意志，并给人留下能吃苦、勤奋、负责、积极的好印象。

（6）特长、兴趣爱好与性格。特长是指你拥有的技能，如中文写作、外语及计算机能力。兴趣爱好与性格特点与你的修养、社交能力、团队精神，以及与所要从事的工作性质关系密切，所以用词要贴切。

（7）联系方式。电话、联系地址千万不要忘记写，以免因用人单位联系不到你而错失择业机会。

小贴士21-2　　　　　　加入个性化元素的简历

制作简历时可加入个性化元素，个性突出、特征鲜明的简历往往会散发出独有的光芒，从而吸引人力资源部门的目光。个性化简历可从以下三个方面来构思：

（1）从招聘单位角度构思。求职者可事先对应聘单位有所了解，设计产品标识等企业识别元素，如将简历设计成新产品说明书的形式来应聘某制药企业的岗位，以激发招聘主管的好感和引起注意。

（2）从应聘的岗位角度构思。求职者可以根据岗位特征来设计带有岗位元素的简历形式，比如针对人力资源管理岗位，求职者可将简历做成计划引进的人才档案，内容可以是人才引进原因及人才主要成绩等。

（3）从专业角度构思。求职者可以根据专业特征来设计带有专业色彩的简历形式，比如针对广告专业，求职者可将简历设计成一份精美的广告。但创新应有"度"，不可让形式淹没了内容，过于花哨反而会带来负面效果。

（三）自荐信

自荐信，即求职信，其基本内容应该包括如下方面：

（1）写明用人信息的来源及自己所希望从事的工作岗位。

（2）愿望动机。这是自荐信的核心内容，说明自己所期望的职业的理由和今后的目标。

（3）所学专业与特长。将大学所学的重要专业课程写入，但不要面面俱到，以免使主要的专业课程"淹没"在文字之中。对自己熟悉的、有兴趣的，特别是与期望单位所需人才岗位关系紧密的，可多写一些。

（4）兴趣和特长，要写得具体真实。

（5）最后应提醒用人单位留意你附带的简历，请求给予同意等。

信函求职在毕业生求职过程中是最常用的、最主要的方式。求职信由开头、正文、结尾和落款组成。在开头，要有正确的称呼和格式，在第一行顶格书写，如"尊敬的人力资源部主管""尊敬的张教授"等，加一句问候语"您好"以示尊敬和礼貌。正文部分主要是个人基本情况即个人所具备的条件。求职信的核心部分要从专业知识、社会实践能力、专业技能、性格、特长等方面展开，使用人单位确信，其所需要的正是你所能胜任的。结尾部分可提请用人单位回应，并且给予用人单位更为肯定的确认："您给我一个机会，我会带给您无数个惊喜！"结束语后面，写表示敬意的话，如"此致""敬礼"。落款部分署名并附日期。如果有附件，可在信的左下角注明。

求职信的信封、信纸最好选用署有本学校名字的信封、信纸，忌讳选用带有外单位名字的信封、信纸。字迹要清晰工整。如果写一手漂亮的书法，最好手写，因为更多的人相信"字如其人"。如果字写得不好看，就不如用电脑打出来。篇幅要适中，不宜过长，1 000字左右较为合适。求职信是个人与单位的第一次接触，所以，文笔要流畅，可以有鲜明的个人风格，不可过高地评价自己，也不可过于谦虚，要给用人单位留下较为深刻的印象。最后，要留下自己的联系方式。

在毕业生就业推荐表、简历和自荐信后，还应附有成绩单及各式证书、已发表的文章复印件、论文说明、成果证明等。如果所学专业是比较特殊的专业的话，还应附一份本专业介绍。

小贴士21-3

求职信范例

三、求职面试礼仪

微课21-1

求职面试礼仪

面试时首先遇到的问题就是究竟应何时到达面试地点较为恰当。是准时抵达还是提前到达？若是早到又应以早几分钟为宜？在等待的时间中应该注意什么？由于目前的交通状况不甚良好，令人无法预计准确的车程时间，所以最好提早出门，比原定时间早5～10分钟到达面试地点，所谓"赶早不赶晚"。早到可先熟悉这家公司附近的环境并整理仪容。但如果早到10分钟以上，千万别在接待区走来走去，因为这样会打扰公司上班的职员，影响他人对自己的第一印象，对后面的面试一点好处也没有。

所以，此时可向别人询问盥洗室的位置，在那里可再一次检查自己的服装仪容。接下来轮到自己上场面试时，需掌握以下要点：

（一）入座的礼仪

进入考官办公室时，必须先敲门再进入，之后应等主考官示意坐下才可就座。如果有指定座位，则坐上指定的位子。但如觉得座位不舒适或光线正好直射，可以对主考官说："有较强光线直接照射我的眼睛，令我感觉不舒服，如果您不介意，我是否可换个位置？"若无指定位置，可以选择主考官对面的位置坐定，如此方便与主考官面对面交谈。

（二）自我介绍的分寸

当主考官要求你做自我介绍时，因为一般情况都已事先附在简历上，所以不要像背书似的发表长篇大论，那样会令主考官觉得冗长无趣。记住将重点挑出稍加说明即可，如姓名、毕业学校名称、主修科目、专长等。如主考官想更深入了解家庭背景及成员，你再简单地加以介绍即可。"时间就是金钱"，通常主考官都是公司的高级主管，时间安排相当紧凑，因此说明越简洁有力越好，若是说得过于繁杂会显不出重点所在，效果反倒不好。

（三）交谈的礼节

交谈是求职面试的核心。面试是与面试官交谈和回答问题的过程，在这个过程中要根据自我介绍和交谈内容控制音量的大小、语速的快慢、语调的委婉或坚定、和缓或急促，在抑扬顿挫之中表现出你的坚定和自信。如果装腔作势，会给人一种华而不实、不够真诚的感觉。

交谈时要口齿清晰、发音正确，尽量使用普通话。讲话要言简意赅、通俗易懂。不要为了显示自己而只顾使用华丽、奇特的辞藻，这样会很难顾及语言的逻辑，反而使人感到你用词不当、逻辑思维能力差。此外，急于显示自己的妙语惊人，往往会使语言过于锋利、锋芒太露而显得有些张狂。

交谈过程中要注意掌握和控制语速、语调。一般情况下，语速掌握在每分钟120个字左右为宜，要注意语句间的停顿，不要滔滔不绝而让人应接不暇。语调是表达人的真情实感的重要元素，要通过语调表现出自己的坚定、自信和放松。

交谈中还要注意谈话礼貌，不要打断对方的讲话，要集中注意力认真倾听。听清和正确理解对方的一字一句，不但要听出其"话中话"，而且要听出其"弦外之音"，这样才能做出敏捷的反应。

回答问题是面试交谈的重要方面，得体地回答面试官提出的问题是面试取得成功的关键，面试者要对面试官可能提到的问题有充分的准备。

一般来说，招聘方提出的问题可分为两类：一类是规定性提问，也就是招聘方事先准备好的，对每一位应聘者都要发问的问题；另一类是自由性提问，即招聘方随意穿插的问题，这些问题往往千变万化，涵盖宽泛，招聘方可以从应聘者不经意的对答中发现其闪光点或缺点。无论是哪类问题，应聘者在回答时都应当掌握以下基本技巧：①不要遗漏表现自己才能的重要资料；②保持高度敏锐和灵活的思维状态；③回答既要表现自己的个性气质，又要表现出对招聘方的尊重与服从；④认真倾听对方的提问，并注意对方的反应，以便及时调整自己不恰当的回答；⑤避免提到"倒霉""晦气""不幸""疾病"之类可能招致对方忌讳的字眼。

首席大学生就业顾问、著名职业生涯规划专家李震东老师向大家介绍的面试问题及回答思路，供参考（见小贴士21-4）。

（四）拥有职业化举止

一家医疗机构为了选拔护士长进行了一次面试。一位应试者在笔试中是佼佼者，但在面试过程中，她不但拍桌子，脚不断地敲打地板，身体还时不时地扭动。她认为自己很有希望，结果却落选了。她为什么会落选呢？原因就是她缺乏职业化的举止。

许多面试者往往只注重衣着和话语，而忽略了胜过有声语言的形体语言。职业化的举止，就是一种无声却胜有声的形体语言。形体语言是指人的动作和举止，包括姿态、体态、手势和表情。

在面试中，面试者应该特别注意自己的站姿、坐姿、走姿和表情等。

站姿给人的印象非常重要。人们往往认为其简单而忽略它的重要性。站立应当身体挺直、舒展、收腹，眼睛平视前方，手臂自然下垂。这样的站姿给人一种端正、庄重、稳定、朝气蓬勃的感觉。如果站立时歪头、扭腰、斜伸着腿，会给人留下轻浮、没有教养的印象。

面试时的坐姿，不要贪图舒服。许多人养成了瘫坐的习惯，在面试时一下子就表现出来了。正确的坐姿从入座开始，入座的动作要轻而缓，不要随意拖拉椅子，身体不要前后左右晃动，背部要与椅背平行，沉着安静地坐下。落座后，上身要保持直立状态，既不前倾，也不后仰。双手自然下垂，肩部放松，五指并拢。男女的坐姿还有一定的区别：男士可以微分双脚，这样给人以自信、豁达的感觉，双手可以随意放置；女士一般要并拢双膝，或者小腿交叉端坐，这样给人端庄、矜持的感觉，双手一般要放在膝盖上。

面试时重要的是自信。这种自信可以通过你的走姿表现出来。现在，越来越多的公司强烈地意识到走姿的重要性。自信的走姿应该是，身体重心稍微前倾，挺胸收腹，上身保持正直，双手自然前后摆动，脚步要轻而稳，两眼平视前方。步伐要稳健，步履自然，有节奏感。需要注意的是，如果同行的有公司的职员或接待人员，不要走在他们前面，应该走在他们的斜后方，距离1米左右。

每个人都会有一些属于自己的习惯动作，如挠头、揉眼睛、玩手指、双手交叉放在胸前等，若是在平时，做这些动作没问题，但在面试时，都要省略，它们会分散人的注意力，给面试考官留下不好的印象。

在一般面试者看来，主考官向你表示面谈结束，求职面试的全过程就结束了。其实不然，这只是面谈的结束，求职还没有结束。此时此刻，作为求职者的你，万万不可大意，认为大功告成或没有希望了。面谈结束后的礼仪同样对你很重要，也许可以

小贴士21-4

李震东老师向大家介绍的面试问题及回答思路

小贴士21-5

谈薪酬典型问题及其辅导

小贴士21-6

面试中应避免的"坐"法

扭转你的不利局面，在困境中重新获得生机。你一定要使求职过程完美地结束。

小案例21-2　　　　　　　"你会坐吗?"——一次公关部长聘任考试

　　一家公司准备聘用一名公关部长，经笔试筛选后，只剩8名应试者等待面试。面试限定他们每人在2分钟内对主考官的提问做出回答。当每位应试者进入考场时，主考官说的是同一句话:"请您把大衣放好，在我面前坐下。"

　　然而，在进行面试的房间中，除了主考官使用的一张桌子和一把椅子外，什么东西也没有。

　　有2名应试者听到主考官的话以后，不知所措，另有2名急得直掉眼泪，还有1名听到提问后，脱下自己的大衣，搁在主考官的桌子上，然后说了句:"还有什么要问的?"结果，这5名应试者全部被淘汰了。

　　剩下的3名应试者，一名听到主考官发问后，先是一愣，旋即脱下大衣，往右手上一搭，躬身致礼，轻轻地说道:"这里没有椅子，我可以站着回答您的问话吗?"公司对这个人的评语是:"有一定的应变能力，但创新开拓不足。彬彬有礼，能适应严格的管理制度，可用于财务和秘书部门。"另一名应试者听到问题后，马上回答道:"既然没有椅子，就不用坐了。谢谢您的关心，我愿听候下一个问题。"公司对此人的评语是:"守中略有攻，可先培养用于对内，然后再对外。"最后一名考生听到主考官的发问后，他眼睛一眨，随即出门去，把候考时坐过的椅子搬进来，放在主考官前侧约一米处，然后脱下自己的大衣，折好后放在椅子背后，之后端坐在椅子上。当"时间到"的铃声一响，他马上站起来，欠身一礼，说了声"谢谢"，便退出考试房间，把门轻轻地关上。公司对此人的评语是:"不着一词而巧妙地回答了问题;富有开拓精神，加上笔试成绩佳，可以录用为公关部长。"

　　资料来源　殷智红. 公共关系实务［M］. 大连:东北财经大学出版社，2017.

　　在求职的过程中，许多求职者只留意面试过程中的礼仪，而忽略了面试后的工作。事实上，用人单位决定录用名单的过程相当复杂，面试后注意跟进，完全有可能改写面试结果。所以，面试者要注意:

　　(1)及时总结。面试之后，应该仔细记录整个面试经过。面试成功与否并不是最重要的，最重要的是从上一次面试中总结经验，吸取教训，下次面试才会做得更好。

　　(2)调节情绪。一般来说，一位求职者会同时向几家公司求职。因此，一次面试结束后，要及时调整自己的情绪，全身心地投入到第二家单位的面试中。在接到聘用通知前，面试结果都是未知数，求职者不应该放弃其他机会。

　　(3)耐心等待。从面试结束到最后确定录用人选，这个阶段可能需要三五天的时间。求职者在这段时间内一定要耐心等待消息，不要急于打听面试结果。

　　(4)主动联系。如果过了一两个星期或者已过了承诺答复期还未收到录用消息，应主动与用人单位联系，询问录取结果。也许这时用人单位正好难以取舍，主动联系就让我们取得了被录取的主动权。另外，主动联系还可以有效地避免用人单位通知不到或是忘了通知的情形。

　　(5)做好再冲刺的准备。求职过程是艰辛的，不可能人人都获得成功的机会，每一个人都要坚信一点："道路是曲折的，前途是光明的。"困难是暂时的，关键是要找出失败的原因，找出差距，并积极准备下一轮的面试，以利再战。

小贴士21-7　　　　　　　　　　　**鞠躬道别**

小何毕业那年，就业形势严峻，虽然连续几次应聘失败，但是她依然鼓起勇气继续找。一天，按照某银行招聘通知，她前来面试。应聘者很多，排在小何前面的女孩儿长得很漂亮，身材凸凹有致，而她相貌平平，身材一般。轮到她，她整理好衣服，鼓起勇气大胆走进考场……很幸运，问题很简单，答完后主考官点点头，面无表情地说："你可以走了。"她心想没戏了，走到门口，出于礼貌又返身朝他们鞠一躬说："谢谢！"然后轻轻开门，又随手关门。

20天后，小何被该银行录用了。她上班的第一天遇到了主考官，他向小何祝贺。小何好奇地询问录用她的原因，主考官说："那天接待了300多个应聘者，你是唯一向我们鞠躬道别的应聘者，并且关门那么有礼貌。我们是服务业，礼貌待人是我们对员工的基本要求。"

小贴士21-8

网络面试礼仪

■ 课后练习

1.撰写求职简历。每位学生根据两个不同单位的招聘广告，给自己编写两份侧重点不同的简历。

2.如果用人单位通知你明天去面试，你需要做哪些准备？

3.关于面试的基本程序你都清楚了吗？找个机会，将面试过程中的这些礼仪悉数演习一遍。

4.案例分析。

章后案例
分析

■ 思政园地

思政园地
素材

"一团火"精神光耀神州

百货商场的本质是零售服务。零售人员与顾客之间的沟通是商场创造价值最重要的环节。在顾客与商场直接发生关联的界面上，服务人员为顾客提供了商场价值的动感形象。其举止行为体现出的是商场的企业文化和管理水平。所以，精明的顾客断言：商场经营理念如何，只要看一看售货员的精神与行为就够了。导购员、售货员的潜在价值不单在于与顾客互动之中的利益沟通，继而促进商品价值的顺利实现，更重要的是在满足顾客经济利益的同时，推动着与顾客之间的情感联结，奠定了顾客忠诚的态度基础，从而进一步将顾客锁定在商场的周围。创造百货商场的沟通价值，就是培养消费者认人购买、认店购买和认牌购买的习惯化行为。其中，服务人员的职业素养和售货服务水平，是构成商场核心竞争力的要素之一。在这方面，北京百货大楼售货员、全国劳动模范、优秀工厂党员张秉贵（1918—1987）是永远值得我们学习的好榜样，他在平凡的工作岗位上练就了令人称奇的"一抓准""一口清"服务绝活和"一团火"服务精神，成为中国商业战线的一面旗帜。

请扫描二维码，学习张秉贵的先进事迹，感受"一团火"精神光耀神州的魅力。

参考文献

[1] 王玉苓. 商务礼仪案例与实践［M］. 北京：人民邮电出版社，2018.

[2] 殷智红. 公共关系实务［M］. 大连：东北财经大学出版社，2017.

[3] 王芳. 公关礼仪与口才［M］. 北京：人民邮电出版社，2017.

[4] 孙玲，江美丽. 商务礼仪实务与操作［M］. 北京：对外经济贸易大学出版社，2017.

[5] 高琳. 人际沟通与礼仪［M］. 北京：人民邮电出版社，2017.

[6] 张永红. 商务礼仪实践［M］. 北京：北京理工大学出版社，2017.

[7] 张铭. 现代实用社交礼仪［M］. 北京：人民邮电出版社，2017.

[8] 孙淑艳，兰福. 商务礼仪［M］. 北京：北京理工大学出版社，2017.

[9] 张岩松. 知书达礼——现代交际礼仪畅讲［M］. 北京：清华大学出版社，2016.

[10] 张再欣. 现代商务礼仪［M］. 北京：中国人民大学出版社，2016.

[11] 杨再春，陈方丽. 商务礼仪实训教程［M］. 北京：清华大学出版社，2016.

[12] 陈玉慧，唐玉藏. 商务礼仪实训［M］. 北京：机械工业出版社，2016.

[13] 李慧茹，王瑞春. 商务礼仪［M］. 北京：清华大学出版社，2016.

[14] 杨贺，杨娟，马静静. 商务礼仪［M］. 北京：北京理工大学出版社，2016.

[15] 黄琳. 商务礼仪［M］. 北京：机械工业出版社，2016.

[16] 秦保红. 职场礼仪教程［M］. 北京：中国人民大学出版社，2016.

[17] 刘丹，王军，卢显旺. 公共关系实务［M］. 北京：清华大学出版社，2016.

[18] 杨加陆. 公共关系学［M］. 上海：复旦大学出版社，2016.

[19] 杜明汉. 营销礼仪［M］. 北京：电子工业出版社，2016.

[20] 张学娟. 实用商务礼仪［M］. 北京：人民邮电出版社，2015.

[21] 徐汉文，张云河. 商务礼仪［M］. 北京：高等教育出版社，2015.

[22] 中国公共关系网编委会. 2014年最具公众影响力公共关系案例集［M］. 北京：企业管理出版社，2015.

[23] 吴少华. 公共关系理论与实务［M］. 北京：人民邮电出版社，2015.

[24] 邢伟，徐盈群. 公共关系［M］. 北京：高等教育出版社，2015.

[25] 万国邦. 公共关系教程［M］. 北京：机械工业出版社，2015.

[26] 魏丽平. 大学生现代文明礼仪实用教程［M］. 成都：西南财经大学出版社，2014.

［27］高慕婵．礼仪教程［M］．西安：西安电子科技大学出版社，2014.

［28］王玉苓，徐春晖．商务礼仪［M］．北京：人民邮电出版社，2014.

［29］倪东辉．公共关系策划［M］．合肥：中国科学技术大学出版社，2014.

［30］范黎明．公共关系实务教程［M］．北京：电子工业出版社，2014.

［31］张亚．公共关系——原理与实务［M］．2版．北京：北京理工大学出版社，2014.

［32］张芹．公共关系学［M］．武汉：华中科技大学出版社，2014.

［33］杨俊．新型实用公共关系教程［M］．北京：高等教育出版社，2014.

［34］朱晓杰，蒋洁．公共关系项目式教程［M］．北京：清华大学出版社，2014.

［35］齐杏发．网络公关实务［M］．上海：华东师范大学出版社，2014.

［36］阿不都拉．公关专题活动与经典案例［M］．杭州：浙江大学出版社，2014.

［37］吕蕾莉，廖飒．公共关系理论与实务［M］．北京：教育科学出版社，2013.

［38］方莉玫，熊畅．公共关系实务［M］．北京：机械工业出版社，2013.

［39］付桂萍．做派：在商务活动中合乎情境地展示自己［M］．长沙：湖南人民出版社，2013.

［40］吴尚忠．说故事 学礼仪：常用公务商务礼仪趣谈［M］．南京：东南大学出版社，2013.

［41］颜培金，严凤鸣．优雅：懂礼仪是一种美丽的人生姿态［M］．长沙：湖南科学技术出版社，2013.

［42］孙延敏．公共关系入门——理论与案例［M］．上海：上海交通大学出版社，2013.

［43］孔洁，张葵葵．大学生职业礼仪与社交礼仪［M］．北京：中国电力出版社，2012.

［44］金常德．现代交际礼仪［M］．大连：大连出版社，2012.

［45］杨再春，林瑜彬．公共关系理论与实务［M］．北京：机械工业出版社，2012.

［46］李国辉．生客卖礼貌，熟客卖热情：一本书学会销售礼仪［M］．北京：机械工业出版社，2012.

［47］毕文杰．你的职场礼仪价值百万［M］．北京：中国画报出版社，2012.

［48］李霞，胡红霞，甘琛．秘书礼仪实务［M］．杭州：浙江大学出版社，2012.

［49］何燕子，欧绍华．公共关系理论与实务［M］．合肥：合肥工业大学出版社，2012.

［50］王艳洁．公共关系实务［M］．青岛：中国海洋大学出版社，2012.

［51］王莲华．“礼”所应当——大学生文明礼仪读本［M］．上海：学林出版社，

2012.

［52］张建宏. 现代商务礼仪教程［M］. 北京：国防工业出版社，2011.

［53］何爱华，张学娟. 实用商务礼仪［M］. 北京：人民邮电出版社，2011.

［54］李鸿欣，冀鸿，冯春华. 公共关系原理与实务［M］. 北京：北京大学出版社，中国农业大学出版社，2011.

［55］谢红霞. 公共关系原理与实务［M］. 大连：东北财经大学出版社，2011.

［56］王玉霞，佟怡. 实用职业礼仪［M］. 北京：清华大学出版社，2011.

［57］紫妩晴. 给面试官一个理由，他就会雇你［J］. 演讲与口才，2011（9）.

［58］吴蕴慧，徐静. 现代礼仪实务［M］. 上海：上海交通大学出版社，2011.

［59］余禾. 公共关系学［M］. 成都：西南交通大学出版社，2010.